不动产经济学

主　编　毛德华

副主编　薛　姝　朱红梅

科学出版社

北　京

内 容 简 介

不动产经济学是一门研究不动产资源优化配置、不动产经济运行规律及其形成机理与表现形式和提高不动产经济运行效率的学科。本书系统阐述了不动产经济学基本理论，全面阐述了土地、住房与工商业不动产、农村与矿业不动产等不同类型不动产市场的运行规律及其优化配置，并系统论述了不动产投资、不动产金融、不动产税收、不动产统一登记和不动产经济的宏观调控等内容。

本书可作为高等院校公共管理类、管理科学与工程类、农业经济管理类、农业工程类、自然保护与环境生态类以及经济学类、财政学类和金融学类等相关专业的教材或参考用书，也可供相关领域的研究人员、政府机构工作人员、不动产经营管理企业及其他对此领域感兴趣的读者参考使用。

图书在版编目（CIP）数据

不动产经济学 / 毛德华主编. -- 北京 : 科学出版社, 2025. 6. -- ISBN 978-7-03-082508-7

Ⅰ. F293.3

中国国家版本馆 CIP 数据核字第 2025DV1544 号

责任编辑：郑欣虹 / 责任校对：杨　赛
责任印制：张　伟 / 封面设计：迷底书装

科学出版社出版
北京东黄城根北街 16 号
邮政编码：100717
http://www.sciencep.com
北京天宇星印刷厂印刷
科学出版社发行　各地新华书店经销
*
2025 年 6 月第　一　版　开本：787×1092　1/16
2025 年 6 月第一次印刷　印张：18
字数：415 000
定价：69.00 元
（如有印装质量问题，我社负责调换）

编 委 会

主　编：毛德华

副主编：薛　姝　朱红梅

编　委：（按姓氏笔画排序）

王　婷　毛德华　朱红梅　任　辉

岳晓凤　唐　威　喻　瑶　谢炳庚

蔡业忠　薛　姝

前　　言

不动产是指不能移动位置或者移动位置后会引起性质、形状改变而造成经济损失的财产，它既包括不动产实体，又包括基于实体产生的产权。长期以来，我国不动产管理采取多头分散管理体制，且多集中于房产、地产，对其他不动产关注少；对不动产经济的研究、教材建设和课程开设也主要集中在土地经济学、房地产经济学等方面。由于房屋和土地、林草和土地等本身是一体的，是不可分的，世界上绝大多数国家实行的是不动产统一管理制度，相应地其教材也贯穿了不动产一体化的理念。由此，近年来我国在不动产相关领域进行了改革探索，从 2007 年施行的《中华人民共和国物权法》、2015 年施行的《不动产登记暂行条例》到 2021 年施行的《中华人民共和国民法典》等，国家从法律法规层面不断明确不动产统一登记制度；2018 年自然资源部的组建标志着不动产统一管理体制的建立；2019 年中共中央办公厅、国务院办公厅印发《关于统筹推进自然资源资产产权制度改革的指导意见》，指出要"健全自然资源资产产权体系"，进一步将不动产统一登记管理体制改革推向更深层次、更广泛的不动产产权制度改革。对不动产实行统一登记管理，顺应了不动产本身的自然规律并遵循了国际通行做法；对不动产实行资产产权体系改革，是从我国基本国情和资产管理的现实需要出发，完善社会主义市场经济体制、维护社会公平正义的必然举措。因此，不动产经济活动领域的拓展、不动产资源管理法规的日臻完善、不动产经济理论研究的不断深入，迫切需要加强和拓展不动产经济研究的内容。然而，已有的不动产经济学教材对这些新内容均没有反映。编写新的不动产经济学教材，不论是从国家发展需要还是从人才培养需求来看，都具有重要的理论和现实意义。

不动产经济学是一门研究不动产资源优化配置、不动产经济运行规律及其形成机理与表现形式和提高不动产经济运行效率的学科，其研究对象是在生产、交换、分配与消费不动产资源的过程中所产生的经济关系与经济规律。本书在吸收国内外学者相关研究成果的基础上，系统阐述了不动产经济学基本理论，全面阐述了土地、住房与工商业不动产、农村与矿业不动产等不同类型不动产市场的运行规律及其优化配置，并系统论述了不动产投资、不动产金融、不动产税收、不动产统一登记和不动产经济的宏观调控等内容。与已有教材相比，本书将农村不动产、矿产资源、海域使用权等多种形式的不动产纳入教材，完善了已有不动产经济学的内容体系；将国家不动产相关的政策法规和最新的研究动态融入教材，反映了我国生态文明建设背景下不动产管理的新任务和新要求，并在部分章节做了一些研究探讨，内容具有一定的新颖性和创新性。本书由毛德华（湖南师范大学）担任主编、薛姝（湖南城市学院）和朱红梅（湖南农业大学）担任副主编。全书的具体分工是：第一章由毛德华、岳晓凤编写，第二章和第五章由任辉（湖南农业大学）编写，第三章和第四章由朱红梅编写，第六章由毛德华、唐威编写，第七章由喻瑶（湖南农业大学）编写，第八章由蔡业忠（湖南师范大学）编写，第九章由薛姝编写，第十章和第十一章由王婷（湖南师范大学）编写。谢炳庚教授（湖南师范大学）对本书的编写给予了大力支持和悉心指导。全书由毛德华、薛姝和朱红梅统稿。

全书在编写中参阅了大量的国内外专业教材、论文及其他相关文献，受到了 2019 年湖南省研究生教学平台项目（湘教通〔2019〕370 号）：高水平教材立项项目（项目编号 65）（毛德华主持）；湖南省国土资源厅软科学研究计划项目：不动产管理系统框架及系列丛书编制研究（项目编号 2015-22）（谢炳庚主持）；湖南省国内一流培育学科建设项目：地理学（5010002）；国家级一流本科专业建设点项目：湖南师范大学土地资源管理专业（负责人：毛德华）等项目的资助。本书的出版凝聚了科学出版社编辑的辛勤工作，在此一并表示衷心感谢。

编　者

2024 年 10 月 10 日

目　录

第一章　不动产经济学概论

第一节　不动产的概念与性质

不动产是不动产经济学研究的物质客体，研究不动产经济学，首先要明确不动产的概念与性质。

一、不动产的概念

（一）不动产的定义

不动产是人类赖以生存和生产的基本载体和主要资源，是一切经济活动的基础，其重要性不言而喻，但对于不动产的定义及其范畴界定，国内外表述各异。美国不动产术语词典（Friedman，2000）对不动产的定义是“不动产是指土地及或多或少依附于土地的一切物体，不动产所有权从地球中心直到无限天际”。但较多的是从民法的角度对其进行界定。例如，日本民法典第六十八条规定：“土地及其定着物为不动产。”意大利民法典第八百一十二条对其界定为：“土地、泉水、河流、树木、房屋和其他建筑物，即使是临时依附于土地的建筑物，以及在一般情况下那些或是自然或是人为地与土地结为一体的物品是不动产。固定于河岸或者河床之上并且为永久使用而建造的磨坊、浴场及漂浮在水面上的建筑视为不动产。”在英国的法律中，不动产与广义的土地大致相同，是指“地面、地下和土地上空的一切财产”。瑞士民法典将不动产定义为：“不动产登记簿上已登记的独立且持续的权利、矿山、土地的共有关系的所有部分。”德国民法典中将不动产称为“不可动之物”，即“地产”。

《中华人民共和国民法典》（简称《民法典》）第一百一十四条规定：“民事主体依法享有物权。物权是权利人依法对特定的物享有直接支配和排他的权利，包括所有权、用益物权和担保物权。”第一百一十五条规定：“物包括不动产和动产。法律规定权利作为物权客体的，依照其规定。”《不动产登记暂行条例》第二条规定：“本条例所称不动产，是指土地、海域以及房屋、林木等定着物。”

在我国出版的有关教材中对不动产也有相似的定义。例如，艾建国和吴群（2002）编写的《不动产估价》中认为：“不动产是指不能移动位置或者移动位置后会引起性质、形状改变而造成经济损失的财产。”任纪军（2006）编写的《不动产经营》中将不动产称为房地产（real estate），是指土地及土地上永久性的附着物及其所有者权利。陈龙高和但承龙（2011）的《不动产经济学》中将不动产表述为不动之财产，即实体位置不能移动，或移动后会造成明显经济损失的财产，它既包括不动产实体，又包括基于实体产生的产权。王子正（2017）编写的《经济法概论》中，不动产是指依自然性质或法律规定不可移动的财产，如土地、房屋、探矿权、采矿权等土地定着物、与土地尚未脱离的土地生成物、因自然或者人力添附于土地并且不能分离的其他物。

从不同的定义中可看出不动产包含了三层含义：①不动产是一种财产，在一定的社会关系中存在，作为生产力的组成部分，可能表现为土地、土壤、建筑物与植物资源等。②作为一种财产，不动产是不可移动的，或是一旦移动后就会引起性质、形状的改变或者会降低其价值。③这种财产以法权形式进行交易，其管理有异于其他的一般动产，是通过一系列的衍生物进行经营和管理的。

本书主要研究不动产的经济行为，对不动产的定义做如下表述：不动产是指不能移动位置或一旦发生位置移动后会造成明显经济损失的财产。不动产包括土地、附着于土地的物、土地及附着于土地的物的权利。

（二）不动产实体与权益

多个国家对不动产的定义都将土地、建筑物及土地上的定着物等基本要素包含其中。不动产实际是实物与权益的结合，包括土地、建筑物、其他附着物组成的实物，也包括法律规定的各种权能及行使这些权能所获得的利益。

1. 不动产实体

（1）土地。在总量上，土地是不动产的主要存在形态，是重要的不动产，也是构成其他不动产的基础。土地作为不动产的一部分，是可感知和触摸的实物。经济学上的土地指的是自然的各种力量或自然资源，侧重于大自然所赋予的东西。作为一种自然物，土地是人类生活与生产的基本载体，为人类的持续存在提供物质和能量供给，也为人类的生存发展提供空间基础，这也是构成不动产的前提。

（2）建筑物。建筑物是一种土地定着物，是指人工营造的，由建筑材料、建筑构配件和设备等组成的整体。建筑物包括房屋和构筑物。房屋是指建筑物中具有完善的维护结构，上有屋顶，周围有墙，能防风避雨、御寒保温，为人们提供生产和生活等活动空间的场所。构筑物是指除房屋以外的建筑物，是不具备、不包含或不提供人类居住功能的人工建造物，如水塔、水池、过滤池、澄清池、沼气池等。

（3）其他定着物。其他定着物是指建筑物以外的土地定着物。例如，固定在土地或建筑物上，与土地、建筑物不可分离的物；或者虽然可以分离，但是分离不经济，或者分离后会破坏土地、建筑物的完整性、使用价值或功能的物；或者会使土地、建筑物的价值明显受到损害的物。某些依附于土地或建筑物的动产，移动时会对土地、建筑物或该动产本身造成很大的经济损失，则无论该动产所有人是否愿意，该动产都会被视为其土地、建筑物的附着物。由于不动产的增值性，不动产业主为提高其不动产的价值和功能，在地上建造的庭院、假山等也是附着物。此外，还包括土地上的自然生成物，即指产生于土地的物，如森林、草原、耕作物和矿产资源等。

在此值得提出的是，不动产虽然包括土地、建筑物及其他定着物，但这并不意味着只有将土地与其地上或地下建筑物合成时才是不动产，即一般情况下，它们可分别称为不动产，法律另有规定者除外。事实上土地可以不依赖房屋而独立存在，但房屋却不能离开土地而独立存在，因此只有未形成房产的地产，而不存在脱离地产的房产，一般所说的房产就是房地产，而房地产的核心是土地。我国的不动产统一管理体制发展较晚，应用更多的是将不动产称为房地产，并且以一种产业业态的形式广泛应用于经济学领域。近年来由于不动产业在国民经济中的基础性地位，不动产客体范畴不断扩大，不动产业迅速发展，国内专家学者对不动产的研究增多，推动了不动产经济学的形成与快速发展。

2. 不动产权益

不动产权益是指由法律设定的不动产的各种权利（包括各自权能及范围界定），以及享有这些权利所获得的利益或收益（陈龙高和但承龙，2011）。

从经济属性的角度来考察不动产时，不动产是一种重要的资产，是在一定的社会关系中存在的，是生产力的组成部分。权益是不动产自然体的一种衍生物，是无形的、不可触摸的部分，包括权利、利益和收益。不动产权益一般包括所有权、用益权等核心内容，但各国因国情及法律体系的不同而有各自不同的设置。例如，英国、美国等国的不动产权益包括所有权、占有权、控制权、使用权、处置权等，而法国的不动产权益则包括所有权、用益权、使用权、居住权、地役权、质权、优先权、抵押权等。我国的不动产权益主要包括所有权、用益物权和担保物权。

在不动产的交易中，交易的标的物是实体的土地、建筑物及地上附着物，但其交易的载体却不是实体，而是其产权及其属性或权利关系。不动产中的“产”体现的是一种权利关系，即产权。其中，不动产的产权主要包含“房产”与“地产”两种形式。“房产”与“地产”更多时候是合在一起称为“房地产”，是因为“地产”一旦作为房地产业的开发对象，就必然包括“房产”，或者说与“房产”相联系。任何房地产经济活动最终都会形成一定的不动产形式，这就必然会与一定的权利关系联系在一起。

经济的发展给不动产业带来了机会，同时也使得不动产权益不断细分，出现了新的权利。这种权利一旦进入市场，还会与不同的权利之间产生关系，从而使得不动产市场复杂化。在市场经济条件下，进入市场交易的既可以是不动产中某一项独立的权利，也可以是其中的几项权利。以我国土地权益为例，我国是社会主义国家，实行的是社会主义制度，城市市区土地属于国家所有，农村和城市郊区土地属于农民集体所有。在土地的交易中，城市市区土地能进入市场交易的是以城市土地使用权为基本产权的城市土地产权体系，包括土地的使用权、抵押权、租赁权及地役权。土地使用权的取得方式包括出让、划拨，其中，以有偿出让方式所取得的土地使用权相对来说产权更加明晰，相应的土地使用权人拥有占有、使用、收益和处分的权利，但同时要履行出让合同所规定的义务。土地使用权转让时，其地上建筑物和其他附着物随同转让；同样，地上建筑物的所有权转让时，其用地范围内的土地使用权也同时转让。以行政划拨方式取得的土地使用权，其产权相比以出让方式取得的而言较模糊，且按照国家相关法律是不允许直接进入市场进行流转交易的。但是，根据《中华人民共和国城市房地产管理法》（简称《城市房地产管理法》）第三十二条：“房地产转让、抵押时，房屋的所有权和该房屋占用范围内的土地使用权同时转让、抵押。”该法第四十条同时指出：“以划拨方式取得土地使用权的，转让房地产时，应当按照国务院规定，报有批准权的人民政府审批。有批准权的人民政府准予转让的，应当由受让方办理土地使用权出让手续，并依照国家有关规定缴纳土地使用权出让金。以划拨方式取得土地使用权的，转让房地产报批时，有批准权的人民政府按照国务院规定决定可以不办理土地使用权出让手续的，转让方应当按照国务院规定将转让房地产所获收益中的土地收益上缴国家或者作其他处理。”由此可知，以划拨方式取得的土地使用权的权益不同于以出让方式取得的土地使用权的权益。

随着我国农村土地制度改革的不断深入，新的政策与试点不断推行。例如，建立城乡统一的建设用地市场。在符合规划和用途管制的前提下，允许农村集体经营性建设用地出让、租赁、入股，实行与国有土地同等入市、同权同价。确保农村土地承包经营关系保持稳定并长久不变，切实做到三个“不得”，即不得改变土地所有性质，不得改变土地用途，不得损害农民土地承包权益。建立规范的承包经营权流转市场，确立土地承包经营权的用益物权性质。实行所有权、承包权、经营权（简称“三权”）分置并行，落实集体所有权，稳定农户承包权，放活土地经营权，充分发挥“三权”的各自功能和整体效用，形成层次分明、结构合理、平等保护的格局。搞好农村土地（房屋）的确权登记和办证工作，建立明晰的农村土地产权制度，依法保障农户宅基地用益物权。探索宅基地所有权、资格权、使用权“三权分置”，落实宅基地集体所有权，保障宅基地农户资格权和农民房屋财产权，适度放活宅基地和农民房屋使用权。农村土地制度的改革与创新，丰富了我国的不动产类型。

二、不动产的特性

不动产作为一种特殊商品，具有一系列与其他物体相区别的特性。正确认识和掌握不动产的特性，对于学习和研究不动产经济学，合理利用和管理不动产都具有十分重要的意义。

不动产的特性包括自然特性和社会经济特性。不动产自然特性是不动产作为自然物的特性，是不动产所固有的；不动产的社会经济特性是指在一定的社会经济条件下由不动产自然特性所衍生出来的不动产的其他性质，体现着人与人之间的社会关系和经济关系的特性。

（一）自然特性

1. 不可移动性

不可移动性是指由于土地位置的固定性，依附于土地表面的建筑物和其他附着物也不能移动。不可移动性是不动产与其他商品最大的区别，因此，地理位置的交通通达性、用地性质等对不动产的质量、功能和价格的影响比其他商品更为显著。

不动产位置的固定性决定了每一宗不动产都处于特定的自然和社会环境之中，因此不动产具有明显的区位优劣差异。区位是指某地域空间内各种事物的位置分布及其相互联系，除自然地理位置外，还包括可及性、联系的便捷性、与重要场所的距离、地域自身的社会经济地位等。然而，社会经济状况会随着时间推移而发生变化，因此不动产所处的地理位置虽然固定不变，但社会经济地位却随着社会经济的新状况而发生变化。

在不动产的交易中，由于其不可移动性，无法将不动产直接取走，因此不动产交易的标的物是不动产实体，而交易的载体却是不动产的产权及其属性或权利关系。一般通过法定契约和产权登记的方式来保障买方获得不动产产权。

2. 数量有限性

从土地的角度而言，地球是自然演化形成的，是不能被人类所创造的。土地具有不可再生性，随着社会经济发展对土地需求量的逐渐增加，其数量相对于需求来说是十分有限的。土地的自然供给是无弹性的，它指的是地球供给人类可利用的土地数量，其数量是相对稳定的，一般来说，不受任何人为因素和社会经济因素的影响。但土地的经济供给是有弹性的，是指在自然供给的基础上因技术进步或土地利用效益的变化而增加某类土地数量的供给。例如，通过围湖造田增加了耕地面积，但这仅仅是土地用途的转换，并没有增加土地的总面积。

从房产来看，建筑物是人类劳动的产物，其总量是可以变化的。但土地供给具有有限性（一是受到大自然的制约，供给的土地有限；二是受到土地利用规划和城市规划的制约，即使存在有建房基础的土地，但受土地利用规划和城市规划的制约不得建设；三是我国每年的土地出让面积都有指标控制），这就限制了整个房产的建设规模，在城镇中可用于开发房产的土地更加有限。另外，技术条件的限制也进一步压缩了房产总量的扩张。这些都是房产数量有限的客观原因。

3. 使用寿命的长期性与利用的可持续性

不动产具有不易损坏、经久耐用的特点。使用寿命的长期性主要是针对建筑物及其附着物而言的。虽然建筑物的寿命主要受经济寿命的影响，例如，当使用和维护建筑物所能够带来的利益低于所需支付的成本，或者在同等条件下能够更有效地利用土地或更好地实现土地的经济价值，那么该建筑物不再具有保留价值。当今建筑物的寿命平均在70～100年，但随着建筑技术水平的提高，其使用寿命将会更长久。

土地的生产力在合理开发利用的基础上可以自我恢复和维持，并不会因持续使用而降低，因此土地是一种可持续利用的自然资源。土地上的生物不断地生长和死亡，土壤中的水分及其他化学元素不断地被植物消耗和归还，在这样的循环状态下，其生态功能是相对稳定的。但值得注意的是，土地具有可耗竭性。近年来，随着社会经济的发展，人类过度开发利用土地，水土流失、次生盐渍化、荒漠化等土地退化现象严重，土地生产力下降、使用价值降低，这些都迫使人们必须合理、节约集约利用土地。

4. 个别性

组成土地的自然要素包含土壤、岩石、矿藏、水文、大气和植被等，每一宗土地由于其组成要素的不同及人类对其不同程度的开发和利用，均是个体的、有别于其他土地的，至少在空间位置上是唯一的。另外，由于不动产具有位置的固定性特点，每一宗不动产都处在特定的自然和社会环境之中。任何两宗土地均存在一定的差异性，那么附着于土地上的建筑物，即使采用完全相同的建筑原料和设计，也会因所占土地的自然条件和坐落位置等不同而产生差异。

不动产的个别性造成了不动产个体的差异性也较大。由于不同地块的区位差异，不同的不动产具有不同的质量。例如，一般位于繁华地段的地块优于位于城市边缘的地块，临街地块优于背街地块。即使位于同一居民区，出于安全性等因素，处于居住区中部的住宅也优于处于边缘的住宅。同一幢住宅的不同楼层，其价格也不尽相同。

不动产的个别性还使得每一宗不动产具有区别于其他不动产的自身特征，且一般不动产的价值量较大，因此在进行不动产交易时需要对不动产开展价格评估。不动产的个别性也导致了某一不动产很难完全被其他不动产所取代。

（二）社会经济特性

1. 保值增值性

不动产的保值增值性针对的是不动产价值变化的总体趋势，并不排除社会经济发展和人为因素导致的价值波动甚至贬值现象。

不动产的保值性一般体现在其使用寿命较长。例如，就不动产个体而言，法律限制土地的使用年限：居住用地 70 年，工业用地 50 年，教育、科技、文化、卫生、体育用地 50 年，商业、旅游、娱乐用地 40 年，综合或其他用地 50 年。土地之上的附着物和房屋在建设完成以后，只要不被拆迁、烧毁或遭受自然灾害的破坏，其使用年限一般都较长，一般可达几十年甚至几百上千年。

不动产的增值性主要是指土地的增值性，主要取决于土地的稀缺性和人类社会对土地的不断改造和利用。土地的稀缺性主要是指土地总量有限，而需求量却随着社会经济的发展不断增加，导致土地的稀缺；另外，人们追求位置较优、质量较好的土地，从而扩大了需求量，而土地数量却是有限的，优质土地更是稀缺，导致了土地供不应求，使得土地的价值增加。

2. 用途多样性

不动产的用途多样性表现在人类将土地用于不同的用途，如商业、工业、住宅和农业用地等，且在一定条件下，这些不同类型的不动产是可以相互转化的。例如，将一般耕地转为商业住宅用地，将工业用地转为商业用地等。同类用地的不同用途也是可以相互转换的。例如，农业用地内部的转换（将耕地转为林地）等。同类用地还可在形式上发生变化。例如，改变用地的利用强度和空间分布等。

不动产数量虽然有限，但其用途可以相互转换，土地利用强度可以改变，这就体现出了土地的经济供给具有弹性。应当指出的是，在改变不动产的用途时，需要花费成本且某些用途改变后具有不可逆转性，或者因逆转成本太高而破坏土地的适宜性，且土地的利用强度由于受到建筑技术、经济实力及周围环境等方面的限制，其性质也不能随意改变。因此，不动产的用途多样性虽然有利于促使不动产趋向最佳的利用方向，但同时又受到各方面的制约。

3. 消费品与投资品兼备的双重性

消费品也可以称为“消费资料”或者“生活资料”，是指满足人们物质和文化生活所需的社会产品。投资品是指购买后不需要追加新的使用价值，也不需要附加新价值，即可择机出售获利（也可能亏损）的商品。不动产既可用于居住、生活等消费活动，是一种基本生活资料（消费品），又可成为投资工具，是一种生产资料（投资品）。

不动产作为一种消费品满足人类的居住和其他消费所需，而人类又反过来将不动产作为一种生产要素投入到生产活动中去。值得指出的是，不动产的高价值、不可移动和个别性，使得不动产交易缺乏频繁性。作为消费品的不动产，购买群体有限，且出售时需要花费较长时间寻找合适的买方达成协议。不动产具有使用寿命的长期性也导致了不动产作为消费品，不如廉价商品的交易频率高，具有难以变现性。此外，消费了不动产的同时也等于投资了不动产，在现实生活中难以区分不动产的消费性和投资性，即不动产具有消费与投资的双重属性。

4. 权益受限性

不动产涉及社会的很多方面，一宗不动产形成之后，由于其使用寿命的长期性，一旦形成某种格局就很难轻易改变，容易对外界的各方面产生影响。同时，外界的各种因子也会影响不动产的形成。不动产的权益受限性主要是由其影响的广泛性而引起的。

任何一种财产权利都会受到法律的制约。不动产作为一种特殊的财产权利，其涉及范围较广，因此权益更易受到限制。我国政府主要通过设置管制权、征收权、征税权和充公权四种特权对不动产进行管理。

（1）管制权：政府为了防止增加征收补偿的成本，会管制拟征收不动产。管制的模式可以分为禁止制、许可制和间接管制三种。政府对拟征收不动产的管制构成对财产权的限制，如果超过一定限度，就有可能构成征收。我国法律对拟征收不动产的管制规定，除了对物的管制之外，还包括对人的管制，这与国家的“生存照顾”义务相关。

（2）征收权：不动产征收制度是财产征收制度的重要组成部分。国家为了向社会提供公共产品、实现公共利益，必须享有在特定情况下对私人财产予以征收的权利。然而，国家对私人财产征收的范围、程序必须是法定和适当的。征收不足，国家机构难以有效运转；而过度征收，则会损害民众的合法利益。

（3）征税权：1993 年 12 月，国务院颁布《中华人民共和国营业税暂行条例》，对转让土地、房屋等不动产的行为征收营业税。同年颁布《中华人民共和国土地增值税暂行条例》（简称《土地增值税暂行条例》），开始征收土地增值税。2006 年 12 月，国务院颁布了《中华人民共和国城镇土地使用税暂行条例》，开始对外商投资企业、外国企业征收城镇土地使用税。2007 年 12 月，国务院颁布了《中华人民共和国耕地占用税暂行条例》，对外商投资企业、外国企业征收耕地占用税。至此，我国的不动产税收体系完善并确立。

我国现有的不动产税主要包括城镇土地使用税、房产税、耕地占用税、土地增值税、契税等。

（4）充公权：充公权主要是政府针对私有业主的一种限制。

三、不动产的分类

根据管理对象、目标与内容等不同，可将不动产划分为不同的类型。

（一）按用途分类

1. 居住用途不动产

居住用途不动产指为人类提供居住功能的不动产，包括普通住宅、公寓、别墅、集体宿舍等。

2. 商业用途不动产

商业用途不动产指商业、服务业、旅游业、金融业用地及其地上建筑物，包括零售商店、购物中心、市场、贸易场所等。

3. 农业用途不动产

农业用途不动产指在城乡二元结构下，除城镇不动产以外的用于大农业生产的耕地、林地、园地、草地、畜牧场、水域及其农用设施等。决定土地为农业使用的限制因素包括土壤、降水、地形、地势及气候等，因此适合农业使用的土地质量要求较高。值得注意的是，农业用地一旦变更为其他用途，将难以恢复原农业用途，其质量将受到很大影响。

4. 工业和仓储用途不动产

工业和仓储用途不动产大多位于工业发达区域，随着我国工业园区的大规模新建和物流园区、自贸区、保税区等功能区的建设，具有综合配套功能的工业和仓储用途不动产发展势头良好。一般工业和仓储用途不动产包括工业厂房、车间、料场、矿山、仓库及直接为工业生产配套或服务的场内办公场所等。

5. 公共管理与公共服务用途不动产

公共管理与公共服务用途不动产包括机关团体、新闻出版、科教、医卫慈善、文体娱乐、公共设施、风景名胜等用途的不动产。

6. 交通用途不动产

交通用途不动产包括铁路、公路、港口、机场、管道运输等及其附属设施用地，以及城镇内部的道路、广场和停车场等。

7. 特殊用途不动产

特殊用途不动产指军事设施、涉外、宗教、监教、殡葬等用地，主要包括用于军事目的的设施用地，监狱、看守所、劳改所、庙宇、道观、陵园、殡葬场所用地等。

8. 综合用途不动产

综合用途不动产指包括两种或两种以上用途的不动产。

（二）按是否产生收益分类

按是否产生收益划分，不动产主要分为以下两大类。

1. 收益性不动产

收益性不动产指能直接取得市场租金或其他经济收益的不动产。其中，商业用途不动产、工业和仓储用途不动产、农业用途不动产大多都属于收益性不动产；按市场价格收费的文化娱乐及休闲用途的不动产通常也是收益性不动产。此外，在市场上出租的所有不动产也是收益性不动产。

2. 非收益性不动产

非收益性不动产指不能直接取得经济收益的不动产，泛指除收益性不动产以外的所有其他不动产，如只能自用的住宅用地、政府办公楼、教堂、寺庙等。对于公益性机构中的不动产，如文化娱乐设施和学校设施等，即使这些机构收费，其所收费用也只是为了维持自身收支平衡，并不包含不动产取得的收益，因此这些不动产也是非收益性不动产。

第二节　不动产经济学的研究对象与研究内容

一、不动产经济学的定义

对于不动产经济学，国内外学者给予了不同的定义。例如，丁栋虹（1993）认为“不动产经济学是一门研究人与资源关系，尤其是人在利用资源过程中所发生的人与人之间相互关系的经济科学”。美国麦肯泽和贝茨（2009）将其定义为：“不动产经济学是一门综合运用宏观经济学和微观经济学的原理，去分析一个国家、地区、社区、邻里的变化趋势对不动产价值影响的科学。”陈龙高和但承龙（2011）认为“不动产经济学是研究相关经济社会活动而产生的不动产资源优化配置、经济和社会公众关系及不动产经济运行规律的一门学科”。

从以上定义可知，不动产经济学关注对不动产价值产生重要影响的经济学原理，是研究和揭示不动产经济运行过程中的规律和管理政策，以及不动产资源在社会经济关系中的优化配置等内容的一门学科，属于应用经济学的一个分支学科。

准确理解不动产经济学的概念才能更好地把握其内涵和外延。由于不动产经济学的特殊性，对于不动产经济学可作如下定义：不动产经济学是一门研究不动产资源优化配置、不动产经济运行规律及其形成机理与表现形式和提高不动产经济运行效率的学科。

二、不动产经济学的研究对象与学科性质

（一）不动产经济学的研究对象

研究对象是根据研究目的进行选择而组成的认识客体，任何一门学科都有其特定的研究对象，不动产经济学也是如此。

对于不动产经济学的研究对象，不同的学者表述各异。

丁栋虹（1993）认为，不动产经济学所研究的主要是自然资源。但是不动产经济学所研究的并不是资源这种物质的实体，而是表现为这种实体的一般观念。更具体地说，它是研究人在利用资源过程中所发生的一系列的关系，而这种关系表现为人与资源的关系。

美国麦肯泽和贝茨（2009）认为，不动产经济学是研究人类自身及其行为如何影响不动产价值的一门学科，同时作为一门课程要帮助人们了解不动产活动波动的原因以及这些波动将如何影响地方的不动产，理解当下的不动产活动如何影响未来的不动产价值。

陈龙高和但承龙（2011）认为，不动产经济学的研究对象可从三个方面进行阐述：首先，研究不动产的利用与优化配置，主要是指以解决现实中具体问题为导向进行的研究。不动产的利用与优化配置是指不动产作为一种基本生产与生活要素在经济活动中的分配与合理利用、市场机制对不动产参与经济活动的影响，以及不动产参与生产的收益及其分配等问题。其次，研究不动产经济运行规律，以分析不动产经济活动中的经济现象为指向，旨在研究不动产经济的运行机制与基本规律，如不动产价格的涨跌规律分析、不动产市场的景气分析、不动产的经济周期波动分析、不动产市场的区际差异分析与交互影响分析、不动产经济参与要素主体分析等。最后，从不动产、不动产经济及不动产业三个方面综合阐述不动产经济与公共管理问题，即不动产经济研究不仅是要素经济问题研究，更是公共资源经济问题研究；不仅是单部门经济问题研究，更是多部门关联经济问题研究。与其他要素经济和部门经济研究相比，不动产经济研究更具有公共性和社会性的特征，需要从公共管理的视角加以分析研究。

综合以上研究者的观点，兼顾对不动产经济学有关学科研究对象的认识，本书认为不动产经济学的研究对象是生产、交换、分配与消费不动产资源的过程中所产生的经济关系与经济规律。

（二）不动产经济学的学科性质

不动产经济学是主要研究不动产经济运行规律、不动产资源配置的学科。不动产经

济运行规律是不动产经济学的基础，也是不动产相关学科的基础。不动产资源配置效率是不动产经济行为的目标，也是政府管理、规范不动产生产、交易、分配与消费行为，调节不动产业发展水平的依据。不动产资源配置措施是不动产调控的手段，前者是基础，后者是前者的应用（谢经荣等，2012）。

不动产经济学是一门应用型经济学。不动产经济学同农业经济学、工业经济学、建筑经济学、商业经济学等都是应用经济学中独立的学科，也是产业经济学的组成部分。应用经济学原理研究不动产及不动产业的基本运行规律，解决不动产及不动产业相关问题是其应用经济学性质的表现。但是，在不动产经济学中也有许多理论经济学（或者说是政治经济学）所涉及的东西，如地租地价理论、区位理论等。从这个方面而言，不动产经济学又具有理论经济学的性质。

不动产经济学是不动产相关学科的基础。不动产经济学的基本理论及其涉及的经济、社会属性和不动产在生产、消费流通中的各种运行规律，是不动产其他相关学科都要应用的基本理论和规律。因此，从这个方面而言，不动产经济学是其他学科（如不动产估价、不动产管理、不动产金融）的基础。

不动产经济学是把不动产业同国民经济紧密联系的桥梁。不动产经济学中有关不动产业同国民经济关系的理论将不动产业纳入整个国民经济研究中，使不动产业研究与国民经济联系在一起，有利于正确认识不动产业在国民经济中的地位，以及不动产业对国民经济的影响、带动作用和阻碍作用等，是促进不动产业与国民经济协调发展的重要理论基础。

三、不动产经济学的研究内容

不动产经济学的研究内容包括所含不动产组成部分的每个实体，也包括这些实体之间的经济关系，还包括实体在经济关系中产生的一系列权益。随着我国社会经济的发展和不动产制度的改革创新，不动产物质客体的范畴及其权利体系（“权利束”）也处于不断的拓展与丰富之中，因此不动产经济学的研究内容也应与时俱进。目前，土地经济学、房地产经济学等著述颇丰，但不动产经济学著述较少，社会和科学需求及现实诉求迫切需要加强对不动产经济学内容体系的研究。不动产经济学研究以经济学基本理论为指导，充分发挥市场在配置不动产资源方面的决定性作用，揭示不动产市场运作和不动产经济运行机制，为保障不动产经济平稳有序运行和提高不动产资源的配置效率，提出不动产经济运行的制度保障和调控措施。因此不动产经济学的研究内容主要有以下几个方面。

（一）阐明不动产经济学的基本理论

不动产经济学的基本理论主要包括区位理论、地租地价理论、不动产市场运行理论和不动产周期波动理论等。区位理论和地租地价理论是不动产经济的基础，不动产市场运行理论是不动产经济的核心理论，不动产周期波动理论是不动产经济客观表现的总结与升华。

不动产的不可移动性决定了不动产具有很强的地域性，使得区位因素在不动产价值形成和资源配置方面的作用很大。区位理论是关于自然物体和人类活动的空间分布及其在空间中的相互关系的学说，包括农业区位论、工业区位论和中心地理论等，明确研究区位理论对于不动产经济的现实意义。

地租地价理论主要包括古典经济学地租地价理论、现代西方经济学地租地价理论和马克思主义地租地价理论。

不动产市场运行理论主要包括不动产市场运行的基本原理与主要机制（动力机制、价格机制、供求机制及竞争机制等）。

不动产周期波动是客观存在的，不动产周期波动理论研究不动产周期波动的影响因素及形成机理。

（二）揭示不动产市场运作和不动产经济运行机制

不动产市场是不动产经济的核心，随着社会经济的发展和不动产制度的改革创新，不动产物质客体的范畴及其权利体系（“权利束”）也处于不断的拓展与丰富之中，因此不动产市场类型也在不断丰富，不仅要研究传统的土地市场、住房市场，而且要研究工商业不动产市场、农村不动产市场、矿产资源市场与海域使用权市场等。梳理各类不动产市场的发展脉络，可以明晰其内涵与特点，揭示其市场运行机制和保障措施。

不动产投资是指投资者为了获取预期不确定的效益而将一定的现金转为不动产的经营行为，属于投资行为中的一种。不动产投资具有投资的巨额性、高度风险性、建设与回收的长期性、盈利性和保值增值性、较强专业性等特征，不动产投资是不动产经济运行的前提。不动产投资的研究内容主要包括不动产投资的特征、方式和不动产投资分析，不动产投资市场环境分析、周期分析的技术与方法，以及不动产投资的拓展渠道。

不动产金融是指以不动产为信用基础，借助各种金融工具，组织协调不动产业资金的筹集、融通、清算的所有金融行为的总称。不动产经济活动的全过程对金融业的依赖都是先天性的。不动产金融的研究内容主要包括不动产金融的内涵、特征与功能，不动产金融的发展历程和发展方向，不动产抵押贷款及其证券化、不动产信托、不动产投资信托基金（real estate investment trusts，REITs）等。

不动产税以土地、房屋等不动产为征税对象，属于财产税的一类，是财产税体系的重要组成部分。因此，政府必须尊重国民的财产，并为之提供保护；国民必须缴纳一定的税收，以保障政府相应的支出。不动产税是政府以政权强制力对持有或者占用不动产的业主征收的税项，是地方财政重要和稳定的收入来源。不动产税收研究的主要内容包括不动产税收的特征，不动产税收的功能，国外与香港、澳门、台湾地区的不动产税收制度及其借鉴，我国不动产税收制度及改革，不动产税收估价的总体思路、基本步骤和估价方法等。

（三）提出不动产经济运行的制度保障和调控措施

不动产是一种重要的公共资源，不动产业是国民经济的重要支撑行业，需要从公共政策和产业政策的角度来分析其经济问题。不动产经济研究更具有公共性和社会性的特征，需要从公共管理的视角加以分析（陈龙高和但承龙，2011）。因此，为了保障不动产经济平稳运行，需要加强不动产管理。不动产管理是指对不动产的利用、规划、开发、建设、交易、营销、权属登记、估价、金融融资（证券化）、资产经营与管理（增值）、收益分配（税收）等经济活动，进行计划、组织、监督和控制等的一系列活动；或者可理解为对不动产的区位、资源和价值的综合管理（谢献春和吴大放，2015）。由此可知，不动产管理涉及对不动产经济的全过程与全属性的管理，需要专门的学科进行研究，大多数有关内容已在前述论及，这里主要涉及与不动产经济学关系密切的不动产经济运行的制度保障（不动产统一登记制度）和不动产经济宏观调控。明确的产权是不动产市场交易的基础，不动产统一登记是不动产确权的基本途径。党的十八届三中全会通过的《中共中央关于全面深化改革若干重大问题的决定》要求在不动产统一登记的基础上，“对水流、森林、山岭、草原、荒地、滩涂等自然生态空间进行统一确权登记，形成归属清晰、权责明确、监管有效的自然资源资产产权制度”。不动产统一登记制度的内容包括不动产登记与不动产经济的关系、不动产统一登记的缘起、不动产统一登记的内容与程序等。

就宏观经济而言，不动产市场的不完善、不动产的外部性与公共物品、产权及共有产权、风险与不确定性及不可逆性等造成的市场失灵，以及不动产周期性的经济波动和危机下的经济泡沫，都是不动产市场不能实现资源高效配置的原因，需要进行不动产经济宏观调控。其主要内容包括宏观调控的必要性、基本思路和政策体系等。

四、不动产经济学与其他学科的关系

不动产经济学是不动产学科与经济学科的交叉学科。不动产客体多样，因此不动产经济学以宏观经济学、微观经济学和产业经济学等为基础，同时又包括土地经济学、房地产经济学、矿产资源经济学等内容。本节对与之相关的主要学科进行简要介绍。

（一）土地经济学

土地经济学与一般的经济学相比较，具有较强的应用性，属于应用经济学；与农业经济学、工业经济学等部门经济学相比较，土地经济学并不属于部门经济学，而是与劳动经济学、物资经济学、水资源经济学等并列的生产要素经济学；与土地管理学、土地利用规划学等操作性、技能性较强的学科相比较，土地经济学又是具有概论性、综合性的学科。土地经济学研究土地利用中形成的人与土地的经济关系以及人与人的经济关系（毕宝德等，2020），或土地领域中的生产力运行与生产关系运行及其相互关系（周诚，2003）。其研究内容包括三个方面：土地利用、土地制度和土地市场（毕宝德等，2020）。

土地利用主要是指土地资源在国民经济各部门的分配与使用，具体包括土地资源的勘察、技术评价、土地资源利用规划与计划、土地分区利用、土地集约利用、土地规模利用及土地可持续利用等。研究的是人与土地之间的经济关系问题。

土地制度是指土地财产的权属制度，具体包括土地所有制、土地使用制及土地管理体制。研究的是土地利用过程中形成的人与人之间的经济关系问题。

土地市场是指土地作为资产，其权属进入市场流转和随之产生的土地价值实现，具体包括土地市场的建立及其供求关系、在土地流转过程中土地使用者向土地所有者支付的地租、土地作为商品买卖形成的价格、将土地资产作为抵押担保标的物形成的债务关系，以及国家参与土地收益分配的具体形式——土地税收等方面的问题。研究的是土地利用过程中形成的人与人之间经济关系问题的另一个侧面。

在土地经济学以上的研究内容中，三者是相互联系的有机整体。合理地利用土地资源是满足人类社会生存与发展的基本需求，是土地经济学研究的基本问题；土地资源作为生产力的基本要素，要将其投入生产过程，就必须在一定的土地制度下进行，因此建立并维护适应经济社会发展的土地制度，是合理利用土地资源的根本保证；人们在利用土地的过程中，会发生土地的资产流转及土地的收益流转和分配问题，确定土地资产流转的条件与形式，合理分配土地收益，协调好所有者与使用者之间的利益关系，是保证土地合理利用的重要手段。

（二）房地产经济学

房地产经济学从房地产属性角度出发，是房地产经济运行过程的理论化和系统化。房地产经济学以研究和揭示房地产经济运行的规律为宗旨，主要研究房地产在生产、生活和流转过程中表现出来的由自然特性、社会经济条件等决定的房地产的经济属性、社会属性及其变化规律。

国内外不同学者对房地产经济学研究对象的定义不同，主要有两个不同的理解角度。其一是从马克思主义政治经济学的角度来理解房地产经济学的学科性质和研究对象。例如，王克忠（1995）认为“房地产经济学是一门部门经济学，它是研究房地产经济实践活动的一门科学，主要研究社会主义市场经济条件下房地产经济的实践活动及其所体现的人与人之间的经济关系”；简德三和王洪卫（2003）认为“房地产经济学就是一门研究房地产生产和再生产过程中的各种经济现象、经济关系和经济运行规律的科学，是一门研究和阐述房地产基本经济理论和房地产经营管理的部门经济学”。其二是从西方经济学的角度来理解房地产经济学的学科性质和研究对象。例如，林增杰等（2000）认为“房地产经济学是研究房地产资源合理利用和有效配置的基本经济理论和房地产经济活动运行的经济学科，在整个房地产专业学科体系中处于先导和基础的地位”；曹振良（2003）认为“房地产经济学的研究对象是行业内外资源配置及其所体现的经济关系和运行规律”；张永岳等（2005）则认为“房地产经济学是一门研究房地产经济运行规律和房地产资源配置效率的科学”。

结合以上学者对房地产经济学研究对象及其内容的定义，要想理解房地产经济学的研究内容，应从“房地产”和“经济学”两个方面着手（董藩等，2012）。

从中国经济近年发展来看，房地产业已经成为我国经济的支柱产业之一。房地产经济不同于一般经济，既要遵循一般经济运行的客观规律，又要考虑房地产自身的特殊性，结合此种特殊性来进行房地产经济的研究。因此，房地产经济学既在研究价值规律、供求规律、竞争规律等一般经济规律在房地产中的应用，也在揭示房地产市场运作和房地产经济运行所形成的房地产特有的规律，如城市地租规律、房地产价格规律、房地产市场供求规律和房地产经济波动规律等。

房地产作为一种商品，其流通过程包括生产、交换、分配和消费四个环节。同理，房地产经济学的研究内容也包括房地产的生产、交换、分配和消费管理等环节的运行机制与运行规律。房地产经济学的一项重大任务就是从房地产商品流通的各个环节及其相互关系中理解和揭示房地产的市场运作和经济运行的规律。

土地的稀缺性导致了房地产的有限性，因此房地产经济学研究的根本目的是提高在房地产市场运作和经济运行时资源配置的利用效率。近年来，政府一直在宏观调控房地产市场，但作用却并不明显。政府在加大力度优化配置和合理利用房地产资源时，也要尊重市场机制的决定性地位，双管齐下，共同推进房地产市场正常运行。

综上所述，房地产经济学的研究内容包括三个方面：①反映人与人之间社会关系的各种产权关系和由社会制度决定的各种房地产制度；②反映人与人之间经济关系的房地产价格和房地产市场运行规律；③政府为加强房地产业的发展或保护房地产产权人的利益而采取的管理制度和调控措施。

（三）矿产资源经济学

矿产资源经济学从矿产资源的特点出发，应用经济分析方法，在矿产资源的开发利用过程中对地质勘查、矿床开采和选矿加工等阶段内部和各阶段之间进行经济、资源、社会效益的综合评价，其最终目的是合理利用矿产资源，最大限度地满足国民经济建设的需求。矿产资源经济学是自然科学与经济科学相互渗透、相互交叉的边缘性、交叉型学科。

基于对现代矿产资源经济学研究对象的分析，其研究内容可从四大方面入手：经济评价、经济管理、生产过程经济和消费过程经济。

其中，从经济评价角度研究矿产资源经济学的内容，包括矿产资源经济形势、矿产资源技术经济评价与区划、矿产资源价值及其核算等；从经济管理角度研究矿产资源经济学的内容，包括矿产资源实物量与价值量的管理、矿产资源经济决策、矿产资源经济与产业政策、矿产资源使用与消费政策、矿产资源管理制度创新等；从生产过程经济角度研究矿产资源经济学的内容，包括矿产资源产品及其价值生产、矿产资源产业形成与发展、矿产资源生产成本构成与价格、矿产资源生产劳动消耗与补偿等；从消费过程经济角度研究矿产资源经济学的内容，包括矿产资源使用与消费需求、矿产资源供给、矿产资源消费补偿、矿产资源节约与二次利用、矿产资源再生产等。

（四）宏观经济学

宏观经济学是研究一国经济总量、总需求与总供给，国民收入总量及构成，货币与财政，人口与就业，要素与禀赋，经济周期与经济增长，经济预期与经济政策，国际贸易与国际经济等宏观经济现象的学科。

宏观经济学的内容包括宏观经济理论、宏观经济政策和宏观经济计量模型（曼昆，2011）。

宏观经济理论包括国民收入决定理论、消费函数理论、投资理论、货币理论、失业与通货膨胀理论、经济周期理论、经济增长理论、开放经济理论。

宏观经济政策包括经济政策目标、经济政策工具、经济政策机制（即如何利用经济政策工具达到既定的目标）、经济政策效应与运用。

宏观经济计量模型包括根据各派理论所建立的不同模型。这些模型可用于理论验证、经济预测、政策制定，以及政策效应检验。

（五）微观经济学

微观经济学是一门主要以单个经济单位（单个生产者、单个消费者、单个市场经济活动）作为研究对象开展分析的学科。分析单个经济单位的经济行为，在此基础上，研究现代西方经济社会的市场机制运行及其在经济资源配置中的作用，并提出微观经济政策以纠正市场失灵；关心社会中的个体和组织之间的交换过程，其研究的基本问题是资源配置的决定，基本理论是通过供求来决定相对价格的理论。微观经济学包括的内容相当广泛，其中主要有均衡价格理论、消费者行为理论、生产者行为理论（包括生产理论、成本理论和市场均衡理论）、分配理论、一般均衡理论与福利经济学、市场失灵与微观经济政策。

微观经济学与宏观经济学的区别主要表现在以下几方面。

1. 研究对象不同

微观经济学的研究对象是单个经济单位，如家庭、厂商等。正如美国经济学家亨德森（Henderson）所说，居民户和厂商这种单个单位的最优化行为奠定了微观经济学的基础。而宏观经济学的研究对象则是整个国民经济，研究整个国民经济的运行方式与规律，从总量上分析经济问题。正如萨缪尔森（Samuelson）所说，宏观经济学是根据产量、收入、价格水平和失业来分析总体经济行为。美国经济学家夏皮罗（Shapiro）则强调了宏观经济学考察国民经济作为一个整体的功能。

2. 解决问题不同

微观经济学要解决的是资源配置问题，即生产什么、如何生产和为谁生产的问题，以实现个体效益的最大化。宏观经济学则把资源配置作为既定的前提，研究社会范围内的资源利用问题，以实现社会福利的最大化。

3. 研究方法不同

微观经济学的研究方法是个量分析，即研究经济变量的单项数值如何决定。而宏观经济学的研究方法则是总量分析，即对能够反映整个经济运行情况的经济变量的决定、变动及其相互关系进行分析。这些总量包括两类，一类是个量的总和，另一类是平均量。因此，宏观经济学又称为总量经济学。

4. 基本假设不同

微观经济学的基本假设是市场出清、完全理性、充分信息，认为“看不见的手”自由调节就能实现资源配置的最优化。宏观经济学则假定市场机制是不完善的，政府有能力调节经济，通过“看得见的手”纠正市场机制的缺陷。

5. 中心理论和基本内容不同

微观经济学的中心理论是价格理论，还包括消费者行为理论、生产理论、分配理论、一般均衡理论、市场理论、产权理论、福利经济学、管理理论等。宏观经济学的中心理论则是国民收入决定理论，还包括失业与通货膨胀理论、经济周期与经济增长理论、开放经济理论等。

（六）产业经济学

产业经济学以产业为研究对象，主要包括产业结构、产业组织、产业发展、产业布局和产业政策等，探讨以工业化为中心的经济发展中产业之间的关系结构、产业内的企业组织结构的变化规律，以及经济发展中内在的各种均衡问题等。通过研究，为国家制定国民经济发展战略和制定的产业政策提供经济理论依据。产业经济是居于宏观经济与微观经济之间的中观经济，是连接宏微观经济的纽带（苏东水，2010）。

总之，由于不动产的特殊性，不动产经济学不同于一般经济学。不动产经济学是将一般的经济学理论与实际的不动产实务相结合的一门学科。经济学理论较多关注的是社会如何尝试以有限的资源满足人们的要求，但缺乏对区域性不动产市场的研究。不动产实务着重研究完成一项不动产交易所需要的专业技能，但又缺乏对决定住房购买或其他不动产投资在数年后运行趋势的经济影响因素的探讨。不动产经济学分别从经济学理论和不动产实务中总结规律，并将两者结合起来用于研究不动产市场的运行规律。

第三节　不动产经济学的形成与发展

不动产经济学作为独立的学科是一门新兴学科。人们对不动产经济的研究时间并不长，但是不动产作为一种重要资源，有关其分类中的土地和房产等不动产的经济问题在很早以前就开始有了研究。

17 世纪末，西方古典经济学家威廉·配第（William Petty）就首次提出了级差地租的概念，并对级差地租、土地价格等做出了初步的阐述。之后，安·罗伯特·雅克·杜尔哥（Anne Robert Jacques Turgot）、亚当·斯密（Adam Smith）、大卫·李嘉图（David Ricardo）等就若干土地经济问题进行了探讨。其中，李嘉图对级差地租理论做了系统研究，为现代西方土地经济学的建立奠定了理论基础。到了 19 世纪中叶，马克思、恩格斯在批判地继承古典经济学理论的基础上，创立了科学的人口理论和土地肥力理论及地租地价理论，这也成为马克思主义土地经济理论的核心部分。之后，列宁的土地国有化理论等进一步完善和丰富了马克思主义土地经济理论。

但以上研究大部分从属于政治经济学或其他学科，而土地作为一种特殊的生产资料，其学科性质及其研究与这些研究是有所差别的。1924 年，美国经济学家伊利（Ely）和莫尔豪斯（Morehouse）合著的《土地经济学原理》一书的出版，标志着土地经济学开始作为一门独立的学科而存在。在伊利之后，不动产经济学研究从两个方向进行探讨：一是对主要类型的土地资源的个别深入研究，如城市土地经济学和森林资源经济学。这方面的主要著作有 1949 年拉特克利夫（Ratcliff）的《城市土地经济学》等。二是深化了投入资源问题的研究，如巴洛维（Barlowe）的《土地资源经济学——不动产经济学》。不动产经济学研究这种双向的拓展根源于西方社会经济发展的现实，即在经济发展过程中，随着产业不断发展，大批人口涌入城市，城市经济和城市生活属于社会经济发展的主体，城市问题的增多相应地影响着学科的发展。同时，纯粹的自然所赋予的可开发的资源越来越少，土地之上人为改良设施的增多，促使不动产经济学研究领域拓宽。西方不动产经济学是在西方社会自身所面临的问题和其不动产经济学已有成果的基础上发展起来的。

国内的不动产经济学研究起步较晚，土地经济学的研究是不动产经济学研究的开端。在我国，土地开发历史悠久，据史料记载，自周代以后，随着农牧业的发展，土地的经济意义与日俱增，土地制度与土地利用等问题也日益受到人们的重视。两千多年前，《管子·乘马》中就曾指出“地者，政之本也……地不平均和调，则政不可正也”，但那时的土地经济问题还处于分散不系统的状态。

20 世纪以来，中国土地经济学的发展分为三个时期：1900～1929 年是第一个时期，1930～1949 年是第二个时期，1949 年至今是第三个时期（表 1-1）。

表 1-1　中国土地经济学发展史

时间		主要内容及成就
1900～1929 年		在此阶段，形成的土地经济学术主要关于平均地权、实现耕者有其田、将西方经济学引入本国、实行土地改革
1930～1949 年		在此阶段，国内形成了大量的土地经济学著作，包括我国第一部土地经济学著作——章植的《土地经济学》，随后出版的土地经济学著作包括张丕介的《土地经济学导论》（1944 年）、刘潇然的《土地经济学》（1945 年）、朱剑农的《土地经济学原理》（1947 年）。受到马克思主义政治经济理论的影响，中国的马克思主义学者对于土地经济问题的研究成果颇丰
1949 年至今	1949～1977 年	在此阶段，城市土地大多归国家所有，农村也实行了土地集体所有制。在土地公有制的情况下，土地的租赁、买卖及抵押等活动都几乎不存在。因此，对土地经济学的研究基本处于停滞状态
	1978～1986 年	党的十一届三中全会的召开是中国改革开放的标志，也使得土地经济学得到复苏。在此阶段，土地经济学术研究的重点是社会主义条件下的地租地价问题，取得了丰硕的成果，为实行土地有偿使用奠定了初步的理论基础
	1987 年至今	此阶段是土地经济学术研究的繁荣阶段。1987 年 7 月，中国土地勘测规划院土地经济研究所成立；1987 年 12 月，中国土地学会土地经济分会成立。通过组织和促进全国土地经济学者和土地管理工作者的交流，强化了调查和研究活动，并推动了土地经济学的学科建设。在此期间相继出版的土地经济学著作包括中国国土经济学研究会编写的《国土经济学研究》（1982 年）、杨树珍和刘国心主编的《国土经济学》（1986 年）等专著；滕维藻翻译的由伊利和莫尔豪斯合著的《土地经济学原理》（1982 年）；土地经济研究会编写的《土地经济学初编》（1986 年）；张薰华和俞健主编的《土地经济学》（1987 年）；刘书楷和张月蓉主编的《土地经济学原理》（1988 年）；曹振良等人编著的《土地经济学概论》（1989 年）；毕宝德等人主编的《土地经济学》（1991 年）；周诚编著的《土地经济学原理》（2003 年）；黄贤金和张安录主编的《土地经济学》（2008 年）；董藩等人编著的《土地经济学》（2010 年）；杨庆媛等人主编的《土地经济学》（2018 年）；张裕凤主编的《土地经济学》（2019 年）等

科学技术的巨大进步，极大地提高了社会生产力，深化了社会分工，促进了第二、第三产业的发展，使得产业相对集中，进而获得城市聚集效益。随着城市化水平的提高，社会分工进一步深化，房地产从自给自足的自然经济中分离出来，逐步发展成为一个独立的产业部门。随着房地产业成为独立的产业部门，形成了以房地产业为客体的人与人之间的经济关系，即房地产经济。在近代，随着我国自给自足的自然经济解体，商品经济和城市的发展得到促进，中国房地产业和房地产经济得到了相应的发展；中华人民共和国成立前，我国的房地产经济还处于发展的初步阶段；中华人民共和国成立初期，随着国民经济的恢复和发展、城市化的推进，国家对房地产进行了规模巨大的投资，但以产品经济为基础的计划经济体制使得房地产建设和房地产业的发展受到了极大的影响；中国当代房地产业和房地产经济是改革开放的产物，是随着经济体制改革和国民经济的发展逐步建立和发展起来的。随着经济社会的发展和进步，房地产业和房地产经济朝着规范化发展，房地产业逐步成为国民经济支柱产业；进入21世纪，在全面建设小康社会时期，国民经济产业结构、地区结构、城乡结构发生了深刻的变化。产业结构高度化、西部大开发的迅速发展，特别是城市化水平和城乡居民收入水平的提高，都对房地产业和房地产经济提出了巨大的需求，同时也为房地产业和房地产经济的迅速发展提供了广阔的空间（表1-2）。

表1-2　中国房地产经济发展史

时期	主要内容及成就
中华人民共和国成立前	20世纪20～30年代，随着商品经济的发展和城市化的推进，房地产投资额在增长，房地产交易量在增加，城市土地价格也在不断地上涨。中国房地产经济虽然有了一定程度的发展，但是总的来说，还处于发展的初期阶段。房地产经济主要集中在东南沿海地区；房地产业主要由外国资本家投资和经营，中国民族资本投资的房地产还处于次要地位
改革开放前	社会主义制度的建立极大地解放了社会生产力，促进了国民经济的发展。 中华人民共和国成立初期，随着国民经济的恢复和发展、城市化的推进，国家对房地产进行了规模巨大的投资，开发了大量土地，建设了许多房屋，为生产经营单位、国家行政机关与事业单位及城镇职工和居民提供了大量的生产经营用房、办公用房和职工住房，有力促进了国民经济和社会的发展，基本上满足了城镇职工住房的需求。 随着以产品经济为基础的计划经济体制的确立和发展、财政统收和统支制度的建立、城市土地无偿使用和城市职工住房福利制度的形成，房地产投资有去无回，房地产资金无法形成良性循环，房地产业失去了经济和体制基础。房地产建设和房地产业的发展受到了极大的影响
改革开放后	当代中国房地产业和房地产经济发展，大体上经过了以下四个阶段。 第一个阶段，房地产业和房地产经济发展的理论准备和起步阶段。房地产业和房地产经济发展的理论准备阶段也是解放思想阶段。在计划经济体制下，国家是以行政手段配置房地产资源的，对房地产实行无偿低偿以及无期限的使用，不允许房地产所有者之间、所有者和使用者之间及使用者和使用者之间流动。这种状况之所以能够持续一个很长的历史时期，除了受传统的经济管理体制束缚以外，还受传统观念的束缚。 第二个阶段，房地产业发展的初期阶段。经济体制改革在进行，人们的认识也在不断地深化。具有决定意义的是在1984年召开的中国共产党第十二届中央委员会第三次全体会议上通过的《中共中央关于经济体制改革的决定》。这一决定在理论上突破了把计划经济与商品经济对立起来的传统观念，明确指出社会主义经济是有计划的商品经济，这是对马克思科学社会主义理论和经济理论的重大发展。 第三个阶段，房地产业大发展时期。对于房地产业培育和房地产经济发展有决定性意义的是社会主义市场经济理论的提出和市场经济改革目标模式的确立。 第四个阶段，房地产业和房地产经济朝着规范化发展，房地产业逐步成为国民经济支柱产业时期。随着以市场为取向的经济体制改革的深入进行，社会主义市场经济体制逐步建立，特别是1994年以来，国家对国民经济实行宏观政策调控，发展到1996年下半年，我国的国民经济运行情况发生了根本性的变化，从长期计划经济体制下的“短缺经济”和卖方市场，演变成为供过于求的“剩余经济”和买方市场。为了保证国民经济稳定、持续和健康的发展，国家实行了扩大内需的方针，并且把住宅产业和住房建设确定为国民经济新的增长点。1998年全面停止住房实物分配，我国房地产业开启了住房商品化的大发展时期，直到2021年房地产业发展迎来拐点，我国房地产业进入深度调整和新发展模式构建期。在发展观念方面，从过去追求速度和规模的发展观念，转变为高质量发展的新要求；在增长模式转型方面，消除以“高负债、高周转、高杠杆”的旧“三高”模式的开发建设为主体的增长模式，建立房屋从开发建设到维护使用的全生命周期管理机制，大力推进三大工程建设；在民生发展方面，完善“市场＋保障”的住房供应体系，大力建设绿色、低碳、智能、安全的房产，更好地满足人民群众刚性和改善性住房需求；在制度方面，加快建立租购并举的住房制度

土地经济学研究的是土地的经济与自然属性、土地利用制度、土地经济制度与土地产权制度、地租和地价等理论，是房地产经济学经济的、制度的和产权的理论基础和前提。土地经济学中的地租和地价理论是整个房地产经济学的理论基础，也是房地产经济理论的核心内容。土地经济学与房地产经济学虽然都研究土地，但是研究重点和研究目的却是不同的。在土地经济学中，土地经济是其研究的全部内容；而在房地产经济学中，土地经济只是其构成部分之一，其作为研究对象时，并不以单独的土地经济形态出现，而只有当地产与房产共同构成房地产时，才成为房地产经济学研究的对象。就两者关系来说，房地产经济学的发展会加深和发展土地经济学的研究，特别是土地的开发利用理论等。总体上说，房地产经济学与土地经济学都是部门经济学，由于它们在研究的物质客体上存在着交叉或重叠的关系，它们在理论研究和学科建设上是相互促进且互补的。

正是由于土地经济学与房地产经济学在学科建设上既有相同点，又有区别与互补之处，国内外学者在对其研究的过程中催生了一门新兴学科——不动产经济学。不动产经济学既包括土地、土地上的附着物及其建筑物，还包括它们在市场交易中形成的各种权益。不动产经济学是对土地经济学和房地产经济学研究的进一步发展和深入。

我国的不动产经济理论产生于改革开放和现代化建设过程中。20 世纪 80 年代，我国处于经济高速发展时期，带动了不动产业的迅速发展。不动产业开始作为一个相对独立的产业部门而存在，成为我国经济发展的一个新兴领域，相应的不动产经济理论也随之出现。到 80 年代后期，不动产经济学科体系开始逐渐形成，相关研究论文和成果也相继出现。后出版的《土地经济学》《房地产经济学》《城市土地经济学》等著作为开展不动产经济研究奠定了扎实的理论基础。1993 年，由丁栋虹编写的国内第一本直接以“不动产经济学”命名的著作出版；2011 年，由陈龙高和但承龙主编的《不动产经济学》出版。

不动产业是国民经济的基础产业，不动产业的发展能够带动相关行业的发展，如建材、家具、建筑等。不动产经济越繁荣，国民经济就越发达。随着不动产市场价值的增加与市场的波动，《民法典》中对不动产相关内容的规定表明国家对于不动产经济越来越重视。随着城镇化进程的加快，不动产经济关系日益复杂化，不动产经济的研究领域也在不断扩宽，不动产经济将迎来新的机遇。另外，由于不动产经济具有投资规模大、回收期长、风险高的特点，在发展的同时也面临着一系列挑战。学习和研究不动产经济就要尽可能规避其发展中的风险，将挑战变为机遇。

为适应社会发展的需要，应对不动产经济问题的研究更加深化和细化。在不动产经济学研究中，应当适应客观形势发展的需要，坚持以马克思主义经济学原理为指导，积极吸收和借鉴国内外不动产经济学研究的最新科学成果，将我国国情与不动产经济实践紧密结合，对不动产经济活动中的重大课题进行全面、深入、系统的研究，在加强和完善不动产经济学科体系建设的同时，为我国不动产的使用及管理制度的深化改革和不动产资源的合理配置提供科学的理论依据。

第四节　不动产经济学的研究方法

不动产经济学是一门跨度很大、综合性很强的学科，涉及社会科学的诸多领域，如政治、资源、生态、生产力、财政、市场价格等，不同于一般经济学。因此在对不动产经济问题进行研究时，必须以马克思主义的辩证唯物主义与历史唯物主义和政治经济学原理为指导，运用一般经济学方法结合不动产的应用性质进行研究。研究时需要采取多种具体方法，本节对不动产经济学的主要研究方法进行介绍。

一、系统分析方法

经济系统论是对经济问题进行系统的、综合的观察和分析，在此基础上采取相应系统的、综合的措施的经济学理论。在对不动产经济学的研究中，采用经济系统分析方法常用的视角如下。

（1）时间视角综观——指对于不动产的一切经济问题，包括过去、现在、未来三个时段的综合观察和分析，整理出不动产经济运行的规律，肯定过去在运行中取得的积极成果，吸取教训，解决现存的问题并改善不足之处，预测并谋划未来的发展。

（2）空间视角综观——具有两个方面的含义，一是指不同国家、不同地区的经济问题的综观，二是“经济场”效应的综观。前者是指对国家与地区之间经济上的往来、积极与消极影响等问题的综观，后者则是对其中的任何一项工程与其周围一定距离内的一切其他项目之间所发生的正负外部效应的综观。不动产业在国民经济中处于基础地位，近年来支撑着国民经济的发展。在对不动产经济问题进行研究时，可从国民经济发展的方向研究不动产市场的运行规律及其资源配置。

（3）层次视角综观——阐述的是全局与局部之间经济关系问题的综观。进行这种观察的目的在于正确处理各层次之间的经济权、责、利关系。在不动产经济问题研究中，不动产中的土地和房产及其他不动产涉及广泛。例如，在利用土地时涉及总体规划、专项规划和详细规划，总体规划扮演的就是全局的角色，而专项规划和详细规划相当于局部，在总体规划与专项规划和详细规划之间，要正确处理各层次之间的用地问题。而且在利用土地时涉及多个部门，如国土部门、城建部门、农业部门、交通部门等。因此，不仅要协调好各层次之间的用地问题，也要协调好各部门之间的用地问题，真正达到统筹兼顾、全面发展。

（4）得失视角综观——指的是对于经济中产生的盈利与亏损、正面效应与负面效应的综观。其目的就在于更加准确地衡量经济中产生的得与失，正确处理好二者在经济中的地位。在不动产经济学研究中，按照不同用途可将不动产分为农业、居住、工业、商业等类型。例如，当作为商业用途不动产时，分析研究出不动产所取得的收益是盈利还是亏损，以及不动产作为何种用途时所取得的经济效益是能够取得的最大综合效益。

（5）市场与政府关系视角综观——市场经济是与自然经济、计划经济等相对而言的，是由市场机制对经济活动进行调节和对资源进行配置的商品经济。在不动产市场配置中有利于提高不动产配置的经济效益并优化配置，但是单纯的市场配置也不可避免地存在局限性，如缺乏对公共事业的支撑、不动产收益的不公平分配、市场调节的滞后性等一系列“市场失灵”情况。因此，对于不动产的配置需要与政府相配合。换言之，对于不动产市场的配置既要依靠市场的“无形之手”，又要依靠政府的“有形之手”。只有将两者结合起来，各展其长，才能使得不动产市场健康有序运行，不动产资源得到优化配置。

不动产是由土地、地上建筑物和构筑物及实物的权益所构成的，不是简单的经济学，其涉及广泛。因此，对于不动产经济学问题的研究不能单独进行，必须将其纳入整个社会经济系统中进行全面综合的研究与分析，以经济系统论为指导，运用系统科学的研究方法，分析不动产各组成要素之间的相互作用和相互关系，探索不动产市场的运行规律及其运行机制。

二、理论与实践相结合的方法

科学的理论是从客观实践中抽象出来的，正确地反映了客观事物本质及其规律的理论。实践是理论的基础，即实践对理论具有决定作用；同时理论对实践又具有反作用，科学的理论对实践具有积极的指导作用，错误的理论则有阻碍作用；理论和实践是相辅相成、缺一不可的，不能任意割裂两者的辩证关系，孤立地强调某一个方面。

理论与实际相结合的方法，首先要求认真学习理论，掌握基本理论、原理。因此在研究不动产经济学时，要首先掌握不动产经济产生和发展的条件、不动产经济产生和发展的经济和体制基础、不动产制度和产权结构、不动产开发建设理论、不动产市场理论、不动产价格理论、不动产中介市场理论、不动产金融理论、完善和规范不动产收益分配理论、不动产经济发展周期性理论，以及不动产管理和调控理论。

其次，运用掌握的理论去研究和解决我国不动产经济发展中的实际问题，如怎样进一步完善不动产经济发展的制度和产权的问题、不动产经济发展的规模和结构问题、不动产市场运行和价格问题、不动产中介服务市场规范化的问题、不动产金融制度创新和防范不动产金融风险问题、坚持不动产经济可持续发展问题、建立健全不动产经济调控体系问题等。

不动产经济学本质上是部门经济学，是一门应用性较强的理论学科。因此，从实践出发，将理论与实践结合起来的研究方法是研究不动产经济学的市场运行规律及资源优化配置的一种研究方法。不动产经济学作为一门独立的学科，其发展历程并不长，其组成部分土地经济学已有多年发展历史，但房地产经济学仅 20 余年的发展时间，整体而言不动产经济学的发展尚不完全成熟，且近年来随着不动产业的蓬勃发展，政府对于不动产业越来越重视，不动产经济学理论尚处于形成和发展时期。基于此，对于不动产经济学的研究就更应该在理论研究的基础上结合实践，在实践中分析不动产市场的运行规律和不动产资源的配置问题，不断总结经验和教训，进一步促进实践基础上升至理论高度。将实践与理论结合起来深化我国的不动产经济研究，以此推动不动产经济学的完善与发展。

三、规范分析与实证分析相结合的方法

规范分析是指以一定的价值判断为基础，提出分析处理经济问题的标准，并以此为

依据树立经济理论的前提及制定经济政策，同时进一步研究如何才能符合这些标准。规范分析回答的是“应该是什么”的问题。

实证分析是指对经济现象、经济行为或经济活动及其发展趋势进行客观分析，从而得出一些规律性的结论。实证分析回答的是“是什么”的问题。

由于不动产经济学的特殊性，其既是理论科学，又是一门应用科学，在对其进行研究时应该既重视实证分析，揭示不动产市场运作和不动产经济运行的经验规律和趋势，也重视规范分析，从而为科学、合理地配置和利用不动产资源提供理论依据和支撑。对不动产经济学而言，只采用实证分析而缺乏规范分析的研究就等同于“无源之水”，同样，只采用规范分析而缺乏实证分析的研究将如同“纸上谈兵”。因此，唯有将规范分析与实证分析有机地结合起来，才会使不动产经济学研究更加合理规范。

四、宏观分析与微观分析相结合的方法

宏观分析是指从领域的宏观整体性出发，在整体上研究不动产的市场运行规律及不动产资源的配置。宏观分析侧重于从整个社会或国民经济总体上研究不动产经济问题。不动产的宏观经济分析包括不动产宏观经济环境研究、不动产与国民经济发展之间的关系研究、不动产市场的运行规律及周期研究等。

微观分析是指以不动产总体的一个布局或其中的一部分为对象展开研究。微观分析比宏观分析研究得更具体，是对不动产业的具体活动进行分析。宏观分析侧重于整体性，而微观分析则侧重个体或者局部。例如，个体经营行为可行性分析、不动产价格的确定、不动产市场中的营销策略及投资决策等，都属于不动产经济学中的微观分析。

不动产经济问题既有宏观方面的问题，也有微观方面的问题，因此，在研究不动产经济问题时要将微观分析与宏观分析有效结合，宏观分析要以微观分析为基础。例如，在研究不动产市场的运行规律时，首先要掌握不动产的交易价格及不动产是如何运作的，在这些微观分析的基础上分析不动产与国民经济社会的宏观问题。微观分析归根到底又要受到宏观分析的制约。例如，在进行不动产的价格确定时，要结合国民经济社会的发展合理制定价格，其价格的制定还受到政府的调控。因此，研究不动产问题，既要从微观角度进行分析，又要从宏观角度进行分析，并把二者很好地结合起来。例如，对土地开发项目的决策研究，首先要从微观上分析与研究该项目给作为开发主体的企业、单位所能带来的直接经济效益；其次还必须从宏观上分析与研究该项目可能产生的生态效益、经济效益及社会效益；最后通过权衡利弊决定该项目的取舍。

五、定性分析与定量分析相结合的方法

定性分析，是对事物质的方面的分析和研究，事物的质是事物自身区别于其他事物的固有规定性。具体来说，是运用归纳与演绎、分析与综合及抽象与概括等方法，对获得的各种材料进行思维加工，从而去粗取精、去伪存真、由此及彼、由表及里，达到认识事物的本质、揭示内在规律的目的。

定量分析，是对事物的量的分析和研究，事物的量是事物存在和发展的规模、速度、程度等可以用数量来表示的规定性，是认识和揭示事物间的相互关系、变化规律和发展趋势，以达到对事物的正确解释和预测的一种研究方法。

所有事物都是质与量的统一，质的规定性通过量来表现。同理，量的变化也是由质的变化引起的，定性属于概念的内涵，表示某一事物质的规定性；定量属于概念的外延，表示某一事物量的规定性，二者有统一性也有互补性。事物质量的互变规律及科学认识发展到一定阶段就必然要求定性分析与定量分析相结合，尤其是对于经济学这种兼顾自然科学与社会科学性质的特殊学科，图 1-1 给出了定性分析与定量分析相结合的逻辑思维模式，表明了定性分析是定量分析的基础，定量分析是定性分析的深化和精确化。

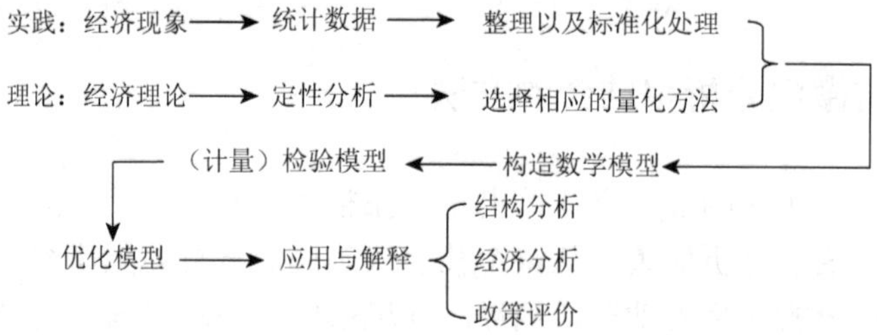

图 1-1　定性分析与定量分析相结合的逻辑思维模式

萨缪尔森说过，“经济学是一门将科学的精确性和人文的诗意兼济一身的科学”。经济学既具有自然科学的实证性，又具有社会科学的人文性，其双重学科特性决定了经济学研究方法必须做到定性分析与定量分析相结合，不动产经济问题也是如此。

不动产经济学主要研究不动产的市场运行规律及不动产的资源配置，其资源的配置就是指在社会经济中不动产资源的分配，在此研究中，要运用定性分析与定量分析相结合的方法，找出质和量的规律性。例如，研究和解决不动产中土地的利用结构和布局问题，就必须对该区域的土地利用结构和布局的基本性质与特点，以及潜在问题与发展方向做出最基本的判定，对其量的表现和变化规律做出具体分析与预测，通过对量变的总结分析质的问题，将二者紧密联系起来，才能形成最符合该区域的、合理的土地利用结构与布局。

六、静态分析与动态分析相结合的方法

静态分析就是分析经济现象的均衡状态及有关的经济变量达到均衡状态所需要具备的条件，它完全抽离了时间因素和具体变动的过程，是一种静止和孤立地考察某些经济现象的方法。例如，考察不动产市场价格时，静态分析研究的是价格随供求关系上下波动的趋势或者是供求决定的均衡价格。也就是说，这种分析只考察某一时点上的均衡状态。简单来说静态分析不涉及时间变量，只分析经济现象的均衡状态及达到均衡状态的条件。

动态分析则是对经济变动的实际过程进行分析，包括分析有关变量在一定时间过程

中的变动，以及这些经济变量在变动过程中的相互影响和彼此制约关系，还有它们在每一时点上变动的速率等。不动产经济学中的蛛网模型就是运用动态分析的一个典型例子。动态分析涉及时间变量，考虑各种实际因素之间的相互影响作用。

任何事物的运动都是绝对的、无条件的，而静止是相对的、有条件的。因此，要全面地认识事物、研究解决问题的办法，就必须把静态分析与动态分析密切地结合起来，对于不动产经济学问题的研究也是如此。例如，在不动产经济学问题的研究中，分析和判断一个国家或地区的地租形式和地租水平是否合理、是否有利于正确保护出租和承租双方的合理利益、是否有利于促进不动产资源的合理配置及利用，首先需要对影响和决定地租形式和地租水平的诸多因素及条件的过去和未来的发展变化做出分析研究，其次把二者辩证地结合起来，最后才能做出对该国家或地区的地租形式和地租水平正确的判断和选择。

复习思考题

[1] 简述不动产的概念与特性。

[2] 简述不动产经济学的概念与研究内容。

[3] 简述不动产经济学的发展史。

[4] 简述定量分析与定性分析在不动产经济学中的应用。

参考文献

艾建国，吴群. 2002. 不动产估价. 北京：中国农业出版社.

毕宝德，柴强，李铃，等. 2020. 土地经济学. 8 版. 北京：中国人民大学出版社.

曹均伟，李凌. 2007. 经济学的定性分析与定量分析：争论与融合. 上海立信会计金融学院学报，21（3）：57-64.

曹振良. 2003. 房地产经济通论. 北京：北京大学出版社.

陈柏东，张东. 1996. 房地产经济学. 武汉：华中理工大学出版社.

陈龙高，但承龙. 2011. 不动产经济学. 南京：东南大学出版社.

崔彬，牛建英，李超峰，等. 2015. 现代矿产资源经济学. 北京：中国人民大学出版社.

丁栋虹. 1993. 不动产经济学. 南京：南京大学出版社.

丁璞. 2009. 小产权房问题及对策研究. 重庆：西南大学硕士学位论文.

董藩，丁宏，陶斐斐. 2012. 房地产经济学. 北京：清华大学出版社.

范少虹. 2004. 试论经济法中的定性分析与定量分析. 时代法学，（4）：93-97.

黄贤金，吴群，吴克宁，等. 1998. 不动产估价. 北京：中国林业出版社.

简德三，王洪卫. 2003. 房地产经济学. 上海：上海财经大学出版社.

林增杰，武永祥，吕萍. 2000. 房地产经济学. 北京：中国建筑工业出版社.

刘春香. 2017. 宁波市海域使用权市场流转体系研究. 杭州：浙江大学出版社.

刘黎明. 2003. 土地资源学. 北京：中国农业大学出版社.

罗湖平. 2014. 中国土地隐形市场研究综述. 经济地理，34（4）：145-152.

罗湖平，谢炳庚. 2017. 中国土地隐形市场及其显形化路径. 经济地理，37（3）：166-173.

麦肯泽，贝茨. 2009. 不动产经济学. 5 版. 孟繁瑜，译. 北京：中国人民大学出版社.

曼昆. 2011. 宏观经济学.北京：中国人民大学出版社.

任纪军. 2006. 不动产经营. 北京：经济管理出版社.

施丽丽. 2010. 定性分析、定量分析与规范分析、实证分析. 经营管理者，（16）：57.

苏东水. 2010. 产业经济学. 北京：高等教育出版社.

王克强，刘红梅，等. 2012. 矿产资源市场研究. 北京：中国石化出版社.

王克忠. 1995. 房地产经济学教程. 上海：复旦大学出版社.

王子正. 2017. 经济法概论. 北京：人民邮电出版社.

谢经荣，吕萍，乔志敏. 2012. 房地产经济学. 3 版. 北京：中国人民大学出版社.

谢献春，吴大放. 2015. 不动产管理. 北京：科学出版社.

叶玉国. 1992. 论土地隐形市场的表现、成因、危害和对策. 杭州大学学报（哲学社会科学版），(4)：45-49.

张永岳，陈伯庚，孙斌艺. 2005. 房地产经济学. 北京：高等教育出版社.

张跃庆，丁芸. 2004. 房地产经济学. 北京：中国建材工业出版社.

周诚. 1993. 城镇不动产市场经济问题. 南京：南京出版社.

周诚. 2003. 土地经济学原理. 北京：商务印书馆.

Friedman J P. 2000. Dictionary of Real Estate Terms. Hauppauge：Barron's Educational Series，Inc.

Ratcliff R U. 1949. Urban Land Economics. Greenwood：Greenwood Press.

第二章　不动产经济学基本理论

土地是人类社会发展中不可或缺的生产和生活资料，它构成了不动产存在的载体和基础，因而是不动产经济极其重要的构成部分。土地区位和地租的形成是决定不动产价格（其中主要包括土地和房地产）的关键因素，也是引导不动产合理开发经营和管理等实践活动的行动指南。因此，区位理论、地租理论、地价理论是不动产经济学的理论基础。在此之上，不动产经济与宏观经济密不可分，两者相互影响，进而衍生出不动产市场运行理论和不动产周期波动理论。同时，不动产又具有与一般商品不同的特性，因此不动产经济理论也有其内在的特殊性。

本章主要从不动产的特性出发，阐述不动产经济学的基本理论。主要包括区位理论、地租理论、地价理论、不动产市场运行理论和不动产周期波动理论。

第一节　区 位 理 论

一、区位的概念及其特征

（一）区位的概念

区位是指某事物所处的位置、场所在空间上的定位或布局。它是一个综合的概念，除了解释为地球上某一事物的空间几何位置外，还强调自然界的各种地理要素和人类社会经济活动之间的相互关系和相互作用在空间位置上的反映（卢新海，2006），具体表现为自然地理区位、经济地理区位和交通地理区位在空间地域上有机结合。

1. 自然地理区位

自然地理区位是指某一事物与周围陆地、山川、河湖、海洋等自然环境的空间关系，以及该位置上地质、地貌、植被、气候等自然条件的组合特征。一个地区的自然地理区位是自然产生的，并且客观存在着，其不仅能影响不动产的空间分布，还能影响不动产的内部结构形态，是不动产经济发展的自然基础条件。特别是某些自然要素，已经成为地区不动产形成和发展的关键因素，如港口条件、旅游资源等。

2. 经济地理区位

经济地理区位是指人类社会经济活动过程中形成或创造的人地关系。从较大的空间尺度来看，经济地理区位是指一个城市在特定的经济区所处的具体位置及其与周边地区的相互关系。经济地理区位的差异决定着地区不动产经济的性质及作用和发展方向；从较小的空间尺度来看，对于一个城市内部而言，经济地理区位是指某一街区或某一地段在城市中的具体方位，以及它与街区或其他地段之间的相对地理位置和相互作用关系。在城市内部，不同的经济地理区位决定着不动产经济的形态、集聚和效益（谢经荣等，2012）。

3. 交通地理区位

交通地理区位是城市或某地段与交通线路和交通设施的相互关系。交通地理区位的差异不仅直接影响城市的对外交通状况，还影响城市内部交通的便捷程度，从而对城市不动产经济产生重大影响。城市不同地段交通地理区位的差异决定了地段的通达性和交通便捷性，对企业和个人都能产生直接影响，从而间接作用于不动产市场。

（二）区位的特征

区位的主要特征如下。

1. 区位概念的双重性

区位不仅是一个地理学概念，也是一个经济学概念，它不仅以自然地理位置为依托，而且在此基础上，还会以人类经济活动、经济联系及人类对经济活动的选择和设计为内容。

2. 区位的层次性

从尺度上来看，区位可以分为宏观区位和微观区位。宏观区位是指某项经济活动从宏观区域尺度上看，应当选择在哪个地方。例如，房地产商选择在哪个城市开发不动产，属于宏观区位的选择；微观区位是指某项经济活动拟在选定的区域或城市内部哪个地段展开。例如，房地产商在长沙市哪个地段开发商业或住宅不动产，属于微观区位的选择。从质量上看，在城市中不动产的区位随着距离中心的远近不同，其质量也会不同。例如，对于商业区位，随着与市中心的距离由近至远变化，区位质量一般会发生由高到低的等级分异。

3. 区位的动态变化性

区位是一个综合概念，是由多要素作用于空间位置而形成的。虽然自然地理区位是固定不变的，也就是说其空间位置不会发生变化，但是，经济区位却处于动态变化之中。例如，地铁的开通能大大缩短某地段到市中心的时间，从而明显改善该地段的区位条件。相反，环境质量的恶化会使得原本属于优良的区位发生质量的退化。

4. 区位的唯一性

“世界上找不到两个一模一样的地块”，其实就是在说明区位的唯一性。尤其是对于优良地段的区位，如城市中心的地段，其区位的唯一性更为凸显，从而大大地提升了该地段的稀缺性，对其进行不动产开发的竞争性也大大增加。

5. 区位的等级性

区位的等级主要由区位的质量反映，并最终由该区位的经济活动效益来体现。区位效益则是指区位因素为某项经济活动带来的直接和间接的经济效益。城市内部由不同等级的区位组成，其等级大致由市中心向外围衰减。

6. 区位的相对性

区位的相对性主要是指同一区位会因区位经济活动类型的差异而产生不同的区位效应，即对于某类经济活动而言属于优良的区位，对于另一种经济活动来说却不一定是优良区位，也就是区位质量的好坏具有相对性。例如，位于城市郊区风景优美的地段对于住宅不动产开发而言是优良区位，而对于商业不动产开发来说却是劣等区位。

二、几种主要的区位理论

区位理论则是研究特定区域内关于人类经济活动与社会、自然等其他事物和要素相互之间的内在联系和空间分布规律的理论，即人类活动空间场所选择及其空间组织优化的理论。区位理论为不动产经济发展提供了理论指导，所以不动产经济的发展必须遵循土地区位规律。在宏观方面，为了保证城市规划的整体实施，促进土地和房地产市场的健康发展，必须使得不同地区、不同地段的不动产都获得最合理和最有效的利用，从而取得最佳的社会效益、经济效益和生态效益。在微观方面，不动产的投资者和使用者为了获得自身最大经济效益，实现不动产最大限度的增值，必然要寻找城市最佳区位。因此，不管从宏观角度还是微观角度，区位理论都对不动产经济的发展产生了积极的指导作用。

区位理论起源于17～18世纪政治经济学对区位问题的研究，后来逐步形成为一门关于自然物体和人类活动的空间分布及其在空间中的相互关系的学说，区位理论研究最早始于杜能（Thunnen）的农业区位论，随后又有韦伯（Weber）的工业区位论、克里斯塔勒（Christaller）的中心地理论，这三者被称为古典区位理论的三大经典理论。

（一）杜能的农业区位论

1826年，德国农业经济学家杜能的著作《孤立国同农业和国民经济的关系》提出了著名的农业区位论。杜能在严格的假设条件下研究农业生产布局问题。他假设“有一个巨大的城市，坐落在沃野平原的中央，那里没有可以通航的自然水流和人工运河。这一平原的土地肥力完全均等，各处都适宜耕作。离城市最远的平原四周是未经开垦的荒野。那里与外界完全隔绝，把它称为孤立国。这一平原除一个大城市外，没有别的市镇，也就是这个城市必须供应全境一切人工产品，而城市的食品则完全由四周的土地供给。孤立国内没有通航的水道，谷物必须车运进城”（杜能，1997）。

在孤立国中，农作物的纯收益与生产成本、运输费用相关。因而，有

$$\begin{cases} N = P-(C+T) \\ T = DX \\ N = P-(C+DX) = -DX+(P-C) \end{cases} \tag{2-1}$$

式中，N 为农作物纯收益；P 为农作物市场价格；C 为农作物生产成本；T 为农作物从产地到市场的运输费用；D 为农作物从产地到市场的距离；X 为单位距离的运输费用。

从式（2-1）可以看出，在农作物市场价格和生产成本一定的情况下，农作物的纯收益与产地到市场的距离成反比，即距离城市越远，农作物纯收益越少。因而，起决定作用的是运输费用，也就是产地到市场的距离。杜能认为，城市周围的农业土地利用方式呈同心圆圈层结构（后称为杜能圈）。他设计了围绕平原中央城市的六个同心圆圈，分别发展不同的农业部门。以中央城市为中心，由里向外依次发展自由式农业、林业、轮作式农业、谷草式农业、三圃式农业和畜牧业。

（二）韦伯的工业区位论

1909 年，德国经济学家韦伯的著作《工业区位论》的出版标志着工业区位论的创立。在书中，韦伯也是采用“孤立化”的研究方法，假设“原料的供应基地和消费地是既定的；劳动力供应充分，不存在劳动力在各地之间的流动问题；各个工业部门的工资是一致的，不会出现劳动力在各个工业部门之间的流动问题”。在假设条件之下，按照成本最小化原则，通过对运输、劳动力和集聚因素相互作用的分析和计算，找出使工业产品生产成本最低的地点作为工业企业的理想区位。

在韦伯的工业区位论中，主要探求工业企业区位选择的规律，分析影响工业企业区位选择的各种因素及其作用。韦伯把对区位发生作用的因素称为区位因素。区位因素可划分为区域性因素和集聚性因素两大类。区域性因素是指能够将工业引导到地球表面某些地方的因素，包括运输成本、劳动力成本等；集聚性因素是指影响工业集聚或分散状况的因素。这样，可“建立一个完整的一般区位因素抽象体系及其力学理论”（韦伯，1997）。

在韦伯的工业区位论中，其理论与方法的基本思路是首先找出生产和运销中累计运量最小的地点，即最小运输成本区位，确定工业的基础性布局；其次考虑劳动力成本，对工业的基础性布局加以校正；最后考虑集聚经济效益，对工业布局再次进行适度调整。

在运输成本分析中，韦伯创立了“原料指数”和“区位重量”两个概念。原料指数计算公式为

$$原料指数=\frac{工业中耗用的地方原料的重量}{工业制成品的重量} \tag{2-2}$$

当原料指数＞1 时，工业区位为原料地指向性；当原料指数＜1 时，工业区位为消费地指向性。

区位重量的计算公式为

$$\text{区位重量}=\frac{\text{工业中耗用的地方原料的重量}+\text{制成品重量}}{\text{工业制成品的重量}}=1+\text{原料指数} \tag{2-3}$$

当区位重量＞2时，工业区位为原料地指向性；当区位重量＜2时，工业区位为消费地指向性。

当原料指数＝0，区位重量＝1时，原料地、生产地和消费地可合三为一（刘再兴，1984）。

在劳动力成本分析中，韦伯采用了劳动力成本指数这一概念，指每吨制成品所包含的劳动费用。计算公式为

$$\text{劳动力成本指数}=\frac{\text{劳动力成本}}{\text{工业制成品的重量}} \tag{2-4}$$

（三）克里斯塔勒的中心地理论

中心地理论又称中地论、城市区位论，是德国地理学家克里斯塔勒在其1933年撰写的《德国南部的中心地》一书中提出的。该理论指出了城市、中心居民点发展的区域基础，以及等级和规模的空间关系，为城市规划和区域规划提供了重要的方法论依据（黄桐城和黄碧云，1998）。

在中心地理论中，城镇是区域的“中心地”，不同等级的中心地的地位和作用不同，其在外形上互相衔接，而且在数量和面积上具有密切关系。一般而言，不同等级的中心地由于在边界上互相衔接且无空白而呈现六边形，但在一个区域内，高一级中心地与次一级中心地的数量比例为一固定的系数K。

（1）在以市场为主导原则的中心地布局中，系数K为3，即高一级中心地的市场面积是次一级中心地市场面积的3倍，每一个高级中心地除了自身之外还辖有两个低级中心地。

（2）在以交通为主导原则的中心地布局中，系数K为4，即将各级中心地的中心配置于交通线之上，从而使得一个高级中心地的面积相当于4个次级中心地。

（3）在以行政管理为主导原则的中心地布局中，系数K为7，即每七个低级中心地有一个高级中心地，任何等级的中心地数目为其高一等级中心地数目的7倍（最高等级除外），各级中心地的从属关系序列为1，6，42，294，……。

总之，从以行政管理、以交通到以市场为主导原则的中心地布局，体现了空间的社会经济结构系统的不断发展和进化。

三、研究区位理论的现实意义

研究区位理论的现实意义可以从区位对不动产价格和不动产开发的影响来阐述（谢经荣等，2012）。

（一）区位理论与不动产价格

区位理论是研究特定区域内关于人类经济活动与社会、自然等其他事物和要素相互之间的内在联系和空间分布规律的理论。

土地作为人类一切经济活动的载体，虽然位置固定不可移动，但由于所承载的活动内容不同，其在空间上表现出的利用类型呈现差异，并且遵循特定的空间分布规律。而这些空间分布规律、变化演替过程及区位特征又都与各种地理要素和社会经济活动有密切联系。从区位理论来看，区位对不动产的价格起着极其重要的作用。在一个城市内部，土地区位的不同会产生不同的使用价值和价值，使得同类行业在不同区位上获得的经济效益相差很大，不同行业在同一位置上的经济收益也相差很大。一般来说，从城市中心向郊区过渡，不同区位条件区位效益的递减规律依次是商业用地、住宅用地、工业用地。在土地利用过程中，不同的使用者在选择土地区位时，必须首先把在此区位所能获得的收益与所需支付的地租进行比较，其次选择与其经济水平相适应的地段，从而使土地利用在地租、地价这一经济杠杆的自发调节下，不断地进行用途置换，最后形成土地收益和租金都趋于最佳用途水平的合理的空间结构，从而形成城市土地（不动产）的价格空间结构。

不同的区位之所以能影响土地（不动产）的价格，其原因在于：①区位通过影响交通成本和土地开发成本等要素，最终影响企业的生产成本；②区位也会影响到土地使用者的方便程度。例如，工业不动产进入园区进行开发，园区基础设施和公共设施的完备程度会影响工业不动产开发的效益。

（二）区位理论与不动产开发

城市不动产是城市政治、经济和文化的主要场所，是城市居民安居乐业的生存空间，也是城市立体形象的物质外壳和主体。

在城市不动产开发进行区位选择时，要注意以下几点。

（1）依据不动产的要求进行区位选择。首先，要区分不动产项目的类型，包括主类和亚类等多个层次，如居住不动产和非居住不动产。居住不动产又可分为普通住宅不动产和高档住宅不动产；非居住不动产又可分为商业、办公用途及工业用途的不动产等，各类型不动产对区位的要求是不同的。前者主要注重环境、对内交通便捷度等因素，后者注重商业繁华度、对外交通便捷度等因素。

（2）要区分不动产的性质和档次。具体地，高、中、低不同档次的不动产，其开发经营策略不同，盈利水平不同，因此区位选择的原则也会存在一定的差别。

（3）要注意一些不动产项目的特殊要求。例如，工业不动产在关注原材料和产品运输的交通成本以及工作人员的通行成本等的前提下，还要考虑工业企业往往会产生一定的污染，且要求上下游配套产品生产企业的集聚等。

第二节　地 租 理 论

一、地租的内涵与分类

（一）地租的内涵

地租，其英文名为rent，指来源于土地（land）的报酬（return）或收入（yield），是土地使用者向土地所有者交纳的使用土地的代价，是土地所有者借以实现的经济形式（马克思和恩格斯，1975b）。作为经济学或土地经济学的学术用语，地租是一个经济范畴，体现着一定社会生产方式下的生产关系或经济关系，因而常常被西方经济学家定义为“土地在生产利用中自然产生的或应该产生的经济报酬”，即地租是“总产值或总收益减去总要素成本或总成本的一种经济剩余”。同时，地租也是一个历史范畴，在不同的社会发展阶段和不同的土地所有权形式下，地租的性质、内容、形式及其反映的生产关系也不尽相同。

从本质上看，地租是直接生产者在生产中创造的剩余生产物被土地所有者占有的那一部分。地租是土地所有权在经济上的实现形式，是社会生产关系的反映（陈龙高和但承龙，2011）。

（二）地租的分类

1. 级差地租、绝对地租和垄断地租

关于地租的分类，马克思从土地的质量差异和土地所有权入手，把资本主义地租划分为级差地租、绝对地租和垄断地租三种。

（1）级差地租。级差地租是指优、中等土地的个别生产价格与劣等土地生产条件所决定的一般生产价格之间的差额（刘书楷，1993）。形成级差地租的条件有三种：土地肥沃程度的差别、土地位置的差别及在同一土地上连续投资产生的劳动生产率的差别。

（2）绝对地租。由于土地所有权的垄断，不管租种何种等级的土地都必须缴纳的地租就是绝对地租。马克思指出，土地所有者出租的土地无论优劣都要收取地租，否则就意味着土地所有权的废除，即使不是法律上的废除，也是事实上的废除。

（3）垄断地租。垄断地租是由在特别优越的土地条件下所生产的产品的垄断价格带来的超额利润转化成的地租。垄断地租是级差地租和绝对地租以外的一种特殊的地租形态。垄断地租的形成包括两方面的原因：一是土地所有权的垄断；二是某些土地具有的特殊的自然条件。

2. 农业地租、建筑地租和矿山地租

按土地的用途划分，地租可以分为农业地租、建筑地租和矿山地租三种类型。

（1）农业地租。农业地租是指农业用地的地租，是土地使用者为了进行农业生产使用土地而支付的地租。在农业生产中，土地的自然属性会得到充分体现，同时土地作为农业生产的载体，也会参与农产品的形成。所以，农业地租是为了获得生产要素而支付的。

（2）建筑地租。建筑地租指建设用地的地租或建设地段的地租，是土地使用者为了建造工厂、商店和住宅等使用土地而支付的地租。建设用地主要是利用土地的承载功能，位置对其级差地租有着决定性的作用。人口的增加和经济的发展，以及随之而来的不动产建设需求的增加，会使得对建设用地的需求增加，从而提高建筑地租，土地作为空间和地基的价值也相应地提高。

（3）矿山地租。矿山地租是为了采掘地下矿藏资源使用土地而支付的地租，其决定方法和农业地租是完全一样的。

二、代表性的地租理论

（一）西方古典经济学的地租理论

从发展历程来看，早在17世纪初级差地租就被大量经济学家所重视和研究，代表人物先后有英国重商主义派经济学家威廉·配第（William Petty，1623—1687），法国重农学派经济学家弗朗斯瓦·魁奈（Francois Quesnay，1694—1774）和安·罗伯特·雅克·杜尔阁（Anne Robert Jasques Turgot，1727—1781），英国古典政治经济学家詹姆斯·安德森（James Anderson，1739—1808）、亚当·斯密（Adam Smith，1723—1790）、大卫·李嘉图（David Ricardo，1772—1823）、威斯特·爱德华（West Edward，1782—1828），德国资产阶级经济学家约翰·海因里希·冯·杜能（Johann Heinrich von Thunnen，1783—1850）。

资产阶级古典级差地租思想最早产生于17世纪后期英国重商主义派经济学家威廉·配第，他的名著《赋税论》含有朴素的级差地租Ⅰ和级差地租Ⅱ的思想，指出由于土地肥沃程度、耕作技术高低的差异，以及产地距离市场的远近不同，地租也不同。土地的位置与肥力不同，所要求的地租也不同。这为土地经济学中的级差地租理论奠定了初步的基础。

英国古典政治经济学家詹姆斯·安德森在《谷物法本质的研究》一书中通过对比肥瘠程度不同的土地生产单位谷物的生产费用，得出优、中等地可以获得不同量的地租，而劣等地不能支付地租。他对级差地租作了具体而明确的解释，指出土地的自然肥力与人工肥力的不同会取得不同的超额利润，认为不同级别土地地租量的差异取决于土地肥沃程度的差异。詹姆斯·安德森被马克思誉为最早发现了级差地租规律的人。

古典政治经济学家优秀人物代表之一的亚当·斯密在其1776年出版的《国富论》中也提到了级差地租的问题。他在第十一章“论地租”中指出：不问土地的生产物如何，其地租随土地肥沃程度而不相同；不问其肥沃程度如何，其地租又随土地位置的不同而不相同。都市附近的土地，比偏远地带同样肥沃的土地，能提供更多的地租……而农场主利润及地主地租所出自的剩余部分，势必减少。如果劳动生产力的增加能直接使制造品真实价格降低，也必能间接提高土地的真实地租（斯密，2008）。从中可以看出，他已经提到了级差地租Ⅰ和级差地租Ⅱ的问题。

大卫·李嘉图运用劳动时间决定价值量的原理，创立了差额地租（级差地租）学说。他在著作《政治经济学及赋税原理》中考察了土地肥沃度的不同产生的差额地租量，以及在同一块土地上追加等量劳动和资本而劳动生产率不同所产生的差额地租量，指出了产生级差地租的条件是“土地的有限性及土地在肥沃度和位置上具有特殊便利”（李嘉图，1976）。同时，他也分析了土地肥力、位置地租、追加资本地租等级差地租形式，认为差额地租量取决于不同等级土地的劳动生产率的差别。

德国资产阶级经济学家约翰·冯·杜能根据实践中获得的大量数据，借助观察法、微分法和会计核算法考察了在土地离城市远近不等的条件下由于最远的土地的耕种而在最近的和较近的土地上产生的级差地租。他和李嘉图一样，也是差额地租论者，在1826年撰写的《孤立国同农业和国民经济的关系》一书中，首次系统地论述了土地的位置与农业生产和地租的相关性，其理论实际上是关于级差地租Ⅰ的理论。

（二）马克思主义地租理论

马克思主义地租理论是在批判地继承和改造西方经济学家早期地租理论的基础上创立起来的。它区别于资产阶级地租理论的主要标志在于，不仅基于劳动价值论，而且紧密联系社会生产关系进行考察，系统全面地论述资本主义地租理论，科学地揭示了资本主义土地私有制及其地租的本质。关于马克思主义地租理论的基本原理，主要可以概括为以下几个方面。

1. 揭示了资本主义地租的本质属性

马克思批判了西方经济学认为地租是“自然对人类的赠与”的错误观点，肯定了地租的本质是土地经济关系的体现。马克思指出，地租是土地所有权的经济形式，它“来自于社会，而不是来自于土壤”（马克思和恩格斯，1995）。一切形式的地租都是以土地所有权存在为前提的，地租产生的根本原因就是土地所有权的垄断。此外，他还科学地揭示了资本主义地租的性质为超过平均利润的余额，即平均利润以上的剩余价值。

2. 发展了资本主义级差地租理论

马克思主义的级差地租理论是对资产阶级古典经济学家级差地租理论的继承和批判，进而在此基础上形成了完整的地租理论体系。现将马克思主义级差地租的相关理论观点作简单介绍。

按照级差地租形成方式的差别，马克思将级差地租划分为级差地租Ⅰ和级差地租Ⅱ两种形态。级差地租Ⅰ是指农业工人在肥力较好或位置较优越的土地上创造的超额利润转化的地租。具体又可分为两种情况：第一种是由于土地的自然肥力不同，等量资本和等量劳动投入的土地上的产出不同；第二种是由于距离市场远近不同，等量资本、等量劳动投入肥力相同的土地上后产出不同。级差地租Ⅱ是在同一块土地上追加投资产生的不同生产率所引起的超额利润转化成的地租（张家庆，1991）。

关于级差地租的产生和存在，马克思认为是土地本身条件的差异及土地的有限性和土地经营权的垄断性所导致。产生级差地租的条件和基础是不同土地的质量优劣和生产率的差异，而产生级差地租的原因是土地经营权的垄断。当条件和原因都具备时，级差地租才有可能产生。

关于非农业级差地租，马克思认为“凡是有地租存在的地方，都有级差地租，而且这种级差地租都遵循着和农业级差地租相同的规律。至于建筑地租的基础，和一切非农业地租的基础一样，是由真正的农业地租调节的”（马克思和恩格斯，1975b）。在城市中，位置对级差地租具有决定性的影响。

3. 创立了资本主义的绝对地租理论

马克思指出，在资本主义土地私有制条件下，无论租种优等地还是劣等地，都必须缴纳地租。这种不管租种什么样的土地，即便最差的土地也必须缴纳的地租，就是绝对地租。绝对地租形成的条件是农业部门资本的有机构成低于社会平均资本的有机构成，由于农业部门资本的有机构成低，等量资本在农业中可吸收较多的劳动力，在剩余价值率相同的条件下，可生产出较多的剩余价值，农产品的生产价值高于生产价格而形成的超额利润就转化为绝对地租。同时他认为影响资本主义绝对地租量的因素主要包含三个方面：①绝对地租量取决于农产品的价值与生产价格之间的差额及其实现程度；②绝对地租量取决于农业资本有机构成的相对水平；③绝对地租量还取决于农业投资的总量。

4. 提出了垄断地租的概念

在资本主义制度下，除了级差地租和绝对地租两种基本形式的地租，还存在着垄断地租。垄断地租是由产品的垄断价格带来的超额利润转化成的地租。某些地块具有特殊的自然条件，能够生产出某些名贵和稀有的产品，可以按照不仅高于生产价格也高于价值的垄断价格出售。这种垄断价格不以生产价格和价值为基础，而是由购买者的需要和支付能力决定。土地所有权的存在，决定了这种由垄断价格带来的超额利润最终转化为垄断地租落入土地所有者手中（张洪力，2004）。

5. 分析了建设用地地租

在资本主义土地私有制及土地所有权和使用权分离的情况下，城市建设用地同样需要缴纳地租。在建筑业中，土地是建筑的空间条件，因此，缴纳建设用地地租是为了土地的空间使用权。

建设用地地租既包含级差地租，也包含绝对地租和垄断地租。在农业中，土地肥沃程度对级差地租量起着决定性的作用。而在建筑业中，土地作为承载空间，其位置对级差地租量有着决定性的影响，这是建设用地地租第一个明显的特点。一般来说，越是靠近城市中心，越繁华的地段，建设用地级差地租就越高。建设用地地租的增加，主要是由于社会经济的发展和交通条件及环境条件的改善，这是建设用地地租第二个明显的特点。此外，由于某些建设用地地段的特殊性，其经营者的产品价格具有垄断性并能带来垄断利润。因此，建设用地也存在垄断地租。由于土地的稀缺和不可再生性，城市土地变得越来越稀缺，土地私有权的垄断性就更为凸显。因而，垄断地租成为建设用地地租的主体部分，这是建设用地地租第三个明显的特点。

第三节　地价理论

一、地价的内涵和特点

（一）地价的内涵

地价，即土地价格，由于土地的不可移动性等特性，土地价格可以解释为购买土地权利的价格。土地价格的含义包括两个方面：土地资源价格和土地资本价格（邓孟桠，2020）。作为自然资源的土地不是人类的劳动产品，不包含人类的抽象劳动，因而没有价值，土地只能通过它的利用产生纯收益（地租）。土地所有权的垄断性意味着谁垄断了土地，也就垄断了土地纯收益。因此，购买土地的权利，实际上是购买一定时期内的土地纯收益（地租），土地纯收益现值的总和就表现为土地价格。地价是地租的资本化价值。一般情况下，土地价格是指公开市场上形成的土地价格，通常被称为土地出让金。

但是，对于已经利用土地的价格而言，其已经凝结了人类的劳动，此时便有了价值因素和价值价格。因此，土地价格的内涵是在正常市场条件下，土地在未来年期所能提供的地租的资本化价值。这种地租是劳动者创造的剩余价值的一部分，它可能来自本宗地劳动者，也可能因为土地资源的稀缺和垄断，来自全社会劳动者剩余价值的转移。这一地租资本化的价值，在正常市场条件下能够弥补自然土地的价值补偿和凝固在土地中的土地资本的有效价值补偿（毕宝德等，2016）。因而，土地价格又被称为“土地资源价格和土地资产价格之和”，这也就是土地价格区别于其他商品价格的最特殊之处。

（二）地价的特点

土地于一般商品而言，具有特殊性，其价格主要包含以下几个方面的特点。

1. 土地价格是土地的权利价格

土地是一种资产，能提供恒久的产品和服务，这种产品和服务的获得是以土地权利的限定为基础的。因此，土地买卖实质上一种财产权利的交换，人们购买土地实际是购买获得土地收益的权利。土地权利是一个权利束，包括土地所有权、土地使用权、土地租赁权和土地抵押权等。购买土地，获得某项土地权利，就可以获得某种数量的土地收益。因此，也就必须为获得这项权利付出代价。

2. 土地价格不是土地价值的货币表现，土地不依生产成本定价

一般商品都是人类劳动的产物，具有劳动价值，其交换价格是其劳动价值的货币表现。所以人们可以根据其生产成本推断其交换价格，因而较能反映客观实际情况。但由于土地作为一种自然产物，不包含人类劳动，其本身不包含生产成本，而且长期投资固化在土地上的人类劳动也不足以表现为全部的土地价格，因此土地价格不以土地价值或生产成本定价。

3. 土地价格由土地供需决定，且土地需求的影响更大

与一般商品一样，土地价格是由土地市场的供给和需求共同决定的。当某一利用类型的土地供给增加，在需求不变的情况下土地价格就会下跌，反之亦然。同样，在土地供给不变的情况下，随着社会各行业对土地的需求加大，土地价格就会上涨，反之亦然。但是，土地的自然供给是不能改变且没有弹性的，其经济供给弹性也相对比较小，而社会经济发展和人口的增长会导致对土地的需求不断加大。因而，从长远和整体来看，土地价格主要由需求决定。

4. 土地价格呈总体上升趋势

随着经济发展、人口增长，人地比率不断增大，社会对土地的需求日益扩大，从而使地租呈现不断上涨的趋势。同时，社会经济的发展也就意味着高技术、高投资的产业日趋发达，工人的劳动支出在生产成本中的比重日趋缩小，从而整个社会的资本有机构成提高，社会平均利润率下降，导致利息率呈下降趋势。地租的上升和利息率的下降决定了土地价格呈总体上升趋势。

5. 土地价格具有强烈的地域性和个别性

由于土地位置的固定性，土地无法像其他商品那样能够到处移动。土地市场具有强烈的地域性，各地域市场的土地价格之间很难相互影响，难以形成统一的市场均衡价格。在同一地区内，土地位置的差别决定了土地难以标准化，其个别性突出，因而不同等级或同一等级内的不同地区价格差异悬殊。所以土地具有明显的地域性和个别性。

6. 土地价格受到较强的政府调节的影响

土地是国家的重要资产，在整个社会经济中具有特殊的重要性。因此，土地的利用和土地的价格受到国家的调控，具有明显的政策性和规划性。土地的使用性质是由政策和规划决定的。市场对土地价格的自由调节作用总是被限定在一定的程度之内。

二、影响土地价格的因素

影响地价的因素有很多，凡是影响土地的供给与需求，或影响地租和土地还原利率的因素都是影响地价的因素，一般可以分为以下三类。

1. 一般因素

影响土地价格的一般因素是指对土地价格高低及其变动具有普遍性、一般性和共同性影响的因素，这些因素对土地价格的影响是整体和全方位的，覆盖面是整个地区。一般包括经济发展状况、财税体制、相关政策、城市规划、城镇化发展速度、土地资源禀赋、土地产权状况等宏观因素。

2. 区域因素

区域因素是指土地所在区域由于本身特性而对土地价格产生影响的因素。区域因素包括两方面，一是土地所在区域的自然条件及经济地理区位与前述一般因素相结合而形成的地区社会经济地位，以及由其决定的土地供求状况对价格产生影响的因素；二是城市内各种不同区位特性对土地价格的影响。在特定区域内，影响土地利用条件和利用方向的区域因素大体一致，主要包括区段位置、基础设施条件、规划限制和环境质量等。

3. 个别因素

个别因素是指宗地本身的条件和特征对土地价格的影响，如宗地面积、形状、临街深度和宽度、宗地开发程度、土地利用状况及规划条件、土壤肥力和地质条件等。土地用途不同，个别因素对价格的影响程度和方式也会有所差异。例如，宗地的位置和临街宽度对商业用途特别重要，而地质条件和土地规划限制对居住用地影响较大；土壤肥力对农业用地的价格影响较大，而对建设用地却没有影响。

三、地价理论简介

（一）古典经济学地价理论

威廉·配第是古典政治经济学的奠基人之一。他认为，土地的价值取决于投入土地的劳动量，把土地价格定义为一定年期的地租总额。

詹姆斯·安德森认为“不是地租决定土地产品的价格，而是土地产品的价格决定地租”，说明社会对土地产品的需求导致对土地的需求，其与土地供给共同决定地租和价格。这与现代地价理论一致。

亚当·斯密认为地租和地价不由土地改良成本决定，而由市场有效需求决定。

（二）马克思主义地价理论

马克思在批判和继承古典政治经济学家地租和地价理论的基础上，提出了以劳动价值论为基础的地租和地价理论，认为土地价格是地租的资本化。

1. 自然状态的土地虽然不是劳动产品，没有价值，但有使用价值并存在价格

土地是自然的产物，它的产生不包含人类劳动。根据劳动价值论，土地也就不存在

价值，自然也就没有以价值为基础而表现出来的价格。马克思指出，自然未利用的土地“没有价值，因为没有人类劳动物化在里面”，“土地不是劳动的产品，从而没有任何价值”（马克思和恩格斯，1975a）。但是，土地具有特殊的使用价值，能满足人们的需求，在一定的土地关系下可以产生地租。正是因为有了地租，才产生了土地价格。但这个价格不是其价值的货币表现，而是由土地的稀缺性和垄断性决定的，是一定年限的地租资本化所计算出来的购买价格。正是如此，马克思指出，“实际上，这个购买价格不是土地的购买价格，而是土地所能提供的地租的购买价格”，“地租的占有是土地所有权权益实现的经济形式，而地租又是以土地所有权、以某些个人对某些地权的所有权为前提的”（马克思和恩格斯，1975a）。

2. 土地价格的实质是地租的资本化

土地具有使用价值。因土地的垄断性和稀缺性，在一定的生产关系下产生地租，从而产生了土地价格，以及购买一定年限地租的价格，这是地价产生的逻辑关系。马克思认为土地价格在量上等于地租的资本化，用公式可以表示为

$$\text{地价} = \text{地租}/\text{土地还原利率} \tag{2-5}$$

“假定平均利息率是 5%，那么每年 200 英镑的地租就可以看作一个 4000 英镑的资本的利息”。“如果一个资本家用 4000 英镑购买的土地每年提供 200 英镑地租，那么他利用这 4000 英镑得到 5%的平均年利息，和他把这个资本投在有息证券上，或按 5%的利息直接借出去完全一样”（马克思和恩格斯，1975a）。

（三）现代西方经济学地价理论

现代西方经济学地价理论的核心观点主要是：持有土地可能得到的收益，不仅只有土地的利用收益，而且还应把卖掉土地所产生的利益考虑进去。因此，不仅是土地收益决定地价，资本市场也参与了土地价格的决定。

土地经济学的创始人伊利认为，土地所能带来的收益是确定其价值的基础。“把预期的土地年收益系列资本化而成为一笔价值基金，这在经济学上就称为土地的资本价值，在流行的词汇中则称为土地的售价”（伊利和莫尔豪斯，1982），即

$$\text{土地价格} = \text{土地纯收益}/\text{资本还原利率} \tag{2-6}$$

因此伊利的地价理论又被称为土地收益理论。

现代西方经济学的代表人物萨缪尔森认为，土地的自然供给是无弹性的，而土地的需求是一种引致需求，土地的价格由土地的市场供给和市场需求决定。由于土地供给无弹性，土地价格主要由土地需求决定。因此，萨缪尔森的地价理论又被称为“土地供求理论”。据此可以认为，土地供给增加，需求不变，地价下跌；土地供给减少，需求增加，地价上升，其供给曲线（s）和需求曲线（d）相交而成的点即为均衡价格（E），具体见图 2-1 和图 2-2。

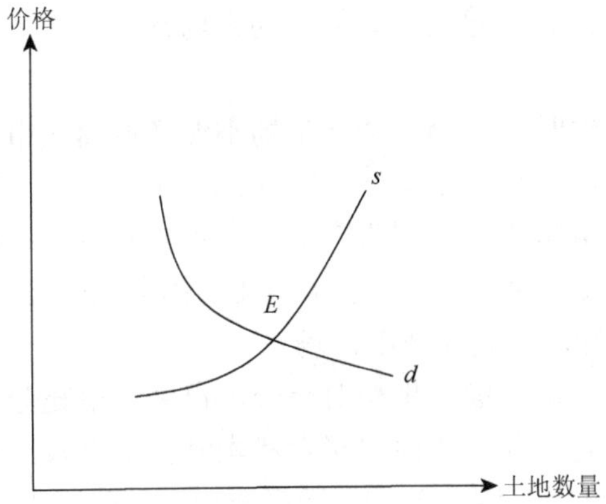

图 2-1　一般市场均衡价格的决定

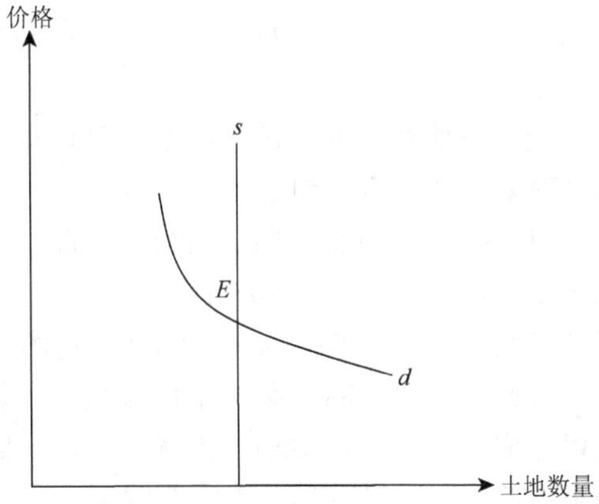

图 2-2　竞争状态下的土地价格决定

四、地价与房价的关系

进入 21 世纪，我国土地市场和房地产市场不断发展完善，地价和房价也同时出现加速上涨趋势。在这种形势下，究竟是地价推动房价，还是房价拉升地价，对此，学者和专家众说纷纭，莫衷一是。

如果就地价和房价的整体水平来说，根据国内外的长期实践经验来看，两者互为因果，相互联动，相互影响。土地作为房地产的基础，必不可少。从成本的角度来看，地价上涨必然使得建房成本增加，推动房价上涨。这也就能说明为何目前北京的房价与长沙的房价差别之大，即除去供需因素，在建安成本大致相同的情况下，两个城市土地价格的巨大差异导致了房价的巨大差异。反之，如果房价上涨，各种类型住房需求（包括自住、投资和投机等）增加，必然会引发土地需求增加，拉动地价上涨。当然，地价与房价的影响因素众多，并且它们之间的作用关系复杂，分析地价与房价的关系需要站在更广泛更全面的角度，具体问题具体分析，不可一概而论。

第四节　不动产市场运行理论

不动产市场是国民经济市场体系的重要组成部分，从社会再生产过程分析，不动产市场属于流通环节，处于中介地位，不仅起着沟通生产和消费的重要作用，而且发挥着促进不动产开发建设、提高资源配置效率、更好地满足生产性需求和消费性需求的重要功能（谢经荣等，2012）。

一、不动产市场特征

巴洛维（1989）认为，不动产市场具有如下几个特点：①只针对待售财产总供给量的一部分而言；②产品位置的固定性；③产品的非标准化和异质性；④影响不动产交易的特别法律条例；⑤对当地供求状况的依赖性；⑥绝大多数交易是高额交易；⑦习惯上采用信贷方式来补充多数买者的有限自由财产；⑧普通买者非经常的市场参与；⑨广泛的经纪人服务。

美国不动产学术界在分析不动产市场的特性时，认为不动产市场不像其他商品市场那么有效率。其特点如下。

（1）在一般商品市场，其交易的商品或劳务本质上是同质产品，容易相互替代；但在不动产市场，由于不动产的固定性和位置的唯一性，没有两宗土地在实体上完全相同，即使某些土地具有替代性，但因其位置的固定性，并无高效率市场。

（2）在一般商品市场，市场参与者比较多，市场信息也相对充分，自由竞争充分，难以形成垄断；但在不动产市场，在一定时间内，同一个地区买者和卖者数量有限，每一类型的不动产只在某一价格范围和地域内互动，且因价值较大而需要较大的购买力。

（3）在一般商品市场，价格相对一致且较为稳定，商品价格通常成为买卖双方决策的主要依据；但在不动产市场，因价值较高，一般难以用自有资金购买。因此，提供融资的类型、抵押贷款额度、利率、定金支付条件及还款期限等，都会影响投资决策。

（4）在一般商品市场，自我规范，公平竞争，限制很少；但在不动产市场，政府的法律法规限制很多。不动产市场运行具有规范化和法治化的特征，不动产市场规范化的根本途径是加速不动产市场法规和法制的建设及不动产市场中介组织的建设，这样才能使得不动产市场有法可依、有规可循，良好的市场秩序才能建立。

（5）一般商品市场因竞争而容易形成价格和数量的均衡；但不动产市场的均衡大多数只是理论意义上的均衡，在现实中因适合特定使用的不动产供给对市场需求的调整反应较慢而难以实现均衡。

（6）在一般商品市场，买卖双方对市场和商品都有较为充分的了解；但在不动产市场，因信息不对称，多数人对市场和标的物不了解，缺乏必要的知识。

（7）在一般商品市场，买卖双方进出市场较为容易，门槛也比较低，能迅速适应市场变化；但在不动产市场，买卖双方进出较难且复杂耗时，市场因不可预知因素而变化较大，参与者较难迅速有效地适应市场变化。

（8）一般商品市场的商品容易被消费，也容易迅速调运和供给；但不动产为耐久品，位置固定，因而其供给相对无弹性（美国估价协会，2001）。

综上所述，不动产市场的特征主要表现在以下几个方面。

1. 地域性

不动产位置的固定性决定了不动产实体产品是无法移动的，因而无法形成区域间自由流动的、价格基本一致的统一大市场，从而使得不动产市场具有强烈的地域性特点。尽管不动产市场随着全球经济影响和国家宏观经济政策发生变化的趋势大体相同，但不同地区之间的不动产市场都存在差异，不动产的类型、价格及供求关系也都存在一定的差异。

2. 竞争不充分性

造成不动产市场竞争不充分性的主要原因有：①不动产位置固定且具有唯一性，区位、品质等属性与消费者偏好的匹配，使得某一类特定的不动产对特定的消费者具有唯一的吸引力，加上不动产市场信息的不充分和不对称，使得不动产市场具有竞争的垄断性；②不动产市场的准入门槛比较高，某一时间内进入市场的交易对象和交易主体数量都不多，而且并不是所有的不动产需求者都能直接购买，也不是所有的不动产供给者都能迅速供应，导致不动产市场竞争不充分；③土地供给的垄断使得土地供应量受到限制，如我国由于城市国有土地在一级市场的供给归政府垄断，虽然在城市之间存在实质性的竞争，但在一个城市之内容易形成垄断。

3. 不动产客体的不可移动性

在不动产市场中，交易对象主要是不动产的权利与服务，不动产的客体（如土地、房地产等）是无法移动至专门的交易场所进行交易的，也不能像一般商品那样采用一手交钱、一手交货、钱货两清的交易方式。正因如此，不动产交易的本质是货币与不动产相关产权的交换，往往是通过签订不动产交易合同来完成权利的变更，从而完成交易。在此过程中，不动产客体并不会因为相关权利的交换而发生位置移动。

4. 交易的低效率性

不动产市场属于区域性市场，参与者相对较少，市场信息相对不充分，投资决策受到价格以外因素的影响较大，而且由于不动产的区位特征，同一用途不同区域的不动产具有较小的替代性，相比于一般商品市场而言，不动产市场交易效率较低。

5. 投资性和投机性

由于土地资源一般不可再生，土地的自然供给没有弹性，土地经济供给弹性也相对较小。随着城市经济发展、人口增长等，土地变得越来越稀缺，从而不动产具有保值增值的功能、消费投资的双重属性及相对较高的投资回报能力，使得不动产市场成为一个重要的投资领域。同时，在我国，可投资的渠道和方向不多，众多居民和投资公司都选择进入不动产市场进行投资，以期获得稳定的收益。同时，不动产投资的风险性及不动产的稀缺性使不动产市场又成为资本投机活动较为活跃的领域。因此，政府需要在宏观上对不动产市场进行有效调控，对不动产投机、不动产价格（尤其是房价）非理性增长等市场现象伸出强有力的“有形之手”进行管理。

二、不动产市场运行机制

不动产市场的功能是通过不动产市场运行机制对不动产生产、流通和消费的调节作用表现出来的。

（一）不动产市场运行的基本原理

不动产市场运行具有明显的区域性，在一个特定的地区，假定某一时期不动产供求均衡，供给为 s_1，需求为 d_1，均衡价格为 a。由于不动产（主要包括土地和房地产）供给调节滞后，在不动产需求由 d_1 变为 d_2 时，供给在短期内不会发生变化，仍为 s_1；价格由 a 上涨到 b（图 2-3）。随着时间的变化，新的不动产会投入市场，市场供给发生变化，由 s_1 增加到 s_2，价格则由 b 下降到新的均衡价格 c。如果需求再由 d_2 增加到 d_3，价格会从 c 上涨到 d；随后供给由 s_2 增加到 s_3，价格也由 d 下降到均衡价格 e。连接 a、c、e 就形成长期供给曲线 L_s（图 2-4）。这种情况经常发生在经济日益增长趋于繁荣的地区。在这些地区需求稳定增长，不动产本身的稀缺程度及其成本都会持续上涨，因而，长期供给曲线也向右上方倾斜。在经济日益衰退的地区，不动产需求持续减少，需求由 d_3 向左下移动到 d_2 再到 d_1，供给也会减少，价格则沿 e 到 f 到 c 到 g 到 a 变动，长期供给曲线向左下方倾斜。

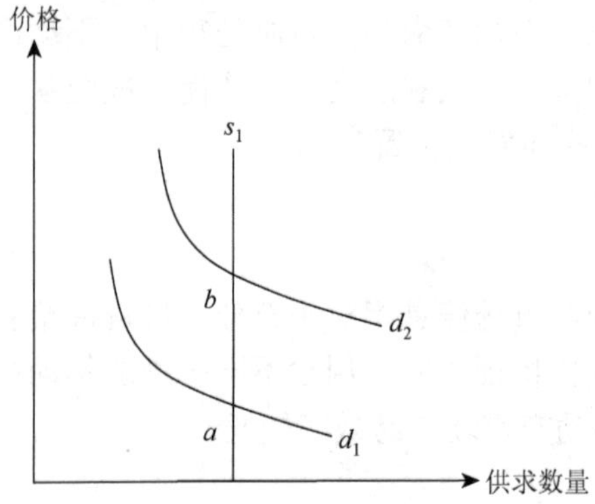

图 2-3　短期不动产供求

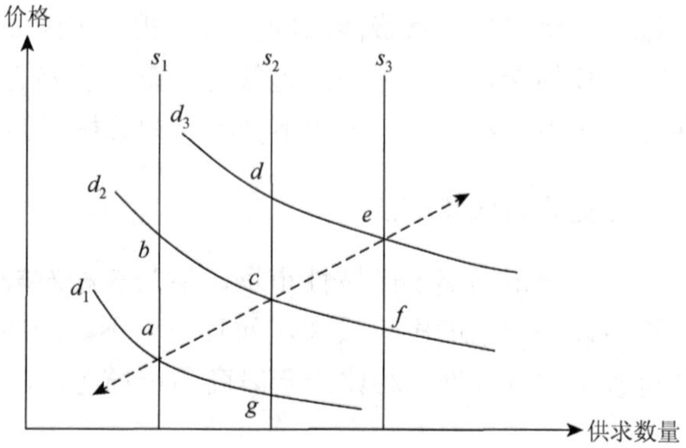

图 2-4　长期不动产供求

（二）不动产市场运行机制的内涵

不动产市场是不动产市场关系的总和。要使不动产交易关系得以形成，必须具备三个要素：一是不动产交易主体，包括供给主体和需求主体；二是不动产交易客体——土地或不动产物业；三是不动产交易法规及其监管者、市场管理者。不动产市场运行机制就是市场有机体互相联系、互相制约，调节市场交易主体和客体，促其规范运行的形式和手段（张永岳等，2005）。

（三）不动产市场的主要运行机制

机制一词来源于希腊文 mechane，原意是指机器的构造和运转原理，以及机器运转过程中的各个零部件之间的相互联系、互为因果的连接关系及运转方式。近代经济学从工程学上借用了这个概念，用以说明经济系统像一部大机器，通过其中各个不同功能的部件相互连接实现总功能及经济机制。按照此说法，可以这样定义不动产市场的运行机制，即是指不动产市场中的各个因素之间相互联系、互为因果，按照客观经济规律，决定不动产市场资源配置效率的具体组织结构和运行方式。不动产市场这只“看不见的手”发生作用的过程就是其内在机制运行的过程（高波，2010）。一般情况下，不动产市场运行主要包括以下几个机制。

1. 动力机制

不动产市场的动力机制主要针对房地产市场而言。不动产的商品化、市场化及不动产开发企业是不动产市场交易的主体，决定了不动产尤其是房地产开发企业（包括工业、商业不动产等）从事不动产开发经营活动的直接目标和最终目的是追求利润最大化。企业这种千方百计追求利润最大化的行为，形成了不动产市场的动力机制。因而动力机制就是在不动产企业的动力和经济利益之间产生相互制约和相互协调的一种内在联系的市场运行形式和手段。当然，动力机制的形成要以清晰的产权界定为前提，即不动产开发企业要以确定的财产和独立的经济利益为前提条件。只有这样，这些企业才有充分的经营自主权，才能作为独立合法的经济利益主体，才能准确及时地对不动产市场的变化作出反应。

2. 价格机制

价格机制是指价格高低与供求关系之间相互制约和相互协调的一种内在联系。它是调节不动产资源优化配置的最重要的市场机制。根据商品的价值规律，价格机制的表现形式是价格围绕价值上下波动。在不动产市场上，不动产供求关系必然会引起其价格的变化，反过来，不动产价格的变化又能影响其供求关系的变化。正是这种作用机制，使得不动产市场在波动变化中促使供求关系趋向一致，价格和价值趋向均衡，从而使得价值规律得以实现。在实际中，政府可以通过价格机制调节商品房和土地的供给，以价格手段促进土地集约节约利用；用价格机制来促进土地资源优化配置，实现用地功能置换，从而实现产业转换。因此，价格机制是调节不动产市场资源优化配置的最重要的市场机制。

3. 供求机制

供求机制就是用于调节市场供给和需求之间关系的市场运行形式和手段。在供过于求的买方市场情况下，供求机制引导企业调整产品结构，注重新产品的开发经营，以促进企业的生产、经营和服务能适应和激发市场需求；在供不应求的卖方市场情况下，供求机制会使价格上涨、生产规模扩大以吸引更多的企业进入市场。不动产供求关系的变化是不动产市场运行的主要表现形式，不动产市场的供求机制主要通过不动产供需之间的数量关系、结构关系和时空关系表现出来，最终反映在不动产价格上。供求关系的变化会导致价格的涨跌，而价格的涨跌又会刺激或抑制供给与需求。

4. 竞争机制

竞争机制就是市场竞争的形势和手段，市场越完善，竞争就越充分。不动产市场竞争机制主要发生在同类不动产商品的不同不动产企业之间。为争夺市场、资金、人才及先进技术等，想方设法降低成本，通过价格竞争、质量竞争和服务竞争等手段，以求在激烈的竞争中占得先机，这样，不动产市场的竞争机制就形成了。不动产的竞争机制是竞争与供求关系、价格、利润之间相互制约和相互协调的内在联系，能够促进企业改善经营管理，提高劳动生产率和经济效益。

在不动产市场运行中，动力机制、价格机制、供求机制和竞争机制并不是孤立存在的，而是相互联系、相互作用和相互制约的。在价值规律的作用下，这种相互联系、相互作用和相互制约的结果形成了一套不动产市场运行机制。由于不动产的特殊性，其供求机制和价格机制与一般商品有所不同。很大程度上，土地的稀缺性也导致了不动产的稀缺性，这种稀缺性与人们需求的无限性决定了不动产市场的总体发展趋势是供不应求而不是供过于求。在某种程度上，不动产的市场价格主要是由需求决定的，这也正是越来越多的投资热衷于在不动产市场逐利的一个重要原因。此外，不动产包括土地这个特殊生产要素，不能移动且被垄断，因此不动产市场的竞争机制是不充分的。

第五节　不动产周期波动理论

一、不动产经济波动的内涵

经济发展的周期性是伴随着经济社会化和工业化出现的经济现象，经济发展的周期性波动具有阶段性、规律性和周期性等特征。世界各国的经济发展进程表明，在经济总量增长过程中，不同时段的增长速度或增长率总是不一样的，有的快有的慢，有的高有的低，这样经济总量在时间序列上总会呈现波浪式上升或波浪式下降的现象。这种具有不同表现特征的经济波动就构成了经济周期（张文洲，2011）。不动产经济是工业化和城市化的产物，是国民经济的主要构成部分。不动产经济与国民经济密切相连，正如国民经济的增长波浪式前进一样，不动产经济的发展也具有明显的周期性特征。在这种周期性波动过程中，不动产经济的增长也呈现不平稳性，是波浪式前进的。不动产市场的发展过程包含四种运动：不动产周期性、季节性、长期性和随机性的波动。不动产周期性波动表现为上升运动和下降运动，主要包括扩张、后退、收缩、复苏四个阶段，大体可以分为长期性波动（一般以15～22年为一个波动周期）和短期性波动（一般以3年为一个波动周期）。这不仅存在于不动产市场运行的全过程，而且也存在于不动产市场构成的个别部门，如地产开发、金融、投资、房产交易等。

一般来说，不动产经济周期与宏观经济发展密切关联，其波动周期与宏观经济周期相协调，两者是一种正相关关系，波动方向相同。一方面，宏观经济周期对不动产经济周期的波动具有决定性作用；另一方面，不动产经济周期独特的波动形态也对宏观经济周期的波动产生很大影响，影响的程度取决于地区不动产市场发展的进程及其在国民经济中的比重和地位（刘新华和戚瑞双，2008）。除此之外，不动产市场还有季节性、长期性和随机性的波动。季节性波动如寒冬腊月建筑业（即房产开发）基本处于停滞状态、旅游观光淡季大小宾馆空房率也明显增加。长期性波动一般在一个较长时间跨度上（如50年）来衡量，反映不动产市场整体发展的总趋势，主要伴随整体经济发展而进行波动。随机性波动是政策或地震等自然灾害引起的不动产市场的衰落与复兴（黄贤金等，1996）。

二、不动产周期波动的类型

不动产周期波动从不同角度划分，有多种类型。

1. 区域不动产周期波动

按照区域的大小不同，可以有多个不动产子市场的波动。具体可以分为国家（如中国、美国、日本）不动产波动、区域（如我国东部、中部和西部）不动产波动和城市（如北京、上海、广州、长沙）不动产波动。

2. 不同物业类型和用途的不动产波动

根据物业类型和用途分类划分，不动产产品的种类和用途是多种多样的，不同类型和用途的不动产表现出不同的规律，从而呈现不同的市场波动。从大的方面来看，不同物业类型和用途的不动产包括土地、住宅、写字楼、商铺、厂房等；从小的方面来看，土地又包含住宅土地、商业土地和工业土地。住宅可以分成普通住宅、高级公寓、别墅等。

3. 不同经营类型的不动产波动

按照经营类型，不动产市场有销售市场、租赁市场。因此不动产波动可以分为不动产销售市场波动和不动产租赁市场波动。

三、不动产周期波动的影响因素

不动产周期波动的影响因素种类很多，大体上可以分为外生因素和内生因素两大类。外生因素通过内生因素起作用，两大类因素共同作用于不动产市场，产生周期波动效应（陈龙高和但承龙，2011）。

（一）外生因素

1. 制度因素

制度因素主要包括社会制度、土地制度、房地产制度等方面的因素。

社会制度是不动产市场存在的基础。我国是社会主义国家，实行的是全民所有和集体所有的土地公有制，因此我国土地市场波动具有特殊的内涵。同时，住房制度决定了一个国家房地产市场的发达程度，与西方国家相比，我国房地产市场发展较晚，住房交易不发达，租赁市场与买卖市场的联动关系也很弱（赵旭，2013）。

2. 政策因素

主要是与不动产市场密切相关的、影响程度较大的财政税收政策、货币政策、产业政策和经济体制、区域发展政策等。这一系列政策从各个方面对不动产市场发展产生影响，从而发生不动产周期波动。在此方面，政府作为主要政策的制定者和推行者，起着十分重要的作用。对于不动产而言，政府属于经济制度变迁的提供人、产业政策的制定者、宏观经济的调控者，在不完全开放的不动产市场中，政府通过制定政策规范不动产市场，对市场失灵进行宏观调控，促进不动产市场健康持续发展。因此，政策因素通过政府作用使得不动产行业的经济发展也带有明显的政府周期性，它是一种外部冲击力量，能对不动产周期波动产生重要效用（许峰，2020）。

3. 经济因素

影响不动产周期波动的因素有很多，包括直接影响不动产开发活动的宏观经济因素和相关因素，如国民收入与消费水平、国民储蓄、货币供给、经济增长速度、物价水平、产业结构特征及银行利率等。这些因素多层次、多角度影响不动产经济的供给与需求，从而造成不动产周期波动。例如，在我国当前投资渠道窄的现实情况下，不动产具有保值增值性，是相当优质的投资方向和渠道。随着国民收入水平的总体提高，将会刺激不动产投资与消费，增加不动产需求量，从而造成不动产市场的繁荣；同时，经济增长速度加快，能稳定提升消费者对于未来的预期，通过影响消费者心理预期来改变不动产经济运行的方向。

4. 社会发展因素

随着人们生活水平、收入水平和精神文明素质的提高，住房消费观念和行为的变化将会引发对住房的价值需求、功能需求及环境需求，这将影响不动产市场的供需状况。

5. 城市发展因素

城市化的进程将会影响不动产的需求（如住房、基础设施等），并且会通过人口增长、城市扩张和交通等基础设施发展等方面，进一步对不动产市场的发展产生强烈而持久的作用，进而影响各类不动产经济的周期性波动。我国的不动产经济主要是建立在城市化基础上的，没有城市化的发展与支持，城市不动产市场就不可能具有充足的需求，也就不会有如此多的消费群体参与到不动产经济中来。因此，我国不动产经济与城市化进程关系密切。城市化进程的加快，给不动产经济带来了繁荣和促进，很大程度上提升了城市不动产经济的发展质量；反之，城市化进程减缓，城市不动产经济也会随之产生联动，开始从繁荣走向衰退。因此，我国不动产经济与城市化发展息息相关，只有充分认识城市化进程对不动产经济波动的影响，才能保证不动产经济的平稳发展（郭哲麟，2014）。

6. 其他因素

此外，还有一些因素会对不动产经济产生重大影响，如技术因素、心理因素、自然灾害、社会突发因素等。

（二）内生因素

1. 供需矛盾

供需矛盾是造成不动产市场波动最为主要的内生因素。在不动产市场中，不动产的供给总量受到技术、劳动、资金、管理等条件的变化而不断发生扩张或收缩运动。与此同时，不动产的总需求量也受到种种因素的影响而发生变化。因此，不动产供给平衡是暂时的，不平衡是经常的。在市场无形之手和政府有形之手的共同作用下，必然会造成不动产周期波动。

2. 生产者和消费者的心理因素

不动产市场景气时，为了追求高额利润，众多的生产者和消费者一拥而入，导致更多的资金流入不动产市场，使得不动产市场迅速扩大，交易量不断增加，市场进入繁荣阶段，利润率不断上升。而在市场不景气的时候，人们因为看不到需求的增长趋势而迟迟不愿意入市投资和消费，使得原来的市场泡沫逐渐萎缩甚至破灭，市场低迷下来，进入衰退阶段，交易量和利润率不断下降，导致市场产生周期波动。

3. 其他因素

主要包括不动产市场的时滞和技术革新等因素带来的不动产市场的波动（张红，2005）。时滞方面最主要的是建造时滞（主要体现在房地产市场的建造周期长）和不通畅所引起的时滞（不动产价格和交易情况需要较长时间的统计和调查，不能及时反馈）；而技术革新也会给不动产市场带来不小的冲击。

四、不动产经济周期波动的机理分析

（一）国民经济周期决定不动产经济周期

不动产经济前后关联着众多的产业，形成了一个巨大的产业体系，与国民经济各部门有着极其密切的联系。因此，国民经济发展的周期波动性也决定和制约着不动产经济发展的周期波动性（张跃庆和丁芸，2004）。同时，由于不动产经济在国民经济发展中的重要地位，不动产经济周期的波动也会对国民经济周期的波动产生重大影响。总体上看，不动产经济合理增长对国民经济健康发展具有重要意义，不动产经济增长速度过高或过低都会影响国民经济的稳定增长（许宪春等，2015）。

1. 国民经济周期的含义

一般来说，国民经济周期是指国民经济整体经济活动随着时间的变化出现扩张和收缩，周期性而定期性反复运动的过程。马克思在他的经济理论中，将相邻两次危机之间的经济运行过程看作一个经济周期，或者可以认为，从第一次经济危机开始到第二次经济危机爆发，定义为一个经济危机的周期。经济学家普遍把经济周期划分为四个阶段，即复苏增长、繁荣扩张、萧条持平和衰退收缩。其中复苏增长和繁荣扩张阶段是总需求和国民经济活动的上升时期，伴随着就业、产出、国民收入、利率水平等方面的上升；而萧条持平和衰退收缩阶段则是总需求和国民经济活动的下降时期，同时伴随着国民经济其他变量的下降。虽然各个时期每个变量上升或下降的速度和时间不同，但总的趋势在上升阶段或下降阶段表现得十分明显（刘亚臣，2009）。

2. 国民经济周期与不动产经济周期的关系

不动产经济作为第三产业的重要构成部门，既能服务于生产，其本身又属于消费部门，因此与国民经济存在着千丝万缕的联系。在市场经济条件下，不动产经济的需求往往很大程度上属于一种引致需求。当国民经济出现迅速发展，投资和消费需求旺盛，人们对不动产经济的生产、经营及住宅不动产产生了巨大需求，从而促进了不动产经济的发展。同时，不动产经济发展也为国民经济发展提供了各种发展要素。当国民经济出现衰退，对不动产投资、不动产消费等实际需求产生了巨大的影响，减少了对其的需求量，使得不动产经济出现减缓、停滞，反过来也冲击了国民经济的发展。两者具体关系的表现如下（张文洲，2011）。

（1）经济复苏，不动产萧条。经济度过衰退期开始复苏，但由于前期的经济衰退、百业待兴，投入到不动产市场的消费大幅度减少。由于不动产投资开发周期长，有一定的滞后性，存量产品出现滞销。市场上出现供大于求的情况，不动产价格下降。开发商减少投入，需求没有真实地反映出来，不动产价格持续下跌。最后跌到一定程度后，经济复苏的信息传递到了整个市场，开始有反弹迹象出现。

（2）经济高涨，不动产复苏。政府采用积极的财政政策，经济景气状况进一步好转，市场信心进一步增强，不动产市场回暖。经济持续景气，不动产市场需求激增，但由于不动产投资周期较长，很难在短期内增加供应量，不动产市场景气在持续上升的预期下，市场需求进一步增加，不动产投资增加。

（3）经济衰退，不动产高涨。经历经济高涨后，出现经济局部过热。政府出台相关的宏观政策规范市场行为。政策刺激下的投资相对过剩也开始有所表现，经济开始衰退，但总体运行情况还是良好。真实的房地产消费没有得到满足，不动产价格上扬，加剧了对不动产市场景气的预期，不动产市场达到空前高涨。

（4）经济萧条，不动产衰退。政府出台的宏观调控政策开始起作用，经济增长开始放缓，经济开始走向萧条。受经济景气的影响，不动产市场也由持续看涨的预期发生变化，一是延续了前期的看涨预期，二是看到经济景气所带来的后期消费不足，不动产市场预期开始动摇，不动产开始衰退。

（二）投资和消费及其波动影响不动产经济周期波动

在市场经济条件下，不动产由于其保值增值性，成为重要的投资和消费对象。投资和消费及其波动也就成为影响不动产经济波动的决定性因素。

1. 投资方面

国民经济投资的增加和减少，直接构成了对不动产需求的增加和减少，从而决定了不动产市场的扩张和收缩。此外，不动产投资具有较强的预期性和变动性，决定着投资量的变化。在要素自由流动的情况下，资本的逐利性越发凸显，尤其像不动产这样需要较大投资、回报周期较长的领域，不动产投资具有较强的趋利性、预期性和变动性，这些特征决定着投资量的变化，从而使得不动产市场发生波动。国际经验表明，不动产投资既可以长期投资，也可以短期投机。无论哪种投资都会对不动产市场产生影响，使其产生波动。当国民经济处于繁荣阶段时，对不动产的需求迅速增加，投资利润丰厚，预期相对较为乐观，不动产投资量会迅速增长，不动产市场呈现欣欣向荣的景象，甚至会出现“泡沫经济”。当国民经济处于衰退阶段，对未来趋势一致“唱空”，不动产投资量会减少，不动产市场开始萎缩、疲软。

2. *消费方面*

在市场经济条件下，消费作为拉动经济增长的决定性要素之一，与国民经济发展也有着密切的联系。例如，住房制度改革后，随着福利分房变货币补贴，房地产市场的有效需求扩大，住宅和房地产业蓬勃发展起来，在国民经济发展中发挥了巨大的促进作用，居民的居住条件也随之大大改善，全国人均居住面积已从20世纪70年代末的3.6m^2提高到2020年的41.76m^2。

消费方面对不动产周期的影响主要体现在以下两个方面。

（1）消费结构的变化。随着市场经济的发展、人们生活水平的提高，其消费结构也发生了历史性的演变，突出表现为恩格尔系数的显著下降。居民消费以吃、穿为主向以住、行为主转变，改善居住条件已成为主要的消费需求，从而促进了以住宅为主体的不动产建设的消费的发展，拉动了经济增长。

（2）消费水平的变化。消费水平的提高增加了对不动产的需求，其中包括改善性住房消费需求、投资投机性不动产（如商铺、写字楼等）消费需求。一般来说，两者呈现正相关的关系。经济越发达，国民收入越多，相应消费水平也就越高，不动产等高档耐用消费品的需求也相对越大，促进了不动产市场的繁荣；反之，消费水平下降，对不动产的需求也会下降，从而使得不动产市场出现衰退。归根到底，消费水平取决于经济发展水平，一定程度上，消费水平对不动产市场的影响也是国民经济发展对不动产市场的影响。

研究不动产市场周期规律是分析不动产市场形势的一个重要理论基础。不动产（房地产、土地）市场发展周期性是普遍存在的客观规律，在加强周期性规律研究的基础上，要正确判断某一时期不动产市场发展的阶段，并针对不同的周期阶段，有的放矢地采取适当的政策措施，积极加以引导，促进不动产市场的平稳发展，实现可持续发展（刘新华和戚瑞双，2008）。

复习思考题

[1] 不动产的特性包括哪些？

[2] 区位的概念是什么？主要的区位理论包括哪些？

[3] 地租的内涵及分类是什么？马克思主义地租理论的主要内容是什么？

[4] 地价的特点有哪些？马克思主义地价理论的主要贡献是什么？

[5] 不动产市场运行机制主要有哪些？

[6] 不动产周期波动的影响因素包括哪些？

参考文献

艾建国，吴群. 2002. 不动产估价. 北京：中国农业出版社.

巴洛维. 1989. 土地资源经济学——不动产经济学. 谷树忠，等译. 北京：北京农业大学出版社.

毕宝德，柴强，李铃，等. 2016. 土地经济学. 7 版. 北京：中国人民大学出版社.

陈龙高，但承龙. 2011. 不动产经济学. 南京：东南大学出版社.

邓孟桠. 2020. 城市群协同发展视角下地价对产业结构升级的影响机制研究. 北京：北京建筑大学硕士学位论文.

杜能. 1997. 孤立国同农业和国民经济的关系. 吴衡康，译. 北京：商务印书馆.

高波. 2010. 房地产经济学. 南京：南京大学出版社.

郭哲麟. 2014. 我国不动产经济波动的特征. 财经界（学术版），(9)：31-32.

黄桐城，黄碧云. 1998. 城市土地经济学. 上海：上海交通大学出版社.

黄贤金，潘宪生，彭纪生. 1996. 不动产金融. 南京：河海大学出版社.

李嘉图. 1976. 政治经济学及赋税原理. 郭大力，王亚南，译. 北京：商务印书馆.

刘书楷. 1993. 土地经济学. 北京：中国矿业大学出版社.

刘新华，戚瑞双. 2008. 房地产经济学. 上海：上海财经大学出版社.

刘亚臣. 2009. 房地产经济学. 大连：大连理工出版社.

刘再兴. 1984. 生产布局学原理. 北京：中国人民大学出版社.

卢新海. 2006. 房地产估价——理论与实务. 上海：复旦大学出版社.

马克思，恩格斯. 1975a. 马克思恩格斯全集（第 23 卷）. 中共中央马克思 恩格斯 列宁 斯大林著作编译局，译. 北京：人民出版社.

马克思，恩格斯. 1975b. 马克思恩格斯全集（第 25 卷）. 中共中央马克思 恩格斯 列宁 斯大林著作编译局，译. 北京：人民出版社.

马克思，恩格斯. 1995. 马克思恩格斯选集（第 1 卷）. 2 版. 中共中央马克思 恩格斯 列宁 斯大林著作编译局，译. 北京：人民出版社.

美国估价协会. 2001. 不动产估价. 不动产估价翻译委员会，译. 北京：地质出版社.

斯密. 2008. 国富论. 孙善春，李春长，译. 沈阳：万卷出版公司.

唐隆昊. 2020. 我国房地产市场价格波动的关联影响研究——基于国内一手房、二手房和租赁市场价格的分析. 北京：北京林业大学硕士学位论文.

韦伯. 1997. 工业区位论. 李刚剑，陈志人，张英保，译. 北京：商务印书馆.

谢经荣，吕萍，乔志敏. 2012. 房地产经济学. 3 版. 北京：中国人民大学出版社.

许峰. 2020. 湖北省房地产周期及其影响因素分析. 住宅与房地产，(21)：8-9.

许宪春，贾海，李皎，等. 2015. 房地产经济对中国国民经济增长的作用研究. 中国社会科学，(1)：84-101，204.

徐海岩. 2020. 房地产市场波动对区域全要素生产率影响的实证研究. 南昌：江西财经大学硕士学位论文.

伊利，莫尔豪斯. 1982. 土地经济学原理. 滕维藻，译. 北京：商务印书馆.

张红. 2005. 房地产经济学. 北京：清华大学出版社.

张洪力. 2004. 房地产经济学. 北京：机械工业出版社.

张家庆. 1991. 地租与地价学. 北京：中国国际广播出版社.

张文洲. 2011. 房地产经济学. 武汉：武汉理工大学出版社.

张永岳，陈伯庚，孙斌艺. 2005. 房地产经济学. 北京：高等教育出版社.

张跃庆，丁芸. 2004. 房地产经济学. 北京：中国建筑工业出版社.

赵旭. 2013. 房地产经济学. 北京：化学工业出版社.

第三章　土地市场

第一节　土地供给

一、土地供给的含义

土地市场实际上就是土地供给与土地需求的实现场所和过程。没有土地供给与土地需求也就没有土地市场。要研究土地市场，必须具体研究土地供给与土地需求及两者的平衡。

土地是一个巨大的载体，人类的一切活动都离不开土地，任何社会的生产和生活都要依托于土地。土地本身是一个自然综合体，它包括土壤、岩石、矿藏、气候、地貌、植物、水文等自然构成物或自然地理因素。土地供给是指地球所能提供给人类社会利用的各种用地的数量，通常定义为：在一定的技术经济环境条件下，对人类有用的各种土地资源的数量，包括已利用的和未利用的后备储量的总和。土地的供给按其性质可分为自然供给和经济供给两种（刘书楷和曲福田，2004）。

二、土地自然供给

土地以其自然固有的属性供给人类利用，以满足人类社会生产和生活的需要，称为土地的自然供给。土地自然供给的数量是固定不变的，它不受任何人为因素或社会经济因素的影响，因此它是无弹性的供给。这就是说，土地资源是“非再生资源”，由于土地资源有限而不可再生，可视土地的自然供给在总量上、宏观上的供给弹性为零。

土地自然供给的制约因素有：①具有适宜人类生产生活的气候条件；②具有适宜植物生长的土壤质地和气候条件；③具有适宜人类生产作业的地貌条件；④具有可供人类利用的资源；⑤具有基本的交通运输条件。

1. 世界土地的自然供给

地球的表面积为5.1亿km^2，其中海洋面积为3.61亿km^2，占地球表面积的70.8%；陆地面积为1.49亿km^2，占地球表面积的29.2%。在陆地上，还有近50%是永久冰盖地、干旱沙漠地、岩石、沼泽等目前难以利用和无法利用的土地。除此之外，尚有相当数量的土地存在各种障碍因素，如高山、峭壁、陡绝的山地、干旱缺水的土地等。这样，适宜人类利用的土地只有7000万km^2左右。

世界各国的土地自然供给存在很大的差异。例如，印度、巴基斯坦、法国、德国、英国、意大利、美国，国土面积的15.49%～47.60%是耕地，而埃及、加拿大、澳大利亚、俄罗斯、巴西，耕地仅占国土面积的 2.89%～9.4%；南非、澳大利亚、英国、美国、巴西的永久性草场为国土面积的 23.02%～68.84%，而韩国、加拿大、印度的永久性草场仅为国土面积的 0.57%～3.12%。世界若干国家的土地利用情况如表 3-1 所示。

表 3-1　世界若干国家的土地利用情况（2015）　（单位：千 hm^2）

国家	国土面积	陆地面积	农业用地	耕地面积	永久性草场
埃及	100145	99545	3820	2896	
南非	121909	121309	96841	12500	83928
加拿大	998467	909351	62656	43606	14349
美国	983151	914742	405863	152263	251000
巴西	851577	835814	282589	80017	196000
印度	328726	297319	179721	156463	10258
印度尼西亚	191093	181157	57000	23500	11000
日本	37797	36456	4496	4496	
韩国	10028	9748	1736	1465	57
巴基斯坦	79610	77088	36252	30440	5000
法国	54909	54756	28727	18479	9262
德国	35741	34886	16731	11849	4677
意大利	30134	29414	12945	6601	3897
俄罗斯	1709825	1637687	217722	124722	93000
英国	24361	24193	17138	6011	11078
澳大利亚	774122	768230	406269	46597	358962

资料来源：原始数据由联合国粮食及农业组织提供，转引自《中国农村统计年鉴（2018）》。

2. 中国土地的自然供给

根据《2024 年中国自然资源公报》，2023 年度全国国土变更调查成果显示，全国共有耕地 12860.88 万 hm^2、园地 1961.09 万 hm^2、林地 28369.57 万 hm^2、草地 26321.57 万 hm^2、湿地 2351.98 万 hm^2、城镇村及工矿用地 3610.37 万 hm^2、交通运输用地 1042.91 万 hm^2、水域及水利设施用地 3626.48 万 hm^2。全国现有人均耕地 0.087hm^2，仅相当于世界人均水平的 1/3 左右。上述数据表明，我国土地（尤其是耕地）的自然供给十分有限。应该倍加珍惜每寸土地，特别是耕地。

因为土地自然供给的有限性，随着人口增加和经济的发展，人类对于土地的需求强度逐渐增大。新常态下，资源环境约束趋紧的态势没有改变，土地粗放利用的发展方式已经难以为继，迫切需要进一步落实发展新理念，转变土地利用方式。习近平总书记等中央领导同志明确指出，要毫不动摇地坚持节约资源和保护环境的基本国策。落实全面节约战略和最严格的节约集约用地制度取得积极成效。深入实施“增存挂钩”机制，加大闲置土地处置力度，推进低效用地再开发试点，推动城乡发展方式从主要依赖新增向盘活存量转变。2024 年，全国单位国内生产总值（gross domestic product，GDP）建设用地使用面积稳步下降；国家级开发区土地利用程度和效率稳步提升，批准范围内的土地开发率、土地供应率、土地建成率均超过 90%。加强节约集约用地示范引领，截至 2024 年底，累计创建自然资源节约集约示范县（市）258 个，其中土地资源类 183 个，矿产类 57 个，海洋类 18 个。土地作为最重要的经济要素，始终是社会经济发展的重要物质基础、调控手段、变革因素，土地节约集约利用始终是社会经济发展改革建设中常论常新的命题。

三、土地经济供给

（一）土地经济供给含义

土地的经济供给是指在土地自然供给的基础上，投入劳动进行开发后成为人类可直接用于生产、生活的各种用途土地的有效供给。土地天然就能满足人类需要的可能性不大，只有经过人类加工、改造以后，才能充分满足人类需要。这样就使得土地从自然供给状态转变为经济供给状态，才能为人类所利用。因此，土地的经济供给是动态的、有弹性的供给。

在人类利用土地的过程中，随着人口的增加和经济社会的发展，扩大土地经济供给的活动持续不断地进行着。土地经济供给的增加不仅包含总量的增加，而且包含某种用途的土地随着利用效益的提高在数量上的增加，以及一定面积土地上产出的增加。前两者是土地经济供给的直接增加，后者是土地经济供给的间接增加。土地经济学的鼻祖伊利和莫尔豪斯特别强调土地经济供给间接增加的重要性。

（二）影响土地经济供给的因素

1. 各类土地的自然供给

某种用途土地的自然供给从根本上限定了该类土地经济供给的变化范围。土地自然供给是土地经济供给的基础和前提。

2. 人们利用土地的知识和技术水平

随着人类利用土地的知识和技术水平逐步提高，人类可以更多地利用原来未被利用的土地，或提高土地的使用效率以增加土地的经济供给。而技术的发展和进步，使得在实现现有土地资源更有效利用的同时，土地资源的开发更加容易。技术发展甚至还能为某类土地提供替代品，也相当于增加了该类土地的经济供给。

3. 需求的改变

社会需求的变化是土地利用方向变化的主要原因，而土地利用方向的改变则影响着各类土地经济供给的相对数量，从而影响土地经济供给。

4. 土地价格

土地价格水平是影响土地经济供给的最直接因素，价格上升，供给增加；价格下降，供给减少，从而影响土地经济供给。

5. 土地开发利用计划

现在各国都比较重视制定土地开发利用计划，各国政府的土地开发利用计划对土地经济供给的总量及结构等都会产生重大影响。

（三）增加土地经济供给的措施

1. 扩大土地开发利用面积

扩大土地开发利用面积是增加土地经济供给最直接的办法。目前，在地球表面可利用的土地中，还有少量土地尚未被开发利用。通过有计划地、合理地开发这部分土地，可以适当扩大土地的经济供给。

2. 提高土地利用集约度

提高土地利用集约度是增加土地经济供给的重要手段。中国农业发展历史悠久，垦殖指数高、土地后备资源少，在已开发利用的土地上增加劳动力、资金、技术的投入，提高土地生产率，可以达到间接增加土地经济供给的目的。例如，将开发强度低的旧城区改造为高容积率、基础设施良好、漂亮美观的新社区。对旧城区的改造可以减缓对房屋需求的压力，同时积极消化闲置土地，提高土地利用率，减少房地产的开发，减轻耕地的压力。转变土地利用方式、推进节约集约用地，是解决当前我国面临的各种土地问题中最根本、最迫切的任务。因此，自然资源部明确了要以节约集约用地统领土地管理全局工作，特别重视节约集约用地制度的系统化建设。

3. 完善土地供应制度

土地供应是指对纳入政府土地储备体系的土地，根据客观需要和土地供应计划，向市场供应土地的行为。在生态建设的基础上，合理配置土地的利用结构。配合宏观经济供给侧结构性改革，满足减少无效供给、扩大有效供给、提高供给结构的适应性和灵活性的要求。未来土地供应的方向为补短板，重点保障创新驱动发展战略，大力推进大众创业万众创新，支持培育发展新产业、新业态发展用地。土地供应的重心将放在调控区域经济平衡、倒逼土地利用方式转型、引导土地利用结构优化、促进土地用途混合布局等方面。

4. 利用新技术

利用新技术发展新型工业，生产多种农产品的代用品，可以使土地利用转入更迫切需要的产业。例如，发展新型食品工业，提高粮食产量，提高粮食的利用率和消化率，充分发挥粮食的营养作用；发展新型建材工业，使农民住房逐步从平房向楼房发展，可以少占用宅基地。这些措施都可以间接增加土地的经济供给。

5. 保护土地资源

保护和恢复土壤的良好理化性状和生态环境，使现有耕地能够永续利用。把建设用地的表层熟土、肥土运到贫瘠的岗地上，以提高农地的肥力水平，也等于间接地增加了土地的经济供给。

四、土地经济供给与自然供给之间的联系和区别

（1）土地自然供给是土地经济供给的基础，土地经济供给只能在自然供给的范围内变动。

（2）土地自然供给是针对人类的生产、生活及动植物的生长需要而言的，而土地经济供给则主要是针对土地具体的用途而言的，现在人类特别重视耕地或粮食用地的供给。

（3）土地自然供给在相当长的时间内是一定的、无弹性的，而土地经济供给是变化、有弹性的，不同用途土地的供给弹性更是不同的。例如，用于农作物生产的土地，因受自然条件的限制较多，其供给弹性较小，尤其是特种农作物的栽培地，其供给弹性则更小，而建筑用地的经济供给弹性则较大。

（4）人类难以或无法增加土地的自然供给，但可以在自然供给的基础上增加经济供给（毕宝德等，2016）。

第二节　土地需求

一、土地需求的含义

“土地需求”一词，是指人地关系一分为二对应关系的一极，有土地供给，必有土地需求；而有土地需求，也必然都需要利用和占有日益短缺的土地，以求得人类社会的生存和发展。

二、影响土地需求的因素

随着人口的日益增加和经济社会的发展，人类对土地的需求在不断增长，这是一种绝对规律。而影响土地需求的因素很多，根本因素就是人口的增加。

1. 人均土地或人口密度

人均土地面积或每一单位土地（或耕地）的人口数量，是衡量土地需求程度大小和人地关系是否协调的一个基本尺度。在一定的科学技术水平和生产力水平下，人均占有的土地必然随着人口的增多而减少，这对农村用地和城市用地都是一样的。因人口增长、

人均土地减少和人口密度的加大，人地关系趋于紧张。我国的人地矛盾，主要就是人口增长过快带来的对土地需求的增加。

2. 土地（耕地）质量

土地（耕地）质量反映着土地有用性或使用价值与价值的大小。人们之所以对土地有需求是为了利用它来满足一定的需要，如果一块土地的使用价值或质量符合一定用途的要求，人们就需要它，这就要求由国家从宏观上对各种土地的利用、保护、治理和管理作出全面的规划，使其各得其所。

3. 人们利用土地的知识和技术水平

人们利用土地的知识和技术水平反映着在一定的土地数量和质量的条件下人们利用土地的知识和能力，以及土地利用的范围、用途、集约度和对土地投入与改良的能力、改变土地稀缺程度的能力等。

4. 人力因素及其引起的其他诸多相应因素

其他因素包括土地价格、利用土地所得报酬的多少、人民生活水平、土地质量差异、财富分配情况、利用土地的技能、经济发展水平及国家土地政策等都会造成土地需求的变化，还有因为发生土地投机而产生对土地的虚假需求。土地在作为一种生产要素投入时，经济规模的扩大和产业结构的变化也会影响到对土地资源的需求。

综上所述，正是这些因素促使了人们对土地需求的急剧增长，人地关系矛盾日益尖锐，从而使人们更加注重人地关系的发展。

三、农业用地需求

人类为了生存和发展，首先必须解决吃饭、穿衣这些最基本的需求。农业土地上的光、热、水、动物、植物、微生物及土壤等为人类提供食物、衣料及其他原料。因此，农业土地利用是关系到国计民生的首要问题，必须高度重视。按照国民经济各部门用地的特点划分，农业用地的需求主要表现在以下几个方面。

1. 耕地

影响耕地需求的因素主要有人口、土地生产率、国民经济状况等。人口增长，首先就要增加食物供给，进而要求增加耕地；如果土地生产率提高了，就可以部分缓解对耕地的需求；随着经济的发展、人民生活水平的逐步提高，人类对粮食质量的要求也在提高，因此需要更多的耕地生产高质量的作物来满足人类的需求。总的来讲，人类对耕地的需求是不断增加的，但耕地的数量一直在减少。因为耕地的自然条件比较好，其他各方面的土地需求往往都从耕地上着手。所以，保护耕地、控制耕地占用速度，就成为中国土地管理工作的当务之急和永久的课题。

2. 园地

人类对园地的需求主要有两个方面：食用需求和非食用需求。随着生活水平的不断提高，人类的食物除了粮食之外，果品也不可缺少，还可以将其加工成果汁、果脯、酒类等，故消费量越来越大。非食用需求，如橡胶、蚕桑等都是工业上的重要原料，车辆轮胎的原料主要就来源于橡胶树，各种丝绸制品也离不开桑树的种植等。

3. 林地

有人说，森林是地球生物圈的灵魂，是生态系统的支柱，可见森林与人类的生产、生活关系极为密切。人类对林地的需求主要有两点：①对木材的需求，林木的用途十分广泛，造纸、装饰、船舶制造、房屋建造等都要用到木材，木材在人类的生活中发挥着十分重要的作用；②林木的生态功能，森林是最大的生态因子，它在调节生态系统平衡方面起着不可替代的作用。据研究，一个地区的森林覆盖率达到30%，将基本满足该地区人类的需要，保持生态平衡。随着近几年“生态国土”理念的提出，在经济发展的同时保持生态平衡显得尤为重要。

4. 牧草地

人类对于草地的需求，不只因为它能为发展饲养业以提供牧场、饲料和牲畜产品，更重要的还在于它能保护土地资源，维护生态平衡。草地在城市及耕地周围主要起着防风固沙、涵养水源、净化空气、维护生态平衡的作用，因此人类对牧草地的需求也是必不可少的。

四、非农业用地需求

人类为了生存和发展，除了吃饭、穿衣这些最基本的需求之外，还有发展工业、商业、交通、科学教育、文化娱乐及住宅等多项需求，满足这些需求也需要更多的土地。随着城市化的发展，建筑物、构筑物和硬化路面对土地的需求越来越大，这些需求在得以满足的同时，也打破了人与自然之间原有的生态平衡，随之产生的是对生态用地的需求。

总之，人类对土地的需求是不断增加的，而在土地总量一定的条件下，各类用地之间又存在着矛盾，此消彼长，即非农用地增加，农用地就要相应减少。而且，土地用途一经改变，再想恢复原来的用途，就要花费大量的投入。例如，农用地变为城市建设用地后，欲再恢复为农田，因土地肥力大大降低而非常困难。为此，在实践中，调整产业结构、改变土地用途，都必须经过慎重考虑、周密规划，绝不能随心所欲、草率从事。建设用地的结构优化、闲置用地处置、低效用地再开发将成为未来满足发展用地需求的主要途径。

五、经济发展对土地需求的影响

前几小节把土地作为人类生存发展的一种自然资源加以讨论，本小节则把土地作为一种生产投入，纳入经济发展模式加以研究。经济发展包括经济规模的扩大和产业结构变化，前者引起土地需求总量的增加，后者导致土地需求结构的变化。

经济发展必须以一定的投入为基础，从资源经济角度可以把投入分为两大部分：一部分是土地资源；另一部分是非土地资源，如资金、物资、劳动和技术等。在一定的经济水平下，这两部分投入通过一定的组合就可以形成相应的产出。当一类投入较少时，只有增加另一类投入，才能保持产出不变。如图 3-1 所示，在一定的生产力水平下，土地资源和非土地资源经过多种组合，可以拟合出一条等产出曲线 I，在 B 点时，需要 B_2 单位的非土地资源和 A_2 单位的土地资源；而在 A 点时，则需要 B_1 单位的非土地资源和 A_1 单位的土地资源。例如，中国要实现人均 450kg 粮食的目标，只有两个途径：要么继续扩大耕地面积；要么在耕地面积继续减少的情况下，增加更多非土地资源投入，如资金、劳动、技术等，以提高单位耕地面积的粮食产量。前一措施在中国不太现实，依靠增加粮食产量的非土地资源投入才是根本出路。城市建设也面临这样的情况，要获得一定面积的住宅和工商业用房，也有两条途径：要么走低层建筑、多占土地的道路；要么走高层建筑、少占土地的道路。尽管非土地资源（资金、劳动、技术等）投入多，但面对土地资源严重稀缺的局面，也只能选择后者。

当生产力水平提高、经济向前发展时，社会总产出进入更高水平。尽管经济效益提高，但相对于总需求而言，仍需非土地资源和土地资源有相应的增长（图 3-2）。

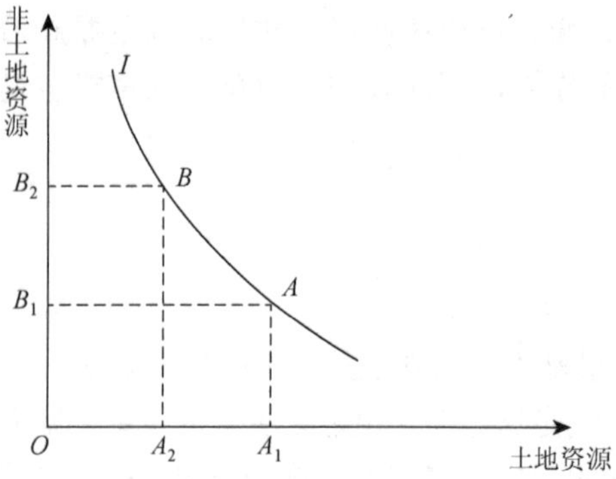

图 3-1　资源投入等产出曲线

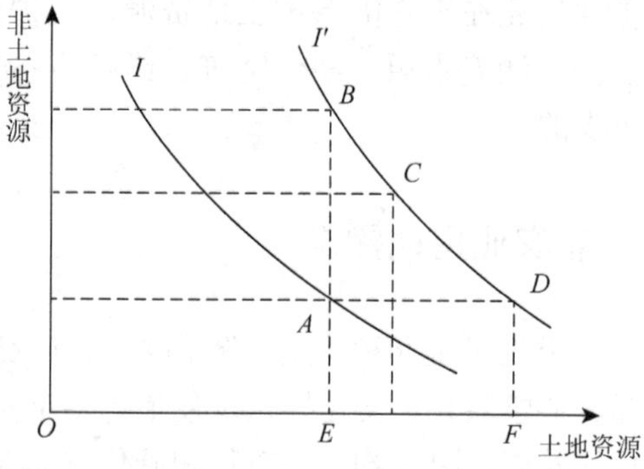

图 3-2　生产力提高后的等产出曲线

图 3-2 表明，等产出曲线由 I 移动到 I'，这时，如果保持非土地资源投入不变，则需增加较多的土地资源投入。例如，以生产 A 产品的非土地资源去生产 D 产品时，土地资源投入则需由 E 单位增加到 F 单位。在现实生活中，这两类投入是同时增加的。因为土地资源有限，而且其价格越来越高，所以非土地资源投入的增长幅度往往大于土地资源投入的增长幅度。正因为这样，当今生产都趋向于劳动密集型、资本密集型和技术密集型。

另外，产业结构的变化也影响土地资源需求。一方面，各产业及各产业内部各行业的用地标准和用地数量不同，对土地的需求数量也不同；另一方面，各产业在发展初始阶段、发展繁荣期和衰退期对土地的需求也不完全相同。这些都需要视具体情况区别对待，以实现土地资源的合理分配（毕宝德等，2016）。

六、土地市场供求平衡

土地作为一种特殊商品，既受一般商品供求规律的制约，又有与一般商品不同的特殊供求关系。从实践来看，土地供不应求是绝对的、普遍的，而供过于求是暂时的、个别的。正因为这样，地价的总体趋势是上升的。

（一）耕地供求关系

研究耕地供求关系，其基点在于人口对粮食的需求及满足程度。因为耕地买卖频率较低，对耕地供求关系的研究，主要应从实物形态着手。当今世界各国都在保护耕地，尽量防止耕地急剧缩减。由于在城市化进程中农业劳动力不断向外转移，加上农产品的供需弹性较小，耕地投机较少发生。

耕地的供求变化主要受人均占有粮食数量的影响。如果人均占有粮食数量超过其需求，耕地的供给就有可能减少。面对我国耕地不断减少的严峻形势，保证有足够的耕地解决中国人的吃饭问题，要建立起粮食安全保障机制。为了实现这一战略目标，必须采取对策，可参考以下几项。

1. 珍惜和合理利用耕地，大力提高土地生产率

坚持 18 亿亩耕地保护红线，落实永久基本农田保护制度，大力建设高标准农田。要想利用耕地多生产粮食，就必须稳定粮食价格，让农民从种粮中获得平均利润，进而缓解耕地的紧张供求关系。

2. 解决好林粮争地矛盾

发展生态林、经济林不要占用耕地。实行“退耕还林”政策，要因地制宜，不要搞“一刀切”。

3. 科学开垦荒山、荒地、海涂、河滩以增加耕地面积

在开垦过程中要注意解决的问题有：制定统一规划；遵循生态平衡规律，提高综合效益；适当增加国家对垦荒的投入，并发挥各方面的积极性；合理确定开发后土地所有权、使用权的归属并处理好利益关系。

4. 搞好废弃土地复垦

据有关部门估算，如能将废弃土地的 30%复垦为耕地，就可以扩大近 70 万 hm^2 的耕地面积。

5. 提高耕地利用率和生产能力，间接增加耕地面积

首先，改造中低产田。我国耕地面积中，中低产田占 70%以上，增产潜力很大。据有

关部门实验，采取综合农业增产措施，中低产田的粮食单产可以提高 4～7 倍。其次，增加复种指数，提高耕地利用率。我国目前的复种指数只有 153%左右，根据我国的热量、光照条件，复种指数可以达到 170%～180%。若能提高到 180%，就相当于增加了 2700 万 hm^2 的耕地。

6. 加强用地的行政管理

消除“空心村”“空心镇”，把村庄和城镇中占而未用的土地充分利用起来，减少农村建设占用耕地的数量。

（二）非农建设用地的供求关系及其平衡

当社会经济处于稳定发展状态时，土地供求关系也遵循一般商品的供求规律，尤其是在新开发的工业区、商业区、住宅区。在一定范围内，土地的供求都有一定的弹性，一般状态下的土地供求均衡图如图 3-3 所示，图中 Q 是土地资源量，P 是价格。

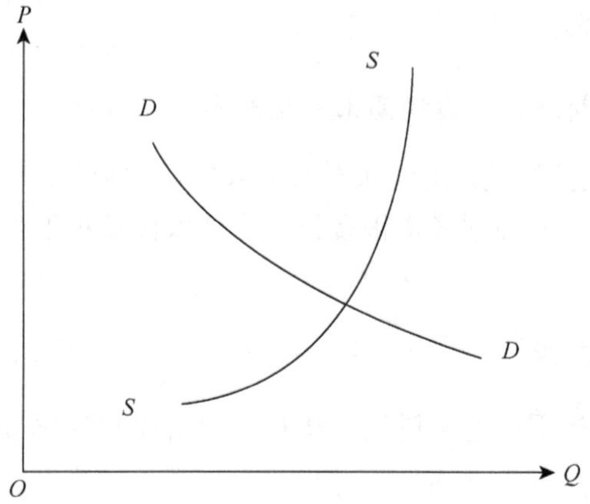

图 3-3　一般状态下的土地供求均衡图

图 3-3 表明，在一般情况下，土地交易也遵循一般商品的供求规律：地价上升，供给增加，需求下降；地价下降，供给减少，需求增加。香港特别行政区政府正是根据这一规律，在地价高涨时批租较多土地以平抑地价。

土地作为一种特殊商品，在许多方面又有其特殊性：其位置固定不变，自然供给不变，经济供给弹性有限，买卖双方不能自行决定土地的位置和用途，土地价格受当时社会和政治局势稳定与否及经济的繁荣或衰退等因素的影响极大。所以，工业、商业、住宅用地有时又表现出供求关系的特殊性（图 3-4 和图 3-5）。

图 3-4 是特殊的土地供给曲线，它表明土地在一定范围内也遵循一般商品供给规律，即地价上升，土地供给也增加。但土地自然供给总量是有限度的，超过这个限度，不管地价如何上涨，也不能再增加土地供给。

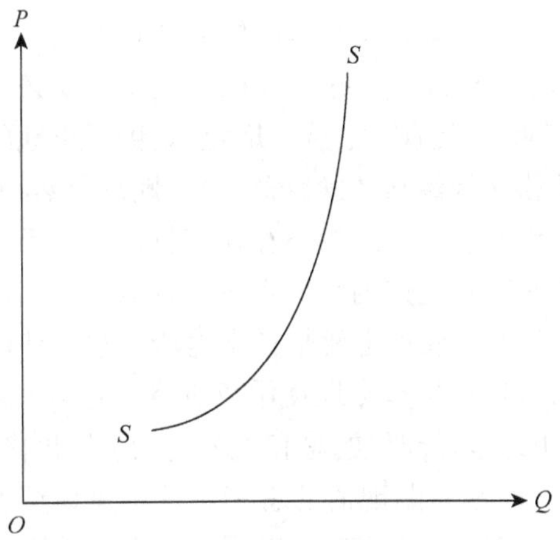

图 3-4　特殊的土地供给曲线

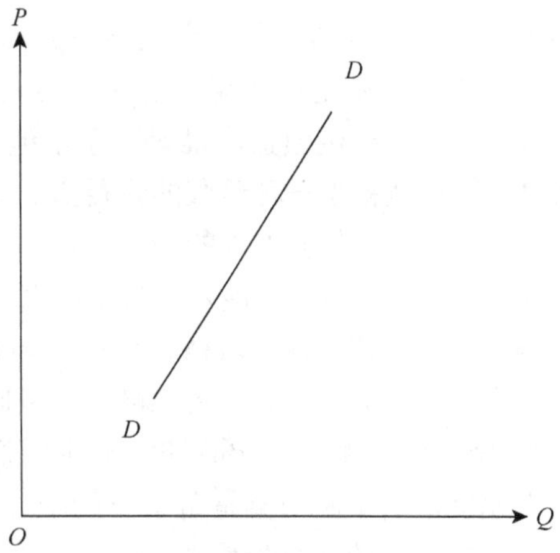

图 3-5　特殊的土地需求曲线

而特殊的土地需求曲线（图 3-5）反映了土地购买者把工业、商业、住宅用地当作投机对象，购买土地是为了地价上涨时卖出去，以赚取更多的钱。地价降低的土地，短期内难以卖出好价钱，所以买者很少；相反，地价高涨的土地，如市中心地段，容易卖得好价钱，尽管地价上涨幅度大于其他地区，但只要经济持续稳定发展，仍可能获取高利，所以买者仍很多。

土地供求关系的另一种特殊形式就是有价无市，即只有土地供给及地价，没有需求者，或只有对土地的需求及地价，但没有土地供给。这两种情况都不能实现土地交易，所以无市。这在经济萧条时期是很常见的。

随着工业化和城市化的发展，工业、商业和住宅用地的需求不断增加，但这类土地的供给非常有限，最终必将导致这类土地在高价位下的供求平衡。针对我国经济快速发展的情况，政府也在积极参与土地供求关系的协调，把普通住宅用地价格控制在居民可以接受的水平上，同时对其他用地价格也进行了适当的管控。

具体来说，要在尽量减少占用农地的条件下实现非农用地的供求平衡，应采取的主要措施如下。

（1）做好国土空间规划，统筹土地利用总体规划和城市规划等，实现城市土地合理功能分区，提高城市土地利用规模效益。

（2）按照规划进行城市综合开发建设，提高城市土地利用效率。

（3）积极稳妥地进行旧城区拆迁改造，盘活城市存量土地，充分利用城区闲置的和利用率低下的土地。

（4）向城市土地空间发展，实行城市土地的立体利用，适当提高城市土地开发强度，间接增加城市土地供给。

第三节　土地价格的影响因素及形成机理

一、土地价格的内涵及特点

根据马克思的劳动价值理论，价格是商品价值的货币表现，而商品价值是凝结在商品中的人类抽象劳动。自然土地不是人类劳动产品，不包括人类的抽象劳动。那么，土地价格的内涵到底是什么呢？土地能向人类永续提供产品和服务，即在一定的劳动条件下土地本身能产生纯收益，谁垄断了土地，也就垄断了土地纯收益（地租）。由于土地的恒久性，这种地租是一种恒久的收益流。对土地价格比较经典的解释是：“土地是自然物，而非人类创造，不包含人类的劳动价值，因而也就没有价值，当然不存在其价值的货币表现——土地价格。但是土地是一种垄断财产，土地的垄断是因为土地本身的稀缺性及其满足人类需要的特殊的使用价值，所以土地有价格。”土地权利主要是指土地所有权和使用权，土地价格是指土地的购买价格，它包括土地所有权价格和土地使用权价格。购买土地的权利，实际上是购买一定时期的土地收益，因为土地收益现值的总和就表现为土地价格。

土地价格的本质内涵是若干年的土地纯收益，即地租贴现值的总和。这种土地纯收益是劳动者创造的剩余价值的一部分，它可能来自本宗地劳动者，也可能因为土地资源的稀缺和垄断，来自全社会劳动者剩余价值的转移。这一土地纯收益的资本化价值，在正常市场条件下能够弥补自然土地的价值补偿和凝固在土地中的土地资本的有效价值补偿。土地价格包括由土地所有权垄断而产生的绝对地租，以及由土地生产条件好坏而产生的级差地租。

现实的土地在人类开发的各个时期都凝结着人类的劳动。土地所有者或者土地开发商对土地开发而进行的投资称为土地资本，属于固定资本的范畴。这些固定资本必然要求回收，从而以折旧和利息的形式在租金或土地价格上得到体现（王克强等，2005）。

土地是一种特殊的商品，在价格形成上有着与一般商品价格不同的特点。主要表现为：①土地价格是土地的权益价格；②土地价格不是土地价值的货币表现，一般不以生产成本定价；③土地价格主要由土地的供给和需求决定；④土地价格总体呈上升趋势；⑤土地价格具有强烈的地域性和个别性；⑥土地价格受到较强的政府调节的影响等。

二、土地价格的影响因素

土地是人类生存和社会发展的根本和基础，是一切生产经营活动最基本的生产要素，因此能够对土地价格造成影响的因素非常多且纷繁复杂。据统计，影响土地价格的具体因素可达到百种以上，凡是影响土地的供给和需求，或影响土地纯收益（地租）和土地还原率的因素都是影响土地价格的因素。这些因素可分为自然因素、社会经济因素、行政因素、其他因素。

（一）自然因素

自然因素主要包括地形、地势地质、位置、面积等。

1. 地形

地形是同一块土地内地面的起伏程度，也指平坦的程度。一般情况下，地面平坦的土地价格较高，地面不平坦的土地价格较低。

2. 地势地质

地势倾斜、低洼，地质条件不好等都会加大土地的利用难度，不利于建造，其土地价格自然没有结构紧密且承载力强的土地价格高。

3. 位置

土地位置的好坏直接影响土地使用者的经济效益或生活满足程度。土地的自然位置虽然是固定不变的，但它的社会位置（如地块是否处于市中心、与污染源的距离等）却是在不断变化的。在商业用地中，一般与正效应因素（如商业中心）距离越近，土地价格越高，反之则越低；与负效应因素（如污染源）距离越远，土地价格越高，反之则越低。

4. 面积

地块的面积大小究竟多大合适，主要取决于该地块的利用方式。在条件不同的情况下，土地面积相等，土地价格可能不等；在相同的条件下，土地面积和土地价格成正比。

此外，日照程度、通风风向、风力、温度、湿度、降水量，以及地震和洪涝等自然灾害的发生频率也会影响土地价格。

（二）社会经济因素

社会经济因素主要包括城市化水平、社会安定状况、基础设施条件、经济发展状况、房地产发展状况、利率等，此处主要介绍前四种。

1. 城市化水平

近几年，我国城市化水平发展迅速。一般来说，在城市化过程中，城市人口会在较短时间之内快速增长，地方政府争相扩大城市规模。城市规模的不断扩大就导致了对土地需求的增加，必然会导致土地价格的上涨。

2. 社会安定状况

社会安定状况主要指国内政治局面、国际环境（特别是周边国际环境）状况、社会治安状况等。一般情况下，国内政局稳定、国际上和平与发展成为主流、社会治安状况良好，土地价格就上涨；反之则下跌。

3. 基础设施条件

基础设施条件主要指对外交通、供水、供电、通信等基础设施和医院、学校等公共设施的状况。这些投资有的直接使用在土地上，对土地价格产生直接影响；有的则通过影响区域周围的环境间接影响土地价格。

4. 经济发展状况

经济发展状况主要指经济发展速度、财政收支状况、储蓄投资水平、居民消费能力等。经济发展越快，公共投资和私人投资水平越高，因建设需要而增加对土地的需求，土地价格就会上涨；反之，如果经济不景气，投资减少，对土地的需求就会减少，土地价格就会下跌。居民收入越高，消费能力也越强，对住房及其他生活配套设施的需求就会增加，土地价格就会上涨。

（三）行政因素

行政因素主要是指国家对土地价格的干预，其中包括空间规划、财税体制、金融政策等一系列国家相关政策。

1. 空间规划

空间规划对城市性质、功能及宏观区位产生决定性影响，从而在整体上影响城市土地价格水平。空间规划决定了不同区位的土地用途及土地利用强度，土地因其用途和利用强度不同而具有不同的收益能力，因此形成不同的地租地价水平。同一宗土地，如规划为商业用地，其土地价格水平一般高于居住用途；即使是同一用途，规划容积率高的地块土地价格就高，容积率低的地块土地价格就低。土地被规划为住宅区、商业区、工业区、农业区等不同区域，对土地价格的影响极大。

2. 财税体制

国家的财税体制不同，对土地供给与需求的影响也不同。在政府收入主要用于公共服务的财政体制下，政府对经济发展速度的影响能力有限，投资主要受市场引导、由私人进行，在正常情况下土地需求会较为平稳；若政府收入主要用于发展经济，政府通过财政对经济的干预程度较大。在我国当前的财政体制下，地方政府为追求地方经济的发展而不断提高投资水平，从而增加对土地的需求，引致土地价格上涨。在税收体制下，如果以土地为主体的土地增值税和财产保有税制度较健全，土地囤积、房产囤积和房地产投机就会减少，土地价格也会平稳；反之，则会出现剧烈波动。我国目前尚未开征住房保有税（如物业税），房地产投机活动就较多，引致对土地需求增加而使土地价格上涨。

3. 金融政策

金融政策中的住房消费信贷政策和房地产开发信贷政策对土地价格影响巨大。例如，住房消费信贷条件放宽，引致住房消费迅速上升，土地需求增加，土地价格上涨；反之，信贷条件收紧，住房消费就会下降，土地价格下跌。

（四）其他因素

除了上述因素之外，还有其他一些因素也会影响土地价格。这些因素主要有心理因素、交通因素、人口因素等（王克强等，2005）。

三、土地价格的形成机理

（一）土地价格理论

1. 古典经济学的地价理论

威廉·配第是古典政治经济学的奠基人之一。他认为，土地的价值取决于投入土地的劳动量，土地所有权的价格等于祖父孙三代人通常可以同时生存的年数（约为21年）的地租，从而把土地价格定义为一定年期的地租总额。

英国古典政治经济学家詹姆斯·安德森认为，“不是地租决定土地产品的价格，而是土地产品的价格决定地租”。这说明了社会对土地产品的需求导致土地需求与土地供给共同决定着土地的地租和价格，这与现代地价理论一致，也说明了土地能为土地所有者或购买者带来的市场所承认的经济收益，决定了土地价格的高低。

英国古典政治经济学家亚当·斯密坚持劳动价值论。他在1776年出版的《国民财富的性质和原因的研究》中指出，劳动是衡量一切商品交换价值的真实尺度，地租、利润和工资“这三个组成部分各自的真实价值，由各自所能购买或所能支配的劳动量来衡量”。“作为使用土地的代价的地租，当然是一种垄断价格。它完全不和地主改良土地所支出费用或地主所能收取的数额成比例，而和租地人所能缴纳的数额成比例”。这说明地租地价不由土地改良成本决定，而由自由市场有效需求决定。

2. 马克思主义地价理论的主要观点

马克思在批判地继承古典政治经济学地租地价理论的基础上，提出了以劳动价值论为基础的地租地价理论，认为地租是剩余价值的一部分，地价是地租的资本化。马克思主义地价理论的主要观点包括如下几方面。

（1）自然状态的土地虽然不是劳动产品，没有价值，但有使用价值，并存在价格。马克思认为，任何物品要具有价值，就必须是用来交换的人类劳动产品。自然状态的土地未经人类的开发，没有投入人类劳动，因而不存在劳动价值，也没有以这种价值为基础的用货币表现的价格。马克思指出，未开垦的土地“没有价值，因为没有人类劳动物化在里面”，“土地不是劳动的产品，从而没有任何价值”。但是，土地具有特殊的使用价值，在一定的土地关系下即产生地租。正是因为有了地租，才产生了土地价格。马克思同时指出，“实际上，这个购买价格不是土地的购买价格，而是土地所提供的地租的购买价格”。而地租的产生，源于人们对土地的垄断。由于土地有限，在一定的社会经济条件下便产生了土地私有权的垄断。“地租的占有是土地所有权借以实现的经济形式，而地租又以土地所有权、以某些个人对某些地块的所有权为前提”。

（2）土地价格的实质是地租的资本化。在资本主义制度下，任何一定的货币收入都可以资本化。“假定平均利息率是5%，那么每年200英镑的地租就可以看作一个4000英镑的资本的利息”。“如果一个资本家用4000英镑购买的土地每年提供200英镑地租，那么他利用这4000英镑得到5%的平均年利息，和他把这个资本投在有息证券上，或按5%的利息直接借出去完全一样。”因而，将地租按一定的利息率还原成一个资本量便是土地价格。马克思指出，“资本化的地租表现为土地价格”。用公式表示为

$$V = \frac{a}{r} \tag{3-1}$$

式中，V为土地价格；a为地租；r为土地还原率。

例如，一块土地的年地租量是200元，而当时的银行利率为5%，那么这块土地的价格为200÷5%＝4000元。

（3）土地资本的利息和折旧同样决定土地价格。现在所利用的土地，大都经过了人类长期的开发利用，已经包含了人类的物化劳动。马克思把这种固定在土地中的劳动称为土地资本，其属于固定资本范畴。土地资本本身也像其他固定资本一样，会损耗和消失。土地资本能为土地所有者带来利息和折旧，是租金的一部分。而纯粹的自然土地，即抛开了土地资本或土地改良物价值的土地就称为土地物质。土地物质纯粹是自然的恩赐，它给土地所有者带来了真正的地租。土地资本的利息、折旧和真正的地租一样，都构成了土地所有者的收入，从而都决定土地价格。正如马克思所说：“土地价格无非是出租土地的资本化的收入”。

3. 现代西方经济学的地价理论

现代西方经济学的地价理论形成于19世纪末，其核心观点是：持有土地可能得到的利益，不仅只有土地的利用收益，而且还应把卖掉土地产生的利益考虑进去。因此，不只是土地收益决定地价，资本市场也参与了土地价格的决定。

英国经济学家马歇尔是现代地价理论的创始人。他在土地报酬递减规律和边际效用价格理论的基础上，应用古典学派的供应-成本模型分析地租地价，认为土地是自然存在的，自然供给固定不变，因此没有土地的供给价格；土地价格只受需求的影响，土地的需求决定了土地的耕作边际，地租和地价永远由土地的需求决定。他指出，由于土地需求的上升，种植蛇麻的收益将不足以抵偿其生产成本，无力支付地租，其土地将转给有支付能力的菜商，而随着需求的上升，菜商的总收益也不能抵偿其生产成本，其土地又不得不转让给能支付更高地价的建筑商。

现代西方经济学的代表人物萨缪尔森认为，土地的自然供给是无弹性的，而土地的需求是一种引致需求，土地的价格由土地的市场供给和市场需求决定。由于土地供给无弹性，土地价格主要由土地需求决定。

奥地利经济学家弗里德里希·冯·维塞尔认为，当人们把资本运用于土地的时候，当人们把土地和资本拿来互相比较和互相交换的时候，地租资本化的标准就被发现了。“土地和资本开始按照它们所生产的租金数额来互相交换，于是人们就用资本的价值来表示土地的价值”。“正像资本只有按同一利率来计算的时候才能够正确地互相比较一样，土地和资本也同样只有在采取资本的利率来估价土地的时候才能够正确地加以比较”。

土地经济学的创始人伊利认为，土地所能带来的收益是确定其价值的基础。“把预期

的土地年收益系列资本转化为一笔价值基金，这在经济学上就称为土地的资本价值，在流行词汇中则称为土地的售价”。

日本一桥大学经济学教授野口悠纪雄将地价理论总结为两个层次。

（1）古典地价理论。以地租的现值作为地价，即地价是由市场上的地租决定的。因此，地价是一个波动的变数，并没有起到重要的作用。古典地价理论用公式表示为

$$q = \frac{R}{i - g} \tag{3-2}$$

式中，q为现时地价；R为现时地租；i为利息率；g为未来地租的增长率（$g < i$）。

（2）将地价作为资产价格的现代地价理论。这种理论的核心就是持有土地可能得到的利益，不仅有土地的利用收益，而且还应把卖掉土地所产生的利益考虑进去。因此，不是用土地收益决定地价，而是在资产市场上决定地价。

设现时地价为q，土地的利用收益为R，利息率（土地以外的资产收益率）为i，心理预期地价上升额为Δq^{e}。在不考虑税收的前提下，资产市场的均衡条件是土地资产的收益率等于其他资产的收益率，用公式表示为

$$i = \frac{R}{q} + \frac{\Delta q^{\mathrm{e}}}{q} \tag{3-3}$$

根据式（3-3）进一步推导出

$$q = \mathrm{PVR}(n-1) + \frac{q_n^{\mathrm{e}}}{(1+i)^n} \tag{3-4}$$

式中，$\mathrm{PVR}(n-1)$为到$n-1$年后的土地利用收益现值之和；q_n^{e}为n年后的预期地价。

如果对未来的预期正确的话，式（3-4）的地价与式（3-2）表示的古典地价没有本质区别，因为这时$q_n^{\mathrm{e}} = q_n$（q_n是n年后的实际地价）。但在现实生活中，预期一般是不正确的，因此，式（3-4）更具有现实性。

戴维·皮尔思在研究资源环境问题时认为，为了有效利用资源，产品价格应按边际社会成本确定，而在市场上的价格一般是按边际私人成本确定的。边际社会成本包括边际生产成本，以及污染或生产该物品而引起资源退化所产生的外部成本。土地价格不仅包含所产生的经济价值，还应计入土地的生态价值。

美国哈佛大学教授威廉·阿朗索在杜能研究的基础上，于1964年提出城市地价的竞租模型。他假定研究的城市坐落在一个均质平原上，买主和卖主都对市场非常了解，各种潜在的土地使用者将进行土地竞价，而地主将土地出售给出价最高的竞价者。由于土地使用者都受其收入一定的情况下效用最大的约束，所利用或购买土地的区位都由其最低竞价曲线（即土地需求价格）与价格结构曲线（即土地供给价格）相切时的切点来决定，这时，市场出现均衡（图3-6）。竞争的结果是，农场主ag选择区位t_3和t_4，支付的价格分别为$P_{\mathrm{ag}}(t_3)$和$P_{\mathrm{ag}}(t_4)=0$。个人i居住在t_2，所支付的价格为P_2，由在t_3的价格$P_3 = P_{\mathrm{ag}}(t_3)$所决定。$i$的竞价曲线经过$(t_3, P_3)$，由此也决定了$P_2 = P_i(t_2)\,\mathrm{II}\,t_3, P_3$。城市厂商$f$位于$t_1$，支付的价格为$P_1$，该价格经过$(t_2, P_2)$的竞价曲线，也决定了$P_1 = P_f(t_1)\,\mathrm{II}\,t_2, P_2$。

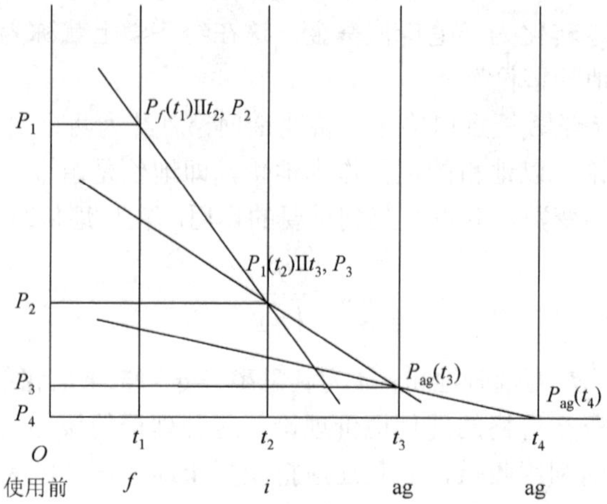

图 3-6　阿朗索区位博弈

总之，现代西方经济学的地价理论分为土地收益理论和土地供求理论。土地收益理论认为，土地纯收益（地租）最终决定土地价格；土地供求理论的核心是，土地市场的供求关系决定土地价格（毕宝德等，2016）。

4. 现代西方经济学地价理论的特点

（1）以现代经济增长理论为理论基础。现代经济增长理论是研究国民财富或社会财富增长的理论，是研究经济产出的理论，也是研究 GDP 增长的理论。在西方现代经济学理论中，对稀缺的土地资源运用市场来配置，即通过资源的稀缺程度来确定资源的市场价格。但是，正如西方现代经济学理论的权威萨缪尔森所担忧的，“对使用资源收取租金可以延缓资源的枯竭，帮助分配可以耗尽的稀缺资源。但是，在自由竞争的制度中，资源所有者的自私自利很可能导致自然资源被迅速耗尽”。

（2）以现代土地产权为价格载体。市场经济本质上就是产权的交换经济，土地价格表现为土地权利价格。现代经济理论中的土地产权，是指以个人利益最大化为目的而界定的产权。根据权利束理论，每一项权利都与相应大小的土地收益相对应，而这个收益的资本化形式就是该权利的权利价格。

（3）以权利人的经济收益为价值内涵。对不同的社会团体和不同的个人来说，土地具有不同的价值。例如，一块耕地，对土地所有者而言，它能带来地租；对周围的居民来说，它给自己带来了好的自然环境，或者是妨碍了他们的工作和生活；对耕地十分紧张的国家而言，这块耕地对国家的粮食安全发挥了一定的作用；而对环境保护而言，耕地有利于生态平衡；等等。但是，产权的真实内涵是这种权利为权利人所带来的利益。这种产权是以明确界定土地产权人的个人利益为核心的，也是以个人利益的大小为衡量尺度的。在市场中所交易的就是这样的土地产权。权利的内涵决定了土地价值的高低，从而决定了土地价格的高低。

（4）以资本的价格为价格标准。地租、土地价格这两个概念在土地私有制出现以后就出现了。一开始是劳动出租，然后到实地出租和货币出租等，土地的买卖也随之产生。

在进入资本主义社会以前，土地的价格多根据土地的质量和土地的产出量来确定，正如威廉•配第所述，英国当时以祖父孙三代人共有的时间，大约21年的地租来确定。只有在进入资本主义社会之后，资本可以和土地通约，地租资本化的标准才被发现。生产要素之间存在替代性，在土地与资本的替代关系中，土地的成本提高，更多的资本就会投入使用以替代土地；资本的价格提高，更多的土地就会投入使用以替代资本。土地价格正是在这种与资本的替代关系中找到了衡量自身价格高低的标准，即资本价格标准。无论是古典经济学家还是当代经济学家，都将土地价格定义为地租或土地纯收益的资本化。

5. 现代西方经济学地价理论的不足

（1）理论基础已经改变。随着资源对经济增长的制约作用日益显现，经济增长模式已由注重在资源“无限”条件下的资本积累和技术进步转向关注在资源约束条件下的可持续发展，衡量经济增长的产出指标也由单一的国内生产总值转向绿色GDP，以不节制地消耗资源为代价的粗放的经济增长正在被与资源环境相协调的可持续发展模式取代。经济增长的模式已经改变，与此相适应的对资源的价值判断也在改变，要求改革资源核算体系和价格体系的呼声越来越高。联合国统计署提出的环境经济综合核算体系（the system of environmental economic accounting，SEEA）已作为卫星账户从1993年起正式被编入国民经济核算体系。世界银行的研究成果把财富扩展到生产资本、自然资本、人力资源、社会资本四个部分。中国也已开始绿色GDP核算新体系的试点工作。

（2）土地收益价格不能体现土地利用的外部性。作为土地资源，其经济价值应是土地为人类所提供的所有服务的价值的贴现，但由于土地利用外部性的存在，土地的经济价值并不等同于其市场价值。市场价值仅仅是对权利人收益的资本化。例如，农民种植粮食作物所考虑的只是耕地所能实现的最高粮食产量，而不会考虑种植粮食所产生的社会效益和生态效益，即确保国家的粮食安全和生态环境的良好。工业生产也只会关注其生产产品所带来的个人经济效益，而不会考虑生产过程中给他人带来的环境污染。

（3）以土地产权定价不能充分反映土地资源的经济价值。土地价格是土地权利所能获得收益的货币表现，因此，土地权利的真实内涵是权利所反映的土地价值高低。例如，评估一宗工业用地50年期的土地使用权，就只考虑这一土地使用权在从事某一项工业生产时对土地使用者所产生的收益，而没有考虑它在生产过程中对周围环境的污染代价。

（4）土地价值不只是一宗土地利用过程中劳动者剩余价值的转移。传统的地租理论认为，地租是劳动者的生产剩余，是劳动者创造的价值的一部分，即剩余价值，并通过土地所有权的垄断转移到土地所有者手中。在斯密、李嘉图、马克思、杜能等的经典著作中，某一宗地的地租指的是在开发利用这一宗地的过程中，或由于资本有机构成的关系，或由于生产距离的远近等，劳动者所创造价值的一部分以地租的形式转移给土地所有者。在现代西方经济学中，也是以土地利用过程中的经济剩余作为土地的纯收益。无论是地租还是经济剩余，都是现代估价理论方法中土地价格的决定因素，一切的资本化或贴现都是以这样的地租或这样的土地纯收益为基础的。然而，在经济全球化时代，在土地资源日益成为人类生存与发展的关键要素的时代，土地的价值在本质上虽然仍是劳动者创造的剩余价值，但已不只是来自本宗土地的劳动者，而是来自与之相关的劳动者或者全社会（毕宝德等，2016）。

（二）土地价格的变动趋势

在市场经济条件下，土地价格呈总体上升的趋势，是土地价格变动的一个基本规律。它主要受以下因素的影响（毕宝德等，2001）。

（1）社会经济发展水平提高。社会经济发展水平，特别是第二、第三产业发展水平决定城市土地需求，从而决定城市土地价格。社会经济的迅速发展，使得各类生产性建筑、商业楼宇的需求增加。迅速增加的城市建设用地需求和城市土地供给的稀缺，决定了土地价格呈总体上涨的趋势。

在城市土地价格的影响因素中，第二、第三产业的发展水平是决定因素。我国自1991年以来，第二、第三产业的发展速度明显加快，其投资利润也远远高于第一产业，从而决定了全国的资金和土地向城市迅速集中的趋势。尽管对城市周围耕地的占用在一定程度上缓解了城市土地供需矛盾，但对耕地的控制仍使土地供需矛盾随城市经济的快速发展而加剧，从而导致了土地价格的迅速上涨。

（2）人口数量及家庭户数增加。人口数量及家庭户数的增加，推动了社会对住宅需求的增加，从而拉动了土地价格的上涨。日本的东京，中国的北京、上海是世界上人口最多的城市，因而其城市土地价格也居世界前列。随着我国改革开放的发展，大量的农民进入城市，使城市人口在自然增长的情况下出现了较大幅度的机械增长，这也是近年来我国城市土地价格上涨的原因之一。

（3）土地投机。土地投机的本质是借助已出现的稀缺和垄断，人为地制造土地的虚假供求，在一段时间内使土地价格上涨以达到获利的目的。

（三）土地价格的定价机理

1. 土地供给与需求决定土地价格

由于土地兼具资源和资产的双重属性，加之其不可移动性和不可再生性的特殊属性，其价格的形成有别于一般商品的价格形成机理。作为土地市场资源配置的重要手段，土地价格的形成不仅反映了土地市场供求关系的变化特征，同时也反映了城市发展水平和房地产发展程度的演变趋势。

土地价格最根本性的决定因素是需求与供给，但从土地价格的构成来看，不同类型用地是有所差异的。例如，建设用地价格一般由农地征收价格及建设用地整理成本等构成，其中农地征收价格一般由耕地占用税、土地补偿费、安置补助费、地上附着物及青苗补偿费、土地开发费、投资利息、管理费等构成；市地地价一般由拆迁安置费、土地再开发费、投资利息、管理费、土地开发利润等构成（黄贤金等，2009）。

作为一种商品，土地价格受市场供求规律的制约。然而，土地资源稀缺性和不可再生性的特殊属性又使得它与一般的商品供求规律不同。在短期内，受地域性及相关管制政策的影响，土地数量无法调整，因此土地的供给曲线是一条垂直于横轴的直线，即表明土地的供给是无弹性的。在这种情况下，土地的均衡价格完全取决于土地的需求。于是，从短期看，当土地的需求增加时，需求曲线向右上方移动，而土地供给又无弹性，这就导致了均衡价格向上移动，即土地价格上涨。

从长期看，虽然全社会的土地供给量是一定的，但仍需要一个长期的发展过程才能到达土地总供给的无弹性阶段。在初期，受经济发展水平及各种因素的制约，土地的供给量很大，因而土地的供给弹性也较大，于是当土地需求增加时，土地的供给也可以作出相应的调整，故土地均衡价格的上涨幅度很小；随着社会的进步和土地资源的不断利用，其稀缺性和不可再生性开始体现出来，土地数量的减少使得土地的供给弹性慢慢减小，变得缺乏弹性，故土地供给的调整力度变小，当土地的需求增加时，土地的均衡价格将大幅度上涨；而当社会发展到一定程度时，全社会的土地供给量是一定的，此时的土地供给变得完全无弹性，故土地的均衡价格完全由土地需求方决定，当土地的需求增加时，土地的均衡价格将巨幅上涨。应该说，就现阶段我国土地利用的发展状况来看，尚处于土地供给缺乏弹性的阶段，未达到供给无弹性的阶段。因此，对于土地价格而言，其仍然是在供求规律的共同作用下形成的。

2. *有市场势力的定价*

需要指出的是，完全竞争厂商和有垄断势力的厂商之间的重要区别在于，前者价格等于边际成本，后者价格大于边际成本。可以用勒纳垄断力度（L，又称为勒纳指数）测定垄断势力，即

$$L=(P-\mathrm{MC})/P=-1/E_{\mathrm{d}} \tag{3-5}$$

式中，P为价格；MC为边际成本；E_{d}为需求弹性。

勒纳指数的取值范围为 0～1。对一个完全竞争厂商来讲，当 $P=\mathrm{MC}$ 时，$L=0$。L越大，垄断势力越大。其可以用E_{d}的倒数来表示。

如前所述，土地商品具有垄断性，且不同地块差异性大。因此，其定价理论属于有市场势力的定价，尤其是对于房地产开发等经营性产业而言，表现得更为突出。

（1）土地定价基本理论。若政府为土地市场供应主体，对供应量为Q的土地而言，政府确定的平均价格为P，并使得Q为边际成本（MC）和边际收益（MR）曲线的交点。但是，由于土地供应的有限性，部分有实力的开发商愿意出高于P的价格购买土地；同样，一些潜在的开发商由于没有能力或不愿支付P这么高的价格而未能购买到相应的土地（鲁宾费尔德，1997）。

政府可以依据开发商的开发能力，依据所需要出让土地的区位特征与相应的城市规划、土地规划等，推出适合不同类型房地产用地的开发项目（如别墅、高档商品房、普通住房、经济适用住房等），从而对不同开发商所需要的地块制定不同的价格。例如，对上端的开发商要价P_1，对潜在的经济能力不足的开发商要价P_2，对于处于中间层次的开发商要价 P。在土地出让实践中，政府主要通过模糊土地出让规模和间隔时间及分批出让土地等方式实现有垄断势力的定价。

（2）土地价格歧视。这里借用商品定价中的价格歧视理论解释我国政府在土地出让中

的定价机理。价格歧视分为一级、二级、三级价格歧视（鲁宾费尔德，1997）。为了实现土地出让金的最大化，政府通过竞标方式，使得每个开发商愿意为其购买的土地付出最高价，即保留价格。这种向每个顾客索取其保留价格的做法称为完全的一级价格歧视。

为了促进更大范围内的土地开发，在同等土地“质量”的条件下，若购买的土地面积越大，单位土地面积的价格就越低，从而形成二级价格歧视。

此外，政府还会制定特别的价格和常规的价格。例如，通过以地补路的方式（类似于配售的价格歧视）获得土地，其价格将较低；通过土地用途改变的方式获取更多的收益，其原始土地的价格将较低，从而形成三级价格歧视。

复习思考题

[1] 在自然供给一定的条件下，可以通过哪些途径提高土地的经济供给？

[2] 政府可以通过哪些方法调节人们对于土地的需求和土地供给之间的平衡关系？

[3] 农村宅基地是否可以进入土地市场自由流转？国家应该采取怎样的措施保障农民的利益安全？对此谈谈你的意见。

[4] 随着城市化进程的加快，国家越来越重视土地的合理利用问题，如何更高效率地集约节约利用土地，合理安排土地利用结构？

参考文献

毕宝德，柴强，李铃，等. 2016. 土地经济学. 7 版. 北京：中国人民大学出版社.

黄贤金，陈志刚，钟太洋，等. 2009. 土地经济学. 北京：科学出版社.

刘书楷，曲福田. 2004. 土地经济学. 2 版. 北京：中国农业出版社.

鲁宾费尔德. 1997. 微观经济学. 3 版. 张军，等译. 北京：中国人民大学出版社.

王克强，王洪卫，刘红梅. 2005. 土地经济学. 5 版. 上海：上海财经大学出版社.

王鹏. 2010. 我国土地价格的形成机理及其与房地产价格的关联性研究. 长春：吉林大学博士学位论文.

伊利，莫尔豪斯. 1982. 土地经济学原理. 滕维藻，译. 北京：商务印书馆.

第四章 住房市场

第一节 住房需求

一、住房需求的含义

住房需求指的是在一个特定时期内，某一价格水平下住房消费者或投资者愿意并且能够购买的住房的数量，也称为住房的有效需求。住房的有效需求常被看作住宅价格、居民收入、抵押贷款能力等因素的函数。

需要说明的是，需求与需要既相关又不相同。需求的形成条件有两个：①消费者愿意购买，即有购买欲望；②消费者能够购买，即有支付能力。仅有第一个条件，只能被看作需要或欲望；仅有第二个条件，则不能使购买行为发生。在确定某种住房需求时，通常只考虑对其有支付能力支持的需要。如果没有支付能力的约束，人们对住房的需要可以说是无止境的。

与住房的有效需求相对应的是住房潜在需求，它是指过去和现在尚未转化而在未来有可能转化为实际购买力的需求，也就是消费者对住房的消费欲望。住房的潜在需求通常受人口数量、家庭户数、婚姻状况、居民年龄等变量的影响，其中最主要的影响因素是人口数量。

住房市场需求是指在一定时间内、一定价格水平下和一定市场上所有的消费者对某种住房所愿意并且能够购买的数量，即市场需求是所有消费者需求的总和。

住房既是一种可以满足生产、生活需要的生产要素或消费品，又是一种可以带来租赁、增值等收益的投资品。住房需求按目的可以划分为消费性需求、投资性需求及生产性需求。住房的消费性需求指满足人们的居住需要的住房需求，消费性需求的对象主要是住宅，需求主体主要是家庭。住房的投资性需求又称为保值增值性需求，指购买住房不是为了生产或消费，而是作为一种价值形式储存以备适时再出售或出租，从而达到保值增值的目的。住房的生产性需求指为满足工商、服务等行业生产和经营场所需要而形成的住房需求，其主体是各类企事业单位及个体工商业者等。

二、影响住房需求的主要因素

影响住房需求的因素是多方面的，主要包括以下几种。

1. 住房的价格水平

住房的价格是影响住房需求最重要的因素。一般地，在其他条件不变的情况下，某种住房产品与服务的价格越低，消费者对其的需求量越大；该产品与服务的价格越高，消费者对其的需求量则越小。

2. 人口数量和结构

人口数量是影响住房需求的基本因素，住房需求量与人口的规模成正比，人口增长必然需要更多的住宅和生产工作场所。人口数量的增长包括人口的自然增长和机械增长。人口的自然增长是人口出生数大于死亡数引致，人口的机械增长是人口流入数超过人口流出数引致。人口数量的考察要和人地比例结合起来，单位土地面积承载的人口数量是衡量地产、房产等稀缺程度的最重要的指标之一。在城镇土地中，住宅用地往往要占40%～50%（乔黛，2011）。

在人口数量及购买力不变的情况下，人口和家庭结构对住房的需求影响较大。例如，城市的中央商务区附近需要高级单身公寓，其原因在于高级单身白领有相对较高的支付能力，需要既能体现其地位又有较高私密保护性的独立居住空间，居住投资两相宜。同时，家庭结构的变化也会影响住宅需求，居民小型家庭的比例扩大是一个普遍的趋势。对于相同数量的人口，家庭规模的小型化使得家庭数量增加，而增加的家庭相应地也会对住房提出新的需求。

3. 国民经济发展水平

住房需求水平与国民经济发展水平呈正相关关系。经济发展过程中工业化与城市化水平提高，城市的范围和数量不断扩大，工商业与金融业等服务业及城市的基础设施等部门快速发展，对土地、住宅等的需求越来越大。相应地，需要更多的土地用于建设居民区、商业区和工业区。考察城市发展历史不难发现，国民经济发展快的时期，住房需求水平就高一些，反之则低一些。国民经济发展水平发生变化，必然体现在投资规模的变化和消费需求的变化两个方面，具体表现为住房生产性需求和消费性需求的变化。

4. 居民的收入水平

居民的收入水平，尤其是居民的可支配收入，是决定家庭一切消费需求的最重要因素。住房作为高价值的耐用商品，需要消费者支付大额资金，要求消费者必须具有良好的收入水平。收入水平的高低将直接决定消费购买力的大小，进而决定市场需求的大小。一般来说，住房需求与居民的收入水平呈正相关关系。收入水平越高，人们的购买力也越大，这很容易使潜在的住房需求转化为现实的住房需求。同时，随着收入水平的不断提高，人们对住房面积的大小、舒适度、便利性等方面的要求也将会进一步提高，从而产生新的消费需求。

5. 消费者的偏好

消费者对商品的需求产生于其需要，而消费者对不同商品的需要又有强弱、缓急之分，从而形成消费者的偏好。消费者的偏好支配着其在使用价值相同或相似的替代品之间的消费选择。当消费者对某种住房的偏好增强时，该种住房的需求就会增加；相反，该种住房的需求就会减少。但是，人们的消费偏好不是固定不变的，消费者的偏好受职业、生活习惯、亲友观念等因素的影响很大。

6. 消费者对未来的预期

消费者对住房的需求不仅受现实因素的影响，还受其对未来的预期的影响。例如，消费者的现时住房需求不仅取决于当前的房地产价格水平，还取决于他对未来房地产价格涨落的预期。当消费者预期房地产价格将会上涨，便会提前释放需求；如果预期房地产价格将会下降，则会推后自己的当前消费，持币观望。

7. 政策因素

城市发展政策、土地产权制度、税收政策、住宅制度、房地产抵押贷款政策等，都会影响对住房的需求。其中，对居民的住房消费影响最大的是国家住房政策。例如，从1998年开始，我国取消住房福利分配制度，这种住房市场化的改革很大程度上刺激了住房需求；再如，为抑制房地产市场过热，国家先后取消房贷利率优惠、出台“国八条”“国六条”“十五条”“限购令”等。在这一系列措施的影响下，住房的潜在需求向有效需求的转化得到抑制，房地产市场在一定阶段内得到了有效的控制（乔黛，2011；刘扬，2012）。

习近平总书记在党的十九大报告中强调：“坚持房子是用来住的、不是用来炒的定位，加快建立多主体供给、多渠道保障、租购并举的住房制度，让全体人民住有所居”。事实上，自2016年底以来，围绕上述要求，中央及各地方政府已经出台了多项住房市场调控政策。

一方面，从“购租并举”到“租购并举”，避免住房市场大起大落。在党的十九大之前，北京、广州等多地已经在深化住房制度改革，建立“购租并举”住房制度。例如，北京的住房保障制度已经在向“购租并举、租购同权；先租后售、梯度消费”的运作模式全面推进。相较于此前“购租并举”的提法，党的十九大报告中把“租”和“购”的位置作了调整，从以前的“购租并举”变成“租购并举”。此类表述基本吻合最近几年的住房制度改革和实践要求，体现了租赁市场发展的紧迫性。“租购并举”是住房市场长效调控的政策之一，鼓励租赁消费，稳定租赁关系，赋予租房者更多的权利，不仅仅是科学住房观念的一个重要环节，更可以避免住房市场大起大落，减少非理性购房需求。同时，政府在抓紧推进住房租赁市场的立法工作。应该说，住房市场调控的效果将持续显现。

另一方面，住房保障成果显著，近八千万住房困难群众改善了住房条件，也在一定程度上抑制了住房的潜在需求向有效需求的转化，控制了住房市场过热发展。2013～2017年，棚户区改造大力推进，有6000多万棚户区居民出棚进楼。同时，公租房保障能力显著提升，有1900多万住房困难的群众住进公租房，城镇中低收入家庭的住房条件明显改善，城镇低保、低收入家庭基本实现应保尽保。

三、住房需求的特性

住房商品是与土地密切联系的特殊商品，与一般商品的需求相比较，其需求具有以下显著特点。

1. 住房需求的整体性

地产和房产需求不可分割。住房是地产和房产的结合体和统一物，土地是房屋的物质载体，而房屋是地基的上层建筑，二者不可分割。因而住房需求既包含了对房产的需求，也包含了对地产的需求，是对住房统一体的需求，绝不可以也不可能把二者分离开来。这也决定了住房商品具有位置固定性、效用长期性和价值量巨额性。

2. 住房需求的区域性

住房位置的固定性决定了住房需求的区域性，主要表现在两方面。一方面，一定地域或一个城市的住房需求绝大部分来自本地区或本区域内居民的需求。一是由于气候、地理等自然环境因素的影响，不同区域有不同的生活习惯和风俗，人们对住房的需求会有不同的偏好；二是即使外地居民或海外居民有购房需求也必须迁移到该地区才能形成实际需求。另一方面，在同一城市的不同地段，住房市场需求也可以有很大差异。例如，在市中心地区、次中心地区和城市郊区，人口密集度、地区级差和房价等不同，都会形成不同的住房需求。

3. 住房需求的层次性

这里所说的需求的层次性主要包括两层含义。第一层是指住房的功能性需求层次。住房对于不同的消费者可以满足其生存、发展和享乐等不同层次的需求。对于经济不发达地区或收入较低的消费者而言，住房是最基本的生活资料和生产场所，是维持生存的基础资料；对于收入较高的消费者而言，住房在满足其基本生活和生产需求的同时，可以为其提供事业进一步发展或休闲娱乐的场所。第二层是指住房的结构性需求层次。由于居民的收入结构和购房承受能力不尽相同，相应的住房消费需求结构也划分为不同层次。从档次结构看可以分为高档住房、中档住房和低档住房；从价位结构看可以分为高价位住房、中价位住房和低价位住房等。

4. 住房需求的消费和投资双重性

住房既是消费品又是投资品。一方面，消费者可以把住房当作消费品，作为生活、生产的场所；另一方面，由于土地资源的稀缺性，房价同地价一般会不断升值，可以为住房所有者带来租金收入，又是极好的投资品。

5. 住房需求的可替代性

住房的可替代性包括两个方面。第一，租赁住房可以提供与自有住房一样的使用功能，因而住房租赁的需求与住房买卖的需求具有一定的可替代性；第二，作为投资品，住房需求与股票、债券、期货等其他投资工具一样具有一定的可替代性。住房需求的可替代性导致住房租赁市场和买卖市场的高度关联和互动，也导致住房市场与其他投资品市场的关联（钱瑛瑛和唐代中，2015）。

四、住房需求曲线

住房需求曲线表示住房的需求量与其价格之间的关系——某种住房的需求量如何随着该种住房价格的变动而变动。在图 4-1（a）中，根据习惯，以纵坐标轴表示某种住房的价格（P），横坐标轴表示该种住房的需求量（Q），因为在住房价格较高时住房的需求量减少，在住房价格较低时住房的需求量增加，所以得到的是一条向右下方倾斜的住房需求曲线（D）。

如果考虑影响住房需求量的非住房价格水平因素，则住房需求量不再是沿着需求曲线变动，而是带动整个需求曲线发生位移。例如，消费者的收入水平、偏好、对未来的预期等因素的变化，会改变消费者在给定住房价格水平下对住房的需求量。如果在每一住房价格水平下住房的需求量都增加了，则需求曲线会向右位移；反之，需求曲线会向左位移。如图 4-1（b）所示，以 D_0 为基础，消费者的收入水平提高，因为在相同的住房价格水平下住房的需求量增加，所以整个需求曲线将由 D_0 向右位移到 D_1；消费者的收入水平下降，因为在相同的住房价格水平下住房的需求量减少，所以整个需求曲线将由 D_0 向左位移到 D_2。

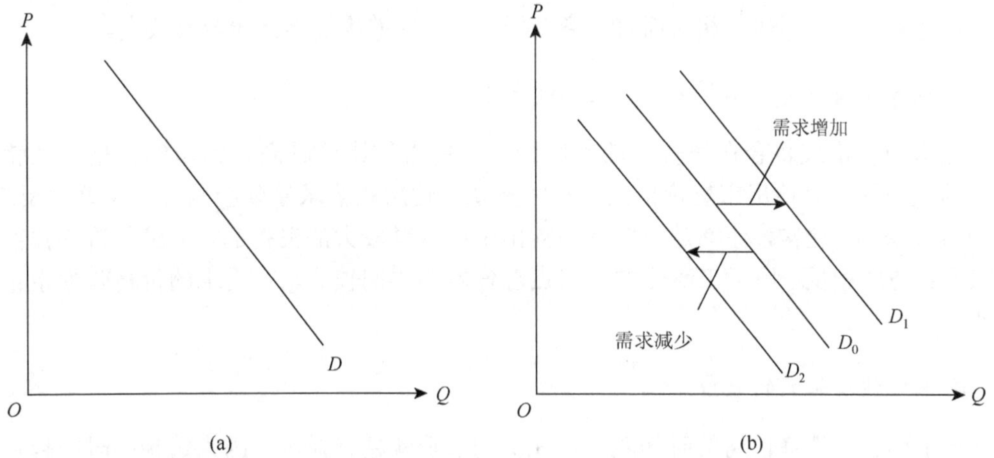

图 4-1　住房需求曲线（柴强，2012）

五、住房的需求弹性

这里讨论的住房需求弹性主要指住房需求的价格弹性，即住房的需求量对住房的价格变化的敏感度，表示为

$$E_d = \frac{\frac{\Delta Q}{Q}}{\frac{\Delta P}{P}} \tag{4-1}$$

式中，E_d为住房商品需求弹性系数；P为住房商品价格；ΔP为住房商品的价格变动量；Q为住房商品的需求量；ΔQ为住房商品需求的变动量。

住房需求的价格弹性的大小取决于以下几方面。

1. 替代品的接近程度和数量

其他条件不变的情况下，某一住房的替代品越多，其需求价格弹性越大。若某一住房的价格上涨，消费者会减少购买此住房转而多购买其他住房。然而，住房突出的特点是产品的异质性与非标准化及位置固定性，这就使得不同的土地之间、不同的建筑物之间较难替代。这不仅是因为房屋在外形、面积、风格及建筑标准上各不相同，还在于位置对住房的价值起决定性作用。例如，在城市中心商业区，一家商店或一座大厦所处的位置至关重要，相差仅数米的商店，也能在价格上相差悬殊。住房对于所处位置的敏感性是其需求价格弹性低的重要原因之一。对位置越是敏感的房地产（如用作商业服务业的房地产），其需求的价格弹性就越小；相对而言，对位置不甚敏感的房地产（如写字楼、住宅、工业厂房等），其需求的价格弹性比较大。

2. 住房的用途

某一住房的用途越多，其需求价格弹性就越大。但是不同住房之间的用途是很难改变的，尤其是工业厂房。相对而言，商业楼宇和住宅的用途则比较容易改变。

3. 住房在消费者的预算中所占比例的大小

住房的价格或租金在消费者的支出预算中所占的比例越高，需求的价格弹性就越高。这是因为一旦住房市场价格出现小幅变动，住房的需求量就会马上发生联动反应，出现较大变动。通常，住宅是消费者的支出中价值量较大的消费品，需求的价格弹性相对较高；与之相反，用于工商业的住房占总资本的比例较小，其需求的价格弹性也相对较小。

4. 选择住房时间的长短

一般而言，选择住房的时间越长，住房的需求就越有弹性。因为选择的时间越长，消费者与厂商越容易找到替代品。

国外很多的经济学家都曾预测过住房需求相对于价格变动的敏感性。虽然所研究的结果因住房市场的时间和地点不同而不同，但总体而言，住房的需求相对缺乏弹性，即住房的需求价格弹性系数的绝对值大多小于1。

第二节　住房供给

一、住房供给的含义

住房供给是指在一个特定时期内，在每一价格水平下，住房开发商或持有者愿意并且能够提供出售或出租的住房数量，也称为住房的有效供给。住房供给一般是住房价格、开发成本、住房存储量等因素的函数（钱瑛瑛和唐代中，2015）。

在现实经济生活中，某种房地产在某一时间的潜在供给量为

潜在供给量 = 存量–灭失量–转换为其他种类的房地产量
+ 其他种类的房地产转换为该种房地产量 + 新开发量

实现住房的供给需要具备两个条件：①住房开发商或持有者愿意供给，即出售或出租的愿望，这主要取决于以价格为主的交易条件；②住房开发商或持有者有能力供给，这主要取决于经营者的实力和水平，如拥有现房数量、开发增量房的能力。如果住房开发商或持有者对某种住房虽然有出售或出租的愿望，但没有供给的能力，则不能形成有效供给，也就不能算作供给；同样，由于政策或者市场价格，住房开发商持有一定数量的现房，但没有出售或出租的愿望，也不能形成有效供给。

在住房开发商的供给中，包括开发商开发的新住房商品，即增量住房商品，以及过去的存货，即存量住房商品。在现实经济生活中，新增的商品房供给包括现房和期房达到规定标准的预售房。按照供给方式的不同，商品房的供给可以划分为待售的商品房供给及出租的商品房供给。

从宏观经济的角度来看，住房市场供给是指在一定时间内、一定价格水平下和一定市场上所有住房开发商或持有者对某种房地产所愿意并且能够提供出售的数量，即市场供给是所有住房开发商或持有者供给的总和，包括实物总量与价值总量。

二、影响住房供给的主要因素

影响住房供给的因素是多方面的，主要包括以下几种。

1. 住房的价格水平

一般地，在其他条件不变的情况下，某种房地产的价格越高，开发该种房地产就越有利可图，住房开发企业愿意开发的数量就会越多；相反，住房开发企业愿意开发的数量就会越少。

2. 开发技术水平

一方面，开发技术水平的提高，能够使原来不能够利用的土地得以利用，提高已利用土地的利用率和容积率，达到增加土地供给和住房供给的目的。另一方面，技术水平进步可以降低开发成本，增加开发利润，促使住房开发企业开发更多的房地产。

3. 开发成本

在某种住房价格水平不变的情况下，当其开发的成本上升，如土地、建筑材料、建筑设备、建筑工人等投入要素中的一种或几种上涨时，房地产开发利润率就会下降，从而会使该种房地产的供给减少；相反，会使该种房地产的供给增加。

4. 土地供应量

土地供给的数量和价格直接影响住房的供给。土地的供给数量取决于可供使用土地的总量、经济发展水平和土地利用规划。土地的供应量很大程度上决定了住房开发量，土地价格直接影响开发成本；而经济发展水平、土地利用规划决定了开发利用土地的能力和范围，从而影响住房的供给。

5. 住房开发企业和持有者对未来的预期

由于住房生产周期长，对未来的预期就显得十分重要。住房的供给者对未来的预期主要包括对国民经济发展的预期、对通货膨胀率的预期、对经济周期的预期、对国家政策和产业政策的预期及对未来住房价格的预期等。如果预期住房价格未来会上涨，则开发商会增加住房开发量，从而使未来的房地产供给增加，同时住房开发企业和持有者会“捂盘惜售”，从而会减少住房的当前供给。

6. 经济制度与政策因素

税收、信贷政策、土地产权制度、住宅制度、发展政策等都将会影响住房的供给。房地产经济发展的实践已说明，政府的财政金融政策、投融资政策、国民经济的发展规划等都会对房地产的投资总量及投资结构产生一定的作用。有关房地产的税制，如税种的开立、税率的调整、优惠政策的出台等，也都会直接或间接影响房地产投资者对房地产的投入和收益，从而影响房地产市场的供给。例如，对于住房持有者而言，交易税收的降低会起到鼓励出售、增加供给的作用。税收优惠、税收减免或延税、贷款利率的优惠等可以降低开发成本，提高开发经营者的盈利水平，吸引更多的社会资本投入住房开发，因而往往能增加住房的供给。

除以上因素之外，风俗习惯、舆论、环境保护意识及社会需求等对住房的供给都有影响。由于住房的开发具有明显的“扩散效应”，一些土地的开发利用会对毗邻的土地产生影响，从而引起住房供给的变化（乔黛，2011）。对环境质量的关注和对土地资源保护的重视等，都会影响某种特定用途的土地与建筑物的供给。

三、住房供给曲线

住房供给曲线表示住房的供给量与其价格之间的关系——某种住房的供给量如何随着该种住房价格的变动而变动。在图 4-2（a）中，以纵坐标轴表示某种住房的价格（P），横坐标轴表示该种住房的供给量（Q）。因为在住房价格较低时住房的供给量减少，在住房价格较高时住房的供给量增加，所以得到的是一条向右上方倾斜的住房供给曲线（S）。

如果考虑影响住房供给量的非住房价格水平因素，则住房供给量不再是沿着供给曲线变动，而是带动整个供给曲线发生位移。如图 4-2（b）所示，以 S_0 为基础，如果住房开发成本上升，则整个供给曲线将由 S_0 向左位移到 S_1；如果住房开发成本下降，则整个供给曲线将由 S_0 向右位移到 S_2。在住房开发成本上升导致整个供给曲线向左位移的情况下，每一住房价格水平都有较少的住房供给量；而在住房开发成本下降导致整个供给曲线向右位移的情况下，每一住房价格水平都有较多的住房供给量。

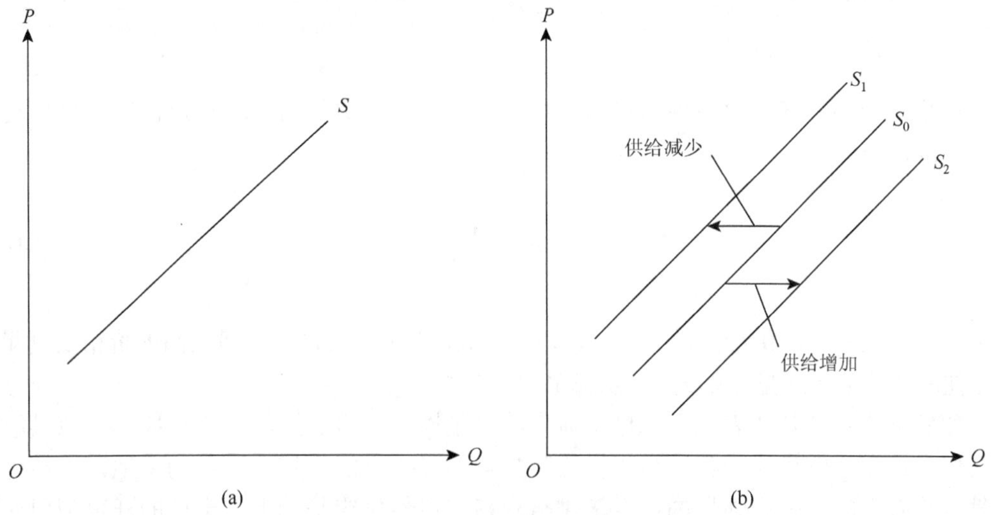

图 4-2 住房供给曲线（柴强，2012）

四、住房供给的特性

1. 住房供给的层次性

住房供给的层次性包括两个方面，一是住房的供给方有两个层面：开发商和非开发商——存量房的原产权人。这是由于住房使用年限长、价值量大，消费者不会轻易丢弃其所有但不需要的物业，而住房又极具投资价值，投资者购买、持有然后待机出售。二是住房供给的产品具有层次性：包括现实供给层次、储备供给层次和潜在供给层次。这三个供给层次是动态变化的。现实供给层次是指住房产品已经进入流通领域，可以随时出售和出租的住房；储备供给层次是指住房生产者出于一定的考虑将一部分可以进入市场的住房商品暂时储备起来不上市；潜在供给层次是指已经开工和正在建造，以及竣工但未交付使用等尚未上市的住房产品，还包括一部分过去属于非商品住房，但在未来可能改变其属性而进入住房市场的住房产品。

2. 住房供给的滞后性

住房商品的生产周期长，较长的生产周期决定了住房供给的滞后性，这种滞后性使住房供给往往不能及时随着需求的变化而变化。需求减少时，在建项目往往不能中止；需求增加时，无法将在建项目提前上市。住房供给的这种滞后性给开发商带来较大风险。

3. 住房供给的垄断性

住房市场竞争不充分，更容易形成垄断。这种垄断一方面来自土地供给的刚性，即我国城市土地属于国家所有，国家是城市土地所有权市场唯一的供给主体，因此城市土地一级市场是一种垄断性市场。另一方面，从住房产品开发的角度来看，因为只有少数住房开发商进行竞争，所以住房供给市场具有寡头垄断市场的明显特征。

4. 住房供给缺乏弹性

这里讨论的住房供给弹性指供给的价格弹性，即住房供给量变动对住房价格变动的敏感程度，表示为

$$E_s = \frac{\frac{\Delta Q}{Q}}{\frac{\Delta P}{P}} \tag{4-2}$$

式中，E_s为住房商品供给弹性系数；P为住房商品价格；ΔP为住房商品的价格变动量；Q为住房商品的供给量；ΔQ为住房商品供给的变动量。

住房供给弹性具体表现为土地总体供给的刚性和住房供给的缺乏弹性。土地供给分为自然供给和经济供给两类。自然供给是指自然界提供的天然可利用的土地，土地的自然供给是有限的、没有弹性的；经济供给是指在自然供给基础上，土地的开发利用和再利用，土地的经济供给有一定弹性，但由于受自然供给刚性的制约，其弹性也是不足的。住房供给受土地供给刚性的影响，而且住房产品开发建设周期较长，住房增量供给缺乏弹性，存量供给相对而言具有弹性。

下面根据不同时期的供给弹性，分别作简要的阐述。

（1）特短期内的住房供给无弹性。住房的生产周期较长，特短期内其生产要素和产品不可能发生变化，因而住房供给无弹性，即 $E_s=0$。

如图 4-3 所示，OP 表示价格，OQ 表示供给量，实线 S 表示住房供给曲线。当价格低于某一水平时供给消失，因此 S 线与 OQ 没有相交，存在一段虚线的距离。无论价格从 P_0 变化到 P_1 或到 P_2，供给量总是 Q_0，因而 S 线垂直于 OQ。

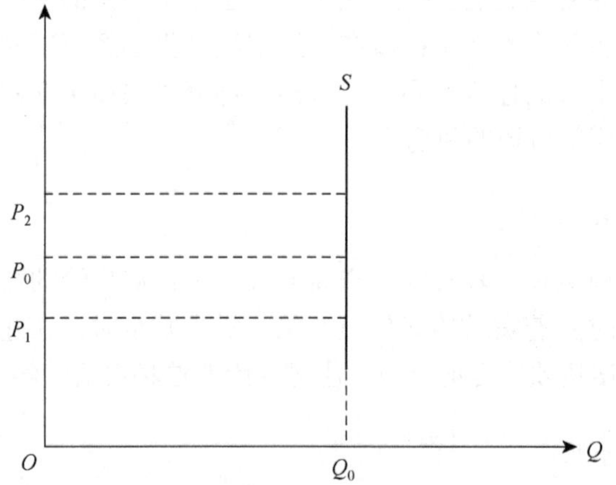

图 4-3　特短期内的住房供给曲线（钱瑛瑛和唐代中，2015）

（2）短期内住房供给弹性较小。短期内住房市场可以通过增减可变要素改变供给，但是其变动幅度不会太大，因此住房供给弹性较小，即 $0<E_s<1$，如图 4-4 所示，供给曲线 S 呈现较为陡峭的状态。

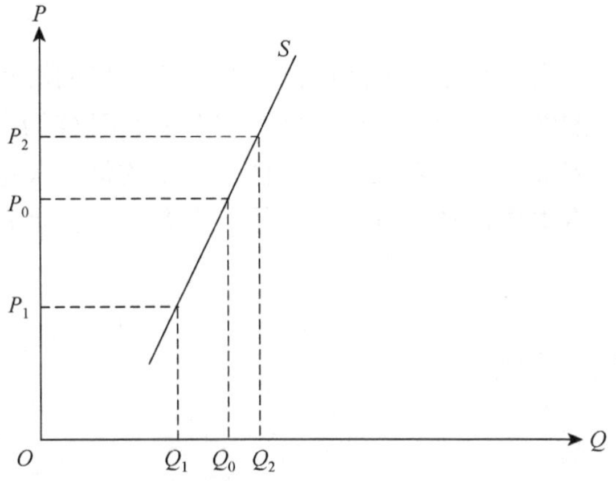

图 4-4　短期内的住房供给曲线（钱瑛瑛和唐代中，2015）

（3）长期内住房供给弹性较大。长期内土地供给量可以变动，具有一定弹性，而且住房供给量的变化更明显，两种因素结合使住房供给富有弹性，即 $E_s>1$。如图 4-5 所示，供给曲线 S 呈现较为平缓的状态。

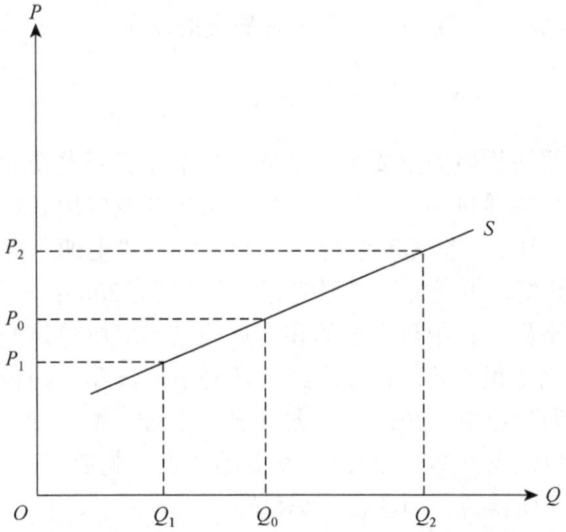

图 4-5　长期内的住房供给曲线（钱瑛瑛和唐代中，2015）

除以上住房供给弹性的一般情况外，也会发生一些特殊的现象。例如，当住房需求低迷而价格下降时，开发商短期内将未完成的楼宇预售，会造成局部暂时的供给量上升，弹性系数也变为负值，其绝对值或大或小，但这只是一种特例。

第三节 住房价格影响因素及形成机理

一、住房价格影响因素

住房价格是由众多因素相互作用形成的，一次住房价格的波动，可能是其中一个因素或者某几个因素作用的结果。影响住房价格的主要因素可分为内部影响因素和外部影响因素两大类。其中，内部影响因素主要包括住房市场的供求关系、住房开发成本、区位因素等；外部影响因素主要包括政策因素、经济因素、社会因素等。下面就对这些因素进行分析。

（一）住房价格的内部影响因素

1. 供求关系

住房供给和住房需求是住房市场运行的基础，供求关系是住房价格最基本的影响因素，其他因素都是通过影响供求关系来影响住房的价格。供求关系的变化导致价格的涨落，反过来又刺激或抑制供给和需求。一般来说，当供大于求时为买方市场，价格下跌，住房开发企业将减少住房的供给；当供小于求时为卖方市场，过度的需求使价格上涨，并吸引更多的住房开发企业增加投资。

住房市场价格是在住房供给和需求相互作用的过程中形成的，但受住房业特殊的行业性质的影响，市场机制在一定条件下会出现失灵的现象。

2. 住房开发成本

住房开发成本是住房价格的重要组成部分，是指住房开发企业在开发建设和经营过程中所投入的总费用，主要包括土地开发费用、房屋开发费用和各种交易费用。土地开发费用一般包括土地出让金，征地补偿费，拆迁安置费，“七通一平”“五通一平”或“三通一平”费，勘察设计费，拆迁征地管理费等（阳廷燕，2009；曹振良，2003）。各城市的房屋开发费用大同小异，其中最主要的和常见的包括房屋建筑安装费、附属工程费、室外工程费、环卫绿化工程费等。在住房经济活动中，涉及多种税收和交易费用。我国涉及住房的税收主要为营业税。2011 年，经国务院批准，财政部、国家税务总局联合下发《营业税改征增值税试点方案》，2012 年初开始试点，此后逐步将营业税改为增值税、城市建设维护税、企业所得税、印花税、契税等。

一般来说，如果相关生产要素价格上升，开发成本就会增加，在房价不变或增加少于成本的增加时，开发利润势必下降，住房供给量相应减少；反之，则住房供给量相应增加。但是，开发成本的升降并不一定能完全决定住房供给总量的增加或减少，这主要是因为住房的利润率通常很高，当开发成本增多而又未能使住房利润率下降到低于社会平均利润率时，进入住房业的投资便不会减少，住房供给量也同样不会减少。有时，住房价格上涨速度常常超过开发成本的上升速度，住房供给量并不随开发成本增加而减少。只有在住房价格不变，或开发成本上升速度超过价格上涨速度，且住房业利润率处于正常水平（即社会平均利润率与行业风险报酬率之和）时，开发成本上升才会使住房供给量呈现出减少的趋势。

总之，如果开发成本增加，一方面，可直接作用于住房价格，导致价格的相应提升；另一方面，若此时房价未直接发生改变或增加量少于成本的增加量，开发商的利润势必下降，则必会引起住房供给量的改变，通过供给间接影响住房价格。

3. 区位因素

区位因素是指住房所在地区的特性对住房价格水平的影响因素。影响住房价格的区位因素主要有交通条件、环境条件和基础设施配套状况。

（1）交通条件。交通条件是指一个城市或地区的交通通达程度与便利状况，是衡量地理位置好坏的重要指标。交通条件的优劣将直接影响城市人流、物流的通达性及其交通运输成本，影响人们出行的方便程度，进而影响住房价格水平。便捷的交通能刺激服务业和商业的发展，吸引大量置业人口，促进住房价值的提升。

（2）环境条件。环境条件是指住房所在区域的环境质量，包括空气质量、水源质量、噪声程度等。一般地，高价格、高品质住房的环境质量相对较好。一方面，随着人们生活水平的提高，对住房的环境质量要求越来越高，对于较高价格的高品质住房的接受程度提高；另一方面，环境的优化使住房开发成本上涨，造成住房价格上升。

（3）基础设施配套状况。一个城市或地区的基本设施包括城市供电、供气、供热、电信、给排水等生活保障设施和文化教育、医疗卫生、体育娱乐、银行、邮局等公用设施。基础设施配备是否完善将影响人们生活、学习、工作的方便程度，影响消费者的选择偏好，进而影响住房价格。基础设施配套完善的过程就是住房的升值过程。例如，教育环境对住房有着积极的推动作用，可以间接提高住房含金量。教育设施配套得好或者临近知名学校，不仅增加了住房的人文色彩，还大大提高了住房的附加值，使得住房价格上升。

（二）住房价格的外部影响因素

从长期看，除了供求关系和住房开发成本等住房价格的内部影响因素外，还有一些重要的外部影响因素直接或间接地影响住房价格。

1. 政策因素

（1）土地相关规划和计划。对住房价格有影响的土地相关规划和计划主要有土地利用总体规划、土地利用年度计划、土地供应计划。①土地利用总体规划是在一定区域内，根据国家社会经济可持续发展的要求和当地自然、经济、社会条件，对土地的开发、利用、治理、保护在空间上、时间上所作的总体安排。土地利用总体规划的控制指标主要有建设用地总量（包括建设占用耕地的数量）和耕地保有量。②土地利用年度计划是在土地利用总体规划的框架内，根据国民经济发展的具体情况对土地利用进行的年度调节，以保障土地利用总体规划的贯彻落实。土地利用年度计划指标包括农用地转用计划指标，分为城镇村建设占用农用地指标和能源、交通、水利等独立选址的重点建设项目占用农用地指标。③土地供应计划是计划期限内政府对行政辖区范围内国有建设用地供应的数量、结构、布局、时序和方式等作出的科学安排。土地供应计划指标是指在划拨或出让国有建设用地使用权时使用的指标。

土地利用总体规划、土地利用年度计划、土地供应计划中确定的建设用地总量、农用地转用量及国有建设用地供应数量、用途结构、空间布局等决定了住房开发用地的供应状况，从而对住房开发用地规模及住房价格有很大的影响。当住房开发用地的供应量减少时，住房开发用地价格及住房价格会上涨，反之会下降。

（2）信贷政策。住房价值较大，其开发、投资、消费都需要大量资金支持，从而与金融密切相关。因此，金融制度政策的变化对住房价格有很大的影响，特别是货币政策和住房信贷政策。货币政策有从紧、适度从紧、稳健、适度宽松、宽松五个档次，其中“稳健”是中间值。例如，采用由紧到松的货币政策，会导致住房价格上涨；相反，会导致住房价格下降。

住房信贷政策包括增加或缩小住房信贷规模，放松或收紧住房贷款，调整住房信贷投向（如是投向土地储备贷款、住房开发贷款，还是投向购房贷款），提高或降低购房最低首付款比例，上调或下调贷款利率，提高或降低住房抵押贷款成数上限，延长或缩短购房最长贷款期限等。例如，增加土地储备贷款，会增加未来的土地供应，远期会增加住房供给，从而会使未来的土地价格和住房价格下降；反之，会使未来的土地价格和住房价格上涨。严格控制住房开发贷款，会减少未来的住房供给，从而会使未来的住房价格上涨；反之，会使未来的住房价格下降。提高购房最低首付款比例、上调贷款利率，会降低购房支付能力、提高购房门槛，从而会减少住房需求，进而会使未来的住房价格下降；反之，会使未来的住房价格上涨。

（3）税收政策。住房的不同税种、税率及其征收环节对住房价格的影响是不同的。有关住房的税收按征收环节区分，可分为住房开发环节、住房交易环节和住房保有环节的税收。①在住房开发环节，增加税收会增加住房开发成本，从而会推动住房价格上涨；相反，会使住房价格下降。②在住房交易环节，增加买方的税收（如提高契税税率）会抑制住房需求，从而会使住房价格下降；而增加卖方的税收（如收取土地增值税）会使住房价格上涨。③在住房保有环节，直接或间接地对保有住房课税，如城镇土地使用税、住房税等，实际上是减少了住房的收益，因而会导致住房价格下降；相反，减免对保有住房课税，会使住房价格上涨。

2. 经济因素

（1）经济周期。在经济繁荣期，投资与生产活动活跃，住房需求增加，房价上升较快；在经济衰退期，各行各业均不景气，影响到对住房的需求，住房开发商的资金紧张，房价上升速度会因此减缓。例如，20 世纪 80 年代亚太地区的日本、新加坡、韩国等国家以及中国台湾、香港等地区，经济持续高速增长，地价也相应地大幅度上涨（尽管从事后的亚洲金融危机来看，这种经济发展带有泡沫成分，有人甚至将其称为泡沫经济）。

（2）国内生产总值。国内生产总值是指一个国家或地区在一定时期内所有生产经济活动的总和。GDP 的增长提高了人民的生活水平，改善住房的需求增强，住房的有效需求增加，导致住房价格的上涨。同时，投资者和开发商的信心得到增强，投资开发力度增强。因此，GDP 对平衡住房市场的供需水平和住房结构都起到重要作用。

（3）消费者收入水平。消费者收入是影响消费行为的最重要的因素。消费者收入水平主要是通过影响住房需求和住房成本来影响住房价格的。随着收入的增加，可支配收入增加，恩格尔系数降低，消费者的购房能力也相应得到提高；消费者提高自己居住的标准，对住房的质量和环境有一定的要求，会在增加住房需求的同时提高住房开发企业的开发成本，这将对推高房价产生一定的影响。住房既是消费品，又是不错的投资品，消费者收入水平提高，一部分人会增加对住房的投资或投机，从而也会对住房价格造成影响。

（4）物价水平。物价水平是一个国家经济稳定的温度计，也是衡量国家经济发展水平和居民消费水平的重要指标。物价水平影响住房价格的途径有：①物价水平上涨，会使市场上大多数商品的价格也相应上涨，这样就会使得住房业的建筑成本、人工成本等上升，造成住房总成本的上升，从而导致住房价格上涨；②由于住房具有消费和投资的双重属性，其具有保值与增值的功能。作为较好的保值、增值的实物资产，当通货膨胀比较高时，人们会增加对住房的投资，从而对住房的需求和供给产生影响，最终造成住房价格的变动。

（5）利率。住房价格的涨跌与利率的高低密切相关，利率的微小变动都有可能导致住房价格的剧烈波动。具体来说，利率从几个方面影响房价的涨跌：从成本的角度来看，利率上升会增加住房开发的投资利息，从而使房价上涨。从住房需求的角度来看，现在购买住房特别是商品住房普遍采取贷款方式付款，所以利率上升会减少住房需求，从而使房价下降。从投资角度来看，住房是一种重要的投资品，当利率下降时，抵押贷款将大规模地流入住房行业，并推动住房价格上涨；反之，住房投资和房价都会下降。因此，综合来看，房价与利率呈负相关关系。利率上升，房价下降；利率下降，房价上升。

（6）汇率。在开放经济条件下，资产价格不仅受其自身供求因素的影响，也越来越多地受到汇率变动的影响。从经验看，一国货币升值或贬值，都有可能对本国的住房价格变化产生影响。例如，一个外国投资者以一定价格购买了一套住房，此后出售住房时，相对于当地市场，该住房可能升值了，但如果该住房所在国的货币发生了贬值，那么相对于国际交易，其住房升值可能与货币贬值相互抵消，从而导致住房投资失败。相反，如果该住房所在国的货币发生了升值，那么即使相对于当地市场住房没有升值，但相对于国际交易也会获得较好的房地产投资收益。因此，当预期某国的货币会升值时，就会吸引国外资金购买该国住房，从而导致其住房价格上涨；反之，则导致其住房价格下降。

3. 社会因素

（1）社会治安状况。社会治安状况是指盗窃、抢劫、强奸、绑架、杀人等方面的刑事犯罪情况。住房所处的地区如果经常发生此类犯罪案件，则意味着人们的生命财产安全缺乏保障，因此会造成该地区住房价格低落。配备有良好防卫设施的住房项目能够使消费者享受到归属感，价格自然高（柴强，2012）。

（2）政治安定状况。政治安定状况是指有不同政治观点的党派、团体的冲突情况，以及现行政权的稳固程度等。一般来说，政治不安定则意味着社会可能动荡，这会影响人们投资、置业的信心，从而会造成住房价格低落。因为住房不可移动，一旦发生战争，避难时无法随身携带，如果遇到空袭或其他战争上的破坏，繁华城市有可能瞬间化为废墟，所以在遭受战争威胁时，大家争相出售住房，供大于求，住房价格势必大幅度下跌。

（3）城市化。城市化的实质主要是农业人口转变为城市人口、农业用地转变为城市用地的过程。从长期来看，城市化是住房业发展的根本动力之一。城市化意味着人口向城市地区集中，造成对城市住房的需求不断增加，从而会带动城市住房价格上涨。

（4）住房投机。投机指不是为了使用而是为了再出售或再购买而暂时购买或出售住房，利用住房价格的涨落变化，以期从价差中获利的行为。住房投机是建立在对未来住房价格预期的基础上的。

关于住房投机对住房价格的影响，普遍认为它会引起住房价格上涨。显然住房投机有许多危害，但这种认识是不够全面的。一般来说，住房投机对住房价格的影响可能出现三种情况：引起住房价格上涨、引起住房价格下跌或者起着稳定住房价格的作用（高芳，2009）。

当住房价格节节上升时，那些预计住房价格还会进一步上涨的投机者纷纷抢购，哄抬价格，造成一种虚假需求，这无疑会促使住房价格进一步上涨。而当情况相反时，那些预计住房价格还会进一步下跌的投机者纷纷抛售住房，则会促使住房价格进一步下跌。但在某些情况下，住房投机行为可能起着稳定住房价格的作用，即当住房价格低落时，认为日后住房价格会上涨的投机者购置住房，以待日后住房价格上涨时抛出，这样就会出现在住房需求较小时投机者购置住房，造成住房需求增加；而在住房价格上涨到一定程度时投机者抛售住房，增加住房供给，从而平抑住房价格。

（5）人口因素。住房是人类生活所需的基本生活消费品。一般来说人口因素主要从人口数量、人口素质、家庭人口结构三个方面对住房价格产生影响。①人口数量作为影响住房价格的社会因素之一，与住房价格有着密切的联系。住房价格与人口数量是同方向变化的。在住房供给相对稳定时，人口数量增多会增加对住房的需求，因此将会导致住房价格的上升；而当人口数量减少时，对住房的需求会相应减少，进而住房价格将会下降。②人口素质对房价产生正向影响。社会在发展，劳动者的文化程度提高，人口素质提高，人们对生活质量、公共服务设施和居住环境等的要求也会相应提高，住房开发商为迎合人们的期望，增加对高品质、高品位住房的投资，住房成本增加，住房价格提高。③家庭人口结构是指整个国家或地区的家庭平均人口数、家庭单位数。家庭人口结构的改变会造成居住单位数的改变，这将会影响到整个国家或地区对住房的需求，从而对住房价格产生影响（周艳慧，2015）。

二、住房价格形成机理

（一）住房价格的形成条件

住房与其他经济物品一样，之所以有价格（价值），是因为其有用、稀缺，并且人们对其有需求，即必须同时具有有用性、稀缺性和有效需求。

1. 有用性

一种物品有用，是指它能够满足人们的某种需要，住房可以供人居住。住房如果没有用，人们就不会产生占有它的要求或欲望，更谈不上花钱去购买或租赁它，因此就不会有价格。

2. 稀缺性

一种物品稀缺，是指它的数量没有多到使每个人都可以随心所欲地得到它。因此，说一种物品是稀缺的，并不意味着它是难以得到的，仅意味着它是不能自由取用的，即不付出代价就不能得到，是相对缺乏，不是绝对缺乏。

3. 有效需求

人们对一种物品有需求，是指不仅愿意购买它，而且有能力购买它。仅有需要而无支付能力（即想买但没有钱），或者虽然有支付能力但不需要（即有钱但不想买），都不能使购买行为发生，从而不能使价格成为现实。需要不等于需求，需要只是一种要求或欲望，有支付能力支持的需要才是需求。

（二）住房市场基本特征

1. 区域性

住房市场的区域性主要是由住房的位置固定性和性能差异性决定的。不同区域的住房价格水平、供求状况、交易数量等有极大差异，不同区域的住房市场之间相互影响较小。

2. 交易复杂性

与一般商品不同，住房市场交易的是相关住房的产权，包括房屋所有权、土地使用权、房屋使用权等；根据交易的产权不同而形成不同的住房市场，如买卖市场、租赁市场等。

3. 不完全竞争性

一个完全竞争的市场必须具备三个条件：①商品同质，可以互相替代；②某一商品的卖主和买主人数众多，且随时自由进出市场；③信息充分，传播畅通。住房商品最大的特点之一就是异质性，即相互替代性差。住房的地段、位置不可复制，不同朝向、楼层、结构的住房价格也有很大差异。住房商品是异质的，或者说是唯一的，所以某一住房的卖主和买主都不可能是众多的。在住房市场上，买主和卖主的机会都不是均等的，两者都没有充分的选择权，因而个别卖主或买主对住房交易价格往往会起很大的作用。

另外，住房交易信息不易获得。许多住房交易和定价是私下进行的，很大程度上取决于交易当事人的相互关系。因此，这种成交价往往不能反映成交住房的真实价值。住房市场因而不易形成完全竞争的市场结构。

此外，土地资源的相对稀缺性及我国土地的公有制属性决定了住房市场的有限开放，因而住房市场竞争不充分，交易效率较低。

4. 专业性

住房市场是一个专业化的复杂市场，人们进行住房交易时必须求助于各种各样的专业人士和专业机构。这些专业人士通常是律师、房地产估价师、住房营销人员及掌握建筑工程和住房税收知识的专业人员。聘请专业人士需要支付费用，专业人士需花费一定时间来完成接受的任务，这些都降低了住房市场转手交易的频率。

5. 供给滞后性

住房开发周期较长，供给增加往往需要相当长的时间；住房使用具有耐久性，当市场上供过于求时，多余的供给也需要很长时间才能被市场消化。因此，相对于需求的变动，住房供给的变动存在着滞后性。

6. 与金融市场关联度高

住房开发投入资金量大，对信贷的依赖性很强。没有金融的支持，住房交易的规模将受到很大限制。金融政策、市场利率的变动对住房市场也会产生很大影响。

7. 受政府干预程度较大

土地是国家的重要资源，其分配和使用对经济发展和社会稳定都具有非常重要的作用，因而国家对土地的权利、利用、交易等都有严格的限制（刘洪玉，2005）。政府一般通过金融政策、财政税收政策、土地利用计划、城市规划及环境保护等手段对住房市场进行干预和调节。

（三）住房均衡价格的形成

图 4-6 是图 4-1（a）中的需求曲线和图 4-2（a）中的供给曲线结合在一起形成的，E 点是需求曲线与供给曲线的交点。

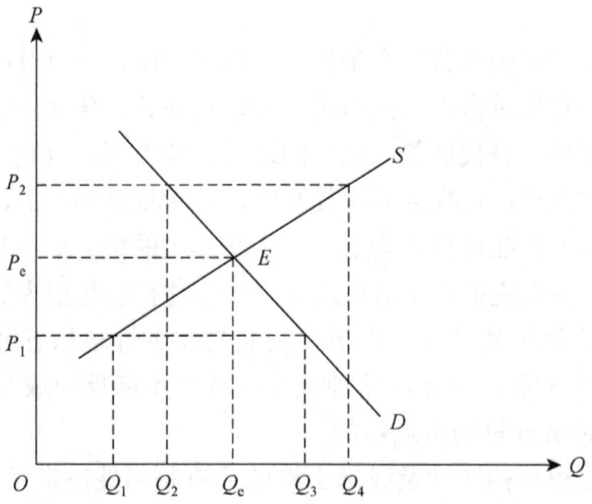

图 4-6　住房均衡价格及其形成（柴强，2012）

在其他条件不变的情况下，需求曲线上的每一个点都是消费者愿意并且能够接受的住房价格与数量的组合；供给曲线上的每一个点都是住房开发企业或持有者愿意并且能够提供的住房数量与价格的组合。因为市场交易是自愿交易，或是交易双方一致同意的交易，所以 E 点是供求均衡点，该点所对应的价格和住房数量是消费者和住房开发企业或持有者都愿意接受的价格与数量的组合。其中，该点所对应的价格 P_e 称为均衡价格，所对应的数量 Q_e 称为均衡数量。

由此可知，住房均衡价格是住房的市场需求曲线与市场供给曲线相交时的价格，也就是住房的市场需求量与市场供给量相等时的价格。当市场价格偏离均衡价格时，会出现需求量与供给量不相等的非均衡状态。一般地，在市场力量作用下，这种供求不相等的非均衡状态会逐渐消失，偏离的市场价格会自动恢复到均衡价格水平。如图 4-6 所示，当价格上涨到 P_2 时，供给量将由 Q_e 增加到 Q_4，而需求量将由 Q_e 减少到 Q_2，供给大于需求，出现过剩，过剩数量为 Q_4-Q_2。由于供大于求，住房商品供给者之间竞争的市场压力将迫使价格下降。只要价格高于 P_e，这种降价的压力就会一直存在。同理，当价格下降到 P_1 时，需求量将由 Q_e 增加到 Q_3，而供给量将由 Q_e 减少到 Q_1，需求大于供给，出现短缺，短缺数量为 Q_3-Q_1。由于供不应求，消费者之间竞争的市场压力将迫使价格上涨。只要价格低于 P_e，这种涨价的压力就会一直存在。

均衡价格理论是价格原理的核心内容，它表明：均衡是市场价格运行的必然趋势，如果市场价格由于某种因素或者某些因素的影响而脱离了均衡价格，则必然会出现过剩或短缺，导致供给者之间或消费者之间的竞争，形成价格下降或上涨的压力和趋势，并最终趋向于均衡价格。

总的来说，住房价格与住房需求呈正相关，与住房供给呈负相关。当供给一定时，如果需求增加，则价格上涨；如果需求减少，则价格下降。当需求一定时，如果供给增加，则价格下降；如果供给减少，则价格上涨。需求和供给如果同时发生变化，均衡价格和均衡数量也会发生变化。需求和供给的同时变化有同方向变化（需求和供给均增加或者均减少）、反方向变化（需求增加而供给减少，或者需求减少而供给增加）、变动幅度不同（需求的增减大于或者小于供给的增减）等情况。

（四）住房价格形成的现实情况

根据经济学理论，商品的价格应该由市场的需求和供给状况共同决定，住房商品也不例外。

从供给角度而言，首先，土地是住房市场必不可少的组成要素，但能提供给住房开发的土地的数量是有限的，土地市场有限的供给决定了住房市场的供给也是有限的。在住房市场发展的较早时期，土地成本低，住房开发成本低，房价也较低，对未来房价增长的预期会吸引更多投资者进入住房行业进行住房开发，引发住房市场供给量的增加，供给弹性相对较大。然而，随着住房开发商房屋建设需求的产生，土地市场上的需求随之增加，但土地市场供给量的增加是有限的，土地资源在一定时期后会变得更加稀有，达到一定程度后，土地市场的供给量会逐渐减少，使得住房市场的供给量也随之减少。

为了弥补未来逐渐减少的住房市场供给量造成的利润损失，新增加的住房供给或正在出售的住房商品会收取很高的价格，且土地市场上土地价格的逐渐增加也会推动住房市场上住房价格的上涨，因此供给曲线的弹性越来越小。其次，住房商品的供给具有一定的滞后性。住房商品建设周期长，投入的资金量大，这决定了在市场对商品的需求减少的情况下，正在建设的住房项目不能马上中止，造成住房商品的积压，而在市场对商品的需求增加的情况下，不能及时提供可供出售的商品房满足市场需求。由于供给量不能马上随之进行调整，只能通过变动住房价格来应对市场需求的变化。

从需求角度而言，住房商品的特殊性决定了住房市场的需求来自两个方面：①用于满足基本生活居住需要和享受的需求，购房者购买住房商品是为了满足生存和居住的基本要求，这种需求是正常的和必要的；②用于投资和牟利的需求，购房者出于对低买高卖的利润的追逐购买住房商品，或者购房者预期未来住房价格会上升，为了获得住房价值的增值而进行投资，这种需求是虚假的，一旦房价有上涨的趋势，投机者基于获得预期增值的目的而大肆买入，市场上对住房商品的需求就会迅速增加，而需求的增加又会推动房价的迅猛上涨并引起购房需求的进一步扩张，不利于市场的健康运行。实际上，这种投机性需求是住房价格上涨的根本原因。

如果住房市场是完全竞争的市场，那么开发商是住房市场的供给者，同时是土地市场的需求者，是价格的接受者，对价格没有控制能力，根据住房市场的需求曲线和供给曲线决定的价格来提供商品。但实际上，住房市场因其本身的特点，不是一个完全开放的市场，而是存在一定程度的垄断，开发商作为住房市场的卖方具有一定的垄断能力。在这种情况下，市场价格的形成不仅仅简单地取决于住房市场的需求和供给，还取决于住房开发商的垄断力量。

在现实中的一定区域内，住房市场是由为数不多的几家有实力的开发商垄断的，因此开发商不会像在完全竞争的情况下那样通过降低成本来降低住房市场的价格，而是采取“合谋”的定价形式赚取更多的利润。一家或几家规模较大的住房开发商凭借其市场地位和对价格的控制力率先定价，其他开发商再在此基础上去定自己的价格，而购房的消费者只能被动地接受不合理的价格。开发商通过这种合谋定价获得垄断利润，目前的高房价本质上就是由开发商的垄断地位造成的。

分析上述现实情况不难发现，目前我国一定区域内的住房市场价格不是简单地由供求曲线来决定，往往还取决于住房开发商的利润最大化原则（即边际收益等于边际成本）。住房开发商从事商品房开发或销售的目的在于获取最大利润，如果边际收益大于边际成本，表明增加最后一单位建筑面积商品房开发获得的收益大于增加最后一单位建筑面积商品房开发消耗的成本，即增加住房商品的供给量可以获得更多的利润，住房开发商会继续增加住房商品的建设和销售以获得最大利润；如果边际收益小于边际成本，表明增加最后一单位建筑面积商品房开发获得的收益小于增加最后一单位建筑面积商品房开发消耗的成本，即增加住房商品的供给量会带来损失而不能增加利润，住房开发商只能通过减少产量来获得最大利润；只有在边际收益等于边际成本的情况下，增加最后一单位商品房开发获得的收益与消耗的成本相等，住房开发商才能获得最大利润（刘扬，2012；何洪林，2008）。

复习思考题

[1] 简述住房需求与住房供给的内涵。

[2] 简述影响住房需求的主要因素。

[3] 简述影响住房供给的主要因素，并举实例说明其中一个影响因素对住房供给的影响。

[4] 简述住房价格形成的三个基本条件。

[5] 简述住房均衡价格的形成机理。

[6] 结合实例说明政府在住房市场中的作用与角色。

参考文献

柴强. 2012. 房地产估价. 7 版. 北京：首都经济贸易大学出版社.

曹振良. 2003. 房地产经济学通论. 北京：北京大学出版社.

高芳. 2009. 郑州市房地产市场价格影响因素分析. 西安：西北大学硕士学位论文.

何洪林. 2008. 我国房地产价格影响因素研究——以贵阳市为例. 重庆：重庆大学硕士学位论文.

刘洪玉. 2005. 房地产开发经营与管理. 北京：中国建筑工业出版社.

刘扬. 2012. 郑州市房地产市场价格形成机理研究. 大连：东北财经大学硕士学位论文.

乔黛. 2011. 房地产价格形成机制研究——中国房地产价格影响因素分析. 北京：首都经济贸易大学硕士学位论文.

钱瑛瑛，唐代中. 2015. 房地产经济学. 3 版. 上海：同济大学出版社.

闰国平. 2007. 上海房地产市场价格影响因素研究——以住宅市场为例. 上海：同济大学博士学位论文.

阳廷燕. 2009. 重庆市房地产市场价格影响因素研究——以住宅市场为例. 重庆：重庆大学硕士学位论文.

周艳慧. 2015. 我国房地产价格影响因素研究. 郑州：郑州大学硕士学位论文.

第五章　工商业不动产市场

第一节　工商业不动产概述

在不动产市场中，住宅不动产一直占有重要的地位，但随着工业化和城市化的不断发展、城市商业中心的不断涌现、工业园区的相继成立，商业不动产和工业不动产的重要性也日益凸显。高速公路等对外交通的发展、工业不动产的标准化生产不断进步等，促进了工业不动产业态的转化，奠定了工业不动产市场发展的基础。同时，城市内部交通的便捷、私家车的普及、人们物质生活水平的提高及住宅的郊区化等因素促进了商业不动产市场的发展，也提出了新要求。

一、工业不动产

（一）工业不动产的概念

工业不动产是指在新经济、新型工业化的背景下，以产业为依托，以不动产为载体，以工业楼宇、工业厂房、高新技术研究与发展用房为主要开发对象，集投资、开发、经营管理和服务等于一体的工业物业的总称。一般来说，重工业厂房由于其建筑物的设计需要符合特定工艺流程的要求和设备安装的要求，通常只适合特定用户使用，因此不容易转手交易；高新技术产业用房及研究与发展用房则有较强的适应性。随着物流行业的发展，传统的以自用为主的仓储用地也越来越多地用于出租经营，成为工业不动产的重要组成部分。

工业不动产往往是一个城市乃至国家的经济支柱。2010 年，日本工业不动产占全世界的 30%，对日本 GDP 的贡献在 40%以上；美国工业不动产占全世界的 27%，对本国 GDP 的贡献也超过 30%（姜科，2011）。根据中研普华产业研究院发布的《2024—2029 年中国工业地产行业市场深度调研及投资策略预测报告》数据显示，2019 年全国工业地产开发面积达到约 1.2 亿平方米，市场规模超过 4000 亿元人民币。

（二）工业不动产的发展

工业不动产最早出现在欧美工业发达国家。早在 20 世纪初，英国和美国就出现了工业物业的形式。在中国，随着 2003 年普洛斯带着“物流地产”的概念进入国内市场，工业不动产的发展序幕就此拉开，同时也掀起了中外地产商在中国发达地区开发物流等工业不动产的热潮。这些国际企业的扩张在投资建厂过程中，需要原有的厂房建设、仓储物流建设及商务办公空间等全球合作伙伴，为其提供全球化、专业、优质的服务。这为国际领先的工业不动产商进入我国市场提供了客户及市场基础。国际上拥有雄厚资金实力、先进开发运作经验的工业不动产商，如美国安博、普洛斯，新加坡腾飞、丰树等，在经历本国工业不动产市场的不断发展和成熟壮大后，不但自身具备了国际扩张的能力，同时也迫切需要新兴市场发展中的战略性机遇，因此迅速带动了中国工业不动产行业的发展。然而，从行业发展的周期来看，我国工业不动产及市场的发展仅仅处于萌芽和起步阶段。具体而言，我国工业不动产发展呈现以下几大特点（季胜武和季波，2017）。

1. 起步较晚，发展尚不充分

相比英国、美国等发达国家的工业不动产出现的时间和发展程度，我国的工业不动产发展起步比较晚，也导致了行业发展的不规范：开发土地闲置、开发主体经验欠缺、政策支持力度不够、项目前期规划不足等。各类无序、杂乱开发的现象时有发生，导致单位面积的产出远低于发达国家。

2. 模式单一，流程简单

目前，我国各地最常见的工业不动产开发模式为：政府—投资公司—开发项目—招商入驻，属于一种“筑巢引鸟”式的发展模式，其运作主体往往是开发区或者工业园区管委会下设的投资公司。此种模式虽然能够获得相关的产业政策支持和税收优惠，但存在不少缺陷，如不熟悉工业不动产的运作方法、项目前期缺乏科学合理的定位、项目比较单一、整体运作不够专业等。

3. 方兴未艾，势头强劲

我国工业不动产虽然处于发展初期，但由于其在提升城市的产业价值和产业能力、促进产业升级、聚集人口与资本、调整城市经济结构等方面的独特功能，各地都不同程度地加大了招商引资的力度。各类以主体产业为核心、相关链条产业跟进集聚的产业园的出现，使得工业不动产的发展有了持续性需求。

4. 前景光明，竞争激烈

当前，在住宅市场遭遇前所未有的调控而逐渐降温、商业不动产竞争激烈而开始出现过热迹象的背景下，工业不动产呈现快速发展的态势，使之成为房地产企业战略转型的新方向。各类型企业的大量涌入，也使得工业不动产市场竞争日益激烈。

随着工业不动产市场的发展和日趋成熟，工业不动产也从简单开发模式进入综合开发模式。简单开发模式即为通过市场获得工业土地，完成基础设施建设、招商，以出租或出售的方式获取利润。综合开发模式不仅要全面介入园区建设，还要进行园区管理、园区升级、配套物业管理、客户管理，同时兼顾土地容积率、产业升级。

（三）工业不动产的特点

1. 投资大

工业不动产项目规模大，前期投入大；并且由于项目的特殊性，资金占有周期长，投资回收期大于住宅不动产和商业不动产。

2. 政策主导性强

工业不动产主要是靠市场环境和产业政策驱动的，受地方政府产业发展政策的影响比较大。

3. 区域性强

工业产业发展具有很强的集聚效应，因此区域不同，主导产业存在差异，从而使得工业不动产存在明显的区域特征。例如，美国的汽车工业主要集中在一个城市——底特律，生产经营各种汽车零部件的众多企业基本都在底特律这个城市，市场高度集中。

4. 增值性

在产业转型升级的过程中，通过发展第三产业，实现二三产业发展联动，拓展项目收入来源，从而实现工业不动产的增值。

（四）工业不动产的主要类型

工业不动产的主要类型有如下三种。

1. 工业园区

工业园区是承载工业项目、促进区域经济发展的重要平台，是工业不动产发展的有效载体。没有工业园区的支撑，工业发展也无从谈起，工业不动产发展也就成了无源之水、无本之木。在我国，自改革开放以来，工业园区经历了从无到有的发展时期，它的诞生顺应了国际竞争和新技术革命的发展潮流。工业园区作为一个城市或一个地区工业经济发展的引擎，是我国价值链中具备良好辐射、示范和带动效应的重要环节，是促进区域经济发展的强有力的推动器。在经济全球化中，建立和发展工业园区是我国改革开放政策的一项重要措施，其重要作用与国际产业转移密切相关。工业园区主要包括综合工业园、科技园区、专业园区、企业总部基地（刘伟，2008）。

综合工业园，主要由标准厂房及定制厂房组成，是功能多样化的工业产业园区。

科技园区，不动产类别主要有研发中心、信息科技单位、企业科技孵化中心等。

专业园区，对设备及厂址有特殊要求的园区。

企业总部基地，总部基地以智能化、低密度、生态型的总部楼群，形成集办公、科研、中试、产业于一体的企业总部聚集基地。总部基地可以为企业提供良好的中枢式运营管理氛围，以高效、多能、全屏化优势为企业创建发展的高速通道，以中心极辐射全国乃至全球的“中心外围效应”为企业铺设前瞻式的空间路径。

工业园区由于具备政策优惠、投资环境相对完善等特性，能有效吸引资金、技术和先进管理经验，从而形成规模和集约效益，有效推动地区经济增长，这些优势在国家级和省级工业园区中表现得更为明显。同时，通过开发园区“筑巢引凤”、外引内联，能够充分发挥工业园区优势，形成产业集群，从而带动周边城市、企业及整个地区经济的发展。据统计，2021 年我国 230 家国家级经济技术开发区实现地区生产总值 13.7 万亿元，同比增长 15.4%；实现财政收入 2.5 万亿元，同比增长 12.1%，占全国财政收入比重为 12.5%；税收收入 2.2 万亿元，同比增长 14.3%，占全国税收收入比重为 12.9%。2023 年，233 家国家级经济技术开发区实现地区生产总值 15.7 万亿元、财政收入 2.7 万亿元、税收收入 2.5 万亿元，以千分之三的国土面积贡献了全国十分之一的地区生产总值和财税收入；聚集了 3 万多家外商投资企业，世界 500 强企业在此设立的总部、研发中心超过 300 家，进出口总额、实际使用外资占全国的比重均接近 25%，在巩固外贸外资基本盘中发挥了重要作用。

伴随着工业园区的发展，以工业园区为主要载体的工业不动产行业也逐步形成并快速发展，巨大的市场需求成为带动行业快速发展的重要基础，如北京经济技术开发区、杭州经济技术开发区等。工业园区是目前我国各级地方政府最常使用的工业不动产开发模式，同样也是目前我国工业不动产市场的主要载体。

2. 物流园区

物流园区是为满足货物转运、产业发展和居民消费等规模化物流需求，依托区位交通条件，与城市综合功能和产业体系相配套的公共性物流基础设施群，是由统一运营主体管理、众多物流业从业者经营的物流运作集结地，是布局集中、用地节约、企业集聚、经营集约的物流功能集聚区。它主要由分布相对比较集中的物流基础设施以及不同专业化的物流需求和服务企业构成，属于一个空间概念，与工业园区、商务园区等概念一样，是具有产业一致性或相关性且集中连片的物流用地空间。物流园区是物流系统中的核心物流节点设施，国务院发布的《物流业调整和振兴规划》中将“物流园区工程”列为九大重点工程之一。物流功能的相对独立及物流的社会化是经济集约化发展的必然；物流园区的出现可以充分利用现有的物质资源达到规模效应，是物流集约化发展的必然。物流运作的规模化，是在独立、分散的物流资源之上发展物流园区的必要条件。

自 1998 年深圳平湖物流园区开始建设以来，物流园区开始受到各级政府、各相关企业的重视，各地掀起了物流园区建设热潮，不同规模、不同类型的物流园区如雨后春笋般出现。然而，由于发展时间较短、现代物流理念有待深入、相关政策措施不到位等，我国物流园区的运营状况尚不够成熟，还有很多值得完善的地方。例如，物流园区提供的服务种类单一，没有创造高效的附加价值；园区空置率比较高，实际利用效率低下，造成工业土地的闲置和浪费；园区管理和利用的信息化水平不高等，这些都需要随着工业不动产市场的发展而不断进行改进和完善。

3. 商务园区

随着产业转型升级的不断推进，众多的商业园区形成。许多成熟的商务园区项目集成了信息、商务、研发、生产、物流、人力资源、企业管理、资本融通、财务结算、生活休闲等一系列配套服务，不仅给入驻园区的企业带来了方便，同时也增强了园区本身的竞争力。

例如，苏州工业园区通过不断创新发展，深入实施“制造业升级、服务业倍增、科技跨越和生态优化”计划，加快推动经济社会转型升级。在进行商务旅游发展的过程中形成了原创性的“工、商、旅、居”融合发展的模式，其中工业科技是基础，商务是支撑，旅游是平台，居住则为发展提供了动力。“工、商、旅、居”多层次立体化发展模式也为其他地区商务园区的发展提供了良好的借鉴（曹琴，2013）。

二、商业不动产

（一）商业不动产的概念

商业不动产主要是根据不动产用途来进行划分的、用作商业用途的不动产，区别于居住用途的住宅不动产、工业生产用途的工业不动产等，其本质在于商业，而不动产只是载体。商业不动产是指能够出租经营、为投资者带来经营性收入现金流的不动产，又称为经营性物业、收益性物业或投资性物业，商业不动产主要包括酒店、超市、临街商铺、大型住宅项目的商业配套、特色商业街区、商业广场、专业批发市场、购物中心（shopping mall）等用途的房地产（王学东，2004）。这类物业的购买者大多数以投资为目的，从物业出租经营收入和物业升值中获得投资收益，也有一部分的目的是自用、自营。

（二）商业不动产的分类

按照不同的划分标准，商业不动产的细分类型也会有所不同。常见的商业不动产分类主要包括以下几种方式。

（1）按照用途分类，可以分为零售功能物业、办公物业、旅游餐饮酒店物业等（唐瑭，2011）。

（2）按照建筑特征分类，可以分为街区式商业不动产、单体式商业不动产、裙楼式商业不动产和地下商城等。

（3）按所在区位的不同分类，可以分为商业区不动产、住宅区配套不动产和近郊不动产。

（4）按经营模式分类，可以分为销售不动产、出租不动产和租售混合不动产。

在实际的应用中，根据研究或投资的需要，可以选择合适的商业不动产分类（张淼，2013）。

（三）商业不动产的特征

商业不动产从经营模式、功能和用途上区别于住宅不动产、工业不动产等，其开发目的主要是零售、餐饮、娱乐、休闲等经营用途，因此有着自身的特性（张永岳等，2016）。主要包括以下几点。

1. 复杂性

商业不动产的复杂性主要体现在参与主体的多元化（投资者、经营者、运营者、终端消费者和政府）、价值追求的多样化（商业价值、租赁价值、投资价值和开发价值等）、资源整合和价值整合的高度复杂程度（兼具地产、商业和投资三重特性）、经营模式和经营方式的多向选择（出售、出租、统一和分散经营的选择与组合）等方面。此外，还包括商业不动产项目的装修、购物环境的营造，以及为了获得竞争优势而在建筑外观和特色方面的创新，这都增加了商业不动产市场开发的复杂性和难度。

2. 风险性

建设商业不动产周期长，投资量大，如购物中心、商业街等商业设施的规模动辄数十万平方米，要求企业具有雄厚的资金实力或强大的融资能力。同时，投资的回收期也长，周边经济环境、交通状况、人流状况、居住人群乃至政府的政策都会对收益产生极大的影响，增大了投资回报的不确定性。此外，建成后的商业不动产经营状况也会大大影响收益，而且商业不动产的经营一般要经过2～3年的过渡期才能趋于成熟，在这段时间内，商业不动产随时可能会面临调整和亏损。当然，高风险也意味着高收益，相同区位的商业不动产项目售价一般要比住宅不动产高出2～3倍，在某些黄金地段（如商业步行街等），价格可能更高。

3. 专业性

商业不动产开发的利益最终需通过商业经营来实现，因而商业不动产项目不仅涉及建筑形态、功能空间、技术要求和环境配套等地产开发专业内容，还包括产业经济、消费水平、人口数量、市场容量、业态选择、商品定位及商业运营等商业专业知识，要求企业在选址、立项、规划、招商、设计、建设、销售、运营、管理等各个环节上整合人才、资金、技术等资源。

4. 收益性

商业不动产的收益主要来源于租金收入。租金收入的高低主要并不在于售价与建造成本的对比，而是受到多种因素的影响。地段的繁华程度、经营管理模式、商业企业的品牌商誉等都会对租金收入产生影响。同时，商业不动产的收益性还来源于自身物业价值的上升，特别是在一些大都市，如北京、上海、广州、深圳等。

第二节　商业不动产市场

近年来，社会经济的持续发展为商业不动产市场发展创造了无限商机。随着城市化和城市现代化步伐的加快，城市人口的剧增及市民物质文化生活水平的逐步提高进一步加速了商业不动产市场的发展。

一、商业不动产市场的影响因素

1. 经济环境

经济环境主要包含宏观经济环境、微观经济环境、市场环境、金融环境等对区域发展有影响的各类经济因素。一个区域经济环境越好，就越有吸引力，其商业不动产市场就会越活跃。具体而言，以获利为核心的投资者往往会选择经济环境良好的地区，这是因为在这些地区投资机会往往也比较多，且经济的增长势头也使得投资的成功率和回报率相对较高，能够为商业不动产投资和发展提供基本的保障。近些年来，国内经济和商业不动产市场的持续向好，吸引了更多的企业投资。此外，城市内部微观经济环境的差异也能影响商业不动产市场的发展，如城市经济发展水平、城市内关联产业的集聚水平和配套水平等。

2. 城市化发展水平

城市化是城市不断发展的结果，也是历史的必然发展趋势。同时，商业不动产的发展离不开城市发展，随着我国城市化速度的加快，不断扩展的城市规模和数量直接刺激了城市商业不动产的发展。这种影响首先表现在对商业不动产的需求增长，进而促进了规模的扩大；其次，城市化进程中人口聚集的速度加快，城市消费者的需求也将呈多样化发展，进而要求不动产市场逐渐向多元化、国际化和专业化方向发展；再次，商业不动产市场的繁荣也会助推城市发展，提高城市的吸引力，吸引更多的人口和企业向城市集中，进而提高城市化率。由此可以看出，两者互为动力，在城市化发展不断推进的过程中，商业不动产物业增值服务将会更加完善，商业不动产市场也会朝着多元化、个性化、时尚化、分层消费和立体商业模式的方向发展。

3. 政策因素

商业不动产市场的发展会受到有关经济政策的显著影响。从政府行为角度来看，制定的政策会对商业不动产市场投资产生推动或抑制作用。如果地方政府制定的政策是鼓励投资，则会诱导和促使商业不动产投资的增加；反之，如果地方政府对投资作出了限制，则会降低地区的投资，限制商业不动产市场的发展。同时，从投资商和个人角度来看，政府鼓励投资的政策会提升对商业不动产市场的预期，投资商和个人均会看好未来的前景，促使商业不动产市场升温。此外，从住宅不动产市场政策调控的角度来看，不动产调控政策也会影响商业不动产市场的发展，严厉的购房调控政策会引导资金流入商业不动产市场。近些年来，国家频繁出台调控政策，“国八条”“国六条”“国十条”等一系列的政策出台，使得传统住宅业受到挤压。同时，在“房子是用来住的”“居者有其屋”等思想的统领下，住宅不动产市场调控将会常态化发展，住宅不动产销售出现明显放缓，这样商业不动产市场或许会成为资金的流入口，促进其发展。

4. 居民生活水平

消费和购买力是商业不动产市场发展的基础和支撑。居民生活水平直接影响其购买力，从而对商业尤其是零售业的需求产生影响，这就必然会影响商业不动产市场的需求。随着国民经济的发展，人们的生活水平逐渐提高，可支配收入也以较快的速度增长，从而带动商业不动产市场的发展，表现为商业不动产投资额的快速增加。

二、我国商业不动产市场的发展

1. 商业不动产发展概述

商业不动产是与住宅不动产一同起步发展的，在我国经历了三种形态的发展：线性商业、商办综合楼和城市综合体。

线性商业是发展的初级阶段，这种形态的商业不动产主要呈直线型布局，功能比较单一；商办综合楼是发展的第二个阶段，也称为中级阶段，这种形态的商业不动产呈块状分布，通常为商业和办公两种功能的集合。目前，已经进入商业不动产市场发展的高级阶段，即城市综合体，这种形态的商业不动产呈综合立体布局，集商业、办公、酒店、住宅、旅游、会展、交通、文化等功能于一体，如上海的环球金融中心、长沙的万达商业广场、日本东京的六本木等。2009年以来，国内许多大型房地产企业纷纷加快了布局全国商业不动产市场的步伐。保利地产在广州和佛山获得的大宗地块中包含大量商业用地；中国商业地产开发领军企业——大连万达集团以11.22亿元的底价竞得广州白云新城四幅商业地块，开始将“万达广场”这一商业不动产的系列品牌推向珠三角地区；中粮集团宣布其在全国700亿的“造城”计划，并将“大悦城”这一系列商业项目布局至全国20余个大中城市；另外，万科集团调整发展战略，对外公布加大持有型物业的储备，逐步涉入国内商业不动产市场（王莹和唐晓灵，2010）。由此可以看出，随着中央及地方针对住宅市场的调控政策的持续升级，不少房地产企业、信托公司、基金公司开始将资金从住宅市场转移到商业不动产市场，商业物业建设遍地开花、如火如荼，成为房地产市场增长的新热点。根据国家统计局公布的2011年数据，在投资额同比增长率、施工面积同比增长率、新开工面积增长率等重要指标方面，商业营业用房的表现皆强于住宅。2010年和2011年全国商业地产开发投资额同比增长率都超过了30%，2010年后商业地产开发投资占房地产开发投资总额的比重也一直在稳步上升（高文晔，2017）。

商业不动产市场的快速发展是改革开放以来我国经济高速增长到一定阶段的产物，代表了人们的消费能力、消费观念及消费方式进步的趋向，尤其是零售业空前活跃繁荣的局面，为商业不动产的发展提供了广阔的市场空间。商业与不动产的有机耦合创造了最活跃的商业不动产投资市场，能为开发企业获得长期稳定的收益，这种收益往往包括持续性收益、增值性收益和溢价性收益，因此很多房地产企业纷纷进入商业不动产领域。例如，珠江地产全面启动进军商业地产发展战略，富力地产在北京开发中央商务区（central business district，CBD）商业长廊作为进军商业地产的试金石，等等。此外，商业不动产也已成为城市经营和发展、产业结构调整的重要手段，不仅能够集聚人流、带动消费、拉动GDP、塑造城市形象、推动旅游发展，还能带动服务业的发展，拉动就业。

2. 典型的商业不动产企业发展简介——大连万达集团

大连万达集团创立于1988年，已发展成为以现代服务业为主的大型企业集团，旗下包括商管集团、文旅集团、投资集团，其中商业中心及影视、体育、儿童产业等处于世界行业领先地位。万达商业管理集团是全球领先的商业运营管理企业，其运营的典型代表就是万达广场。万达投资集团是我国领先的大型文化旅游、城市综合体投资企业，在全国投资开发万达广场、万达酒店、万达文旅城、万达小镇和住宅项目。截至2021年底，全国累计开业万达广场419座、万达酒店90个、万达影城790家、万达宝贝王乐园340家。

万达商业地产公司拥有全国唯一的商业规划研究院、全国性的商业地产建设团队、全国性的商业管理公司，形成了完整的商业地产产业链。

万达在商业地产领域以实力决定“市力”作为发展理想与操作模式，以“订单地产”作为开发模式，以城市运营为契机，深入我国各大城市，在成熟的市中心大举城市再造，重塑城市形象。万达在商业地产领域的开发模式创新为新城市计划装备了强大的助力系统，依托万达集团强大的经济实力，全国各大城市投资建设的“万达商业广场”均位于城市黄金地段，拥有一流的购物休闲环境。同时，万达集团在选择战略合作伙伴时有极高的标准，现已与不同业态的世界500强商业连锁企业、亚洲超一流企业、国内行业第一企业合作，建立了广泛而深入的战略合作关系。其中，国外的合作企业如美国沃尔玛、美国时代华纳、德国欧倍德、美国百胜、英国百安居、新加坡大食代、法国家乐福等，国内的合作企业如上海红星美凯龙、台湾特力和乐等。

三、商业不动产市场的运营模式

商业不动产的运营主体包括不动产开发商、商业运营商和资本运营商。在商业不动产的整体运营中，商业是核心，项目的成功与否最终取决于商业运营的成功与否（王莹和唐晓灵，2010）：不动产开发是基础和表现，否则附着其上的商业运营则成了无源之水、无本之木；资本运营是核心和目的，商业不动产运营的各个环节都需要与资本运营实现耦合，并且任何商业不动产项目都是以良性的资本运营为最终目的。在实践中，有如下两种常见的商业不动产运营模式。

1. 不动产开发商占主导地位

不动产开发商占主导地位，是指不动产开发商除了完成不动产的开发建设外，还参与项目选址、商业运营商的选择，并主导整个运营过程的资本运营。

从功能来讲，不动产开发是商业不动产运营的基础和表现。不动产开发商具有资金雄厚、熟悉项目开发流程的优势，但不动产开发是阶段性行为，而商业不动产运营是长期性行为，因而从这个角度来看，不动产开发商并不适合在整个运营中占主导地位。然而，商业不动产运营中的不动产开发具有项目建设周期长、投资大的特点，以不动产耦合商业，使商业运营和不动产开发有机结合，能实现商业的持续经营和稳定增长。万达模式是不动产开发商占主导地位的商业不动产运营模式的典型代表，其创新性和优势在于，不动产开发商充分发挥自身领域的优势，通过模块化的标准开发大大降低项目建设成本和周期；通过耦合大型商业，实现商业不动产运营的内在逻辑流程；在资本运作上，也不仅仅局限于短期销售模式，而是以不动产为载体实现资本运作。通过不动产这一载体，以收取租金的形式，实现资本运营和商业运营的有效整合。

2. 商业运营商占主导地位

商业运营商占主导地位，是指商业运营商除了完成商业运营外，还参与不动产开发（主要包括商业选址、设计等），并主导整个运营过程的资本运营。商业不动产运营的核心就是商业，无论不动产开发还是资本运营，最终的盈利都需要通过商业运营来体现。商业运营商通过主导项目选址和前期规划，为后期商业运营的成功提供良好基础。这种资产运营和商业运营的结合，在以商业不动产为载体的基础上，拓宽了商业物业资产运营渠道和手段。

四、商业不动产市场的投资模式

国内商业不动产投资目前已经成为市场关注的热点，在当前市场上主要存在商业不动产的出租和出售两种类型的经营方式，因而所对应的投资模式也存在差异。

1. 出租类商业不动产投资

一般情况下，出租类投资在商业不动产市场相当普遍，几乎涵盖了整个商业不动产市场，如超市、家居、百货类、商业街类、娱乐餐饮类等。由于该类不动产以出租为唯一模式，这就意味着开发商需要有足够的资金，才能将项目建设完成并投入运营，然后依靠租金收回投资、获得利润。假如不能解决项目建设、招商及运营初期所需要的资金，那么此类项目是基本不可行的。

2. 出售类商业不动产投资

出售类商业不动产投资多数集中在餐饮类、品类商品市场、建筑底商、商业街等。这类不动产以铺面出售为特点，这样可以大大缓解开发商的资金压力，降低项目开发的资金门槛，有利于项目开发运作。如果委托专业营销公司运作、销售和推广，往往可以取得较好的业绩。从市场角度来看，出售类商业不动产投资热度很高，特别是商业街、底层商铺和热卖商品市场的铺面出售率极高，只不过一般购买此类商铺投资和投机的成分较多，买家随后往往扮演出租人的角色，极少直接参与商铺经营。此类铺面的单位售价多数都远远超过住宅、公寓售价。目前来看，出售类商业不动产投资占商业不动产市场份额的比例相对比较低（王鹏，2013）。

五、商业不动产市场的典型业态——零售商铺不动产

（一）零售商铺不动产的概念及分类

零售商铺不动产是经营者为顾客提供商品交易、服务及感受体验的场所。零售商铺不动产作为交易的场所，从百货、超市、专卖店到汽车销售店，规模不等。零售商铺可以作为提供服务的场所，如餐饮设施、美容美发店等；零售商铺还可以作为提供感受体

验的场所，如电影城、KTV 等。消费者在这类零售商铺物业中充分享受经营者创造的特别的情景设施、氛围，并从中得到满足，而经营者在此过程中实现收益。

在我国，零售商铺不动产是被零售商用来销售商品或提供服务的物业。中华人民共和国国家标准《零售业态分类》（GB/T 18106—2021）中，零售业态主要分为有店铺零售和无店铺零售两大类，其中有店铺零售细分为便利店、超市、折扣店、仓储会员店、百货店、购物中心、专业店、品牌专卖店、集合店、无人值守商店等 10 种零售业态，零售商铺是承载这些业态的不动产设施。在不动产开发与投资中，商铺物业常常被理解为狭义的商业不动产或商业地产。

（二）零售商铺不动产市场的特征

零售商铺不动产市场具有如下特征（张东祥等，2009）。

1. 零售商铺种类繁多

零售商铺根据面积大小不同，可分为小型商场（30～50m^2）、中型商场（100～200m^2）、中大型商场（200～1000m^2）、大型商场（1000～50000m^2）、超大型商场（50000～100000m^2）。从建筑外形方面来看，零售商铺也有很多不同的类型，如裙房式商场、独立式商场、高层写字楼或酒店中的商场、地下商场、多层带中庭的商场、多层不带中庭的封闭式商场等。此外，还有根据经营方式不同、所属区域不同等划分的不同种类的零售商铺不动产物业。这些种类繁多的零售商铺具有不同的特点，由于人们的购买习惯、对价格的要求或消费层次的不同，对零售商铺物业的要求也会不同。消费者的要求不同，也使得零售商铺物业在开发过程中的选址、规划、设计及空间布局呈现出不同的特色。

2. 投资需求比重大

作为不动产的重要组成部分，零售商铺不动产一般比住宅的价格要高。从发展潜力来看，其具有增值性、投资回报率高的特点。正因如此，零售商铺深受投资者的喜爱，因此在零售商铺的需求中，投资需求比重大。

3. 对区位敏感程度高

零售商铺的需求属于一种引致需求，是由人们为获得经营商业不动产收益而引起的对其物业的间接需求。对零售商铺的需求实质上是从消费者对商品的直接需求中派生出来的，因此区位的好坏直接影响其对消费者的吸引力。所以，零售商铺对区位的敏感程度很高。在区位因素中，交通通达程度、商业繁华程度、客流量、辐射地域大小、人口密度及顾客的经济收入等对零售商铺市场的影响最大。

商业集聚中心区（如城市 CBD、步行街等）商品繁多，服务项目齐全，可供选择的余地大，具有很大的吸引力，因而客流量就大，也就意味着商家的收益多、利润高；交通通达程度越好、越便捷，吸引消费者来消费的概率也就越大，反过来说，消费者前去消费的意愿也就越高。

4. 招商对租售影响大

零售商铺与住宅不动产的消费环节不同，住宅在销售完并被购买者装修好后即进入消费的最终模式，而零售商铺在销售完后，需要进入招商和经营环节，因此招商对零售商铺的租售工作影响很大。如果能引进消费者认可的品牌零售商，会增加该零售商铺的人气，从而增强人们对项目未来的预期，加快物业的销售进度。

（三）零售商铺不动产市场的主要运营模式

不动产开发商占主导地位是我国现阶段商业不动产运营的一个显著的特点。目前主要表现为以下几种具体运营模式（王莹和唐晓灵，2010）。

1. 只租不售

只租不售模式是指物业建成后形成独立产权，通过招商合作，以租金作为主要收入来源的运营模式，有利于统一的经营与管理。零售商铺以出租作为唯一运营模式时，项目可行的前提是开发商必须具有足够的资金实力，以使该项目建设完成并投入运营。采用只租不售模式时，项目的规划、建设、招商、经营管理等都是专业性极强的工作，因此开发商应该具备经营商的管理能力。出租模式主要有整体租赁和拆分租赁两种，其中整体租赁是开发商将物业整体出租给一家企业，由该企业进行规划与经营，开发商向企业收取约定的租金，商场的具体经营与管理由企业自行负责；而拆分租赁的规划设计、经营管理都应统一运作，从而使其潜在运营风险通过规划、加大招商力度等手段得到合理的规避。

2. 纯销售模式

纯销售模式又称为拆零销售，是指企业为了快速变现，实现资金回笼，将整个商业不动产分解并分别出售给若干中小业主，目前也是我国中小型商铺物业开发商的重要选择方式。这种模式的优势在于开发商能够尽快收回投资，实现短期利润最大化。但是如果后期经营不力、投资者和经营者的资金链断裂，会对零售商铺造成不利影响，制约物业的长远发展。因此，大多数开发商在选择纯销售模式时，不仅要关注销售情况，还应在后期加强招商、经营、管理力度，真正让投资者得到回报，实现零售商铺的持续经营，不断提升其内在价值。

3. 租售结合模式

租售结合模式是指开发商出售一部分零售商铺物业，剩余部分采取出租经营，以获得后期的运营利润。通过将物业分为销售和租赁两部分，吸引具有较高知名度的商业企业作为主力租户进驻来提高物业的知名度，并同步促进物业的销售。也就是说，以“租”提高知名度，以“售”加快开发商的资金回笼速度。其中最为典型的就是万达模式，其特点是房地产开发商占主导地位，和众多国际、国内一流的主力商家签订联合发展协议，借助其品牌效应，提高该零售商铺物业的地产价值。在万达模式下，零售商铺开发商能够充分发挥自身优势，通过规模效益降低项目建设成本。

4. 售后回租模式

售后回租模式是指开发商将商铺分割成若干部分进行销售，然后再以一定的投资回报将售出的商铺租回，整体交给发展商或者第三方公司，进行统一经营管理。这种模式一方面可以通过销售零售商铺快速收回资金，另一方面可以获得物业的经营利润。但是，如果对零售商铺经营风险估计错误，开发商在销售时承诺的回报率较高，一旦经营不善，将会给投资者带来损失，企业自身信誉也将受到损害。

第三节　工业不动产市场

工业不动产作为一种新兴的集约节约发展模式，促进产业集群的同时也为工业地产商带来了巨大的发展机遇。由于进入门槛较商业不动产低，加上相对便宜的土地价格优势，工业不动产的需求逐渐旺盛，吸引着更多的资金流入，日益成为新的投资热点。随着市场的发展和不断完善，工业不动产的投资环境逐步改善，工业不动产市场也逐渐升温，取得了阶段性的成果。截至 2024 年 8 月 31 日，中国制造业企业总量为 603 万家，与 2023 年相比，增长 5.53%。这些都推动着工业不动产市场的发展。

一、工业不动产市场的特点

现阶段，我国工业不动产市场有如下两个特点。

1. 工业用地的市场化

转型时期我国经济制度的特征之一就是激烈地进行“县际竞争”，如何加大地方招商引资，提升地方 GDP 收入是主要的竞争方向。在中国现行的财政预算体制下，地方之间的竞争主要依靠地方政府提供廉价或者免费的工业用地，以及优惠的政策等手段来吸引外来投资，因此在工业不动产市场中，行政划拨和协议出让长期占据了主要的地位。近年来，这种非市场化的配置方式导致了工业土地的浪费和低效利用，市场资源错配成本逐渐显现和上升。2006 年，《国务院关于加强土地调控有关问题的通知》提出“工业用地必须采用招标拍卖挂牌方式出让”，之后国家又相继出台了一系列法律法规来提高工业用地市场的竞争性和透明度，减少行政因素在土地出让过程中的干预程度。在此过程中，工业用地市场逐步步入正轨（赵爱栋等，2016）。工业用地的价格实行市场化，有利于提高工业不动产行业的透明度，同时也让工业用地的价值逐渐实现回归。例如，2012 年第二季度全国主要监测城市地价总体水平为 3069 元/m^2，同比增长 2.33%；商服、住宅、工业地价分别为 5728 元/m^2、4522 元/m^2、659 元/m^2，同比增长率分别为 3.93%、1.77%、2.27%。另外，工业用地市场化运作缩短了获得土地使用权的周期，提高了土地利用效率，打破了政府垄断工业用地的格局，使得民企、外企都可以参与园区土地一级、二级市场开发。

2. 产业园区的配套环境得到极大改善

在工业不动产市场发展初期，以开发工业园区为主，而且存在开发水平较低、重复建设、土地闲置浪费等问题。随着我国产业转型升级，国家“中国制造 2025”战略实施，中高端制造业、服务业得到迅速发展，同时入驻企业职工对工作环境的需求也不再局限于单一的生产需求或钢筋水泥式的办公楼，而是对生态环境、休闲娱乐、商业等相关设施的更高要求。近几年，我国不动产市场开始朝着园区综合化建设方向发展，生活配套设施不断完善，开始实现产业与城市相融、工作与居住一体化。

二、工业不动产的开发模式

工业不动产的开发模式可以概括为以下几种（刘伟，2008）。

1. 工业园区开发模式

工业园区开发模式是目前我国最常见的工业不动产开发模式，也是目前工业不动产市场的主要载体。在很大程度上，工业园区开发模式由政府主导，是基于区域经济建设、社会发展、百姓就业等各种因素综合考虑而设置的。同时，通过创造相关产业政策支持、税收优惠等条件营造园区独特的优势，然后通过招商引资、土地出让等方式引进符合相关条件的工业发展项目。在城市的发展中，工业园区是一个地区国内外经济的交会点，具有良好的辐射、示范和带动作用，能强有力地推动区域经济发展。

2. 优势企业引导模式

优势企业引导模式一般是指在某个产业领域具有强大的综合实力的企业，为实现企业自身更好的发展与获得更大的利益价值，通过获取大量的工业土地，营造一个相对独立的工业园区；在自身企业入驻且占主导的前提下，借助企业在产业中的强大凝聚力与号召力，通过土地出让、相互租售等方式引进其他同类企业的集聚，实现整个产业链的打造与完善。这种开发模式不仅可以有效避免园区在功能上不健全或者重复发展，还能有效避免在某一功能上的过度竞争。当然，这种开发模式必须要在政府的有效引导与监管下进行。

例如，上海金山的上海石化工业园区在上海石化龙头企业的带动下，进行了相关行业的整合与聚集，完善了整个产业链，为实现金山“大石化战略”发展目标奠定了坚实的基础。

3. 工业地产商模式

工业地产商模式是指房地产投资开发企业首先在工业园区内或其他地方获取工业土地项目，进行项目的道路、绿化等基础设施建设乃至厂房、仓库等房产项目的营建，其次以租赁、转让或合资、合作经营的方式进行项目相关设施的经营、管理，最后获取利润。例如，全球最大的工业房地产开发商——普洛斯，它管理的总物业面积已超过 2700 万 m^2。

4. 综合运作模式

综合运作模式也就是上述三种模式的综合运用，这也是未来工业不动产市场的发展方向。不过，由于单个开发主体的实力限制，多采用多种力量综合的开发模式。因此此类开发模式具有开发主体多样化的特征，属于多主体共同开发。

三、工业不动产的盈利模式

工业不动产的盈利模式可以总结为如下几种（王晗，2016）。

1. 土地一级开发带来的土地溢价

工业不动产开发商通过土地出让等方式获得土地后，不进行实质性的厂房建设等项目开发，只是进行项目的形象包装和概念推介，将购买的全部土地或者部分土地转让给其他专业工业地产商或工业地产投资基金等。在此过程中，扣除土地出让金和土地一级开发等成本后，获得土地开发剩余收益。例如，美国普洛斯在苏州工业园区投资开发苏州普洛斯物流园。

2. 项目开发与经营收益

工业不动产开发商在购买的土地上建设厂房、科研基地、综合行政楼、生活配套设施、商业配套设施、管理配套设施等，然后将产品或服务通过多种形式转移给终端目标客户，从而获得项目开发与经营收益。

3. 定制开发收益

工业不动产开发商按企业对工业厂房的层高、承重、面积等非标准及特殊生产需求量身建设工业厂房，以此获得量身定制开发收益。不过，购买和承租的工业厂房目前主要是标准厂房，在我国多为高新技术产业用房。

4. 运营管理服务性收益

工业不动产开发商通过为入驻企业提供物业管理、设施维修、法律咨询、人力资源培训、注册登记咨询、科技保险服务等各类企业运营管理方面的服务，获得运营管理服务性收益。

5. 合资合作经营收益

工业不动产开发商在运营工业物业时，可以通过资金、土地、技术、厂房、人才等方式与入驻的企业进行合作，以此获得合资合作经营收益。

6. 增值服务收益

工业不动产开发商通过设立孵化器、金融服务平台、智慧产权交易平台、电商平台等为入驻企业提供各种增值服务，取得增值服务收益。

7. 产业相关的增值收益

将项目内同一产业企业或者产业链上下游相关企业、服务业高度集中在一起，促进企业在区域内的分工与合作，降低企业生产成本，实现规模经济效益。

复习思考题

[1] 工业不动产的概念是什么？
[2] 工业不动产的特点包括哪些？
[3] 商业不动产的概念是什么？
[4] 商业不动产的特征有哪些？
[5] 商业不动产市场的影响因素有哪些？
[6] 商业不动产市场的投资模式有哪些？
[7] 工业不动产的开发模式及盈利模式有哪些？

参考文献

曹琴. 2013. 苏州工业园区商务旅游的成功实践及其示范价值研究. 上海：复旦大学硕士学位论文.
高文晔. 2017. 城市商业地产投资环境竞争力研究——基于我国35个大中城市的面板数据. 上海：华东师范大学硕士学位论文.
季胜武，季波. 2017. 县级产业园区工业地产发展可行性和实践路径分析——以浙江仙居经济开发区为例. 上海国土资源，38（4）：38-41.
姜科. 2011. 工业地产企业运营模式研究. 成都：西华大学硕士学位论文.
刘伟. 2008. 工业地产运营模式研究——以TCL集团西丽项目为例. 上海：复旦大学硕士学位论文.
唐瑭. 2011. 商业地产开发市场定位影响因素及评价研究. 成都：四川农业大学硕士学位论文.
王晗. 2016. 鑫茂齐鲁科技城工业地产项目营销策略研究. 济南：山东财经大学硕士学位论文.
王鹏. 2013. 城市商业房地产市场主体之间的利益均衡博弈研究. 长春：吉林大学博士学位论文.
王学东. 2004. 商业房地产投融资与运营管理. 北京：清华大学出版社.
王莹，唐晓灵. 2010. 房地产经济学. 西安：西安交通大学出版社.
张东祥，肖丽群，朱锦，等. 2009. 房地产市场分析理论与实务. 北京：中国经济出版社.
张淼. 2013. 商业地产项目定位研究. 重庆：重庆大学硕士学位论文.
张永岳，谢福泉，胡金星，等. 2016. 房地产市场与上海经济发展. 上海：上海交通大学出版社.
赵爱栋，马贤磊，曲福田，等. 2016. 基于资源价值显化视角的中国工业用地市场发育水平及其影响因素. 资源科学，38（2）：217-227.

第六章　农村与矿业不动产市场

第一节　农村不动产市场

一、农用地市场

（一）农用地市场概况

农村土地是农村发展的根本。2006 年，中央“一号文件”明确提出建设社会主义新农村的战略目标。自此，新农村建设正式成为新时期寻求中国现代化进程中日益凸显的“三农”问题解决方案的关键路径，以及统筹城乡协调发展、构建和谐社会宏伟目标的战略部署。农业与农村发展问题具有系统性、动态性、差异性和不确定性特征。农业是全面建成小康社会和实现现代化的基础，农业发展是农村发展的经济支撑，也是解决“三农”问题的核心之一。20 世纪 80 年代以来，随着全球化、信息化的快速发展，学术界和政界把更多的目光投向城市，而相对忽视了农村的发展。然而，从城乡系统出发，农村发展对于城市与区域经济的发展起着至关重要的作用。在我国经济发展进入新常态的形势下，农业与农村发展是保持未来较长时期经济中高速增长的最深厚的底蕴。近年来农村发展在我国广大地区取得了巨大的成就，表现出新的发展态势和特点。但是，农村土地空心化和人口过疏化现象不断加剧，耕地资源浪费严重。为了保证土地的不浪费和提高资源的利用效率，需要将土地以合法的方式转移到从事农业生产的组织或个人手中。同时，农业的发展方式和生产方式的转变，需要满足现代农业市场化、规模化、集约化的要求，也需要农业土地向有生产能力和先进生产技术的企业、组织、农民等主体转移，而现今还存在很多制约农业与农村发展的因素。为此，农村土地制度改革、农村土地产权制度改革、农村土地市场建立等成为时下讨论的热点。

农用地即农业用地，是直接或间接为农业生产所利用的土地。按照《中华人民共和国土地管理法》（简称《土地管理法》）的规定，农用地是指用于农业生产的土地，包括耕地、林地、草地、农田水利用地、养殖水面等。农用地作为人类赖以生存的资源，为人们提供最基本的生活保障，近些年我国越来越注重对农用地的保护和农业经济的发展。

从流转模式上看，农用地流转包括农用地所有权流转和农用地使用权流转：农用地所有权流转是指农村土地的利用由低效低值向高效高值的转化；农用地使用权流转是指农村家庭承包的土地通过合法的形式，保留承包权，将经营权或使用权转让给其他农户或其他经济组织的行为，是农村经济发展到一定阶段的产物。学者对农用地流转的态度也存在很大差异：一部分人可能高估农用地流转给农民带来的风险，因而提出限制有实力的企业进入农用地流转市场；另一部分人则忽视农用地流转市场的特殊性和风险性，因而在实践中违背国家合法自愿有偿流转农用地的有关规定（李国祥，2012）。然而不管以何种态度对待农用地的流转，农用地流转已经成为农村经济发展的必然。所以，需要因势利导，不能盲目压抑，更不能放任不管。为此，需要建立农用地市场并采取相关配套措施，保证农用地流转顺利进行，使其成为农村经济发展的助力。

农用地市场，即农用地流转市场。农用地所有权流转在我国是受到严格限制的，所以本书所述的农用地流转市场单指农用地使用权流转市场。农用地市场具有不动产市场的一般特性，即农用地不动产交换的场所和领域，也是农用地不动产一切交换或流通关系的总和。农用地市场是由市场主体、客体、价格、运行机制等一系列要素构成的一个有机整体，同时也有区别于其他不动产市场的特点。家庭联产承包责任制下农地资源的配置主要是借助行政手段进行的，市场机制并没有发挥应有的作用，人们在保护农户家庭经营主体地位不变的前提下，创造了许多新的经营方式，成为农用地市场雏形的构成要素和建立基础（王雄，2012）。现今虽然对农用地市场的研究如火如荼，部分农村的农用地交易也在广泛进行，但依然没能改变“我国还没有建立起与城市土地市场同等性质的农村土地市场”的事实。

（二）农用地市场的原则

1. 两权分离原则

农用地市场必须坚持所有权和使用权相分离的原则。所有权属于国家和集体，农民只拥有使用权，流转也只能是使用权的流转。因此，我国建立的只能是土地使用权有偿、有限期、可流动的使用权市场，以此使农村集体土地所有权在经济上得到实现。

2. 最佳效益原则

建立农用地市场的目的，就是要优化农用地资源的配置，获得最佳的社会、经济和生态效益，即体现为“三大效益”的统一。农用地市场和土地市场配置资源时指导思想一致，即“在配置过程中既要考虑土地的资源功能，又要考虑土地的资产功能，统筹兼顾眼前利益和长远利益，满足不同产业发展对土地资源的要求，促使土地流转的效益达到最大化”。农用地市场同样是为了满足农民、农业企业、农村经济体等农用地应用主体对农用地的需求而建立的，其目的就是获得最佳效益，实现农村发展、农业增收、农民富裕的目标。

3. 市场机制和国家宏观调控相结合原则

市场机制是农用地市场的主要运行机制，但单纯依靠市场机制不可能达到“农用地市场有效运转、土地资源优化配置”的目标，市场机制运行本身存在一定的局限性，再加上农户家庭在市场机制作用下对农用地市场运转原则与目标的实践常出现不一致性和矛盾性，导致农用地流转的无序性、不规范性。因此，必须加强对农用地流转市场的宏观调控，为农用地流转市场创造良好的外部环境。

4. 坚持家庭联产承包责任制原则

稳定土地承包关系是从实践中证明我国走向农业现代化过程中符合国情的、有中国特色的农业发展模式。当前，土地仍然是农民收入的主要来源和谋生的主要手段，更是农民的最大社会保障。因此，必须进一步稳定和完善土地承包关系，进一步明晰土地使用权的产权界定，把土地使用权流转的决策权界定给农民，这样农户才能成为土地使用权流转的主体，拥有土地的长期使用权，克服短期经济行为，并保护好耕地，走可持续发展道路。

5. 耕地保护原则

保护耕地和可持续利用已成为全球性的重要问题，我国可利用土地资源和耕地资源总量有限，人均数量更是不足。因此，农用地市场流转绝不能放松对耕地的保护和土地资源持续利用，不得擅自改变集体土地农业用途，不得无故弃耕抛荒、破坏地力，在保证耕地总量与质量动态平衡的前提下，实现土地资源持续利用。

6. 分类指导原则

对具备条件、农民自愿要求的农用地流转，要予以支持和保护，包括提供信息、减少交易成本等；对不具备条件的，尤其是农民没有要求的地区，推进农用地流转一定要慎重，绝不能违背农民的意愿，侵犯农民的利益。无论是政府还是社区，只能因势利导，绝不能越俎代庖。同时，对不同的农用地，其交易形式、交易手段、管理调控都应有所区别（王小映，2005）。因此，在对土地市场进行调控时，不能搞一刀切，必须因地制宜、分类指导。

（三）农用地市场分类

农用地市场也是由一系列子市场构成的体系，对农用地市场进行分类时采用的分类标准不同，子市场的分类也就存在差异。本书主要从生活和生产中应用比较多的几个方面来介绍农用地市场，通过对这几类市场的分析，了解农用地市场的基本构成和运行原理。除此之外，也可按照农用地市场的构成要素、区域服务范围、农用地流转形式（转包、互换、转让、入股和抵押等）等标准对农用地市场进行分类，这里就不一一叙述。

1. 按交易对象划分

农用地一级土地使用权流转市场，即农用地使用权的出让市场。在这个市场中，农村集体经济组织是唯一的供给方，而众多的需求方为有转让土地意愿的一些农户、业主、工商企业等。对农用地流转的一级市场来说，农村集体经济组织作为集体土地的产权代表，是唯一的市场出让主体，其他任何政府、村或村民小组都不能成为一级土地市场的出让主体。农用地二级土地使用权流转市场，也就是农用地使用权的转让市场，即农用地一级市场的土地使用权受让者将剩余年限的土地使用权让于其他农用地使用者而形成的市场，其交易形式包括转包、转让、互换、租赁、土地使用权入股等。农用地流转的二级市场是农用地使用者之间的市场，是当前发展中的重点，其转让主体大多是农户，它是一种竞争性市场，有众多的供地者和承包者。因此，对二级市场来说，最主要的是使农户的供地意愿和承包户的有效需求有机结合起来，以实现农用地的流转；对于政府来说，则要加强对供需双方的监督管理，并提供相应的服务。

2. 按实际用途划分

农业生产的土地包括耕地、园地、林地、草地及其他农用地，所以农用地市场也应当相应地包括这几类。本书主要研究耕地、林地、草地不动产市场。

1）耕地不动产市场

耕地，指种植农作物的土地，包括水田、水浇地、旱地等。耕地不动产以耕地流转为特征，研究耕地不动产市场就必须先研究耕地流转。

农村耕地流转制度的诞生和确立主要基于两个方面的考量：①确保粮食安全，为现代化建设保驾护航。在工业化、城镇化快速发展的背景之下，大量的农民离开土地进城务工，从农业生产转入工业建设，致使农村的耕地因无人耕种而大量闲置、荒废。与此同时，仍然留在农村种地的农民则以老年人和妇女为主，耕种方式落后、生产效率低下等问题普遍存在。耕地荒芜、生产低效等问题长期持续下去，势必威胁到国家的粮食安全和现代化建设。②耕地流转制度的确立也有着增加农民收入的考量。近些年，粮食价格增长缓慢，而种粮的成本却快速上升，种粮的投入产出比趋于平衡。农民家庭如果想单纯依靠种地来发家致富，已经不太可能。在大批农民进城务工的背景下，如果将家中闲置的耕地流转给市场，那么农民家庭在务工性收入之外也可以获得一些额外的收入（徐向文，2015）。

通过推行耕地流转，大量被长期闲置、荒废的耕地得到重新利用。同时，耕地集约化、规模化经营不仅节约了生产成本，更极大提高了生产效率。就此来讲，耕地流转制度的确立无疑是在新形势下，国家顺应经济社会发展趋势所采取的一项利国利民的举措。从表 6-1 中可以大致了解到我国的耕地流转发展过程。

表 6-1　耕地流转发展过程

年份	特点或制度	内容
20 世纪 80 年代初	民间自发的耕地流转行为	农民将自家闲置的部分耕地私下里转包给自己的亲戚、邻居、朋友耕种，一般仅限于口头约定，无明确的书面合同，同时这种转包关系也基本局限于熟人之间
80 年代后期特别是 90 年代初	收取适当的金钱或者粮食作为报酬 开始出现了地方性的、有组织的土地流转试验并尝试采取出租、转让、互换等多种形式	1987 年，国务院曾批准北京顺义，广东南海，江苏无锡、吴县、常熟及浙江温州等地，就土地适度规模经营开展因地制宜的试点和试验 山东平度采取了“两田制”模式；苏南地区和北京顺义采用村办（集体）农场模式；广东南海则采用股份合作的规模经营模式
2012 年	在国务院、农业部等中央部门的统一协调下有规划、有选择、有层次地展开	确定了全国 33 个县（市、区）作为国家农村土地承包经营权流转规范化管理和服务试点地区，范围已经涉及全国绝大多数的省、自治区、直辖市
2014 年	《关于引导农村土地经营权有序流转发展农业适度规模经营的意见》 《关于全面深化农村改革加快推进农业现代化的若干意见》	耕地流转制度自此开始在全国范围内推行稳定农村土地承包关系并保持长久不变，在坚持和完善最严格的耕地保护制度的前提下，赋予农民对承包地占有、使用、收益、流转及承包经营权的抵押、担保权能。在落实农村土地集体所有权的基础上，稳定农户承包权、放活土地经营权，允许承包土地的经营权向金融机构抵押融资

耕地流转制度的发展过程也是耕地不动产市场探索和逐步建立的过程，耕地流转的市场化也是耕地不动产的市场化。研究和实践表明，耕地流转的市场化应当是适度的、有条件的市场化。众所周知，市场的主体是企业，市场交易的目的是获利，而耕地、农业、粮食这些要素如果完全被市场操控，则极易危及国家的粮食安全与现代化建设的根基。换句话讲，关系到国计民生、民族命脉的东西不能完全市场化，市场并不能自然而然地解决一切问题（徐向文，2015）。耕地流转市场化的实质是将农民手里的耕地使用权放入市场进行交易，但是在当前阶段，农民尚且缺乏足够的与资本市场进行独立博弈的能力。这也从侧面反映出现阶段我国耕地不动产市场的一大特征——政府主导。造成这一结果，不仅是因为耕地资源保护和粮食安全对于中国这个人口大国的特殊意义，也是因为新常态下农村经济发展方式转型和农村土地市场机制不完善的现实需要。

2）林地不动产市场

林地是土地的重要组成部分，是一种重要的生产要素。林地指生长乔木、竹类、灌木的土地，以及沿海生长红树林的土地，包括乔木林地、竹林地、红树林地、森林沼泽、灌木林地、灌丛沼泽、其他林地。同样，研究林地不动产市场，也要先研究林地流转，林地流转是指在不改变林地所有权和林地用途的前提下，按一定程序，通过招标、拍卖、协议等方式，有偿或无偿地由一方转让给另一方的行为。依照我国现行立法，林地所有权属于国家和集体，不能进入市场流通领域进行流转。因此，林地的流转即指林地使用权的流转和林地承包经营权的流转。

林地不动产市场的特点如下。

（1）林地流转规模相对较大，市场活动分布范围较广，但分布十分不均。林地流转规模是衡量林地市场状况的一个重要指标。林地流转经过多年的发展，从总体上来看，其总规模较大，同时也从侧面反映出林地市场的发展程度。从林地流转活动的范围上看，市场活动分布范围广，但各地区林地产权变动数量分布十分不均匀。在集体林地流转方面，一般发达地区林地流转比较多，欠发达地区林地流转相对少。总之，随着社会经济的发展，林地流转活动将会越来越活跃。

（2）林地市场参与主体多元，交易方式多样。我国常见的林业所有制有国有、集体所有、个人所有制，以及合资、合作、股份等多种形式。由于所有制的多元性，进入林地市场的主体日益呈现出多元性的特征。林地流转的方式呈现多样化态势，主要方式有股份合作经营、租赁经营、拍卖经营、承包经营等。股份合作经营即国家、集体、个人以林地、资金等生产要素参股合作经营；租赁经营则采用集体向社会发包租赁，收取合理的林地租金的方式；拍卖经营是指竞买者以拍卖方式获得一定年限内的商品林地经营权（含林木资源）进行经营；承包经营就是集体将统管山等在确定经营年限并上交承包款以后承包给经营者的经营方式。除此之外，各地的林地流转方式还包括转包、互换、抵押等形式。

（3）林地市场结构上呈现层次性，地域上表现出分散性。林地不动产市场主要由所有权流转市场和使用权流转市场构成，林地所有权交易市场只有一类，即国家征收农村集体所有制林地，转变为国有林地，而且是单向流动的（刘险巍和杜延恒，2010）。林地使用权市场又分为一级市场和二级市场：一级市场即林地所有者流向林地经营者的林地使用权出让、出租市场；二级市场即林地经营者或使用者将林地使用权再转移而形成的转让、转租市场。多个子市场层次分明，并能进一步发展，形成一个多层次的林地市场（图6-1）。

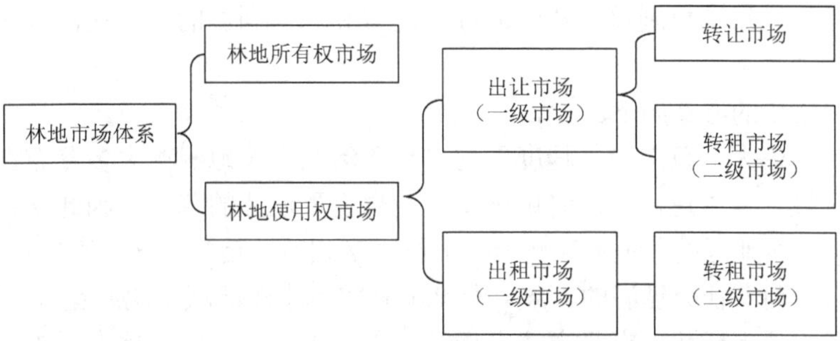

图6-1　林地市场体系

林地使用权出让市场是林地所有者向林地经营者或使用者有偿让渡林地使用权所形成的市场。其特征包括：①买者付出地价，获得一定时限的林地使用权，卖者获得地价，保留林地所有权；②卖方市场；③纵向流转，林地使用权从所有者流向使用者；④出让价格由市场决定，符合价值规律。

林地使用权的出租市场就是林地所有者将林地使用权逐年有偿租让给林地使用者，使用者向所有者逐年缴纳地租的林地使用权转移市场。这种方式能克服国有或者集体所有林地的无偿使用和滥占林地的行为，实现林地所有权在经济上的价值。林地使用权转让市场是林地经营者或者使用者将林地使用权再转移而形成的市场，主要包括转卖和互易，还包括赠与和继承，但赠与和继承不具有商品交换的性质，因而不能构成林地使用权转让市场的内容。林地使用权转租市场是有合法林地使用权的原有林地使用者将林地使用权转租给新的林地使用者而形成的市场。

目前各级政府比较注重培育林地流转的一级市场，即通过承包、拍卖、租赁等途径使公民、法人及其他组织等依法获得林地的使用权。由于我国林地流转二级市场尚不发达，林地流转再次受到限制，林权人的预期收益受到损害，其投资积极性受到抑制。流转中介组织较少，一些地方尽管建立了流转中介组织，但真正按市场经济法则对土地流转进行运作的并不多。农户有转出土地意向却找不到合适的受让方，而需要土地的人又找不到中意的出让者，影响了林地的合理流动和优化配置。现行的林地流转价格未经资产评估机构进行科学、合理的评估，林地定价缺乏科学依据，随意性较大。尤其是当前林地流转多为买方市场，转让价格偏低。因此，如何形成既有利于林地使用权交易，又有利于促进林业发展的林地价格机制，是一个亟待解决的问题（彭凤琴，2009）。

3）草地不动产市场

草地是指主要生长草本植物的土地，包括天然牧草地、沼泽草地、人工牧草地、其他草地。我国第一次草地普查结果表明，中国各类天然草地约有4亿hm^2，占国土面积的

41.7%，总面积仅次于澳大利亚，位居世界第二。在我国，草地不仅能提供饲草、饲料，支撑畜牧业生产，在防风固沙、水土保持、水源涵养及生物多样性保护和陆地生态系统碳循环中也扮演着重要角色。草地承包经营权流转是指在草地承包期内，承包方以出租、转让、转包、互换、入股及其他方式将承包草地的承包经营权转移给第三方从事牧业生产经营的经济现象。草地市场的建立就是为草地流转提供有形或者无形的场所，保障流转的顺利进行，以市场机制保证资源的优化配置和总体利益的最大化，以一系列的政策制度规避市场失灵。

（1）草地市场的特点如下。

草地流转规模大、范围广、程度不均、趋于活跃。草地资源大多分布在人口稀少的高山或高原区域，集中连片，同时由于畜牧业也需要连片的草地，因此草地流转的面积也就大。经济发达地区的草地流转频繁，而在经济相对落后的地区，草地流转很难进行。从总体上来看，随着社会经济的发展，草地流转将越来越活跃（沈海花等，2016）。

草地市场主体多元化，交易方式多样化。草地市场交易的主体由原来单一的当地农民，发展到企业、外地个人等多元的市场主体。交易方式也日益趋于复杂，主要包括股份合作经营、租赁经营、承包经营等。

草地市场结构层次性、地域性、分散性强。草地市场的层次性如同林地市场一样，一级市场、二级市场甚至三级市场也在逐渐出现（张忠学等，2014）。草地具有土地资源的一般特性——位置固定性，从而也就决定了草地市场具有强烈的地域特性。从总体的草地市场来看，其分散的特征明显。

草地市场是无形市场、产权市场。草地不能像一般商品一样在市场上出售，草地流转的只是草地的产权，所以草地市场是无形的市场，草地市场上的交易也是紧紧围绕“草地使用权”而展开。

（2）草地市场的构建原则如下。

草地市场的构建要有利于市场信息传播，确保市场信息公开、透明。

草地市场的构建要有利于降低草地交易成本，提高交易效率。

草地市场的构建要遵循区别对待、适度发展的原则，草地市场的构建重点在于充分交流信息，变隐性交易为显性交易，变分散交易为集中交易。

（四）农用地市场发展问题

我国经济发展进入新常态，向形态更高级、分工更优化、结构更合理阶段演化的趋势更加明显，为此需要新的能量注入以保持增长动力。农村发展是保持中国未来较长时期经济高速增长的最深厚的底蕴。土地细碎化（通常指农户拥有多块土地，且多数地块面积较小、互不相邻）的农村土地利用现状导致土地交易成本远远超过地块的规模经济，因而在农民内部难以通过市场调整合并，阻碍了农用地流转市场的发展（王兴稳和钟甫宁，2008）。农用地市场的建立不仅能够整合细碎的土地，发展规模经营，同时，还有利于农用地财产属性的实现。只有农户大幅度减少并实现永久性向城市移民，才能逐步改变土地的上述性质，使农业用地的市场化调整具备必要条件。

农用地市场建立和完善的先决条件就是农用地流转能够顺利进行，然而目前的农用地流转仍然存在许多亟待解决的问题。其中，主要问题有农用地流转的条件、农用地资源价值低估的问题和农用地流转的市场主体资格。我国农村土地市场和城市土地市场存在很大的差异，对这三个问题的研究不仅要另辟蹊径，还要深入分析。农用地流转机制（农用地流转系统及其内部各个子系统的工作机理与工作方式）可分为市场机制（微观决策机制）和制度机制（宏观调控机制）（陈常优等，2010）。应用市场引领农用地流转，合理配置稀缺农用地资源，平衡农用地经营者的利益关系和矛盾，完善农用地市场，唤醒和提升农民的主体意识；通过宏观手段来刺激或抑制农用地流转，规范流转行为，保护农用地资源，获取最大的综合效益，降低决策的执行难度和实施成本。

农用地市场建立和完善的一大障碍就是农村产权制度。农村土地的所有权归属于农村集体所有，农民只拥有有限的农村土地使用权，表现在农用地领域，就是承包经营权。然而，现行的农村土地产权制度已不能完全适应经济发展和农村社会环境的需求，迫切需要在坚持中国特色的家庭联产承包责任制的基础上针对现代化农业、农村发展的需要，进行产权制度改革。我国农村改革是农民产权不断得到落实和保护的过程，《中华人民共和国国民经济和社会发展第十四个五年规划和2035年远景目标纲要》中提出，“深化农村集体产权制度改革，完善产权权能，将经营性资产量化到集体经济组织成员，发展壮大新型农村集体经济”。将围绕确权、赋权、活权，加快构建现代农村产权制度。农村产权制度改革的一个核心就是土地承包经营权，关于土地承包经营权的主体主要存在两种意见（何虹和陆成林，2015）：一种意见认为土地承包经营权的主体是农户或农村承包经营户；另一种意见认为土地承包经营权的主体是集体经济组织成员，并根据《中华人民共和国农村土地承包法》（简称《农村土地承包法》）给出了“土地承包经营权的主体应该是农村集体经济组织成员”的结论，这样的定位适应了农村经济发展的实际和运用市场机制的需要。

（五）农用地市场发展建议

1. 减少农户数量，加快农村人口向城镇转移

地块不匹配（肥力、位置、交通等条件的差异）的困难可能随交换链条的延长呈几何级数增加。农用地固有的自然和社会经济属性导致每一块农用地都与周围其他地块存在差异，从而影响农用地的流转。要想克服因为地块不匹配而导致农用地市场建立和发展的困难，应当做到：①增加地块面积，提高可分割性，使地块异质性更小，降低不匹配系数；②增加农户手中地块的数量，提高农户之间农用地流转的概率。农用地块越多意味着满足其他农户对农用地的需求的概率越大，农用地流转越能更有效率地进行。不论是农户农用地面积的扩大还是数量的增加，都依赖于农业人口的减少。为此，必须加快农村人口的转移，减小农用地流转的困难，加快农用地市场的建立和完善，满足新型农业主体规模化农业经营的需求，实现现代化农业建设的目标。

2. 农用地流转主体资质条件确认

按照我国相关政策和法律法规，集体内农户无疑具有流转农用地的资质。但是，如果农用地流转只局限于集体内农户间，就有可能限制农用地流转的规模，无法实现农业资源的优化配置。实际上，我国很多农用地流转是跨越集体界限的，集体外农户和其他主体租入农用地的情形经常发生。然而，普遍跨界流转却面临没有有效规则约束的问题，或者与现有相关农用地流转的法规和政策相冲突。这就需要加快土地管理和农村土地承包管理等相关法律法规条款的修改进程，精准确定进入农用地流转市场的主体资质条件，真正落实农户承包地的用益物权。

3. 政府相关机构或者建立政府相关机构加强对农用地市场交易风险的管理

市场经济的本质就是法治经济。行事有法，交易有规。农用地市场的建设必然离不开对农用地市场的监督与管理。这就要求根据实际情况建立健全农用地流转的法律法规，切实加强对我国农用地流转相关政策制度的贯彻实施，加强市场监督管理制度和机构的建设。

4. 构建合理的农用地市场制度

适度深化产权制度改革，赋予农民完整的土地产权，为农用地流转提供产权基础。继续稳定家庭联产承包责任制，进一步明晰土地使用权的产权界定，把土地使用权流转的决策权界定给农民，这样农户才能成为土地使用权流转的主体，拥有土地的长期使用权，克服短期经济行为。通过农用地承包经营权的市场流转，实行“三权”分置，即：将土地承包经营权分为承包权和经营权，所有权、承包权、经营权“三权”分置并行。落实集体所有权，稳定农户承包权，放活土地经营权。所有权归集体、承包权归农户、经营权归转入户，使农户对经营土地的稳定感和合理预期得到增强，促进农用地使用权的顺利流转。建立严格而规范的配套制度和措施，严格执行土地征收制度，完善土地补偿机制，严厉制止破坏土地交易的行为。建立农用地流转的中介服务组织，能及时准确地反映农地供求关系和资源稀缺程度，使农地使用权的供需双方了解流转土地的有关信息，通过及时沟通大大降低交易成本，同时也能规范农用地使用权的流转。

5. 完善农村社会保障体系和就业保障体系

农用地市场发展的一个重要条件就是农民能够自愿将农用地的使用权以各种合法方式在市场上进行流转。在农村，土地对农民的意义是不言而喻的，解决农民的后顾之忧，建立完善的社会保障体系和就业保障体系，是激活农用地流动性的一项重要举措。一方面，在农村通过建立与完善农村合作医疗制度、最低生活保障制度、农村养老保险制度等社会保障体系，减小农民对农用地的依赖性，使一部分有能力外出创业的农民从土地中“解放”出来，为农用地流转创造条件；另一方面，在城市要逐步建立务工农民社会保障制度，加快解决农民工的子女上学、工伤、医疗和养老保障等问题，解决进城务工农民的后顾之忧，使其所经营的农用地能够进入农用地流转市场（刘琦等，2009）。

二、农村集体经营性建设用地市场

（一）概述

1. 农村集体建设用地

根据不同的依据和目标，现有多种土地分类体系，主要有基于用途分类和基于权属分类两种。在用途层面，由于土地用途的多样性，不同部门根据不同用途，对土地进行了多种分类。例如，《城市用地分类与规划建设用地标准》（GB 50137—2011）将市（县）域范围内所有土地划分为建设用地和非建设用地两种。建设用地又可以分为城乡居民点建设用地、区域交通设施用地、区域公用设施用地、特殊用地、采矿用地等；非建设用地又可以分为水域、农林用地及其他非建设用地等。《土地管理法》将土地分为建设用地、农用地和未利用地三大类；《土地利用现状分类》（GB/T 21010—2017）将土地分为十二个一级类，分别是耕地、园地、林地、草地、商服用地、工矿仓储用地、住宅用地、公共管理与公共服务用地、交通运输用地、水域及水利设施用地、特殊用地和其他土地。

根据权属的不同，可以将土地分为国有土地和集体土地，集体土地可以分为集体建设用地、集体农用地及集体未利用地。农村集体建设用地是指所有权归农村集体所有，由乡（镇）村集体经济组织和个人投资或集资进行建设的、经依法批准使用的各类非农业建设用地。根据《土地管理法》第五十九条，乡镇企业、乡（镇）村公共设施、公益事业、农村村民住宅等乡（镇）村建设，应当按照村庄和集镇规划，合理布局，综合开发，配套建设。可见，我国将农村集体建设用地主要分为乡镇企业用地、村民住宅用地、乡（镇）村公共设施和公益事业用地等。

2. 农村集体经营性建设用地

郑风田和焦万慧（2015）对农村集体经营性建设用地的概念进行了界定，认为农村集体经营性建设用地包括集体经济组织兴办乡镇企业用地，或集体经济组织与其他个人、单位共同兴办乡镇企业用地，并且这些土地必须符合土地利用总体规划。梁燕（2014）认为农村集体经营性建设用地是集体所有、具有生产经营性质的非农业建设用地。刘志勇和李宽（2014）通过研究我国现行土地规划用途分区和第二次全国土地调查中建设用地的划分标准，认为农村集体经营性建设用地的概念并不能准确定位。综上所述，一般认为农村集体经营性建设用地是在农村范围内农村集体经济组织所有的具有生产经营性质的非农业建设用地。本书认为，集体经营性建设用地特指集体建设用地中以营利为目的进行建设的部分土地，包括农村集体经济组织使用乡（镇）土地利用总体规划确定的建设用地兴办企业，或者与其他单位、个人以土地使用权入股、联营等形式共同举办企业、商业所使用的农村集体建设用地。需要注意的是，只有集体经营性建设用地才能入市，不具盈利性的住宅用地不能入市流转。

中共十八届三中全会审议通过的《中共中央关于全面深化改革若干重大问题的决定》

指出，“建立城乡统一的建设用地市场。在符合规划和用途管制前提下，允许农村集体经营性建设用地出让、租赁、入股，实行与国有土地同等入市、同权同价”。因此，农村集体经营性建设用地入市有两个着重点：一是入市建设用地的范围边界不是全部的农村建设用地，仅是农村的经营性建设用地，农村的宅基地和公共服务用地等不在范围之内；二是入市条件被界定在符合规划和用途管制规则。在取得土地使用权之后，经营性建设用地的用途要符合土地规划、城乡规划等区域规划，不能由土地使用权人盲目开发建设（蒋月华，2016）。

（二）农村集体经营性建设用地市场

1. 农村集体经营性建设用地市场发展历程

受到我国社会经济与城镇化的发展，国家政策倾向等外驱动力及土地价值增值、现存土地流转制度缺陷等内驱动力的影响，我国集体经营性建设用地市场经历了由自发流转（1984～1998 年）、有限流转（1999～2004 年）、市场化萌芽（2005～2009 年）、市场化开始（2013～2014 年），再到市场化试点（2015 年至今）的发展历程。不同阶段是由不同时期政策法规对集体建设用地的限制程度来划分的，不同时期具有不同的特点（表 6-2）。

表 6-2 农村集体经营性建设用地市场发展历程

流转性质	年份	相关制度	特点
自发流转	1984～1998	禁止流转 全面管制	农村土地使用权流转开始，主要以农户间转包、互换、出租、转让等形式进行
有限流转	1999	江浙部分地级市获批试点，进行流转活动	农用地内土地流转合法化，但不能用于非农建设
	2002	法律规定农村集体内流转合法	转包合法化但流转形式单一
	2004	法律规定农村集体建设用地流转合法	缺乏具体的规定
市场化萌芽	2005	广东省地方立法进行市场交易	明确允许集体经营性建设用地入市
	2007	《中华人民共和国物权法》（简称《物权法》）确定农村集体土地产权形式	法律形式赋予物权
	2009	国土资源部规定流转细则	法律限制逐渐放松
市场化开始	2013	十八届三中全会《中共中央关于全面深化改革若干重大问题的决定》提出农村集体经营性建设用地入市	促进盘活农村限制的经营性建设用地
	2014	中央一号文件要求落实关于农村土地制度改革的安排	具体化农村集体经营性建设用地入市规范
市场化试点	2015	《关于农村土地征收、集体经营性建设用地入市、宅基地制度改革试点工作的意见》	十二届全国人大常委会授权在北京市大兴区等三十三个试点县（市、区）进行试点
	2022	《关于深化农村集体经营性建设用地入市试点工作的指导意见》	探索解决改革中的深层次问题

随着土地市场发展，土地的真正价值得以显化，加之农村集体经营性建设用地数量巨大、利用效率不高，势必将吸引和推动农村集体建设用地的大规模流转。目前农村集体建设用地的流转在我国已经初具规模，无论是经济相对发达的东部沿海地区（如京津唐、长三角和珠三角等），还是经济发展水平相对一般的内陆省份，农村建设用地流转都已经比较普遍。相关统计资料显示，2008 年，在珠三角地区的农村建设用地约有一半以上流转进入了土地市场进行交易；2009 年，北京市各乡镇农村集体建设用地中约 80%参与了土地流转；截至 2012 年，湖州市南浔区农村集体建设用地流转总面积已达到 1.52 万 hm^2。由此可见，土地流转的观念已经深入到广大农民和农村集体经济组织的心中。有些地区根据自身的经济发展情况，结合当地农村的特殊村情，在实践中探索出了具有自身特色的流转模式，如芜湖模式、南海模式、苏州模式和济南模式等。截至 2016 年，我国建设用地 3933 万 hm^2，其中集体建设用地 2133 万 hm^2，占比约 54%，利用潜力巨大。农村经济建设用地流转能够盘活农村存量建设用地，提高建设用地的集约利用率，促进农民非农化就业，为农村基础设施建设提供资金来源，进而推动农村地区经济社会的发展。

2. 农村集体经营性建设用地流转方式

当前农村集体经营性建设用地流转方式众多，主要有出让、出租、作价入股、合作、联营等。

1）农村集体经营性建设用地出让

农村集体经营性建设用地出让是指土地所有者（即农村集体经济组织）将一定年期的农村集体经营性建设用地使用权让与土地使用者，由土地使用者向农村集体经济组织一次性支付出让价款的行为。

2）农村集体经营性建设用地出租

农村集体经营性建设用地出租是指农村集体经济组织或土地使用者作为出租人，将集体经营性建设用地出租给承租人使用，并由承租人定期支付租金的行为。

3）农村集体经营性建设用地作价入股

农村集体经营性建设用地使用权作价入股是指农村集体经济组织或土地使用者以一定年期的集体经营性建设用地使用权作价，以出资或入股的方式投入企业，并按出资份额分红，企业取得作价入股的集体建设用地使用权。

4）农村集体经营性建设用地合作、联营

农村集体经营性建设用地使用权合作、联营是指农村集体经济组织或土地使用者以一定年期的集体建设用地使用权作为条件，与其他单位或个人合作、联营，共同兴办企业。

3. 农村集体经营性建设用地流转模式

经过文献分析和实地调研，目前我国农村集体经营性建设用地流转模式主要有三种，分别为现行法律框架内的流转模式、灰色市场流转模式和试点区域流转模式（蒋月华，2016）。

1）现行法律框架内的流转模式

法律框架内的流转模式（也称为规范流转模式）是符合当前法律法规的农村建设用地

流转模式。《土地管理法》明确规定，不得将农民集体所有的土地通过出让、转让使用权或者出租等方式用于非农业建设，或者将集体经营性建设用地通过出让、出租等方式交由单位或者个人使用。但以下两种农村集体经营性建设用地的特殊情况除外。

（1）在符合乡镇土地利用总体规划和用地年度计划的情况下，由县级以上人民政府审核批准后，农村集体经济组织内部的建设用地可用于兴办乡镇企业。其中兴办乡镇企业的用地形式有两种，一是集体经济组织以建设用地使用权进行入股和联营，与本集体组织外的个人或单位联合兴办乡镇企业；二是集体经济组织内部的村民、村委会和乡镇政府联合兴办企业。其流转方式都是集体土地的所有者将一定年期的农村建设用地使用权出让或出租给土地使用者，由土地使用者一次性支付相应的金额给土地所有者。

（2）符合土地利用总体规划和乡镇土地利用年度计划，经当地人民政府批准获得建设用地的乡镇企业，因破产或兼并造成农村集体建设用地使用权发生转移，当地人民政府审核和批准后，经过一定的法律程序，其使用权可由原乡镇企业转向新的经济组织。

2）灰色市场流转模式

随着经济社会的发展，城镇化进一步推进，城镇建设用地供给不足日益凸显，农村建设用地作为城市建设用地的有效补充，其价值日益显现。现行法律框架内的农地流转模式已经不能满足乡镇社会发展对农村建设用地的需求，因此农村集体建设用地突破原有的流转条件，在实践中出现了一些现行法律中尚未规定的模式，这部分农村建设用地在自发的半隐蔽状态下进行市场交易，这种市场交易模式即是灰色市场流转模式（图6-2）。

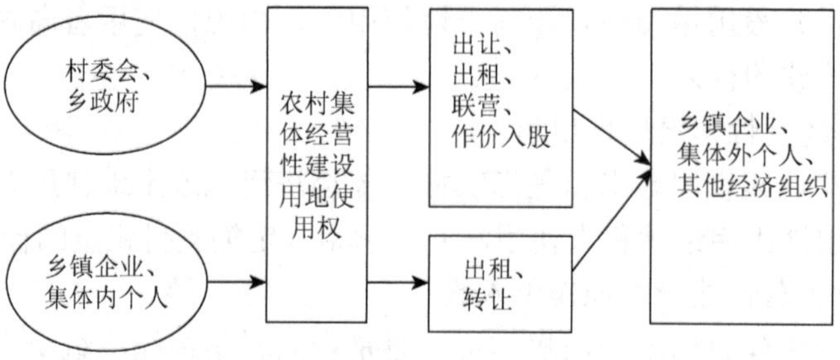

图6-2　灰色市场流转模式

基于交易主体对经济利益的追求，农村建设用地的灰色流转在全国各地都普遍存在，其表现形式主要有村委会、乡政府等集体组织以土地所有者身份将农村建设用地的使用权以出让、出租、联营或者作价入股的形式转移给本集体经济组织以外的个人或单位；具有集体建设用地使用权的乡镇企业直接出租或转让集体建设用地的使用权等。灰色市场流转模式能够在短时间之内以较少的成本促进当地城镇化和工业化进程，加速产业结构的转变。但其还是存在一定的弊端，不仅冲击了公开的土地流转交易市场，破坏了现有市场交易规则，更加大了政府机关管理和调控土地市场的成本；而且对于参与主体来说，灰色土地市场参与主体的合法权益和土地各项权属利益也难以得到保障。

3）试点区域流转模式

上海市松江区在2016年2月份实行农村集体经营性建设用地与国有建设用地同等入

市制度，在上海市统一的土地交易市场内进行交易，实施统一规则、统一平台、统一监管。首先对集体经营性建设用地价格进行评估，协议出让最低价不得低于基准地价的70%。农村集体经营性建设用地土地出让价款缴入区财政国库，参照国有建设用地使用权出让收益征缴、分配比例，全区范围内统筹，优先用于支持松江区经济欠发达地区发展；出让收入扣除土地增值收益调节金以外的部分归集体经济组织所有。

在入市形式和条件上，松江区提出，农村集体经营性建设用地入市形式包括使用权出让、租赁、作价入股等有偿使用方式。入市地块应具备五项条件：①完成农村产权制度改革及集体建设用地所有权、使用权确权登记，持有集体建设用地所有权证，土地权属清晰、无争议；②符合控制性详细规划或村庄规划；③符合国家和本市产业政策、环保政策，符合农村集体经营性建设用地入市政策，具备开发条件；④无违法用地行为和司法机关依法裁定查封或其他形式限制土地权利的情形；⑤法律法规规定的其他条件。

随着政府不断放松对农村集体经营性建设用地入市的限制，以及先试点后修法办法的施行，安徽、广东、重庆、成都等省和直辖市都以本地经济发展的实际水平为基础对农村集体经营性建设用地入市流转机制进行了探索，形成了各具特色的试点模式。典型模式有安徽芜湖模式、广东南海模式及重庆地票模式等（表6-3）。

表6-3　三种典型试点模式比较

模式	地区分布	特点	收益分配	流转方式	组织机构
安徽芜湖模式	中部	“三集中”原则	没有具体分配规定	转包、出租、出让	乡镇土地发展中心
广东南海模式	东南部	直接入市	土地出租出让收益须统一纳入集体财产进行管理，50%以上流转收益用于农民社保	挂牌、招标、拍卖	产权交易平台
重庆地票模式	中西部	土地复垦与集体建设用地指标挂钩，实现对耕地的先补后占	地票净收益按不同用途规定具体分配比例	初次交易和转让（挂牌、拍卖）	土地交易所

（三）农村集体经营性建设用地市场存在的问题

1. 土地产权不明晰

农村建设用地产权不明晰首先是产权的主体不明确。《中华人民共和国宪法》（简称《宪法》）第十条规定：“农村和城市郊区的土地，除由法律规定属于国家所有的以外，属于集体所有；宅基地和自留地、自留山，也属于集体所有”。另外，《土地管理法》和《民法典》等法律也规定农村土地归农民集体所有。那么何为农村集体？集体与农民的关系如何？现行的法律中没有明确的规定。实际情况下由村委会代为行使农村集体的权利，但村委会是村民自治性政治组织，由其代为行使权利，会带来村干部的权力寻租、村集体内部收益分配不均等问题。同时，由于村集体经济组织等行政主体代表农民等经济主体行使土地资源管理权的现状普遍，因此在农村集体建设用地流转的过程中，难免出现产权纠纷（毛德华和李姣，2015），甚至在我国大部分农村地区，集体经济组织已经名存实亡，农村集体经营性建设用地所有权的行使缺乏必要的组织形式和程序，极易造成上级政府代替农村集体经济组织行使土地所有权的现象。农村集体的主体模糊、不明确使得农村集体土地所有权的主体处于虚置状态。不确定的农地产权关系加快了农地非农化用途的转变，当各利益集团争相获取农地用途转变带来的巨大利益之时，拥有使用权的农民将没有能力单独完成集体经营性建设用地入市；而当村委会的决议与其作出的决策又不一致时，二者就会产生纠纷，农民的土地基本权益将无法得到保障。

其次，农村集体经营性建设用地产权不对等，使用权存在残缺，其权能边界未能得到明晰的界定，上市后权利不充分、权利义务不清楚，土地的权益和价值不能得到充分表达。例如，在农村建设用地的融资过程中，权利的不完整会导致融资过程受阻和农村建设用地权利价值不能充分体现。

2. 隐形市场普遍存在

一直以来，我国法律法规禁止农村集体经营性建设用地入市交易，但是改革开放之后，由于经济利益及其他因素的驱动，农村集体经营性建设用地流转在很多地方普遍存在，特别是在经济比较发达的东部沿海地区，农村建设用地违法违规交易现象普遍，隐形市场交易行为活跃。近些年来，集体建设用地隐形市场已经扩展到河南、山东、安徽、四川等内陆省份，宅基地通过房屋买卖进行私下流转，工业用地则打着入股、联营的名义私下转让（高迎春等，2007）。市场环境中，在价值和风险等因素的影响下，只有土地、资金等要素自由流通和重新整合才能达到最大的利用目的（张军，2007）。市场倒逼制度的创新，允许农村建设用地合法入市交易，完善农村集体经营性建设用地市场机制是大势所趋。

3. 市场中介服务组织不健全

市场中介服务组织是农村集体经营性建设用地供给主体与需求主体之间的媒介和桥梁。目前我国尚未形成统一规范的集体建设用地流转市场，农村经营性建设用地市场中介服务组织也处于发展过程中。中介服务组织较少，评估机构、仲裁机构和公证机构体系不健全，市场信息传播渠道不通畅，交易的供求主体信息不对称，有转出土地意愿的农村集体经济组织找不到合适的受让方，而对土地有需求的人却又找不到适当的出让者。中介服务组织匮乏，信息不灵通，降低了集体经营性建设用地的流转速度和土地效益，阻碍了土地这一生产要素的合理流动和优化配置，提高了交易成本。因此，需要健全农村集体经营性建设用地中介服务组织，并且可以充分利用互联网信息技术，通过电商服务平台建立农村集体经营性建设用地市场的评估、咨询、公证等服务系统，这样既可以解决隐形市场的问题，也可以促进中介服务组织的系统化、专业化与透明化，提高市场完善程度，进而推动农村集体经营性建设用地市场发展。

4. 市场缺乏法律规范保护

长期以来，我国法律法规不允许农村集体建设用地进行自由流转。例如，《土地管理法》（2004年修正）第四十三条规定“任何单位和个人进行建设，需要使用土地的，必须依法申请使用国有土地”；第六十三条规定“农民集体所有的土地的使用权不得出让、转让或者出租用于非农业建设；但是，符合土地利用总体规划并依法取得建设用地的企业，因破产、兼并等情形致使土地使用权依法发生转移的除外”。这些法律法规明确限制了农村集体经营性建设用地使用权的入市流转，虽然部分地区出台了试点政策，允许农村集体经营性建设用地入市流转，但是这些政策显然与上位法不相符，按照“上位法优于下位法”的原则，当前存在的农村建设用地隐形市场不符合国家法律规定，缺乏法律的有效保护。

2013年11月12日，中共十八届三中全会通过的《中共中央关于全面深化改革若干重大问题的决定》中提出要建立城乡统一的建设用地市场。在符合规划和用途管制的前提下，允许农村集体经营性建设用地出让、租赁、入股，实行与国有土地同等入市、同权同价。国家在政策上明确了农村集体经营性建设用地使用权与国有土地使用权同等的用益物权性质。直到2019年修正《土地管理法》，才扫清了农村集体经营性建设用地入市的法律阻碍，其中第六十三条规定“土地利用总体规划、城乡规划确定为工业、商业等经营性用途，并经依法登记的集体经营性建设用地，土地所有权人可以通过出让、出租等方式交由单位或者个人使用，并应当签订书面合同，载明土地界址、面积、动工期限、使用期限、土地用途、规划条件和双方其他权利义务”。

（四）完善农村集体经营性建设用地市场机制的政策建议

1. 农村集体经营性建设用地市场机制运行的原则

完善农村集体经营性建设用地市场机制必须坚持不改变农村土地集体所有权的原则、保障农民合法权益的原则、有利于农村发展的原则、符合土地利用总体规划的原则等。

1）不改变农村土地集体所有权的原则

农村集体经营性建设用地入市流转是在坚持集体所有权不变的情况下，集体经营性建设用地使用权发生转移。因此，在集体经营性建设用地流转过程中，不能改变土地所有权的性质，保证农民集体对集体经营性建设用地的所有权。

2）保障农民合法权益的原则

农村集体经营性建设用地流转目的在于释放农村集体经营性建设用地的潜力，满足城镇化发展对建设用地的需求，实行与国有土地同等入市、同权同价，从而保障农民权益，增加农民收入，促进农村发展，缩小城乡差距。

3）有利于农村发展的原则

我国长期实施的土地征收制度规定农村建设用地只能被征收，改变为国有建设用地后才能入市交易。在土地征收过程的增值收益中，农民所获的收益相对较少，这无疑不利于农村的长期发展，无法满足农村基础设施建设的需求。当前实施的农村集体经营性建设用地入市，与国有土地同等入市、同权同价，土地流转所获得的收益一方面可以满足农村基础设施建设，另一方面可以增加农民收入。

4）符合土地利用总体规划的原则

土地利用总体规划是一个区域土地利用审批的依据，《土地管理法》规定“土地利用总体规划一经批准，必须严格执行”，土地利用总体规划具有法律效力。因此，农村集体经营性建设用地入市要符合土地利用总体规划，符合土地用途管制规则，这也是农村集体经营性建设用地流转的前提。

2. 完善农村集体经营性建设用地市场内部机制

1）建立价格形成机制

农村集体经营性建设用地市场建立时间较短，而且之前一直未能获得国家法律法规的允许和保护，因此尚未形成完善的价格体系和参考标准。为建立和完善城乡统一的建设用地市场，保护流转主体、农村集体经济组织和国家的经济利益，有必要加强对农村集体经营性建设用地价格的管理，建立价格形成机制，完善市场交易体系。为此，地方政府应加快编制农村集体经营性建设用地流转的价格评估规程，制定各种用地类型流转的基准地价。

2）构建公平交易机制

农村集体经营性建设用地市场机制的运行必须有法可依、有章可循，才能为市场交易主体提供公平交易的准则和政策环境。我国现行管理农村集体经营性建设用地入市的相关法律制度已被实践证明陷入制度危机之中，农村集体建设用地的自发入市已促成建设用地市场结构的形成。地方政府除了要做好土地的确权登记颁证等基础工作外，更要探索和完善农村集体经营性建设用地入市管理办法，以及产权登记抵押、资产交易管理办法等相关法规条例，对农村集体经营性建设用地的有偿出让、交易方式及土地收益分配方式等做出具体规定，对流转中的违规违法现象进行界定和惩处，为农村集体经营性建设用地市场的参与者提供必须遵循的法律制度和标准底线。

对于盈利性强的商业、文体娱乐业、休闲旅游业等项目，其用地流转需要采用招标、拍卖、挂牌等交易方式，并进行信息化的监管，使各土地需求主体公平竞争，保障市场竞争方式公开透明。

农村集体经营性建设用地入市，实现了与国有建设用地的同权，根据权利与义务对等原则，农村集体经营性建设用地也要探讨与国有建设用地的同责，促进城乡建设用地供给主体的责任公平。因此，建议根据农村集体经营性建设用地入市之后的不同功能和价值征收土地增值税，用于城市基础设施建设等。但是，由于农村集体经济组织仍然是集体土地上拆迁安置和基础设施建设的主要投入者，政府只是投入了少量的资金，农村集体经营性建设用地的税率要适当低于国有建设用地，其土地增值税和房产税率有待合理确定，以实现农村集体经营性建设用地与国有建设用地的义务对等。

3. 完善农村集体经营性建设用地市场保障机制

1）优化利益分配机制

农村集体经营性建设用地市场涉及地方政府、农村集体经济组织和农民等多方利益分配主体，需要协调好各方的利益冲突，统筹好各方的利益关系，合理确定地方政府和集体之间，以及集体和农民之间的土地收益分配比例，完善利益分配机制。因此，优化利益分配机制是推进农村集体经营性建设用地入市的重要环节，是促进农村集体经营性建设用地市场健康发展的重要保障。农村集体经营性建设用地直接入市意味着农村集体经营性建设用地可以不经过被国家征收这一环节，直接参与到土地市场的供给过程中。虽然地方政府丧失了原本从土地征收过程中获得的土地增值收益，但是由于政府通过对土地进行规划、投资、建设、提供配套的基础设施等实现了土地增值，以及在随后的市场运行中发挥的服务和监管职能，所以政府可以参与农村集体经营性建设用地直接入市流转增值收益的分配。

改革开放以来，我国的整体国情和农村的情况都发生了翻天覆地的变化，旧的分配制度难免产生新的矛盾。因此，应该以动态的思维辩证看待土地收益分配制度，以合理提高个人收益为原则，根据当地的经济发展水平，对农村集体经营性建设用地收益分配制度进行适时的调整和不断的完善，充分听取农民的意见，经过科学论证，合理制定分配标准，使其向真正的股份制和公司制转变，保证农民的财产权利，促进分配的公平性。

优化利益分配机制不仅要完善农村集体经营性建设用地入市环节土地增值收益在农民、集体及政府之间的分配，也要完善入市后土地使用权转让，以及以农村集体经营性建设用地为核心的各项金融活动的参与者之间的利益分配（图 6-3）（唐威，2019）。前者可以采用政策或者法律规范的形式明确规定分配方式和比例，后者依赖于市场机制的发挥，两者之间相互联系，合理的收益分配机制也能促进市场机制的完善。

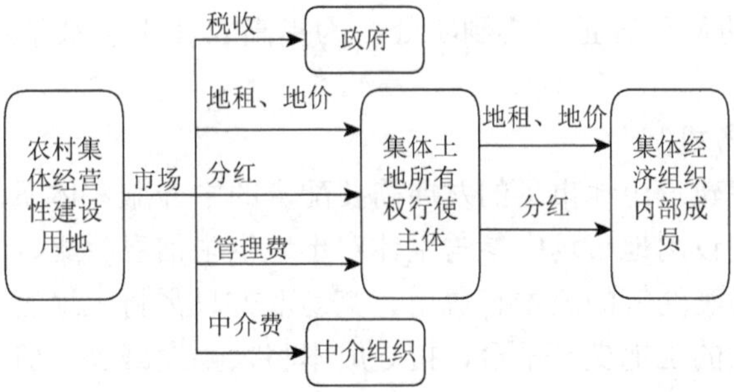

图 6-3　农村集体经营性建设用地收益分配

2）建立管理监督机制

为了保证农民的土地财产权利在农村集体经营性建设用地市场交易的过程中不受侵犯，确保集体经营性建设用地使用权交易过程的公开公正，政府应该建立和完善与农村集体经营性建设用地市场配套的管理和监督机制。此外，在农村集体土地允许入市的情况下，必然会出现不符合规定的违法行为，为防止农民将大量农地转为建设用地以换取暂时利益而造成耕地减少等现象的出现，必须率先研究出台建设用地市场的管理办法和规则，保障土地市场的运行和完善。

首先，建立农村集体经营性建设用地信息发布制度。农村集体经营性建设用地信息发布制度要以促进土地的集约高效利用为目的，以县级行政区域为基本单位，通过收集、整理集体经营性建设用地的资料和信息，并对此进行科学处理分析，逐级上报备案，及时准确地向社会公布集体经营性建设用地总量、已供给土地地块信息、市场交易信息及市场预测信息等，面向土地需求者提供查询和咨询服务，帮助其确定正确合理的投资方向。

其次，建立农村集体经营性建设用地纠纷协调机制。在农村集体经营性建设用地确权、流转及收益分配的过程中，矛盾和纠纷问题日益增多。通过建立县、乡、村三级联动的多层次农村土地纠纷协调机制，系统地掌握经营性建设用地市场交易过程中的矛盾和纠纷，分析其产生的根源和类型，总结规律和特点，妥善地提出解决纠纷的具体方法和意见，并采取相应的措施，及时把倾向性、苗头性问题扼杀在萌芽状态。在村一级成立土地纠纷调解小组，乡一级成立农村土地纠纷调解委员会，县一级成立农村土地纠纷仲裁委员会，县、乡、村三级联动处理土地纠纷问题，包括组织调解、审查立案、调查取证、适用法律、做出决定、立卷归档等环节和步骤，规范土地纠纷处理工作，落实案件办理的责任，加大对案件处理的督办力度，既能保障农民在经营性建设用地市场交易的土地权益，又能维护农村社会的稳定。

最后，建立集体经济组织土地收益分配使用监管制度。农村集体经营性建设用地流转增值收益的使用应以提高农民生活水平、发展现代农业和改善农村生活环境为目标，主要用于农民生活保障和补贴、农村基础设施建设和发展农业生产等方面。乡、镇街道办事处应在县级财政部门的指导下成立专门的农村集体经济组织土地收益账户，制定合理的土地收益分配和使用审批程序，对其进行指导管理和检查监督。农村集体经济组织要按照现代企业制度的要求，建立财务收支公开制度，完善财务管理制度，保障土地收益的使用真正落实到实处，为提高农民生活水平服务，为促进农村经济的发展服务。

3）完善中介服务机制

农村集体经营性建设用地市场的发展需要配套的中介服务体系，中介组织有利于降低农村集体经营性建设用地市场中参与主体对土地供求信息收集、评估、谈判、签约、监督执行及维护交易契约等的成本和费用。交易双方只需将土地流转事宜委托给中介机构，通过中介方提供的土地交易平台，搜寻成本将大幅度减少。但是，当前我国农村集体经营性建设用地市场尚处于发育的初级阶段，仍在摸索，中介服务较为缺乏，各地承担部分中介职能的政府组织所提供的服务范围和内容有限，因此需要依据实际情况完善中介服务机制。

首先，培育和完善产权独立、自主经营的农村集体建设用地流转中介组织，使其为农村集体经营性建设用地流转提供长期的、综合的中介服务，解决交易双方的顾虑，促进农村集体经营性建设用地使用权交易的顺利进行。

其次，规范中介组织职能和资质范围，工商管理部门和自然资源部门应该建立资质审核准入制度，鼓励资金雄厚和服务质量较高的中介组织提供中介服务，避免信用度较低、服务质量不高、中介服务不连续的低质中介服务机构进入，同时建立合理的退出机制，对于一定周期内中介服务质量未达到国家或者地方要求的中介服务组织，暂停其经营资质，直到重新审核通过。

三、农村宅基地市场

（一）概述

1. 农村宅基地

宅基地是农村的农户或个人用作住宅基地而占有、利用本集体所有的土地，包括建了房屋、建过房屋或者决定用于建造房屋的土地，建了房屋或建过房屋但已无上盖物或不能居住的土地，以及准备建房用的规划地三种类型。我国农村宅基地管理直接涉及农民切身利益，是关系农村社会稳定和经济发展全局的大事，始终是基层土地管理的重点和难点。研究我国的农村宅基地问题有两点需要注意：一是宅基地制度属于我国土地制度的一部分，要将其放在整体制度中讨论；二是宅基地利用是在具体的经济社会环境下完成的，要考察宅基地使用过程并探讨宅基地使用权性质。

2. 宅基地使用权

农村宅基地使用权是我国特有的一种用益物权形式，是指农村居民对集体所有的土地占用和使用，自主利用该土地建造住房及其附属设施以供居住的地上权。《民法典》第三百六十二条规定："宅基地使用权人依法对集体所有的土地享有占有和使用的权利，有权依法利用该土地建造住宅及其附属设施"。我国农村宅基地的产权制度变迁过程见表 6-4。

表 6-4　我国农村宅基地的产权制度变迁过程

阶段	时间	相关制度法律	内容
土地改革初期	1950 年	《中华人民共和国土地改革法》（简称《土地改革法》）	土改之后农民仍然拥有宅基地所有权，农民可以买卖、出典、出租及继承，农民根据法律的规定取得相关产权证书
	1956 年	《高级农业生产合作社示范章程》	"社员原有的坟地和房屋地基不必入社"，农民保有宅基地所有权。"三大改造"完成之后，土地私有转公有，确立了农村宅基地使用权无偿取得和使用期限无限性的特点，宅基地的福利性特性得到体现，宅基地使用权制度开始萌芽
人民公社时期	1962 年	《农村人民公社工作条例（修正草案）》	集体享有宅基地所有权，明确农村宅基地使用权的设立规则，承认房屋归农民所有，可以出租和买卖
	1963 年	《中共中央关于各地对社员宅基地问题作一些补充规定的通知》	宅基地归社员长期使用，生产队应保护社员的使用权。对宅基地使用权的内容、设立、流转等问题作出了详细的规定，我国宅基地使用权制度在此基础上初步形成
	1978 年	《农村人民公社工作条例（试行草案）》	"农村土地包括宅基地一律不准出租和买卖"，对宅基地的转让问题进行了重申
改革开放后	20 世纪 80 年代	《村镇建房用地管理条例》	农民一户只能拥有一处宅基地，面积要有限额，占用耕地要报县政府批准
		《土地管理法》	允许宅基地使用权随房屋买卖而转移
		《国务院关于制止农村建房侵占耕地的紧急通知》	农村建房用地，必须统一规划，合理布局，节约用地

续表

阶段	时间	相关制度法律	内容
改革开放后	1999年	《国务院办公厅关于加强土地转让管理严禁炒卖土地的通知》	农民的住宅不得向城市居民出售，也不得批准城市居民占用农民集体土地建住宅，有关部门不得为违法建造和购买的住宅发放土地使用证和房产证
	2004年	《国务院关于深化改革严格土地管理的决定》《关于加强农村宅基地管理的意见》	严格规定农民住宅不得向城市居民出售，不能为在农村购买房屋的城市居民发放土地证和房产证，严禁城市居民在农村购置宅基地
	2007年	《国务院办公厅关于严格执行有关农村集体建设用地法律和政策的通知》	农村住宅只能分配给本村村民，城镇居民不得到农村购买宅基地、农民住宅或“小产权房”。单位和个人不得非法租用、占有农民集体所有土地搞房地产开发
	2013年	十八届三中全会通过《中共中央关于全面深化改革若干重大问题的决定》	保障农户宅基地用益物权，改革完善农村宅基地制度，选择若干试点，慎重稳妥推进农民住房财产权抵押、担保、转让，探索农民增加财产性收入渠道
	2018年	中央一号文件《中共中央国务院关于实施乡村振兴战略的意见》	完善农民闲置宅基地和闲置农房政策，探索宅基地所有权、资格权、使用权“三权分置”，落实宅基地集体所有权，保障宅基地农户资格权和农民房屋财产权，适度放活宅基地和农民房屋使用权

3. 农村宅基地流转

政府及相关单位要想实现宅基地整理目标，就必须采用相应的手段，农村宅基地流转无疑是最为重要的一种手段，因为它直接关系到使用权的转让和退出，直接实现宅基地在权属和空间上的变化。农村宅基地指标流转实质上就是“增减挂钩”，是城市建设用地指标的重要来源之一，所以研究农村宅基地流转对宅基地整理工作和建设用地指标提供具有重要意义。

农村宅基地流转是农村宅基地使用权人将其宅基地的使用权或宅基地的建设指标在一定期限内以出让、出租等形式有偿让渡给他人的行为。

农村宅基地流转有两种主要方式：①宅基地使用权的流转，主要是指村民把自己的宅基地使用权出让给有权取得该宅基地的本集体经济组织的成员，其实质是一种内部流转。②宅基地指标的流转，宅基地指标是农村宅基地等农村集体建设用地经过复垦成为耕地，并经土地和农业等部门严格验收后形成的指标。

农村宅基地流转是受到严格限制的。《宪法》第十条第四款规定：“任何组织或者个人不得侵占、买卖或者以其他形式非法转让土地。土地的使用权可以依照法律的规定转让”。该条确定了宅基地所有权严格禁止买卖，宅基地使用权转让需要依照法律规定的原则。《民法典》第三百六十三条规定：“宅基地使用权的取得、行使和转让，适用土地管理的法律和国家有关规定”。《土地管理法》第六十二条规定：“农村村民一户只能拥有一处宅基地”，“农村村民出卖、出租、赠与住宅后，再申请宅基地的，不予批准”。国务院农业农村部负责全国农村宅基地改革和管理的有关工作。这些法律规定对农村宅基地的流转有严格限制，然而现实中农村宅基地流转悄然进行，这也反映了宅基地流转存在其合理性，要求国家对农村宅基地流转的相关法律制度进行改革。为此，在十八届三中全会通过的《中共中央关于全面深化改革若干重大问题的决定》明确指出“保障农户宅基地用益物权，改革完善农村宅基地制度，选择若干试点，慎重稳妥推进农民住房财产权抵押、担保、转让，探索农民增加财产性收入渠道。建立农村产权流转交易市场，推动农村产权流转交易公开、公正、规范运行”，为农村宅基地使用权合法流转、交易提供了依据，也为农村宅基地市场建立提供了政策指导。2018年，《中共中央 国务院关于实施乡村振兴战略的意见》提出要“完善农民闲置宅基地和闲置农房政策，探索宅基地所有权、资格权、使用权‘三权分置’，落实宅基地集体所有权，保障宅基地农户资格权和农民房屋财产权，适度放活宅基地和农民房屋使用权”。宅基地“三权分置”的创立，为农村宅基地市场的运行提供了制度设计。

4. 农村宅基地市场

随着社会主义市场经济体制的建立，土地要素市场也从无到有逐步建立起来，初步形成了土地市场体系的框架。其中，土地使用制度的改革、土地市场管理和调控方式的创新、土地市场服务体系的完善，都使市场在配置资源方面的决定性作用开始发挥。但是，这些成绩主要局限于城市土地市场建设方面，而农村土地市场，尤其是农村宅基地市场方面仍是空白。那么，在新的形势下，特别是在人地矛盾日益加剧的今天，有没有必要建立农村宅基地市场，怎样建立农村宅基地市场，是摆在土地资源管理工作者面前的一项重要而迫切的任务（郭青霞和张前进，2001）。农村宅基地市场除了具备市场的一般特性外，还具有其独特性质：①价格的空间差异性；②时间、空间上的渐进性；③市场地域色彩明显；④自发性流转为主；⑤交易价格偏低，随意性强。

（二）农村宅基地市场建立的迫切性

1. 农村宅基地市场可以缓解城市用地紧张和房地产价格急升的局势

由于农村人口的大量转移、农村“空心化”的情况普遍存在，闲置的宅基地广泛存在于农村地区，农村宅基地的开发表现出极大的潜力，通过农村宅基地市场的建立可以解决农村宅基地废弃、闲置等粗放和低效利用的问题，实现土地资源的进一步优化配置（李明艳，2012）。在用地紧张和房地产价格急升的时局下，宅基地市场能够增加土地和住房供给，为居民提供新的选择，同时实现农民资产的融资，甚至成为农民工融入城市、农民扩大投资的重要方式。

2. 完善社会主义市场体系要求建立农村宅基地市场

要充分发挥市场在资源配置中的决定性作用，必须完善社会主义市场体系。《中华人民共和国国民经济和社会发展第十三个五年规划纲要》第十三章提出健全现代市场体系：“加快形成统一开放、竞争有序的市场体系，建立公平竞争保障机制，打破地域分割和行业垄断，着力清除市场壁垒，促进商品和要素自由有序流动、平等交换”“加快建立城乡统一的建设用地市场，在符合规划、用途管制和依法取得前提下，推进农村集体经营性建设用地与国有建设用地同等入市、同权同价”。农村宅基地市场作为农村土地市场的一部分，而且是作为涉及农民利益最贴切的一部分，必须对其进行深刻的研究。针对我国农村宅基地的特殊性，建立农村宅基地市场，发挥价格机制、供求机制、竞争机制、投资风险机制等对宅基地市场的作用，实现市场对宅基地的合理配置，解决农村宅基地使用和流转方面的现实问题。

3. 现实中农村宅基地市场的缺失引发一系列的问题

由于农村宅基地无偿使用及流转机制不健全，农村大量闲置宅基地产生。如果不引入市场作为农村宅基地优化配置的手段，势必影响农村经济的发展和耕地资源的保护。不畅通的宅基地流转致使大量的宅基地闲置下来，而宅基地的分配又是按照“一户一宅”来进行的，新增农村人口有住房需要的必然将现有的耕地转换为宅基地，不合理占用耕地资源将造成土地资源的浪费。法律虽然限制宅基地的转让，但在实际生活中，宅基地的转让历来有之。这种转让的实现一般以传统的签订交易契约并交付房地产实物的方式进行，从而形成宅基地流转隐形市场，不利于集体资产和农民利益的保护，致使宅基地的价值不能得以体现，集体经济组织的所有权价值也不能得到实现。

4. 保护农民财产利益的需要

当前的农村宅基地是非商品化、非资本化、非市场化的，这是由宅基地的福利性、保障性属性所决定的。在我国当前集体所有制的产权制度安排下，农村宅基地作为一种集体公共产品和保障性产品，不具有商品属性，也不具有完全财产权利的资本属性，是有其制度合理性的。但是，现在城市的房地产已经进入高度市场化发展阶段，城市住房已经成为城市居民最重要的市场化财产，据统计大约占城市居民资产总量的 70%～80%（韩康和肖钢，2008）。这种情况下，如果继续维持农村宅基地的非商品化、非资本化和非市场化，农民住房就不能享受同城市居民住房一样的财产权利和可能获得的财产性收入，对农民来讲就不再是利益保护，而是一种财产利益的制度性损失。

5. 合理利用土地的要求

农村宅基地市场建设中很重要的是价格机制的建立。农村宅基地的价格受农村宅基地实际供给量和需求量的直接影响，根据资源价格对资源需求影响的理论，资源的价格也会直接影响资源的供给量和需求量。资源价格定得较高时，需求单位就会尽量压缩该项资源的需求量或者寻找替代资源，以便尽量压低满足需要的成本，因此该资源的总需求将随之减少；相反，当资源价格定得较低时，不仅会刺激原有需求者增加需求量，而且会刺激新的需求者加入购买行列，增加对资源的需求量。目前我国农村宅基地无偿使用，无疑增加了农村宅基地的需求，在供给有限的情况下，造成供不应求和大量资源的浪费。改变农村宅基地的无偿使用制度，就会使宅基地使用者以最小的资源耗费来满足其合理的需要。如果提高土地价格，则会促进宅基地用户寻找替代资源，如以空间扩展代替平面扩展，提高建筑的容积率。针对我国严峻的人地矛盾，有必要从实行农村宅基地的有偿使用入手，适当降低宅基地的需求量，并降低宅基地与其他方面的争地矛盾，保证有限的土地资源得到合理利用。因而，农村宅基地市场建设是合理利用土地资源的要求。

（三）农村宅基地市场的完善建议

1. 农村宅基地相关制度的改进和完善

针对农村宅基地市场化流转的政策性、制度性障碍和相关的限制性因素，在政策制度领域提出建议。

（1）宅基地的物权。现有的法律法规对农村宅基地流转有严格的限制性规定，是宅基地市场化改革的最大障碍，而宅基地市场化改革又必须在符合法律法规的条件下实施，因此需要适时修改和完善宅基地相应法律法规。在物权上突破现有限制，明确宅基地使用权可以直接入市，允许宅基地使用权有限制流转（不允许宅基地单独流转，允许宅基地完全流转），发放同城市房屋一样的有法律效力的农村宅基地使用权证和宅基地房屋产权证，在法律上认同宅基地房屋有财产物权，有继承、交易、抵押、入股、出租等所有财产的完整物权属性，真正赋予农民宅基地完整的物权。在抵押权上突破《民法典》《土地管理法》等法律关于农村宅基地使用权不能抵押的限制，赋予农村房屋抵押权，宅基地也连带抵押的权利。此外，对房屋及宅基地土地进行合理的市场估值、估价，以实现宅基地及房屋的完全财产权。

（2）宅基地产权制度改革。宅基地产权制度改革存在很大争议，争论的焦点在农民是否拥有宅基地的所有权。本书采用农村宅基地“复合型所有制”的观点。具体思路如下：①把宅基地的永久使用权交给农民。在“一户一宅”和面积限额的政策规范下，宅基地的占有权、使用权、收益权、转移权归农民所有，宅基地可以买卖，也可以继承，是农民的私有物权。与此同时，集体不再分配新的宅基地。②集体享有对农村宅基地的规划权和使用监督权。集体根据政府的统一城镇规划行使对村庄的建设规划权，农民宅基地的市场交易行为必须在规划的制约下进行。同时，集体有权对农民宅基地的使用进行规范管理，并加以监督。

（3）对于宅基地置换来说，要摒弃政府主导的强制式、“运动式”推动，以及农民被动式接受的置换模式，采用农民自觉自愿和市场主导的宅基地置换模式，因地制宜地考虑地区的特点和经济社会发展水平，遵循农业的自然规律和农村经济社会发展的规律及农民的习惯性生活方式（韩康，2008）。在置换过程中确保农民的参与，不仅要参与置换的全过程，还要参与置换后社会保障福利的享受和增值利益的分配。政府补贴和受损补偿应当及时透明地交付到农民手中，确保置换农民集中居住楼房后，不会因为自家庭院种植和养殖经济消失而面临生活成本增大、生活质量下降。对于增值收益的分配，应当科学合理确定各主体的分配比例，制定相关法律政策确保农民弱势主体的权益。

2. 确立渐进式的宅基地使用权市场化流转模式

从我国农村的实际情况来看，宅基地使用权市场化流转不宜一步到位，应当实行渐进式的模式。具体内容如下。

（1）对于宅基地使用权的出租行为，完全可以放开。允许农村居民对宅基地长期出租，而且对出租的对象不应有所限制，即本村集体经济组织内外的人都可以承租。

（2）对于宅基地使用权的抵押和转让行为，应当给予一定的限制，即要取得农村集体经济组织同意或者由农村集体经济组织决定。因为农村宅基地所有权属于农村集体经济组织，农民对宅基地的使用权依附于农村集体经济组织对宅基地的所有权，转让行为会导致宅基地的使用权归属于受让人。依据法理，处分宅基地使用权应当取得农村集体经济组织同意或者由农村集体经济组织决定，可借鉴《农村土地承包法》中关于“其他方式的承包”的规定：发包方将农村土地发包给本集体经济组织以外的单位或者个人承包，应当事先经本集体经济组织成员的村民会议三分之二以上成员或者三分之二以上村民代表的同意，并报乡（镇）人民政府批准；在同等条件下，本村集体经济组织成员享有优先承包权。

（3）在农村社会保障制度完善时，再完全放开宅基地使用权的流转市场，使其完全依照商业化的市场机制来运作。如果在农村社会保障制度还不成熟时将宅基地使用权流转市场完全放开，可能会导致“资本驱逐人口”的结果，使广大农民流离失所。因此，必须在农村社会保障制度成熟时，再将宅基地使用权的自由流转市场完全放开。

3. 规范农村宅基地流转隐形市场

农村宅基地流转隐形市场普遍存在是不争的事实。宅基地流转隐形市场的形成，一方面是由于我国法律制度的限制，农民宅基地被排斥在土地流转市场的大门外，另一方面也是农村宅基地流转客观需求的表现。投机抢占、价格与价值不对等、保障机制缺乏等问题严重影响了宅基地流转秩序，宅基地需求者侵占农民利益而农民却不自知，在发现自身利益受损时也没有实际的法律条文给予保护，导致宅基地纠纷，进一步引发社会问题，成为宅基地市场建立和运行的制约因素，所以规范农村宅基地流转成为必然。规范农村宅基地流转隐形市场的一项重要措施就是加强对宅基地使用权流转的管理。

（1）强化宅基地登记工作。目前，我国在城市建立了完善的不动产登记制度，而农村不动产登记制度建设刚刚起步，大多数村民是通过占有的方式来体现其房屋所有权和宅基地使用权的。因此，有必要建立城乡一体化的不动产产权登记制度，以明确权利人的权利。为此要做到：①对农村房屋办理产权证；②对农村现有宅基地的使用情况进行全面清查，对手续齐备、符合法律规定的给予登记，对不符合规定的不予登记；③规定农民取得宅基地使用权的，必须办理登记手续；④依法变更房屋所有权和宅基地使用权权属关系，应当及时办理变更登记手续。通过对宅基地使用权的登记来确认农民的权利，减少纠纷。

（2）健全宅基地流转管理体制。为此要做到：①完善宅基地审批制度。为了防止非法将农用地变为建设用地，需要从宅基地的申请上从严把关，实行土地用途管制制度。②禁止和取缔宅基地使用权的地下交易等非法行为，把宅基地的交易行为全部纳入统一的土地交易管理体制，以规范宅基地的流转行为。③进一步健全和完善土地动态巡查制度，加强对宅基地的日常监管，及时发现和制止各种违法行为。

第二节　矿产资源市场

一、概述

（一）矿产资源市场的概念

人类对矿产资源的认识不断深化，不同学科领域的专家对矿产资源的理解、要求不尽相同。通过各个相关领域对矿产资源的理解，可以发现矿产资源应是一个涉及地质、技术、经济、政治（含军事）、社会等方面的综合概念。矿产资源是指由地质作用形成的，具有利用价值的，呈固态、液态、气态的自然资源。可以进一步理解为：矿产资源是指各种地质作用，如岩浆活动、火山作用、热液活动、风化、淋滤、搬运、沉积及岩化和变质作用等，在地壳中形成的呈固态、液态或气态的天然富集物，其既包括现有技术和经济条件下可以开发利用的天然物质（储量），也包括在未来几十年可能具有经济意义的天然物质资料，还包括根据地质理论推断可能存在的、具有经济价值的天然物质潜在资源。矿产资源是质和量足以被开采利用、占据一定范围的三维空间、具有形态和产状的有用矿物质聚集体或有用元素含量达到有工业价值的矿石的天然聚集体。

矿产资源资产是各种矿产经不同时期区域性集成的地球物理、地球化学等综合勘察被认识或发现之后，对特定的成矿地域开展不同阶段、相应工作内容和技术标准的地质勘查，或者检测评价其矿产的工业价值、品质用途、水文与工程地质条件、资源储量及矿床规模，选取不影响环境又能极大利用矿产的开采工艺，选用现代科学技术提取、冶炼、生产销售，能作为生产、生活资料进入社会生产过程，能以货币计量且可获益的矿产资源（郑锡泉，2003）。

（二）矿产资源开发资格认证条件

矿产资源开发资格认证条件见表 6-5。

表 6-5　矿产资源开发资格认证条件

类型	条件
国有矿产企业	a. 有供矿山建设使用的矿产勘查报告 b. 有矿山建设项目的可行性研究报告（含资源利用方案和矿山环境影响报告） c. 有确定的矿区范围和开采范围 d. 有矿山设计 e. 有相应的生产技术条件
集体或私营矿产企业	a. 有供矿山建设使用的与开采规模相适应的矿产勘查资料 b. 有经过批准的无争议的开采范围 c. 有与所建矿山规模相适应的资金、设备和技术人员 d. 有与所建矿山规模相适应的，符合国家产业政策和技术规范的可行性研究报告、矿山设计或者开采方案
个体采矿	a. 有经过批准的无争议的开采范围 b. 有与采矿规模相适应的资金、设备和技术人员 c. 有相应的矿产勘查资料和经批准的开采方案 d. 有必要的安全生产条件和环境保护措施

矿产市场包括矿产资源市场和矿产品市场，是连接资源发现业、资源采选业及后续产业的纽带，使矿产资源产业成为一个完整的产业链（崔彬等，2015）（图 6-4）。

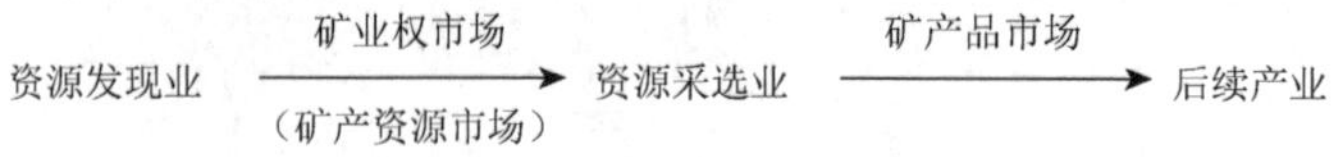

图 6-4　矿产资源产业关系图（崔彬等，2015）

矿产资源市场可以分为两种：①当探矿权和采矿权分离时，专门的勘查部门或单位将已寻找到的矿产资源信息或探索的矿产资源资料（包括经过综合分析和整理的资料），通过矿产资源市场出售给有关的开发部门或以股权的形式与矿业公司合作开发矿产资源。②对于一些采探一体的矿业公司，对探得的一部分因某种原因而不能自行开采的矿产资源，通过矿产市场出售给其他矿业公司开采。矿产资源市场与矿产品市场不同。简单来说，矿产品市场就是指进行各种矿物原料和矿产品交易的场所，矿产品脱离了不动产的定义，属于动产范畴，而矿产资源市场主要是指矿业权的交易市场。我国采用两分法把矿业权分为探矿权和采矿权，所以矿产资源市场是探矿权市场和采矿权市场的总和。

二、矿产资源市场分类

按照不同的标准对矿产资源市场进行分类。

（1）按照矿产资源市场的交易范围，可以将矿产资源市场划分为区域市场、国内市场和国际市场。

（2）按照矿产资源市场的内容，可以将矿产资源市场划分为探矿权市场和采矿权市场。

（3）按照矿产资源市场的交易运行层次，可以将矿产资源市场划分为矿产资源一级市场和矿产资源二级市场。国家对矿业权的出让是矿业权流转的一级市场，矿业权人对其拥有的矿业权的转让是矿业权流转的二级市场。

（4）按照矿产的种类，可以将矿产资源市场划分为能源矿产矿业权市场、金属与非金属矿产矿业权市场。

（5）按照矿产资源市场的交易方式，可以将矿产资源市场划分为抵押、交换、入股等市场。

除此之外，也可以根据市场交易的实际需要对矿产资源市场进行分类，如按照矿产资源市场的市场结构和权属将矿产资源市场划分为一级市场、二级市场、三级市场。其中一级市场涉及所有权的交易，二级市场涉及勘查权的交易，三级市场涉及探采权的流转。

三、矿产资源市场的特点

矿产资源市场的特点集中表现为矿业权市场的特点，矿业权市场作为我国社会主义市场体系中产权市场的一个组成部分，具有市场的一般特征。但是，矿业权是一种特殊形态的商品，矿业权市场具有区别于一般商品市场的明显特征。矿业权市场的特点如下。

（1）交易客体的特殊性。交易的矿业权是矿产资源使用权而非矿产资源所有权。根据《宪法》和《中华人民共和国矿产资源法》（简称《矿产资源法》）及其他有关法律法规的规定，矿产资源属于国家所有，其所有权不能出让，只能出让使用权，即矿业权，所以在我国矿业权市场中交易的只能是矿产资源使用权，这种使用权不同于一般使用权，而是包含了一定时期内对矿产资源的使用、收益的权利。

（2）矿业权市场中所交易的矿业权具有期限性。取得采矿权或探矿权资格的矿业权人必须按照一定的开采规模、勘探进度在规定的时间内行使矿业权。

（3）交易实体的非移动性。矿业权在交易过程中，所依附的矿产资源不能移动，只发生货币和使用者的移动，其实质是矿产资源使用资格（采矿权或探矿权许可证）的交易。因此，矿业权交易往往以矿业权的产权证书为依据，权利的取得必须以法律为依据方为有效，并按权属管理的需要进行变更登记，其权属的变更才能得到法律确认。

（4）矿业权价值的依附性。矿业权价值是指矿业权人在一定时期内通过对矿产资源客体进行活劳动和物化劳动的投入而可能产出的投资收益额，矿业权价值主要来源于矿产资源。

（5）矿业权商品供给的稀缺性。由于矿业权商品依附于矿产资源，而矿产资源是一种可耗竭性资源，再加上它的天然属性，矿业权的供给弹性很小。

四、矿产资源市场分析

（一）矿业权市场

1996 年《矿产资源法》修正后，删除了采矿权不许转让的条款，增加了探矿权、采矿权（下文统称为矿业权）有偿取得并可以依法转让的相关规定，再加上与之相配套的三个行政法规，从此以法律形式肯定了矿业权的财产属性和商品属性，同时也肯定了矿业权的使用价值和交换价值，为矿业权市场的建立和运作提供了法律保障和依据。矿业权是指矿产资源使用权，包括探矿权和采矿权，根据《矿产资源法》及其配套法规，矿业权经依法批准，可以转让他人。矿业权的交易主要包括两类：出让和转让。矿业权的出让是指矿产资源所有者根据矿业权审批权限和矿产资源规划及矿业权设置方案，以招标、拍卖、挂牌、申请、协议等方式依法向探矿权申请人授予探矿权和以招标、拍卖、挂牌、探矿权转采矿权、协议等方式依法向采矿权申请人授予采矿权的行为。矿业权转让是指已经取得矿业权的主体在符合一定条件后将矿业权依法转移给其他主体的行为。

矿业权市场是指作为特殊商品的矿业权在流转过程中发生的经济关系的总和。矿业权市场的主体是矿业权人，即矿业权交易的双方；矿业权市场的客体是交易的目的物，即矿业权本身。矿业权主体之间的种种利益关系构成了矿业权市场的经济关系。矿业权市场是矿业权交易的场所，是矿业权交易行为和经济关系的综合，可以是有形的，也可以是无形的。狭义的矿业权市场是指进行矿业权交易的专门的具体场所，如矿业权交易所、矿业权交易中心等；广义的矿业权市场则是指因矿业权流转、交易而产生和形成的一切经济关系和行为关系的综合，包括矿业权交易的客体或对象、矿业权交易的主体和矿业权交易的媒介等要素。在我国，矿业权市场一般分为两级，即矿业权一级市场和矿业权二级市场。矿业权一级市场是指矿业权申请人根据法律和相关制度的规定，以申请审批、招标、拍卖、挂牌等方式从矿业权所有者（国家）手中获取矿业权，即矿业权的出让所形成的市场；矿业权二级市场是指一般民事主体之间在协商好流转价格之后，以出售、出租、抵押等方式转让矿业权而形成的市场。

（二）矿业权市场发展历程

矿业权市场发展历程概括为表 6-6。

表 6-6 矿业权市场发展历程

年份	相关制度法律	内容特点
1949	—	无偿开采制度
1982	《中华人民共和国对外合作开采海洋石油资源条例》	有偿开采的萌芽（矿区使用费）
1984	《中华人民共和国资源税条例（草案）》	征收资源税
1986	《矿产资源法》	有偿开采逐步建立
1996	修正《矿产资源法》	建立了探矿权、采矿权有偿取得制度，使矿产资源管理有法可依
1998	《矿产资源勘查区块登记管理办法》《矿产资源开采登记管理办法》	以招标投标的方式取得探矿权和采矿权，引入市场竞争
1999	探矿权招标出让试点	海南省东方市不磨金矿和新疆东天山土屋铜矿探矿权招标成功
2000	采矿权拍卖出让试点 《探矿权采矿权使用费减免办法》《矿业权出让转让管理暂行规定》《关于进一步鼓励外商投资勘查开采非石油气矿产资源的若干意见》	从浙江省开始，随后对 9 个采矿权拍卖出让，进一步开放矿业权市场，扩大矿业权市场的对外开放
2003	《探矿权采矿权招标拍卖挂牌管理办法（试行）》	完善探矿权采矿权有偿取得制度，规范探矿权采矿权招标拍卖挂牌活动，维护国家对矿产资源的所有权，保护探矿权人、采矿权人的合法权益
2005	《国务院关于全面整顿和规范矿产资源开发秩序的通知》	明确提出推进矿业权市场建设的要求
2010	《国土资源部关于建立健全矿业权有形市场的通知》	加快建立和完善矿业权有形市场，推进矿业权出让转让进场公开
2019	《关于统筹推进自然资源资产产权制度改革的指导意见》	全面推进矿业权竞争性出让，调整与竞争性出让相关的探矿权、采矿权审批方式
2024	修订《矿产资源法》	明确矿业权应当通过招标、拍卖、挂牌等竞争性方式出让。矿业权出让应当按照国家规定纳入统一的公共资源交易平台体系。对矿业用地做出了新的规定，从制度上保障矿业开发的用地需求

（三）矿业权市场建设现状

1. 对于完善矿业权出让管理

全面推行矿业权设置方案制度。2011 年，国土资源部发出《关于进一步完善矿业权管理促进整装勘查的通知》，强调细化勘查风险分类管理，明确要求在整装勘查区内，以及低风险勘查、无风险矿种，全面实行矿业权设置方案制度并实施信息化管理。矿业权设置方案制度的实施，是解决矿产开发布局不合理问题的治本之策，是衔接矿产资源规划与矿业权设置的重要环节。

2. 对于新立矿业权控制

截至 2019 年底，全国有效探矿权共 12294 个，登记面积 315.2 万 km^2。其中，油气探矿权 921 个，非油气探矿权 11373 个。全国有效采矿权共 39799 个，登记面积 25.5 万 km^2，设计生产规模 153.2 亿 t/a。其中，油气采矿权 797 个，非油气采矿权 39002 个。2019 年全国共出让探矿权 527 个，涉及面积 1.4 万 km^2，出让收益 255.7 亿元；全国共出让采矿权 1649 个，涉及面积 5235.5km^2，新增设计生产规模 12.3 亿 t/a，出让收益 180.3 亿元（李政等，2021）（表 6-7）。

表 6-7　2010～2019 年我国矿业权市场现状（李政等，2021）

年份	矿业权一级市场		矿业权二级市场	
	探矿权/个	采矿权/个	探矿权/个	采矿权/个
2010	2314	8149	1028	2361
2011	1366	5955	485	1680
2012	1055	1862	686	1752
2013	1573	2390	641	1583
2014	1269	2306	443	1181
2015	948	2522	291	807
2016	1165	1819	181	725
2017	737	1559	157	629
2018	346	1238	100	632
2019	527	1623	22	827
合计	11300	29423	4034	12177

从表 6-7 可知，2010～2019 年，我国矿业权市场无论是一级市场还是二级市场，无论是探矿权市场还是采矿权市场，均呈波动下降趋势。其中，出让探矿权市场趋势主要受全球经济形势影响，出让采矿权市场趋势主要受全球经济形势及蓝天保卫战等的影响；探矿权转让市场下行的主要原因是矿业经济持续低迷，上游地勘市场受其影响更加没有动力持续投入风险勘查资金，资金投入减少，没有新的探矿权发现，而优质探矿权更加趋于保持在自己手中，转让更加谨慎；采矿权转让市场下行的主要原因是砂石土类矿产受环境等多种因素的影响。

3. 对于全国矿业权实地核查工作

近年来，我国矿业空前发展，有力地支撑了国民经济建设和社会发展。但是，在矿产资源勘查与开发过程中，存在着一些不容忽视的问题，其中部分矿业权证矿不一致的现象较严重。为此，国土资源部先后发布了《关于开展全国矿产资源储量利用调查工作的通知》（国土资发〔2007〕192号）和《关于开展全国矿业权实地核查工作的通知》（国土资发〔2008〕59号），启动了全国矿业权实地核查工作。

全国矿业权实地核查工作自2008年开始，经过近三年努力，对全国36755个探矿权和110493个采矿权进行了实地核查，实现了预期目标，及时发现和解决了矿业权存在的矿界位移、交叉重叠、越界、信息遗漏等问题，获得了全面、真实、可靠的矿业权基本数据，为推进矿产资源科学规范管理、依法维护矿业权人权益奠定了坚实的基础。

4. 对于矿产资源市场信息服务平台建设

矿业权出让网上交易试点工作正式启动。2011年12月1日，国土资源部办公厅发出《关于矿业权出让网上交易试点工作方案的通知》，将在辽宁、福建、湖南、贵州、宁夏等五省（区）开展矿业权网上出让试点，试点期限为一年。矿业权出让网上交易有利于提高效率、行政便民，有利于加强廉政建设，有利于提高矿业权管理信息化、网络化、科技化水平，为全国探索建立通过互联网实现矿业权统一交易奠定了基础。

全面落实矿业权出让转让信息公示公开制度。建设运行全国矿业权出让转让信息公示公开系统，从2011年4月起全面实现申请在先、招拍挂、协议出让、探矿权转采矿权、转让交易活动及相关信息在有形市场、政府网站或行政大厅公示公开，并建立公示公开信息与统一配号系统的关联。截至2011年底，已公告、公示和公开项目15404项次，其中探矿权采矿权招拍挂项目6599项次，招拍挂结果公示项目3762项次，探矿权采矿权转让公示项目1523项次，其他探矿权采矿权出让受理公开项目1930项次。

5. 对于强化市场在矿产资源配置中的调节作用

①取消“暂停受理新设煤探矿权申请”，煤炭新立探矿权有序投放。自2014年9月12日实施该政策至2015年6月30日，新立探矿权35个；②停止下达锑矿开采总量控制指标；③将钨矿综合利用指标由约束性改为指导性；④调整“暂停受理新设稀土矿勘查开采登记申请”的管理政策，对国家确定符合“开采总量控制、采储平衡”要求的大型稀土企业集团，允许新设稀土探矿权、采矿权。

五、完善矿产资源市场的对策建议

社会主义市场经济的建设使矿产资源交易市场的缺陷逐渐暴露出来。国内许多学者就这一问题进行了广泛的研究，虽然因为立场和研究问题角度的不同，对当前矿产资源市场缺陷的认识存在很多细节上的差异，但在一些方向性的问题上基本达成共识。王学龙（2002）认为，当前矿产资源市场的缺陷主要体现在市场规则不适应市场、市场主体缺位、政府管制乏力、科研与生产实践分离、制度创新和技术创新机制不成熟等方面。为此提出如下完善建议。

（1）建立开放型矿产资源市场。矿业权人不仅可以在国内开发矿产资源，而且可以走出去开发国外的矿产资源，真正做到利用“两种资源、两个市场”。同时，也可以吸引国外投资者来我国投资，促进我国矿业的发展。例如，“一带一路”共建国家资源禀赋各异，互补优势明显，合作潜力巨大，加大矿产资源的勘探开发力度，实现资源优势向经济优势转变，是“一带一路”共建国家共同的愿景。在全球矿业持续低迷的背景下，“一带一路”倡议必将进一步拓展矿产资源国际合作的空间。尽管我国矿业目前面临着部分矿产资源产能过剩、部分矿产资源紧缺的问题，但是也必须意识到其在资金、技术装备、开发经验、人才等方面的良好优势，“一带一路”倡议的实施将为我国矿业发展带来新机遇。

（2）加强矿产资源市场相关法律建设。①要完善市场经济活动的主体制度、资源产权、资源有偿取得、矿业权流转和转让、资源环境保护、资料汇交、行为规则制度等，明确市场主体间的经济关系和人身关系，规定交易活动的支付、融资手段，确立减少风险的途径等；②要规定国家从社会整体利益出发，对市场活动进行干预和宏观调控，对市场秩序进行维护和管理，创造公平的竞争环境等；③要规定国家机关、资源管理部门的职权、组织和行使职权的程序，规范引导政府对经济管理实现从直接管理到间接管理、从具体管理到宏观管理、从行政隶属管理到依法管理的转变；④要规定解决民事、商事、经济争端，保护劳动者权益，提供社会保障的制度；⑤要规定犯罪和刑法制度，公正的司法制度使合法行为得到法律保护，使违法行为受到法律追究（王学龙，2002）。

（3）发展矿业资本市场。建立多元投资体制，改善地勘单位和矿山企业（特别是中小型企业）的融资环境，建立一套针对资源性企业的客观评价体系和资信制度，提供项目融资服务，鼓励上市融资，降低投资风险，加大资本市场对矿山企业投资的促进作用。

（4）鼓励和引导民间资本投资矿产资源领域。为加强和促进矿产资源商业性勘查开发，国土资源部与全国工商联联合发布《关于进一步鼓励和引导民间资本投资国土资源领域的意见》（国土资发〔2012〕100号），为民间资本进入矿产资源领域提供了平台。①保持公平竞争的矿产资源市场环境。保障民间资本投资主体参与矿产资源领域市场竞争的平等权利，保障民间资本投资矿产勘查开采的合法权益。②鼓励和引导民间资本参与矿产资源勘查开发。加大对民间资本投资矿产勘查开采的支持力度。③鼓励和引导民间资本参与油气资源勘查开采。支持民间资本参与非常规油气资源勘查开采，依法保护民间资本参与石油天然气勘查开采的合法权益。④鼓励和引导民间资本参与矿山地质环境恢复治理。难以确定复垦治理义务人的历史遗留工矿废弃地和废弃矿山，民间资本投资主体可通过招标挂牌等方式参与矿山地质环境恢复治理工作。矿山地质环境恢复治理项目经国土资源主管部门验收合格后，从事种植业、林业、畜牧业、渔业生产的，经县级以上人民政府批准，可以优先确定给复垦治理单位或个人使用。⑤加强对民间资本投资矿产资源领域的服务和规范管理。做好民间资本投资矿产资源领域的服务工作，切实加强矿产资源开发利用监督管理。

第三节　海域使用权市场

一、海域使用权市场及相关概念概述

1. 海域

海域是指一定界限内的边缘海区域，包括区域内的海表层、表层以下的水体及其底

土，是一个主体空间。在《中华人民共和国海域使用管理法》（简称《海域使用管理法》）中，海域被定义为中华人民共和国内水、领海的水面、水体、海床和底土，所称内水是指中华人民共和国领海基线向陆地一侧至海岸线的海域。

2. 海域使用权

海域使用权是指法人、其他组织或个人依法取得的，对国家所有的某一特定海域在一定期限内持续地排他性占有、使用和收益的权利。海域使用权是一种自然资源的使用权，是从海域所有权上派生出来的一种权利，是所有权和使用权分离的一种表现形式。根据《海域使用管理法》规定："海域使用申请经依法批准后，国务院批准用海的，由国务院海洋行政主管部门登记造册，向海域使用申请人颁发海域使用权证书；地方人民政府批准用海的，由地方人民政府登记造册，向海域使用申请人颁发海域使用权证书。海域使用申请人自领取海域使用权证书之日起，取得海域使用权""招标或者拍卖工作完成后，依法向中标人或者买受人颁发海域使用权证书。中标人或者买受人自领取海域使用权证书之日起，取得海域使用权"。2020 年颁布的《民法典》明确规定了海域使用权用益物权的性质，结束了前期学者研究中的准物权说、特许物权说和物权说的争论。海域使用权的确立与流转有利于落实海域使用权人的经济自主权，促使海域资源的合理开发利用，有利于增加政府的财政收入和拓宽开发海域的融资渠道，实现投入、回收、再投入的良性循环（刘春香，2017）。这样不仅有利于国家海域所有权在经济上的实现，也有利于优化海域资源配置，提高海域资源利用效率。

3. 海域使用权发展历程

海域使用权的发展历程可以分为四个阶段：产生阶段、探索阶段、发展阶段和重构阶段（表 6-8）。

表 6-8 海域使用权发展历程

发展阶段	年份	相关制度法律	内容特点
产生阶段	1985	《中共中央 国务院关于放宽政策、加速发展水产业的指示》	提出海域使用权的概念，将海域列入资源范畴
	1986	《中华人民共和国渔业法》（简称《渔业法》）、《中华人民共和国民法通则》（简称《民法通则》）、《土地管理法》	不同所有制形式的水域和滩涂采用不同的使用权制度，初步解决养殖业的海域使用问题
探索阶段	1993	《国家海域使用管理暂行规定》	明确所有权权属、海域许可制度、有偿使用制度
	1998	《海域使用申报审批管理办法》	加强对海域使用申请、审查、报批工作的管理
	2001	《海域使用管理法》	法律上明确规定海域所有权、使用权制度
发展阶段	2006	《海域使用权管理规定》	明确海域使用权的转让和出让细则
	2017	《国家海洋局关于开展海域使用权管理统一配号有关事项的通知》	搞好海域不动产登记工作，进行海域使用审批配号
重构阶段	2018	《关于海域、无居民海岛有偿使用的意见》	建立保护优先、产权明晰、权能丰富、规则完善、监管有效的海域、无居民海岛有偿使用制度
	2019	《自然资源部关于实施海砂采矿权和海域使用权"两权合一"招拍挂出让的通知》	海砂采矿权、海域使用权出让纳入同一出让合同

4. 海域使用权最高期限

海域使用权的最高年限根据不同用途确定：养殖用海十五年，拆船用海二十年，旅游、娱乐用海二十五年，盐业、矿业用海三十年，公益事业用海四十年，港口、修造船厂等建设工程用海五十年。

5. 海域使用权和渔业权的区别

渔业权指进行渔业生产活动所应取得的权利。根据《渔业法》的规定，主要包括水面、滩涂的所有权、养殖使用权、捕捞权等。渔业权不是一项独立的民事权利类型，渔业权制度的存废与海域的法律地位紧密相连（张洪波，2015）。《渔业法》中定义的“海洋渔业”除国务院划定由国务院渔业行政主管部门及其所属的渔政监督管理机构监督管理的海域和特定渔业资源渔场外，由毗邻海域的省、自治区、直辖市人民政府渔业行政主管部门监督管理。海洋渔业包括捕捞渔业和养殖渔业，所以渔业权可以分为捕捞权和养殖权。捕捞权指公民、法人或者其他组织依照法律规定，在我国滩涂、领海及我国管辖的其他海域从事捕捞自然状态的海洋生物（水生动物和植物等）渔业生产经营的权利；养殖权是利用特定海域养殖海洋生物并予以获取和收益的权利。

行使捕捞权不需要也不可能对特定海域进行排他性的使用，属于传统民法中人役权的概念，这种人役权与地役权非常相似，只是并不以需役地的存在为前提。这种权利虽然没有排他性，但也属于对一定海域的持续利用，有人甚至一生都在固定的海域捕鱼，因而也是一种海域使用权。行使养殖权需要对特定海域进行排他性的使用，因而海域使用权与渔业权属于交叉概念，海洋渔业权中的养殖权包括在海域使用权之中，而海域使用权不限于养殖权。

6. 海域使用权市场

海域市场化经营是指在维护国家对领海主权、对大陆架和专属经济区自然资源开发利用权利的前提下，发挥市场对海洋资源开发利用和合理配置的基础性作用，并与海域管理的其他手段（如行政、法律、计划、税收、技术、教育等）相配合，在加强国家对海域管理的基础上，协调海域使用者的权益和义务，促进海域的开发利用，以最大程度实现海域的经济、社会和生态功能。

海域使用权的市场化运作方式主要指一级海域市场和二级海域市场，其中一级海域市场指的是政府根据现有法律将其持有的海域有偿转让给需求者而发生的交易关系，一级海域市场的取得方式有申请审批和招拍挂两种；二级海域市场指的是海域持有者在规定使用期限内依法将海域使用权再次流转给其他人时发生的交易关系，这种流转也许会经历多个层次，二级海域市场的交易方式主要有依法有偿转让、出租和抵押。

二、海域使用权市场分类

市场体系在经济学上的解读就是在社会化大生产充分发展的基础上，由各类市场组成的有机联系的整体。现代市场经济体制的运行不是某一个市场在发挥作用，而是由不同的市场组成一个市场体系，既包括产品和服务市场，也包括要素市场。通过不同的划分标准，可以将海域使用权市场划分为不同的子市场。

1. 按照海域的具体用途划分

按照海域的具体用途将海域使用权市场划分为渔业用海市场、工业用海市场、交通运输业用海市场、旅游娱乐用海市场、设施工程（海底工程、排污倾倒工程、造地工程）用海市场、特殊用海市场、其他用海市场（图 6-5）。

- 海域使用权市场体系
  - 渔业用海市场：渔业基础设施、围海养殖、开放式养殖、人工鱼礁
  - 工业用海市场：盐业、固体矿产开采、油气开采、船舶工业、海水综合利用等
  - 交通运输业用海市场：港口、航道、锚地、路桥
  - 旅游娱乐用海市场：旅游基础设施、浴场、游乐场
  - 设施工程用海市场：海底工程、排污倾倒工程、造地工程
  - 特殊用海市场：科研教学、军事、海洋保护区、海岸防护工程
  - 其他用海市场

图 6-5　按具体用途的海域使用权市场分类

2. 按照海域使用权市场的运作层次划分

按照海域使用权市场的运作层次，将海域使用权市场划分为海域使用权一级市场和海域使用权二级市场。国家在保证海域所有权的前提下将符合法律规定和经济发展要求及海域利用规划的海域使用权通过市场机制让渡给有用海需要和开发利用条件的用户，这样就在国家与用户之间形成了海域使用权出让市场，即海域使用权一级市场。海域使用权二级市场主要是海域产权的再分配，这个市场主要由海域产权转让市场构成，是同一层次经济主体海域使用权的横向流转，进行的是使用权、经营权的交易，基本等同于土地二级市场的产权交易。

3. 按照海域使用权市场的发展程度划分

海域使用权市场与海域使用权的发展息息相关，海域使用权经历了产生、发展和成熟三个阶段，所以将海域使用权市场划分为海域使用权萌芽市场、海域使用权发展市场、海域使用权成熟市场；又因为各地区的海域使用权市场基本上是相互独立的，各用途的海域使用权也存在发展差异，所以这三个阶段的市场可以同时存在，在同一领域和维度则表现为海域使用权发展的三个阶段。

除按照上述分类标准对海域使用权市场进行划分外，还可以根据实际需要对海域使用权进行分类。例如，按照海域使用权的流转形式可以将其分为入股市场、抵押市场、租赁市场等。

三、海域使用权市场分析

（一）海域使用权一级市场

根据《海域使用管理法》第十九条、第二十条“海域使用申请经依法批准后，国务院批准用海的，由国务院海洋行政主管部门登记造册，向海域使用申请人颁发海域使用权证书；地方人民政府批准用海的，由地方人民政府登记造册，向海域使用申请人颁发海域使用权证书。海域使用申请人自领取海域使用权证书之日起，取得海域使用权”“海域使用权除依照本法第十九条规定的方式取得外，也可以通过招标或者拍卖的方式取得”“招标或者拍卖工作完成后，依法向中标人或者买受人颁发海域使用权证书”等法律条例可知，海域使用权一级市场的取得方式主要有申请审批、招标和拍卖。

1. 申请审批

海域使用的申请审批具有条件限制，根据《海域使用管理法》《海域使用申请审批暂行办法》等法律规范中的相关内容可以总结出海域使用权的申请审批取得方式和条件。海域使用权申请主体（包括单位和个人）应当提交的材料有：①海域使用申请书；②海域使用论证材料；③相关的资信证明材料；④法律法规规定的其他书面材料。由国家海洋行政主管部门直接受理海域使用权申请的情况有：①国家重大建设项目；②国家级保护区内的项目；③倾倒区项目；④国家直接管理的电缆管道项目；⑤油气及其他海洋矿产资源勘查开采项目；⑥跨省、自治区、直辖市行政区域的项目；⑦其他由国务院或国务院有关部门依法审批的项目。对于申请的审批主要包括三个阶段：①现场调查和权属核查（项目用海是否符合海洋功能区划，申请海域是否设置海域使用权，申请海域的界址、面积是否清楚）；②送上级审查机关或审核机关审查（程序和要求是否正确、是否存在管辖异议、是否切实可行、有无权属争议等）；③批复（面积、位置、用途和期限，海域使用金征收额度、缴纳方式、地点和期限，海域使用要求等）。从上述申请审批的相关法律规范可以看出，海域使用权的取得是受到严格的规范和限制的。作为我国现阶段取得海域使用权的主要方式，这些规范致使海域使用权一级市场成为垄断竞争的市场，其本质是由我国的社会制度决定的。因此，通过制度的改革（提高审批效率、优化审批程序）和相关法律的完善，有望建立一个适应当前经济发展和现代化市场体系建设的海域使用权一级市场。

2. 招标、拍卖与挂牌

海域使用权的招标是指海洋行政主管部门发布招标公告，邀请特定或者不特定的公民、法人和其他组织参加国有海域的使用权投标，根据投标结果确定海域使用权人的行为。根据《中华人民共和国招标投标法》的规定，招标分为公开招标和邀请招标。公开招标是指向全社会发布公告且不限定投标人的竞争性投标。邀请招标是由招标方选择符合条件的单位或个人，向他们发出招标通知邀请其参加投标。《中华人民共和国拍卖法》

将拍卖定义为“以公开竞价的形式，将特定物品或者财产权利转让给最高应价者的买卖方式”。拍卖海域使用权是指市、县人民政府对某一海域有了明确的规划条件后，在指定的时间、地点，组织符合条件的有意受让人到场，对出让海域使用权的海域公开叫价竞投，按“出价最高者得”的原则确定受让人的一种方式。2007 年开始实施的《海域使用权管理规定》中对招标、拍卖方式的海域使用权出让做出规定：“海域使用权招标、拍卖应当遵循公开、公平、公正和诚实信用的原则，有计划地进行”，“同一海域有两个或者两个以上用海意向人的，应当采用招标、拍卖方式出让海域使用权”，“标底、底价应当根据海域评估结果等确定，不得低于按海域使用金征收标准确定的海域使用金、海域使用论证费、海域测量费和海域评估费等费用总和”。除下列情形外，海洋行政主管部门可以采取招标、拍卖方式出让海域使用权：①国务院或国务院投资主管部门审批、核准的建设项目；②国防建设项目；③传统赶海区、海洋保护区、有争议的海域或涉及公共利益的海域；④法律法规规定的其他情形。拍卖和招标的审批程序相同，包括三个阶段：①上报阶段，由下级海洋行政主管部门逐级上报到上级部门；②审核阶段，有审批权的海洋行政主管部门进行全面审核，提出决策意见；③审批阶段，人民政府同意的，作出海域使用权拍卖批准书。2010 年，广东推行海砂开采海域使用权挂牌出让工作。海域使用权挂牌是指指海洋行政主管部门发布挂牌公告，按公告规定的期限将拟出让海域使用权的交易条件在指定的交易场所挂牌公布，接受竞买人的报价申请并更新挂牌价格，根据挂牌期限截止时的出价结果确定海域使用者的行为，同样是具有公开、公平、公正特点。2005～2017 年招拍确权的海域面积情况见表 6-9。

表 6-9　2005～2017 年招拍确权的海域面积（黄凌翔等，2021）

年份	海域使用权确权方式					
	海域使用权招标			海域使用权拍卖、挂牌		
	证书	面积/hm^2	海域使用金征收金额/万元	证书	面积/hm^2	海域使用金征收金额/万元
2005	25	2400.86	297.27	40	3837.7	1662.93
2006	1	91.9	3.58	100	7086.67	567.94
2007	9	1989.41	497.03	6	637.57	81.13
2008	43	6745.11	280.89	35	3022.38	297.35
2009	19	2799.723	309.7246	21	1821.168	4806.7115
2010	22	4294.69	267.08	14	1993.96	5260.50
2011	—	—	—	—	—	—
2012	50	10011.3102	6145.2668	20	1684.34	4867.94
2013	—	—	—	—	—	—
2014	—	—	—	—	—	—
2015	70	12731.33	—	352	12446.08	—
2016	16	3266.57	—	651	74598.03	—
2017	13	838.92	—	580	23594.70	—

注：“—”表示无具体数据；数据来源为 2005 年～2017 年《海域使用管理公报》。

（二）海域使用权二级市场

相比于严格限制的海域使用权一级市场，海域使用权二级市场更具有经济活力。一级市场的完善和发展依赖于制度的改革、法律的完善和相关程序的科学修正，而海域使用权二级市场则是海域使用权从一个民事主体转移到另一个民事主体手中（无论多少次数和多少层次）而形成的市场。除了权利的转移外，还有与市场有关的服务、机构等要素的参与（李晓燕和肖培炜，2016）。《海域使用权管理规定》明确了海域使用权二级市场的主要交易内容为海域使用权的转让、出租和抵押。

1. 转让

“海域使用权可以依法转让。海域使用权转让的具体办法，由国务院规定”，这是《海域使用管理法》第二十七条的内容，是海域使用权转让的直接法律依据，但对转让的细则并没有详细规定。《海域使用权管理规定》第六章第三十七条“海域使用权有出售、赠与、作价入股、交换等情形的，可以依法转让”界定了转让的内容。所以，海域使用权转让包括海域使用权的买卖、互换、赠与和出资入股等流转方式，海域使用权从出让人处转移到受让人处，其法律特征在于海域使用权权利主体的变更。《海域使用权管理规定》中对海域使用权转让作出规定，转让海域使用权应当具备的条件有：①开发利用海域满一年；②不改变海域用途；③已缴清海域使用金；④除海域使用金以外，实际投资已达计划投资总额的百分之二十以上；⑤原海域使用权人无违法用海行为，或违法用海行为已依法处理。

2. 出租

《海域使用权管理规定》中相关条例已经确立了海域使用权出租的合法性，并对海域使用权出租进行了条件限制（满足情形之一的不得出租、抵押）：①权属不清或者权属有争议的；②未按规定缴纳海域使用金、改变海域用途等违法用海的；③油气及其他海洋矿产资源勘查开采的；④海洋行政主管部门认为不能出租、抵押的。虽然还没有出台相应的法律规范对出租的详细内容和操作程序作出具体的规定，但并不影响海域使用权以出租方式在市场流转。海域使用权的出租是指海域使用权人作为出租人将海域使用权随同用海设施、构筑物、附着物等租赁给他人收益、使用，从而收取一定租金的行为。海域使用权出租和转让是存在本质上的差异的，海域使用权转让是平等民事主体之间海域使用权的流转，表现为使用权的主体发生变更。海域使用权的出租是内容的变更而非海域使用权主体的变更，海域使用权的原有主体仍保有海域使用权，仅仅是在有效期限内由出租方交由租赁方进行开发利用，出租方的权利内容从开发利用海域变成了收取实际租金。

3. 抵押

海域使用权的抵押是海域使用权二级市场中最活跃也最成熟的一种。海域使用权抵押是指海域使用权人在法律允许的范围内，在不移转海域占有的情况下，以海域使用权作为债权担保，在该债权逾期不能实现时，债权人有权依法处分该海域使用权，并对处分的价款享有优先受偿的权利（胡家强和刘洋，2013）。海域使用权抵押是社会主义市场经济体制发展的必然要求，同时也是海洋经济发展的客观需要。原有的海域使用权流转方式阻碍了市场在资源配置中的决定性作用，导致使用者任意占用海域，肆意开发利用，造成了海域资源的严重浪费（王德润和朱艳艳，2015）。重新确立市场在海域使用权配置中的决定性作用，必然要承认作为市场中重要部分的海域使用权抵押。《全国海洋经济发展“十三五”规划》明确提出“深化海洋经济体制改革”的目标，将“健全现代海洋经济市场体系”作为改革的首要内容，其中提出“在沿海中心城市推动建立海洋产权交易服务平台，开展海域使用权抵押及交易，探索海洋碳排放交易试点，实现海洋各类资源与要素的市场化配置”。

四、完善海域使用权市场的对策建议

现今海洋经济的发展之所以重视海域使用权的市场建设，是因为市场化的海域使用权流转能够改变以往高度集中的计划经济体制下海域使用权无偿、无限期和无转移而导致海域未能得到合理利用，海域使用权的效益未能充分发挥的局面。海域使用权的市场化流转将经济自主权还给海域使用主体，并将其作为一种资产在市场上流通，采用现代化的金融手段进行资产性的转变，使海域使用权主体更具经济活力。同时，市场能够促进海洋产业结构的优化升级，淘汰落后的产业，给新兴的海洋产业提供公平竞争的机会，不断提高各种要素配置的科学性和合理性，实现海洋产业集约化、规模化的发展要求。我国现阶段的海域使用市场的建设还处在摸索和发展阶段，不管是市场机制，还是宏观调控机制都未能发挥很好的作用，针对现阶段海域使用权市场中在存在的问题，提出以下建议。

1. 建立和规范海域收储管理工作，促进海域资源节约集约利用，提高海域使用保障能力

海域收储不仅可以更好地发挥市场在海域资源配置中的作用，同时，也能促进海域使用权的市场化，建立一个行之有效、运行高效的符合现代化经济体系建设的海域使用权市场。海域收储是将未利用或者已经超过项目审批权限和辖区年度计划的海域，收回海域使用权并储备起来。《福建省海域收储管理办法（试行）》中对收储的对象进行了规定：①实施海洋功能区划依法收回的；②海域使用期限届满依法收回的；③闲置海域依法收回的；④非法占用、转让海域依法收回的；⑤未开发利用的。在实际中这一法律的制定取得了很好的效果，很大程度上解决了市场化配置海域资源有限性的问题，突出体现了市场在海域使用权配置中的作用，有力推进了海域使用权市场建设。为此，海洋行政主管部门根据项目用海审批权限组织编制辖区年度海域收储计划和实施方案，逐步建立和完善海域储备项目库，成立海域收储工作领导小组，组建海域收储机构，承担海域收储的具体实施工作。

2. 完善相关法律，明确海域使用权市场的准入标准

海域使用权进入市场的标准是什么、以什么样的方式进入市场，是海域使用权市场化要解决的首要问题。现有的法律规范对这一问题并没有作出明确的规定，只是指定相关部门制定细则，而实际中存在很多缺位现象，规章制度明显落后于海域使用权市场建设的现实需要。进入市场的标准则是规范市场主体，进行资格审查和条件限制，确保资源的有效分配。应当对已颁布实施二十多年的《海域使用管理法》进行修改，使之更能切合海域使用对法律的需求，同时以此为依据，将准入标准和进入方式以总则的形式增补进《海域使用管理条例》，然后再在分则中规定具体的准入条件、具体的申请资格及取得资格后的义务，对总则的条文加以详述，相互映衬。海洋行政部门也应该根据不同的用海类型和用海方式，规定不同的市场准入标准和资源配置方式。二级市场相比于一级市场更有经济活力，所以对于海域使用权一级市场和二级市场应当差异化对待。实际中应对进入二级市场的主体进行严格的规范，确保市场秩序，同时对获得资格认证的主体进行海域使用权登记，保护其合法权益，在实际操作中减少法律方面的限制和政府的行政干预，激活转让、出租、抵押等流转方式在海域使用权市场中的作用，建立一个合理规范而又极具活力的海域使用权二级市场。

3. 建立科学的海域使用权估价和定价机制

海域使用权进入市场之前都要对其进行价值评估。海域使用权的价值评估是以海域使用权价格来体现的，同时也是对海域使用权作为资产的价值确认。建立海域使用权价值评估制度，确定了合理的海域使用金征收标准，保护了所有权人的利益，也将极大促进全面实施海域使用权市场化配置。为此，可以从几个方面出发：①加大海域评估机构与队伍建设力度。设立专门的海域使用权价值评估机构，培养专业评估人才，为海域使用权市场化提供评估服务。制定海域评估机构登记管理办法、海域评估人员管理和考核办法等。②建立科学的海域定价机制，对海域价值实行动态化管理。③加强评估规范管理，健全海域使用权价值评估技术标准，建立评估体系，制定评估管理办法等。建立海域使用权动态化定价管理机制，海域使用权的初次价格确立来自于政府征收的海域使用金，但将海域使用权投入市场后，应当遵循市场的一般规律，通过市场来确定合理的价格。在全国范围内针对同一利用类型和利用强度海域制定统一的价格标准，再结合海域重要程度、使用性质等地域实际制定海域使用权价格。

4. 建立海域使用权市场综合服务设施

海域使用权市场有效运行不仅需要运用市场来配置资源，运用行政干预来规避市场失灵，还需要建立更加完善的各项服务设施或机构来保证海域使用权市场化流转健康发展。对于海域使用权市场综合服务设施的建设，综合众多学者的研究成果提出建议：①科学构建海域使用权流转平台并赋予其相应的工作职责。对外收集海域使用权利用、供求、权属变更等信息，提供海域使用权流转场所，对内进行数据的整理分析、研究市场的最新动态等。整合海域使用申请审批、确权登记、流转登记、信息发布和动态监视监测等

形成一个海域使用综合性信息平台，统一发布信息、统一交易规则、统一监督管理，确保海域使用权规范流转。②海域行政主管部门针对海域使用权市场建立一个监督和管理的机构，向市场公布最新的海域利用行政信息，对违反规定使用海域或使用造成海洋生态环境破坏的进行严格督查，并将结果公布于众。③培育综合性专业中间机构，建立中介服务市场。大力发展海域评估、海域测量、海域融资担保、信息服务、法律服务等专业服务机构，为海域使用权市场的全面建设提供优质服务保障。

复习思考题

[1] 简述农用地市场、农村集体经营性建设用地市场、农村宅基地市场的概念、特征和发展历程。

[2] 简述农村不动产市场发展中存在的问题及解决思路。

[3] 简述农村不动产市场引起的土地增值收益的分配问题。

[4] 简述矿产资源市场的概念、特征及发展现状。

[5] 简述海域使用权市场的概念、特征及发展现状。

参考文献

陈常优，毋晓蕾，叶枫. 2010. 豫东平原农用地流传机制研究. 中国农学通报，26（3）：332-336.

崔彬，牛建英，李超峰，等. 2015. 现代矿产资源经济学. 北京：中国人民大学出版社.

高迎春，尹君，张贵军，等. 2007. 农村集体建设用地流转模式探析. 农村经济，（5）：34-36.

郭青霞，张前进. 2001. 关于建立农村宅基地市场的思考. 山西农业大学学报，（3）：288-290.

韩康. 2008. 启动中国农村宅基地的市场化改革. 国家行政学院学报，（4）：4-7.

韩康，肖钢. 2008. 积极探索建立有中国特色的农村宅基地市场——启动农村宅基地市场化改革研究. 理论前沿，（13）：5-9.

何虹，陆成林. 2015. 新型城镇化背景下农地流转的三个重要问题. 学习与实践，（4）：32-39.

胡家强，刘洋. 2013. 海域使用权抵押担保法律问题探析. 中国海洋大学学报（社会科学版），（3）：23-27.

黄凌翔，蒋亚男，王忠. 2021. 我国海域市场分析及对策研究. 城市，（9）：43-57.

蒋月华. 2016. 完善农村集体经营性建设用地市场机制研究. 长沙：湖南师范大学硕士学位论文.

李国祥. 2012. 建立健全我国农用地流转市场的思考. 农村金融研究，（10）：11-15.

李明艳. 2012. 激活农村宅基地市场. 浙江经济，（21）：9.

李晓燕，肖培炜. 2016. 简论海域使用权二级市场流转方式的完善——兼论《海域使用管理法》的修改. 法制博览，（14）：175-176.

李政，陈从喜，葛振华，等. 2021. 我国矿业权市场统计现状与展望. 国土资源情报，（1）：43-49.

梁燕. 2014. 农村集体经营性建设用地入市路径选择. 农业科学研究，35（3）：62-66.

刘春香. 2017. 宁波市海域使用权市场流转体系研究. 杭州：浙江大学出版社.

刘琦，左金睿，包喜利. 2009. 我国农用地流转问题与对策研究. 经济研究导刊，（5）：28-29.

刘险巍，杜延恒. 2010. 当前我国林地市场存在的问题及解决对策研究. 农家之友（理论版），（12）：47，49.

刘志勇，李宽. 2014. 浅谈城乡统一建设用地市场中集体经营性建设用地. 内蒙古科技与经济，（23）：10-11.

毛德华，李姣. 2015. 经济发展方式的生态转型. 北京：经济日报出版社.

彭凤琴. 2009. 关于林地流转问题的探讨. 现代农业科技，（4）：242-243，245.

沈海花，朱言坤，赵霞，等. 2016. 中国草地资源的现状分析. 科学通报，61（2）：139-154.

孙书贤. 2004. 探索海域使用权招标拍卖方式依法推进海域使用权市场机制建设. 海洋开发与管理，21（4）：30-34.

唐威. 2019. 农村集体经营性建设用地市场运行机制研究——以浏阳市为例. 长沙：湖南师范大学硕士学位论文.

汪磊，黄硕琳. 2010. 浅析我国海域使用权市场的拍卖机制. 前沿，（4）：65-67.

王德润，朱艳艳. 2015. 海域使用权抵押贷款的风险防范. 中国农村金融，（8）：61-62.
王小映. 2005. 推进集体建设用地市场化改革. 中国土地，（12）：7-8.
王兴稳，钟甫宁. 2008. 土地细碎化与农用地流转市场. 中国农村观察，（4）：29-34，80.
王雄. 2012. 构建合理的农用地流转市场的制度分析. 中国乡镇企业会计，（3）：25-26.
王学龙. 2002. 关于建立开放型矿产资源市场的几点思考. 资源·产业，（2）：30-32.
徐向文. 2015. 耕地流转制度实践的再思考. 社会学评论，3（2）：47-55.
张洪波. 2015. 论渔业权与海域使用权的冲突及协调. 海南大学学报（人文社会科学版），33（1）：48-53.
张军. 2007. 农村土地流转存在的问题与对策思考. 农业经济，（8）：38-40.
张忠学，杨富萍，逄淑花，等. 2014. 草地市场分析. 吉林畜牧兽医，35（3）：18-20.
郑风田，焦万慧. 2015. 农村经营性建设用地入市障碍在哪？ 当代县域经济，（1）：10-13.
郑锡泉. 2003. 矿产资源资产与市场优化配置. 江苏地质，（4）：242-245.

第七章　不动产投资

第一节　不动产投资概述

一、投资的概念

（一）日常生活中的投资

投资在日常生活中普遍存在：居民家庭存款，购买债券或股票，企业建造或租用生产经营场所和购置设备；汽车生产企业要有厂房和生产流水线，钢铁生产企业要有高炉，商业企业必须事先建设或租用经营场所，水力发电企业要建筑水坝和安装发电机组；农民购买农业工具或农业机械、修筑水渠，城市发展需要建筑交通道路，铺设给排水、供电和通信网线……这些都是平常可见的投资，投资无处不在。

（二）投资的定义

不同的领域对投资有着不同的定义。夏普（Sharpe）认为投资是为了将来的（可能不确定的）消费（价值）而牺牲现在一定的消费价值（杨威，2010）。萨缪尔森认为对于经济学者而言，投资的意义总是实际的资本形成——增加存货的生产，或新工厂、房屋和工具的生产，只有当物质资本形成生产时，才有投资（谭颖卓，2000）。道伦和福勒认为，广义的投资是指以获利为目的的资本使用，包括购买股票和债券，也包括运用资金从事建筑厂房、购置设备和原材料等扩大生产流通的事业；狭义的投资是指投资人购买各种证券，包括政府公债、公司股票、公司债券、金融债券等（刘昌黎，2008）。综合以上观点可以明确，投资是一定的经济主体为了获取预期不确定的效益而将现期的一定资金或资产转化为资本的经济行为。

（三）投资要点

1. 投资主体

（1）投资主体的内涵。根据对投资的定义，可以明确投资主体的内涵及定义，本书所说的投资主体是指对一定的资金拥有自由支配的权利，进行投资并有权享受投资带来的收益，且因获得不确定的效益而承担投资可能发生损失的主体。

（2）投资主体的类型。投资主体的类型可以包括居民、企业、其他营利性机构、政府、其他非营利性组织。

其中企业包括国有独资企业、私有企业、股份制企业、合资企业或外资企业；其他营利性机构包括投资基金、证券公司等；政府包括中央政府或地方政府；其他非营利组织包括学校、福利基金会等。这些都可能成为投资的主体，依照法律相关要求进行投资，并有权享受投资带来的收益，以及承担不确定效益可能带来的损失。

2. 投资的目的是获取效益

投资的主体总是出于一定的目的进行投资，获取效益是投资主体最主要的目的。这里的投资效益主要包括宏观经济效益和微观经济效益、直接效益和最终效益、投资者的财务效益和社会效益等（庄铁丽，2005）。

3. 投资必须花费现期一定收入

投资需要牺牲一定量的消费，其中投资资金的来源主要包括投资者自己的收入、通过各种途径如借钱来获得收入。对个人来说是如此，对整个社会来说也是如此。

4. 投资具有一定的风险性

投资具有一定的风险性。投资所获得的未来预期效益是不确定的，获得预期效益可以使投资者具有内在的动力，要承担一定的风险，又使投资者受到内在的约束。如果轻易可获得收益而无任何风险，投资者就会有一种永无止境的投资扩张冲动；相反，如果风险是确定的而无获利的可能性，投资者就会停止投资。只有在风险和效益相统一的条件下，投资行为才能得到有效调节（王明吉和牛建高，2005）。

二、不动产投资

（一）不动产投资的概念

根据前面对投资的了解，可将不动产投资定义为：投资者为了获取预期不确定的效益而将一定的现金转为不动产经营的行为，属于投资行为的一种。

（二）不动产投资的特征

1. 巨额性

通常，投资股票、黄金等金融产品仅仅需要较少的资金就可以入市操作，土地开发成不动产商品则需要巨额的资金，通常可以达到几百万、几千万，甚至是上亿。对于开发商来说，只有不动产项目全部建成之后，才能发挥其具有的功能。所以，不动产开发投资必须在建设过程中一次性支出。

2. 高度风险性

不动产行业是一种高投入、高收益的特殊行业，通常获利的机会越大，所承受的风险也就越多。由于不动产自身投资回收期长、资金周转速度慢等特性，强化了不动产投资的高度风险性。例如，不动产市场不景气、建设的周期延长、资金短缺等都可能会导致不动产投资活动的失败。因此，在进行不动产投资分析时，必须对投资的风险进行必要的专题研究。

3. 不动产建设与回收的长期性

由于不动产投资的工程量大，其开发与建设所需要的周期也比一般商品所需要的时间长得多，往往会持续好几年的时间。不动产所需的建设期与回收期长，若是遇到不动产市场不景气的时期，其投资的回收期就更难定了。由于不动产投资的回收期长，在不动产投资分析中，对货币的资金时间价值分析显得尤为重要。

4. 盈利性和保值增值性

土地自身具有有限性和不可再生性。随着社会的不断发展，不动产供给相对于日益增长的需求来说始终处于稀缺状态。因此，长期的供不应求导致不动产价格的总体趋势是不断上涨的，而且其上涨的幅度往往大于或者等于一般物价的上涨幅度，因此投资者才愿意承担更大的风险将资金投向不动产，从而能够更好地获得资金的增值，不动产投资也由此具有较强的盈利性与增值性（马达，2005）

5. 较强的专业性

不动产投资与股票、黄金等的投资方式不同，它的专业性较强。不动产投资项目能否成功，与投资者所掌握的熟练投资技巧有一定的关系。不动产项目的类型多样而且不可移动，需要投资者具备一定的专业知识，包括把握不动产市场的走势、掌握一定的与不动产相关的建筑等专业知识。这样才能保证投资的准确性，从而获得利润。

三、不动产投资的方式

不动产投资按照不同的标准可以分成不同的种类。按照投资主体的不同，分为国家投资、企业投资和个人投资；按照投资方式的不同，分为直接投资和间接投资；按照投资用途的不同，分为地产投资、住宅房地产投资、商业房地产投资、工业房地产投资等。这里主要从投资方式的角度对不动产投资的分类进行介绍。

按照投资方式的不同，投资可以分为直接投资与间接投资、产业投资与证券投资。其中产业投资与证券投资是从投资与产业资本形成的角度对投资方式的划分，而直接投资与间接投资是从投资与企业生产经营控制权的关系的角度对投资方式的划分，下面对其进行重点讲述。

（一）直接投资

不动产直接投资是指投资者直接参与不动产开发或购买不动产并参与有关经营活动的过程，包括从购地开始的不动产开发投资和物业建成后的不动产置业投资两种方式。

1. 不动产开发投资

不动产开发投资是指投资者从购买土地使用权开始，经过项目策划、规划设计和施工建设等过程获得不动产商品，然后将其推向市场，转让给新的投资者或使用者，并通过转让过程收回投资、实现开发商收益目标的投资活动。对于不动产开发投资，可以按照不同的标准做进一步的分类（候晨曦，2010）。

（1）按投资对象的不同，不动产开发投资可以分为地产开发投资和房产开发投资。其中地产开发投资以土地开发为主，利用土地的买卖差价以及进行土地开发后的出售或出租经营来获取投资收益的不动产开发与经营活动。广义的土地开发包括农田和森林开发等所有的土地开发利用活动，而狭义的土地开发仅指工业化和城市化进程中城镇或开发区对土地的开发利用活动（李会峰，2005）。

房产开发投资又包括住宅房地产投资、商业房地产投资、工业房地产投资等。其中住宅房地产的需求一般较为稳定，住宅作为人类最基本的生存条件之一，随着城市化的进程，在现在及今后相当长的一段时间内，住宅房地产投资将成为不动产开发商的首选；商业房地产投资的对象包括写字楼、商场、旅馆、旅社及各种娱乐设施等，这类房地产以出租经营为主，投资回报较高，也是不动产投资的热门。但是，由于这类物业无明确的租约保障，没有稳定的消费对象，竞争力大，投资风险很大。这类投资对象经营收益的高低不仅取决于自身的环境条件、经营方略，还取决于区域经济发展状况。

目前工业房地产投资主要集中在开发区建设，其他都是随着一般工业投资进行的。进行工业房地产投资主要是兴建标准工业厂房和工业基础设施，其投资效果受国民经济运行状况影响较大，也受到我国区域产业政策与工业区位的影响（刘江，2011）。工业房地产可以分为多用途和单一用途（尤其是为某特定制造业设计的）两类，其中后一种房地产投资的风险较大。

（2）按照投资收益实现方式的不同，不动产开发投资可以分为不动产出售、不动产出租（租赁）、不动产自营和不动产混合经营等。不动产出售是不动产所有权（对土地而言仅指使用权）的一次性出售，以预售或开发完成后出售的方式得到收入；不动产出租仅是不动产使用权的转让，它以预租或开发完成后的出租方式得到收入，回收开发金额，获取开发利益，以达到盈利的目的；不动产自营是指以开发完成后自行经营的方式得到收入；不动产混合经营是指以预售、预租或开发完成后的出售、出租、自营等各种方式组合得到收入，获取开发利益，以达到盈利的目的。不动产在经过出售或出租后就进入消费。

2. 不动产置业投资

不动产置业投资是指投资者购买开发商新建成的增量房地产或者在市场上购买存量房地产，以满足自身生产经营的需要，或者转售给其他置业投资者以获得转售收益，以及租赁给他人以获得租赁收益的行为。这类投资的目的一般有两个：一是满足自身生活居住或生产经营的需要，即自用；二是投资者将购入的物业出租给最终的使用者，以获取较为稳定的经常性收入。同时，在投资者不愿意继续持有该项置业投资时，又可以将其转售给其他投资者，并获取转售收益（王志英，2007）。根据投资对象的不同，不动产置业投资可以分为地产置业投资、住宅置业投资、商业物业置业投资、工业物业置业投资等类型。它们一般都属于长期投资，都可以获得保值、增值、收益和消费四个方面的利益，是较为理想的投资手段。

（二）间接投资

不动产间接投资主要是指将资金投入与不动产相关的金融市场的行为。不动产的间接投资者不需要直接参与有关不动产投资的管理活动。不动产间接投资的具体投资方式包括发放不动产抵押贷款、购买不动产开发投资企业的债券和股票、购买不动产投资信托基金（REITs）及不动产抵押贷款证券等。

间接投资本身不能实现社会财富的增加，其作用主要在于为不动产直接投资提高资本金。因此，间接投资只有转化为直接投资才能对不动产业的发展产生作用，只有通过转化为直接投资才能实现价值的回流和增值。在整个运作过程中，间接投资者将货币资金通过购买股票和债券的形式或者通过金融机构发放抵押贷款的形式流入不动产开发企业手中，然后不动产开发企业将资金投入不动产直接投资活动，实现投资回流、价值增值，而间接投资者通过领取股息、红利和债息的方式实现间接投资的价值回流和增值（图 7-1）（牛建高，2012）。

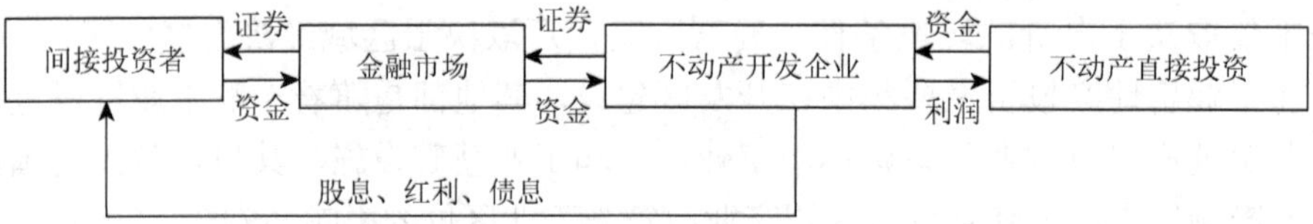

图 7-1　不动产间接投资向直接投资的转化过程（牛建高，2012）

可以看出，不动产间接投资为直接投资提供资金。对于不动产直接投资来讲，分析间接投资的主要目的是研究如何以最低的成本、有利的条件发行证券、申请贷款，筹到直接投资所需要的资金，属于融资决策的范畴。

四、不动产投资分析的基本内容

不动产投资本身的特性要求在不动产投资项目开展之前进行投资分析，且十分重要。不动产投资分析是研究不动产投资运动规律、实现投资者稀缺投资资源优化配置的一门科学，是一个在不动产投资的前期从主体的利益出发，全面调查投资项目的各个制约因素，运用一系列的技术方法以及一定的程序标准，对拟建投资项目进行全面的技术经济分析，最后选择最佳投资方案的过程。

（一）不动产投资的运动过程

不动产投资的运动过程是指投资者将筹措的资金从货币状态转化为不同类型的不动产，形成资本，又回到货币状态的不断循环的过程。不动产投资必然按其内在的时序，依次通过资金筹集、投资分配、投资实施、投资回收与增值四个首尾相连的阶段，前一个阶段为下一个阶段创造条件、奠定基础，下一个阶段必须在前一个阶段的基础上进行（李哲，2009）。经过这四个阶段才能完成一次周转，实现不动产的增值。

1. 资金筹集

资金筹集是整个不动产投资运动的起点，是一个投资周期的开始阶段。无论投资者处于哪种情况都需要通过一定的渠道，采取一定的手段，筹集到一定数量的资金。一般而言，资金的筹集首先要源于其内部的积累，若内源融资不能满足投资需要，可以通过向银行申请贷款、发行债券或股票等方式，从投资者之外筹措资金，以弥补投资者资金不足的部分。

2. 投资分配

投资分配是不动产投资方式和投资方向的选择，构成了资金筹集与投资实施的中间环节。筹集到资金之后需要进行投资方式和投资方向的选择，确定资金的流向是用于不动产开发投资还是置业投资（李哲，2009）。进行不动产开发投资时，要进行项目的可行性研究，合理分析选择投资开发方向，确定投资规模的大小，不断优化方案，这样才能做好工程设计，做好前期的项目准备工作，为后期的项目开发打牢坚实的基础；进行置业投资时，就需要确定置业目标、制定置业方案等。这属于投资的前期准备阶段，是投资者通过比较分析做出投资决策的时期。

3. 投资实施

这一阶段是投资决策的实施阶段，主要的任务是根据投资决策的要求，将投资方案付诸实施，需要将投资者所筹集到的资金转化为不动产，包括开发项目施工和竣工验收两个阶段，最后变为新开发的不动产。置业投资则主要是购买目标不动产后，通过出租或自营等方式实现置业投资收益目标。

4. 投资回收与增值

投资者运用上一阶段开发的不动产，通过销售、出租与经营等方式，实现价值回流。这一阶段中，投资者的资金从成品资金形态转化为货币资金形态。销售收入不仅可以补偿固定资产的折旧成本、原料成本及工资成本等产品成本，而且可以获得利润，实现了价值的增值。因此，这一阶段是通过不动产的销售或出租等收入来实现的。这一阶段是一个投资周期的结束阶段，同时也是后续运动的开始，其与资金筹措阶段相互交叉，相互衔接（图 7-2）。把握好每个投资的环节，才能保证投资的成功，否则可能承担更大的风险。

（二）不动产开发投资

按照投资的方式，不动产投资可以分为直接投资与间接投资。本书的投资分析主要以直接投资为对象。一般来说，不动产开发投资可以分为三个阶段：计划阶段、开发阶段、销售与经营阶段。

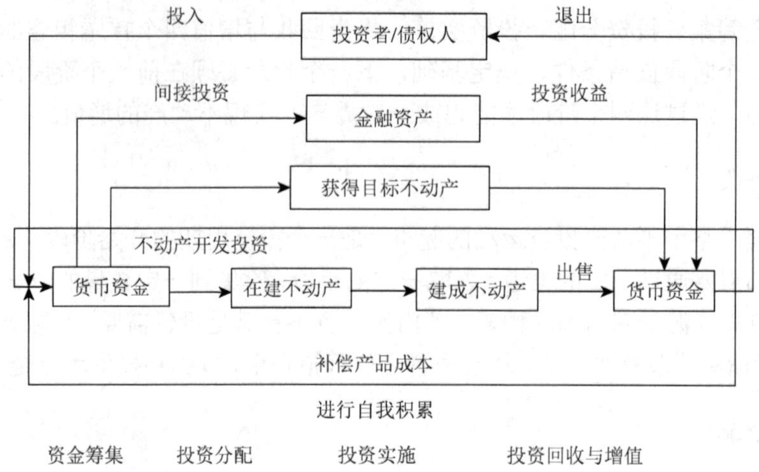

图 7-2　不动产投资的运动过程（牛建高，2012）

1. 计划阶段

计划阶段指的是从投资意向到项目投资决策这一时期，对建设项目进行科学的论证。在这一时期主要需要解决的问题有拟建项目能否成立、规模大小、投资的类型、资金来源及其利用方式等。这一阶段的主要工作是进行市场分析、法规可行性分析及财务分析等。

（1）市场分析。市场分析的重点是全面了解不动产市场的总体情况及发展趋势，对拟建项目所处的市场进行供需分析、竞争环境分析及区位条件分析并在此基础上选择一个最适合的建设方案。市场分析是投资者进行投资的基本依据。

（2）法规可行性分析。不动产具有特殊性，世界各个国家对不动产都有相关的法律法规规定加以管制和协调。在进行不动产投资时，除了要解决不动产投资的方向、方式等问题之外，还要进行与不动产相关的法律法规的研究，以判断此次投资在法律上是否可行，产权形式及产权的取得是否可行。

（3）财务分析。按照现行的市场价格，从投资者的角度分析和预算拟建项目的未来现金流量，估计投资项目在财务上的盈利能力，以判断此次投资项目在财务上的可行性。由于不动产投资具有巨额性和资金占用的长期性的特点，在财务分析的同时，需要制定合理的融资方案。

（4）融资活动。不动产的巨额投资使不动产开发商无法完全依靠自有资本，须进行多渠道融资活动，如向银行申请贷款、发行债券或股票等。

2. 开发阶段

开发阶段即项目决策后从项目设计到竣工验收、交付使用这一时期，其主要任务是实现计划阶段制定的目标，把构思变为现实，取得土地，完成不动产开发。

（1）土地取得。这是开发过程的开始。当前期所确定的开发方案可行，接下来以何种方式取得土地便是投资者需要考虑的问题。在我国，进行不动产投资获得土地的方式可分为有偿取得、行政划拨两种。土地使用权出让、转让，以及国有土地租赁等都属于有偿取得土地的范畴。用于商品房开发的土地一般为有偿取得。取得土地的标志是取得土地使用权证，投资者必须在相关土地利用规划的要求下取得土地使用权。

（2）规划设计条件与方案报批。规划设计条件是开发建设所需要遵守的依据及准则，由规划部门给出，以满足业主或用户对不动产在生产、生活、工作、娱乐、文化等多个方面的要求，做好功能分区及各项建设用地的规划安排。在这一阶段，首先，投资者需要将最终确定的方案报给当地的规划部门审批，获得用地、规划行政许可；其次，获得建设用地规划许可证和建设工程规划许可证后，还需要报质量监督、安全监督、消防、环保、节能等部门审核许可；最后，取得施工许可证。至此，前期报建工作完成。

（3）项目施工与竣工验收。获得开工许可证之后便进入不动产的建设阶段。在这一阶段，首先，需要找到一个合适的建筑承包商签署工程施工和承包合同，进行施工组织设计与建筑施工工作；其次，建筑施工方将开发过程中涉及的人力、材料、机器等资源聚集到选定的开发地点，在规定的时间内开发拟建不动产；最后，项目竣工后开发商需要通过规划、质量监督、消防、环保、节能等部门的联合验收，保证建成项目达到设计要求的各项指标（牛建高，2012）。

3. 销售与经营阶段

竣工的不动产，选择销售还是经营的策略，与市场的需求状况、投资者对资金回收的迫切性等密切相关，同时也与不动产本身的类型有很大的关系。若市场需求旺盛，开发商可以采用销售的策略。如果以经营为目的，投资者则需要根据自身的实际情况，选择管理成本较低，收益固定且风险较小，但报酬可能也会较低的出租方式实现投资收益；或者选择获取较高的报酬，但投资者要担负全部的经营风险，并且收益也不太稳定的自营方式实现投资收益。

综上所述，不动产投资开发的程序是一个较为复杂的过程，具体的不动产投资开发程序示意图如图 7-3 所示。

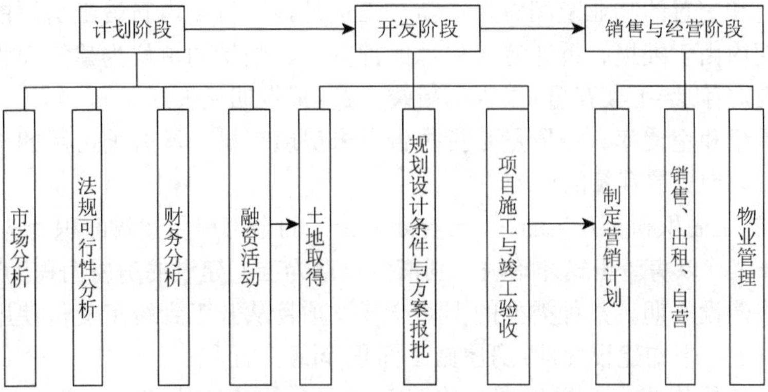

图 7-3　不动产投资开发程序示意图（牛建高，2012）

第二节　不动产投资市场环境分析

所有的投资者所进行的不动产投资都是在一定的环境中进行的。不动产投资环境是影响不动产投资成功与否的关键性因素，因此在进行不动产投资之前，一定要对不动产投资市场环境进行全面的分析。不动产投资市场环境是指影响不动产投资、开发、经营、管理的一切政治、自然、社会和经济因素的总和。投资环境是完全不可控制的因素，企业必须认清其所处的环境，并努力适应环境，利用环境提供的有利条件回避不利因素。

一、不动产投资市场结构与运行规律

科学识别市场机会，分析当前市场的潜力，判断投资项目的盈利性，选择具有成长性、潜在高盈利性的项目类型是投资者应该注重的不动产投资问题，也是应该着重研究的问题，是投资者决策之前必须要做的研究。市场分析直接为投资者的投资决策和管理决策活动提供必要的信息，因此投资者越来越重视市场分析，并将市场分析放在特别重要的位置。

在进行不动产投资之前需要进行不动产投资市场分析，就应该对不动产市场的结构、功能及市场的运行规律有一个全面的了解，进而指导不动产投资，为不动产投资提供资料。

（一）不动产投资市场运行指标

描述不动产市场运行状况的指标包括供给指标、需求指标和市场交易指标三种类型。

1. 供给指标

供给指标主要包括存量、新竣工量和灭失量，空置量和空置率，房屋施工面积和开工面积，平均建设周期，竣工房屋价值。

（1）存量、新竣工量和灭失量。存量是指报告期（如第 t 年或者半年、季度、月，下同）末已占用和空置的物业空间总量；新竣工量是指报告期内新竣工房屋的数量；灭失量是指报告期内由于毁损、拆迁等灭失掉的部分，这些量的单位为建筑面积或套数。在数值上，报告期存量=上期存量+报告期新竣工量−报告期灭失量。

（2）空置量和空置率。空置量是指报告期末房屋存量中没有被占用的部分，空置率则是空置量占同期房屋存量的比例。

（3）房屋施工面积和新开工面积。报告期内施工的全部房屋建筑面积为房屋施工面积，报告期内新开工（以房屋正式开始破土刨槽的日期为准）建设的房屋面积为新开工面积。

（4）平均建设周期。某种类型的不动产开发项目从开工到竣工交付使用所占用的时间长度。数值上，平均建设周期=房屋施工面积/新竣工面积。

（5）竣工房屋价值。在报告期内竣工房屋本身的建造价值，一般以工程结算价格计算。

2. 需求指标

反映需求的指标主要有国内生产总值、人口数、就业人员及家庭总支出、城市家庭可支配收入、房屋空间使用量等。其中，房屋空间使用量指正在使用中的房屋数量，是确定市场潜在需求的重要指标。其他则是形成不动产市场有效需求的基础。

3. 市场交易指标

销售量、出租量、预售面积，吸纳量、吸纳率、吸纳周期，房屋价格指数、不动产价格、不动产租金等都是反映市场交易的主要指标。吸纳量是指报告期内销售和出租房屋的数量之和；吸纳周期是指同期可供租售量全部被市场吸纳所需花费的时间，在数值上与吸纳率互为倒数。房屋价格指数、不动产价格、不动产租金等指标是反映一定时期内不动产价格水平及变动趋势和程度的指标，也是需要着重参考的。

（二）不动产投资市场运行环境及其影响因素

不动产市场的运行环境是指把不动产市场作为一个中心体时，周围各种影响因素的总和（表 7-1）。不动产市场发展对社会经济环境的依存程度在不断地增长。

表 7-1　不动产市场的运行环境及其影响因素

运行环境	影响因素
社会环境	人口数量和结构、家庭结构及其变化、家庭生命周期、传统观念及消费心理、社会福利、社区和城市发展形态等
政治环境	政治体制、政局稳定性、政府能力、政策连续性、政府及公众对待外资的态度等
经济环境	城市或区域总体发展水平、就业、支付能力、产业与结构布局、基础设施状况、利率和通货膨胀等
金融环境	宏观金融政策、金融工具完善程度、资本市场发育程度等
法律制度环境	与房地产有关的正式规则，包括现行法律和相关政策
技术环境	建筑材料、建筑节能、建筑施工技术和工艺、建筑设备的进步；信息技术的发展和应用等
资源环境	土地、能源、环境等约束
国际环境	经济投资全球化及国际资本流动

（三）不动产投资市场结构

从宏观上看，不动产市场结构包括总量结构、区域结构、产品结构、供求结构及投资结构。

总量结构：从整体上分析开发和销售之间的数量结构关系，考察不动产供求之间的总量平衡。

区域结构：考察不同区域或城市之间不动产市场的开发规模、主要物业类型、房价水平和政策措施的差异。

产品结构：从经济发展阶段出发，考察不动产市场中住宅、写字楼和商业用房等不同物业之间的投资比例，分析产品结构的合理程度。

供求结构：针对某一物业类型，分析市场内部不同档次物业的供求关系，并从市场发展的实际情况出发，判断供给档次和需求水平之间是否处于错位状态。

投资结构：根据投资者参与市场的不同投资目的和投资方式，具体分析不同投资方式的适用空间，以及彼此之间的动态协调关系。

（四）不动产投资市场运行机制

不动产市场的运行机制主要是通过不动产业景气指标的表现、景气指标对市场反应的敏感性、指标之间的相互关系与影响程度，来综合分析一个投资周期的市场特点与中长期的变化趋势。景气指标如表 7-2 所示。

表 7-2　不动产市场景气指标的设置

间接指标	直接指标	
	表层指标	内生指标
国民经济增长率	房地产价格与资金	投资收益率
中长期贷款利率	交易量	资金利润率
楼宇按揭利率	空置率	就业率
货币供给年增长率	土地与楼盘供给量	破产率
固定资产投资增长率	房地产新开工面积增长率	股地联动关系
物价指数与通货膨胀率	房地产投资增长率	—
—	物业结构比重	—
先行指标	同步指标	滞后指标
中长期贷款利率	国民经济增长率	投资收益率
楼宇按揭利率	物业结构比重与物业类型变化	资金利润率
货币供给年增长率	破产率	就业率
土地与楼盘供给量	—	股地联动关系
房地产新开工面积增长率	—	—
固定资产投资增长率	—	—

二、不动产投资市场定位

在市场经济条件下，从事任何一项不动产投资活动，投资者都必须进行市场调查。投资者的投资决策是否正确，在很大程度上取决于能否对准市场。投资者需要进行全面的市场调查，通过市场细分，达到明确市场定位的目的。

（一）市场细分

市场细分是指根据消费者欲望与需求的不同，把需求基本相同的消费者分别归并为一类，形成总体市场中的若干“子市场”的过程。这个过程和策略在不动产市场营销中的具体运用就是不动产市场细分。这个概念最开始是由美国市场营销专家于20世纪50年代中期提出来的。

细分市场不是根据不动产的种类进行细分的，而是从住房消费者的角度进行划分的，是根据市场细分的理论基础，即消费者的需求、动机、购买行为的多样性和差异性来划分的。市场细分后的子市场比较具体，与消费者的需求相对应。不动产企业确定自己的服务对象，通过市场细分，企业可以对每一个细分市场的购买潜力、满足程度、竞争状况等进行分析对比，探索有利于企业的市场机会，去竞争局部市场优势，然后再占领自己的目标市场。

1. 不动产市场细分的准则

通常，在进行不动产市场分析时，应该符合要求：①市场应有充足的份额保证企业的盈利空间，有足够的增长空间满足企业持续发展的要求；②细分市场能够与全局连贯一致；③细分出的市场有明显的识别标志，市场相对稳定；④不同细分市场对营销组合有不同的反应，能够避免被竞争对手占领。

2. 不动产市场细分的程序

市场细分需要经过以下五个阶段。

第一阶段，市场目标的确立阶段。从短期、中期、长期规划出发，根据企业市场的营销状况和预期的发展，选定企业发展的城市和区域，确定项目预期投入的资金总量、项目开发运作后预期的利润和市场占有率等。

第二阶段，市场调查阶段。作为开展不动产投资市场分析的重要手段，细分市场调查包括的内容有：某一时期城市的住房消费总量、需求量、空置量、住房的困难户数等，该城市开发企业的数量、资质、市场份额、销售情况等，该城市已建、在建及将要建设的住宅开发项目的区位、结构、面积单价、配套情况，近几年及今后几年的土地供给情况、城市基础设施配套情况、金融服务情况等，有需要的家庭所需要的面积和户型、收入水平、文化程度及实际的购买能力（赵明，2010）。

第三阶段，分析阶段。不动产开发商的专业分析人员借助定性和定量的分析手段，包括经验曲线分析法、多元回归分析法、判别分析法、因子分析法等，剔除相关性很大的细分变量，然后用集群分析法划分出一些差异最大的细分市场。

第四阶段，细分阶段。不动产商根据客户的不同态度、行为、人口变量、一般的需求习惯，划分出每一个细分群体。例如，单价这个细分变量，可以将城市的不动产市场分为高端、中高端、中端和低端；面积和功能细分变量，则可以将住宅分为经济型、小康型、富裕型和豪华享受型（熊为人，2004）。

第五阶段，方案确定阶段。在此阶段综合实际情况和数据分析的模型，确立目标及目标市场，进行项目可行性分析，撰写项目投资风险收益报告和项目可行性报告，确立项目运作方案，撰写项目营销策划书（牛建高，2012）。

（二）目标市场选择

目标市场的选择是不动产市场分析的重要内容，如何选择目标市场，直接关系到不动产投资方向的选择，决定投资活动的成败。

1. 选择目标市场的策略

选择目标市场的策略主要包括市场整体化策略、市场细分化策略、市场密集型策略等。

市场整体化策略。又称为市场无差别策略，是以市场整体为服务对象，以一种产品、一种市场组合策略供应所有的消费者。在不动产市场发展的初期，市场竞争程度较小，目标市场需求比较单一时，此策略运用较多。市场整体化策略的优势在于：产品单一，易于实现大批量生产；简化经营方式，节约营销费用。

市场细分化策略。又称为市场差别策略。根据消费者需要与消费行为的差异性，将某种类型房屋的整体市场划分为若干分片市场，企业从中选择一个或者几个分片市场作为经营对象。在不动产市场竞争比较激烈的情况下，为提高自己的市场份额和销售速度，满足不同消费者的需求，市场细分化策略运用较多。

市场密集型策略。又称为集中市场营销策略。根据企业的自身条件，以一个或少数细分市场为经营对象，采取集中的市场营销策略，为目标市场客户服务。将企业有限的力量集中起来，为少数有限的细分市场服务。市场密集型策略的优势在于：在不动产项目开发经营方面，实现专业化经营，扩大生产规模，降低生产成本，提高投资收益效率；提高市场占有率；便于了解目标市场消费者的需求，开拓有特色的产品。

2. 目标市场范围的选择

选择目标市场的同时还需要注意目标市场的范围，市场过于狭窄，目标市场比较单一，市场需求的适应能力相对较弱，风险大；目标市场范围太宽，市场相对较大，但市场需求有差异，则会增加生产经营的复杂程度。因此在选择目标市场时，企业应该根据自身的优势、经营目标，选择适宜的目标市场范围（牛建高，2012）。不动产目标市场范围选择的主要类型如下。

（1）产品、市场集中型。在这种选择下，企业只生产某一种房屋类型、针对某一类客户市场，其优势在于目标市场十分明确，市场营销策略针对性强，可以有效满足目标市场的需求。但是经营风险大，当市场容量小、波动大时，会产生损失。

（2）生产专业化型。此类型目标市场的选择主要考虑不动产企业所开发的某类不动产项目的优势，面对不同的消费者，开发同一类型的产品。

例如，目标市场范围的选择是针对单身、两人、两代及三代家庭消费对象开发低档住宅，实现了生产专业化，如图 7-4 所示。

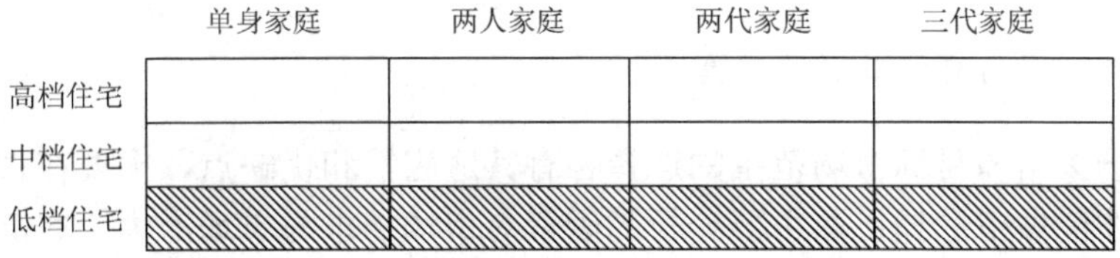

图 7-4　生产专业化型目标市场示例

（3）市场专业化型。此类型目标市场的选择主要针对同一类型的消费者，开发这一类消费者所需要的不同类型的房屋。例如，目标市场范围的选择是针对两人家庭消费对象开发高档、中档、低档住宅等不同类型的不动产项目，来实现市场专业化。这种选择的优势在于比较了解所针对的市场对象的需求，有利于把握营销中的客户需求特征，如图 7-5 所示。

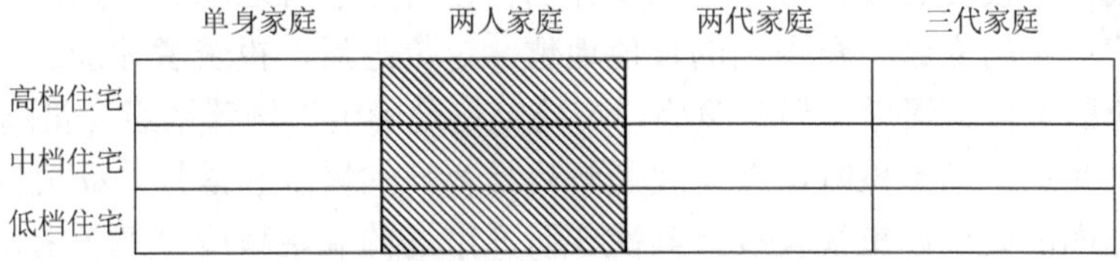

图 7-5　市场专业化型目标市场示例

（4）产品、市场选择型。此类型目标市场的选择是根据市场营销的需要，选择不同的房屋类型，以不同的消费者类型为对象，来满足不同目标市场的需求。如图 7-6 所示，该目标市场范围的选择是单身家庭高档住宅、两人家庭低档住宅、两代家庭中档住宅，来满足不同目标市场的需求。

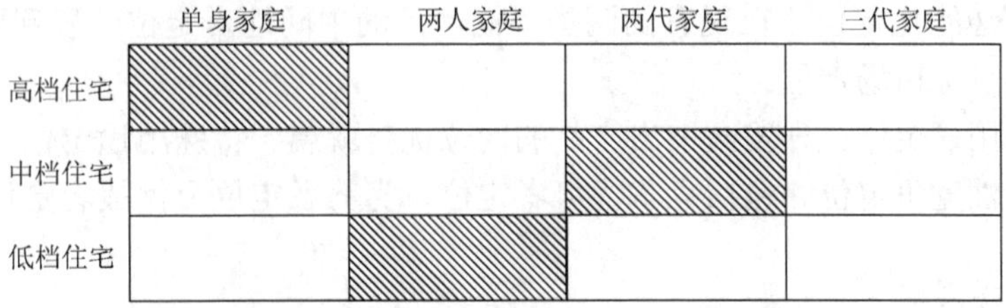

图 7-6　产品、市场选择型目标市场示例

（5）整体市场型。此类型目标市场的选择是针对所有消费对象，开发不同房屋类型的系列产品。这对于大型不动产公司而言，可以更好地扩大市场份额，提高其市场垄断地位。例如，开发建设高档、中档、低档的房屋产品，目标市场的选择更加广泛，如图 7-7 所示。

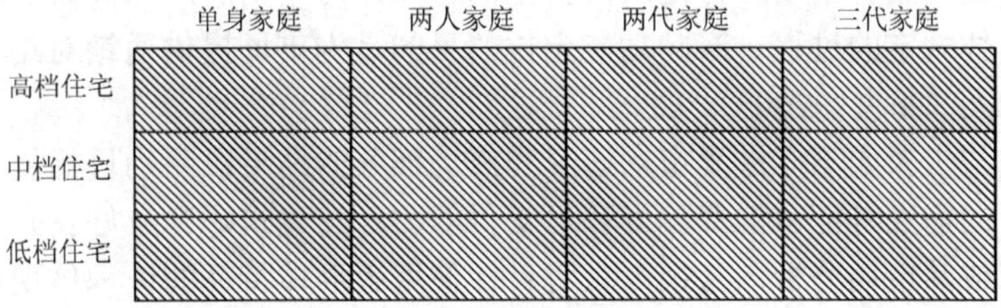

图 7-7　整体市场类型

3. 选择目标市场应该考虑的因素

目标市场策略和目标市场范围的选择各有其适应性和优缺点，需要在调查的基础上多做分析，才能做出选择，其主要分析的因素有市场需求与市场潜力、产品的差异性与相似性、所细分市场的类似性、市场竞争状况及开发商自身的企业实力等。

（三）市场定位

1. 产品定位

产品定位是指投资者在目标市场上设计出自己与竞争者之间有差别的产品形象，从而在目标客户心中树立起与众不同的价值地位。定位之后，投资者才能进一步研究和制定与之相对应的价格、渠道及促销策略。市场定位是确定市场营销组合策略的基础。

在确立产品的市场定位时，首先要了解目标客户的需求和爱好，研究客户对产品的属性和心理方面的要求和重视程度；其次要研究市场的满足程度、竞争者产品的属性和特色。以此为基础，投资开发商可以根据产品的属性、用途、质量、客户心理的满足程度、所提供的产品在市场上的满足程度进行市场定位（汪婷婷，2007）。

“无差别的产品”差异化，对于投资者而言是非常重要的。这要求企业设计出一系列产品差别以区别于竞争者产品，找出自身的优势。差异可能会增加企业的成本，损害顾客的利益，因此在选取区别标准时应该注意以下原则。

（1）突出产品特色定位。寻求竞争者所无法提供的差别，努力做到与众不同。

（2）产品边缘化定位。在现有的两类不同产品的中间地带定位，发现弥隙市场，将弥隙市场作为目标市场定位。

（3）特殊用途定位。开发商突出产品的区位优势就属于特殊用途定位。

（4）对抗性竞争定位。包括竞争优势者定位、劣势者定位及挑战者定位三种类型。

2. 产品功能定位

不动产产品的功能可以从适用程度、平面布置、设备完备程度、物理性能及建筑艺术等方面进行评价。不动产产品的基本功能是为人类提供生活、生产空间。当今社会，人们在获得不动产的基本功能后，对辅助功能提出了更高的要求。

不动产产品的功能定位是指在目标市场选择和市场定位的基础上，根据潜在消费者使用需求的特征，结合不动产特定产品类型的特点，对不动产产品具备的基本功能和辅助功能做出具体规定的过程。产品功能定位的目的是为市场提供适销对路、具有较高性能价格比的产品（邹悦，2005）。

具体方法与步骤如下：借助市场研究和市场细分的结果，明确目标使用者群体；把握目标使用者的需求特征、消费偏好和可支付能力；与建筑师建立好良好的沟通渠道，以便将开发商或其市场分析、营销人员对目标使用者群体特征的认识体现在不动产产品的设计图上。

三、不动产投资市场分析的基本思路

不动产市场的风险很大，开发商为了获得巨额利润，就必须开展相应的投资市场分析。不动产投资市场分析是通过信息将不动产市场参与者与不动产市场联系起来的一种活动，准确来说是通过不动产市场信息的收集、分析和加工处理，找出其内在的规律，预测市场未来的发展趋势，帮助不动产市场参与者掌握市场动态、把握机会或者调整其市场行为。

根据传统分析中所存在的对需求分析的明显不足、对未来市场的预测明显不足、对定量分析方法的运用不当、分析层次不清、市场研究方向不明确、过于宽泛的市场定位、缺少供求对比、对市场份额的估计过高、市场研究没有给出多种可能方案、过于偏重二手资料的应用、缺少对消费者的跟踪调查等问题，对不动产市场分析的思路进行设计，如表 7-3 所示。

表 7-3　不动产市场分析思路设计

项目	地区市场						专业物业市场						项目物业市场					
	供给			需求			供给			需求			供给			需求		
	过去	现在	未来	过去	现在	未来	过去	现在	未来	过去	现在	未来	过去	现在	未来	过去	现在	未来
经济																		
人口																		
区位																		
地点																		
心理																		

1. 地区市场的问题

不动产存在地区性，因此供给和需求都是具有地区性的。定义市场区域是进行不动产市场分析的第一步。市场区域指的是主要需求的来源地或者主要的竞争物业所在地，包括与目标物业相似的竞争空间的需求和供给。定义市场区域主要包括描绘市场区域、在地图上标出市场区域的边界、解释确定市场区域边界的依据等环节（许宪春等，2015）。

定义市场区域的过程中，要考虑市场交通工具、主要的交通形式、自然障碍、经济和人口状况，以及竞争项目等。自然特征、建筑、高速路阻碍、人口密度、政治区域、市区及郊区、邻里关系和人口家庭收入、民族等形成的市场区域特征，城市规划确定的区域类型和规模，竞争项目的区域特征等都是影响市场区域形状和大小的关键因素。此外，在市场分析的报告中应该有描绘市场区域的部分，并有相应的区域地图，显示出与该目标物业邻近的公路或关键干线的位置、区域地名、道路及自然特征等。

宏观因素分析是指投资者就影响整个不动产市场的宏观因素进行分析，其目的是认识国家和地方的经济特征，确定区域整体经济形势是处在上升阶段还是处在衰退阶段。国家和地方的GDP及其增长速度、人口规模与结构、居民收入、就业状况、产业结构、通货膨胀率和国家金融政策等是在宏观因素分析的过程中所需要收集和分析的数据。在此基础上，投资者还需要分析其所选择的特定开发地区的城市发展与建设情况。这些方面的情况在不同的城市之间有很大的差别，在同一个城市的不同地区之间也会有很大的差别，主要体现在对内对外交通设施情况、市政基础设施情况、劳动力原材料市场状况、政府的产业发展政策等。

地区的经济特征确定之后，还需要对项目所在地域的具体情况进行分析，主要包括经济结构、家庭结构、重点开发区域、地方政府和其他有关机构对拟开发项目的态度等。

2. 专业物业与项目物业市场需求分析

市场需求分析主要包括两个方面的内容：一是需求者行为分析，二是需求指标分析。

（1）需求者行为分析。首先要分析的影响因素主要包括：社会文化因素，如消费者所处的文化、社会阶层及与之相关的群体；个人因素，包括所处的年龄段、职业、经济状况、生活方式、个性及自我观念；心理因素，如购买的动机、学习及信念等。这些都能够影响人们对特定不动产需求的偏好。在此基础上还需要对消费者购买决策过程进行分析，了解谁做出购买决策、购买决策方式和购买过程；了解消费者信息的主要来源渠道、对产品的态度及满意度；了解与本企业产品实际或者潜在的消费有关的驱使力。

（2）需求指标分析。首先要开展市场需求预测。一般是详细分析项目所在市场区域内就业、人口、家庭规模与结构、家庭收入等，预测对拟开发不动产类型的市场需求，具体包括就业分析、人口和家庭分析、收入分析。其次分析规划建设中的主要不动产开发项目。规划中的不动产项目需分析其用途、投资者、占地面积、容积率、位置及当前项目状态等。正在开发建设中的不动产项目需要分析其用途、项目名称、位置、预计完工日期、建筑面积、售价及开发商名称等。再次进行吸纳率分析。就每一个相关的细分市场进行需求预测，以估计市场吸纳的价格和质量。具体的内容包括：市场吸纳和空置的现状与趋势、相应时间周期内的需求等。最后还应做市场购买者的产品功能需求分析。

3. 专业物业与项目物业市场供给分析

市场供给分析主要包括两个方面的内容：一是竞争者行为分析；二是供给指标分析。

（1）竞争者行为分析。企业的发展在很大程度上要依靠从竞争对手手中夺取市场份额，因此市场分析应该开展对竞争者行为的分析。开展竞争者行为分析的内容有：识别竞争者，从而明确可能出现的威胁；估计竞争者对不同竞争行为的反应；分析竞争者的行为可能带来的市场机会；将竞争者划分为不同的战略群体；明确主要的竞争对手，从而决定自己的竞争战略；估计竞争者的优势和劣势等。在明确了主要竞争者并做出相应的行为分析之后，对竞争者的强弱、竞争者与本企业的相似程度、表现好坏作出判断，从而制定企业在经营中进攻谁、回避谁的对策。

（2）供给指标分析。首先应该调查不动产当前的存量、过去的趋势和未来可能的供给，具体包括：相关不动产类型的存量、在建数量、计划开工数量及已获得规划许可数量等；短期新增供给数量的估计。其次分析当前城市规划及其可能的变化和土地利用、交通、基本建设投资等计划；分析不动产市场的商业周期和建造周期循环运动情况；分析有关未来市场区域内供求之间的数量差异。

第三节　不动产投资周期分析

一、投资周期

1. 投资周期波动的概念

投资波动是指投资总量增长速度升降起伏的一种经济现象，可分为非周期性投资波动（由偶然的外在因素引起）和周期性投资波动（由必然的、内在的因素和自身运行机制引起）两类。

投资的周期波动一般要经历“波谷→上升波→波峰→下降波→波谷→上升波……”的连续性循环过程。

根据投资增长的阶段及波动的幅度，投资周期可以分为古典周期和增长周期两类。古典周期包括繁荣、衰退、萧条和复苏四个阶段，判断古典周期的主要标志是投资额的增减。增长周期包括扩张和收缩两个阶段，不出现经济的负增长。

根据投资波动变化所经历的时间长短，投资周期可以分为长周期（康德拉季耶夫周期50年）、中周期（朱格拉周期10年）和短周期（基钦周期40个月）。

2. 投资周期的形成原因

投资周期形成的原因有以下十种。

（1）创新说——把经济周期和投资周期归因于科学技术的重大发明创造。

（2）消费不足说——把周期性归因于一般人用于消费的收入不足。

（3）投资过多论——把周期性衰退归因于投资过多。

（4）心理说——把周期性波动归因于人们悲观和乐观的预期的交互作用。

（5）货币论——把周期性波动归因于银行对货币和信用的扩张和收缩。

（6）太阳黑子论——把经济周期和投资周期归因于太阳黑子的出现。

（7）政治因素论——把周期性衰退归因于政府采取制止慢性通货膨胀的政策。

（8）体制论——把经济周期和投资周期归因于一定的经济体制。

（9）乘数和加速原理的结合——把经济周期归因于投资乘数和加速数的交互作用。

（10）不依赖外生冲击的经济周期模型理论。

3. 不动产投资周期各阶段的特点

不动产投资周期是指房地产业活动或其投入与产出有相当的波动现象，且此现象重复发生（图7-8）。

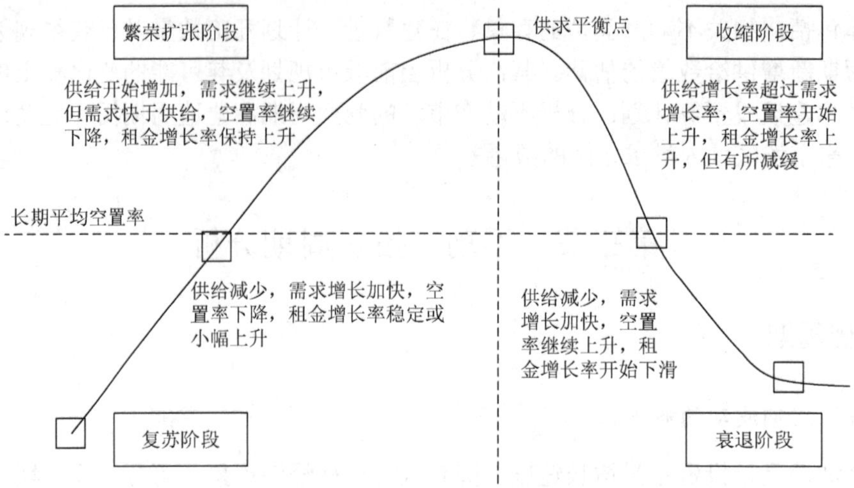

图 7-8　不动产市场周期规律图

二、投资乘数与加速原理

（一）投资乘数

1. 概念

投资乘数指总投资增加所导致的收入增加的倍数。

乘数概念是英国经济学家卡恩（Kahn）在 1931 年提出的，1936 年被凯恩斯（Keynes）用来研究投资变动与收入变动的倍数关系。

乘数是指在一定的边际消费倾向条件下，投资的增加（或减少）可导致国民收入和就业量若干倍的增加（或减少）。收入增量与投资增量之比即为投资乘数，以公式表示为

$$K = \Delta Y / \Delta I \tag{7-1}$$

式中，K 为乘数；ΔY 为收入增量；ΔI 为投资增量。同时，由于投资增加引起的总收入增加中还包括被间接引起的消费增量（ΔC）在内，即

$$\Delta Y = \Delta I + \Delta C \tag{7-2}$$

这使投资乘数的大小与消费倾向有着密切的关系，两者之间的关系可用数学公式推导为

$$K = \Delta Y / \Delta I = \Delta Y / (\Delta Y - \Delta C) = 1/(1 - \Delta C / \Delta Y) \tag{7-3}$$

式中，$\Delta C / \Delta Y$ 为边际消费倾向。由式（7-3）可见，边际消费倾向越高，投资乘数越大，反之则投资乘数越小。

2. 投资乘数的经济意义

投资乘数的经济意义有：①投资的增加可以引致国民收入成倍增加，同时也带来就业成倍增加；②社会经济越发展，储蓄倾向越高，投资推动收入增长的作用就越小；③个人

的节俭对社会并不有利，个人的消费对社会却是有利的；④在边际消费倾向大于零的情况下，投资的增减会导致收入成倍增加或减少。

3. 投资乘数原理

以机器生产日用品为例。

第一期，初始新增投资 100 万元购买一机器，投资代表对生产要素的需求，参与生产机器的要素所有者的收入增加 100，ΔY_i 直接导致国民收入增加，即 $\Delta Y_1 = 100$。

第二期，生产机器的要素所有者增加的收入中将有 80 万元用于满足对服装的需求，因此边际消费倾向 MPC = 0.8，由此带动生产服装的人们的收入增加 80，即 $\Delta Y_2 = 80$。

第三期，生产服装的人们增加的收入将带动对自行车的需求和生产，生产服装的人们增加的收入中有 80×0.8 = 64 万元用于自行车消费，自行车生产者收入增加 64，即 $\Delta Y_3 = 64$。

对于 n 期，这笔新增投资 100 万元所引起的总的收入增量为：

$$
\begin{aligned}
\Delta Y &= \Delta Y_1 + \Delta Y_2 + \Delta Y_3 + \Delta Y_4 + \cdots + \Delta Y_n \\
&= 100 + 100 \times 0.8 + 100 \times 0.8^2 + 100 \times 0.8^3 + \cdots + 100 \times 0.80^{n-1} \\
&= 100 \times (1 + 0.8 + 0.8^2 + \cdots + 0.8^{n-1}) \\
&= 100 \times (1 - 0.8^n)(1 - 0.8) = 100 \times 1/(1 - 0.8) \\
&= 500
\end{aligned}
$$

因此，这笔新增投资 $i = 100$ 万元所引起的总的收入增量为 500 万元。

（二）加速原理

加速原理是用来说明收入或消费的变动与投资的变动之间的关系的理论，即收入的变化如何引起投资的变化，也就是收入对投资的决定作用。加速数是表示收入或消费的增加会引起投资增加到什么程度的系数（引致投资）。

（三）投资乘数-加速数模型

投资乘数与加速原理相互作用是一种传统的经济周期理论。这种理论认为，经济波动的根源在于经济自身，因而是内生的。具体来说，投资的变动会引起收入或消费若干倍的变动（乘数作用），而收入或消费的变动又会引起投资若干倍的变动（加速数作用），正是乘数和加速数的交互作用，造成了经济的周期性波动。因此，这种理论称为投资乘数-加速数模型。例如，假定起初时使自发支出（投资，或政府购买，或出口）增加 10 亿美元，如果乘数是 2，则国民收入增加 20 亿美元。产量或销售额增加，厂商就会增加设备或建造新厂房，因此需要增加投资。如果增加 1 单位产品生产需增加 1 单位资本，则投资增量与产量增量的比率就称为加速数，此时加速数为 1。于是，国民收入增加 20 亿美元，就会使投资增加20亿美元；投资增加20亿美元，又会使产出或收入增加40亿美元。产出的增加又会使投资再增加，并进一步使收入或产量再增加。当然，经济并不会无限扩张下去，因为终究会遇到约束因素。例如，一些生产要素的短缺会使经济的扩张受到限制。一旦经济停止扩张，或增长速度放慢，投资就会下降，经济开始走向衰退，从而出现周期性波动。

把乘数原理的作用与加速原理的作用互相结合起来，就称为乘数原理和加速原理的综合作用，又称为“汉森-萨缪尔森模型”。

与汉森-萨缪尔森模型中用引致投资决定消费的变动不同，希克斯（Hicks）用收入来表示投资函数，建立了自己的投资乘数-加速数模型

$$Y_t = C_t + I_t + G_t \tag{7-4}$$

式中，Y_t为现期收入；C_t为现期消费；I_t为现期投资；G_t为现期政府支出。式（7-4）说明，根据凯恩斯主义的国民收入决定理论，现期收入等于现期消费、现期投资与现期政府支出之和（不考虑开放经济中的净出口）。

现期消费取决于边际消费倾向c和前期收入Y_{t-1}

$$C_t = cY_{t-1} \tag{7-5}$$

现期投资取决于加速系数（a）和消费的变动（$C_t - C_{t-1}$）

$$I_t = a(C_t - C_{t-1}) = a(cY_{t-1} - cY_{t-2}) = ac(Y_{t-1} - Y_{t-2}) \tag{7-6}$$

式（7-6）说明在考虑消费时，投资最终仍取决于收入的变动，即加速原理所说明的关系。

把式（7-5）、式（7-6）代入式（7-4）则得出

$$Y_t = cY_{t-1} + ac(Y_{t-1} - Y_{t-2}) + G_t \tag{7-7}$$

1. 乘数-加速数模型的完整含义

可以通过对c，a，G_t进行设值计算得出乘数-加速数模型的完整含义。

（1）在经济中投资、国民收入、消费相互影响，相互调节。如果政府支出既定（即政府不干预经济），只靠经济本身的力量自发调节，那么就会形成经济周期。周期中各阶段的出现，正是乘数原理与加速原理相互作用的结果。而在这种自发调节中，投资是关键的，经济周期主要是由投资引起的。

（2）乘数原理与加速原理相互作用引起经济周期的具体过程。投资增加引起产量的更大增加，产量的更大增加又引起投资的更大增加。这样，经济就会出现繁荣。然而，产量达到一定水平后由于社会需求与资源的限制无法再增加，这时就会受到加速原理的作用，投资减少，在乘数-加速数模型的作用下，投资的减少又会使产量继续减少，两者的共同作用使经济进入萧条。萧条持续一定时期后由于产量回升，投资增加，产量再增加，从而经济进入另一次繁荣。正是由于乘数原理与加速原理的共同作用，经济中就形成了由繁荣到萧条、又由萧条到繁荣的周期性运动过程。

（3）政府可以通过干预经济的政策来影响经济周期的波动。利用政府的干预（如政府投资变动）可以减轻经济周期的破坏性，甚至消除周期，实现国民经济持续稳定的增长。

2. 投资乘数–加速数模型的不足

该模型是一个简化的模型，仅涉及收入或消费、净投资、资本系数等几个变量，而忽略了库存。在模型中，各个时期的自发投资、加速系数和边际消费倾向都是外生的，而且被假定为一个常数或者以恒定的速度增长。模型中所使用的投资函数在周期的所有范围内都是有效的。

关于我国房地产投资的产业关联效应，国家统计局综合司课题组根据2000年的数据大致估算，每 100 元的房地产需求最终会影响 315 元的总产出。从带动效应来看，与我国房地产业相关联的产业大多是资本、物质类产业，非物质的服务类产业较少。

一方面房地产业在我国国民经济中的地位仍然非常重要，但另一方面指望房地产投资保持像过去十年那样 20%～30%以上的增长幅度，也是不现实的。依赖房地产投资来拉动 GDP 增长的模式已经难以为继。未来我国房地产业的主要发展方向要从“增量主导”向“存量调整”转变，大力发展共有产权房市场和租赁市场，尤其是公共租房体系，加快住房资源的流通周转，加快发展住房保障，提高全民的住房居住水平。

第四节 不动产投资渠道拓展

我国是一个农业大国，农业人口多，农村地区土地流转速度的快慢程度体现了该地区土地交易的活跃程度，流转速度越快说明土地的可利用价值越大。在农村土地流转的整个过程中，存在着很多的投资机会。例如，保险公司可以以直接投资的形式购买农村地区的不动产，也可以以非上市股权投资的间接方式参股其他企业，投资农村地区的基础设施建设等实业项目。农村地区的土地规模经营，农民的土地使用权可以入股参与规模经营。此外，城中村改造也存在很大的投资融资空间。

一、农村不动产投资拓展

（一）我国农村土地流转的历史发展与农地投资情况

自中华人民共和国成立以来，我国农村土地流转制度的发展主要分为解放初期的土地改革、农业合作化运动和家庭联产承包责任制三个阶段。《土地改革法》等一系列法律法规的颁布，标志着我国土地产权制度的基本建立。农民第一次获得完整的土地产权，有权利自由地买卖、出租土地，初步达到了农村土地流转的目标。土地改革完成后，我国土地制度依次从互助组、初级社到高级社逐步发展，后来发展为集体所有，并于 1978 年建立了家庭联产承包责任制。如今随着农村土地流转的发展，土地流转存在着很多的投资机会，土地流转投资也成为不动产投资的又一重要内容。

农村土地流转是资本与土地之间进行转换的方式。随着我国农村地区经济发展水平的提高和城乡之间在地理、发展程度上差距的缩小，农村土地流转中的融资方式也趋向多样化，这离不开政府政策的支持、农村土地承包经营权的明晰及金融机构的积极参与。

为了了解新型农业经营主体农地投资的情况，2016 年农业部软科学委员会办公室安排了专项课题，对我国部分地区进行了调查，涉及 170 个专业型大户、35 个家庭农场、39 个农民合作社、11 个农业企业共 255 个主体，土地 22.19 万亩（1 亩=666.67m^2），投资总额 1.29 亿元，具体调查结果如下。

（1）大多数新型农业经营主体进行了农地投资。255 个新型农业经营主体中，有 165 个主体进行了农地投资，占总数的 64.71%，平均投资额为 78.31 万元。

（2）投资主要集中在生产辅助设施和农业基础设施上。生产辅助设施和农业基础设施投资两项合计 1.06 亿元，占投资总额的 82.17%。

（3）投资形成的资产产权中相当一部分最终属于集体经济组织或者原承包农户。在流转土地到期后，新型农业经营主体农地投资形成的资产产权最终归属，65.21%为新型农业经营主体，27.12%为原承包农户，7.67%为集体经济组织。

（4）投资形成资产的生命周期大多（约 61.16%）短于土地流转期限。

（5）投资的主要来源为新型农业经营主体的自筹资金。在新型农业经营主体农地投资中，97%的资金是自筹资金，3%来自财政或者原承包农户。

新型农业经营主体农地投资具有极强的公共性，但也存在着一些矛盾与问题。①投资缺口大，融资难且贵。②财政资金支持不合理，主要针对土地开发、土地整理等大型项目，农业生产急需的小型项目支持不足。③土地流转不稳定、不规范限制了新型农业经营主体农地投资的积极性。

（二）我国农村土地流转中的投资机会

我国国土面积辽阔，农村地区的土地流转问题一直是关系到农业发展，乃至整个国家经济增长、社会稳定的重要领域。自 2012 年中国银行保险监督管理委员会（简称银保监会）放开保险资金在不动产投资方面的闸门以来，各家保险公司积极探索市场上的投资机会，给农村土地流转带来较大的商机。

在不动产投资方面，从直接投资渠道来看，可以购置租赁农村不动产进行项目开发。从间接的渠道来看，可以通过股权的形式与房地产公司合作，共同开发有价值的项目；也可以通过购买相关股票或者基金的形式参与投资。

此外，在土地流转的过程中需要大量的资金，农民可以通过入股的形式解决大规模的种植所需要资金的问题，参与规模经营。

（三）我国农村土地投资衍生问题的对策

国家除了建立公平的土地交易制度、保障农民利益外，还应引导农民合理使用土地交易款，对失地农民实现持久性保障。农村传统保障要素是土地，土地交易以后，土地带给农民的赖以生存的社会保障功能和生产资料功能随之消失，土地交易款成为失地农民发展生产、维持生活的重要经济来源，也是其最后的保障。对土地交易款的合理使用直接关系到失地农民的切身利益。

1. 引导农民合理利用所得款项，以获得预期收益

农民拿到交易款项之后，不知道怎么利用这笔款项，很容易将款项用于家庭的生活享受等方面。这样，如果所获得的资金主要用于消费，就失去了资金的增值潜力，农民失去了长期的生活经济来源，政府应该负起引导失地农民合理利用款项的责任，切实保证农民的利益。

2. 以土地换取股份和租金，获得长期收益

政府应该允许用地单位在跟农民进行协商的基础上，鼓励农民签订参股协议，选择定期分红，或者风险经营分红，以保障农民获得长期的收益；或者用地单位以租赁的形式从农民手中租得土地，这样既能确保农民在租赁期间的收益，也可使农民不为失去土地而担忧，保证农民的长期收入。

3. 帮助失地农民再就业

失地农民失去土地后往往就会处于失业状态，离开农村后，缺乏竞争力。政府应该对失地农民进行文化教育，或者技能培训，提高农民的再就业能力，避免农民因为失去土地而无力生存的现象发生。

二、城市不动产投资拓展

城市化进程的加快，使一些处于城乡接合部的村庄融入城区，成为“城中有村，村里有城，村外现代化，村里脏乱差”的地区，严重地阻碍了城市精神文明建设的普及与发展，不利于城市整体规划和建设。“城中村”在从乡村向城市转变过程中，因土地、户籍、人口等多方面均属城乡二元管理体制，没有完全纳入城市统一规划、建设和管理，其发展有很大的自发性和盲目性，在生产方式、生活方式、景观建设等各方面仍保留浓厚的农村特色。大量的“城中村”存在于都市之中，给城市建设和管理带来很大的负面影响。积极稳步实施城中村改造是改善民生、扩大内需、推动城市高质量发展的一项重要举措。“城中村”改造难度极大，需要的投资巨大，也是城市不动产投资的拓展领域。确定投资主体是其首先要解决的问题，城中村改造涉及的部门很多，必须有牵头者和协调者，而改造中最主要的三个利益群体——政府、房地产开发企业、村集体，均有可能成为改造的主体。

1. 政府作为改造投资主体

政府主导型的改造方式是指政府作为改造主体并承担改造的全部费用，费用主要来源于地方财政收入，政府的财政压力比较大。南方个别经济实力雄厚的沿海城市采用此种方式。这种形式的特点是①政府能从全社会的综合效益出发，不以营利为目的，改造问题容易和村民达成共识，可较快较好地完成改造。②为处在相对弱势的村集体、村民谋福利。③能利用行政手段和政府威信协调各个部门的资源，通力合作。④不能很好地利用市场经济优势，政府负担重，财力要求高。

2. 村集体作为改造投资主体

在三方之中，村集体处于相对弱势的地位，以村集体为改造主体的改造方式除非有很强大的集体经济组织作为支持，否则村集体很难胜任改造主体。这种形式的特点是①村民的积极性非常高，改造中遇到的阻力小，村民作为股东可以获得较高的收益。②村民对本村的情况最了解，改造方案更能切合本村特点，改造容易进行。③村集体缺少专业技能，经营管理能力低，房屋品质难以保证。④融资手段单一，讨价还价能力差，主要的融资方式靠村集体经济组织出资和村民入股（郭庆，2015）。

3. 开发企业作为改造投资主体

就目前城中村改造的现状，政府与村集体的投资方式较少，手段也很单一。地方财政收入是政府资金的主要来源，村集体资金的来源主要是村集体经济组织出资和村民入股，这两者都很难满足改造中大量的资金需求。房地产企业以专业技能最强、市场化程度最高的一方在目前的城中村改造工作中担当了主要投资主体的角色。随着政府对房地产业的逐步认识、对金融风险意识的提高，要想走出城中村改造资金的困境，需要参与各方解决各自面临的资金难题。因此，如何促进城中村改造工作顺利进行，是涉及各方都需认真思考和尽快解决的问题。

这种形式优点比较突出：开发企业具有专业的房地产开发经验，经济实力强，企业管理能力强，可以保证开发房屋的品质与档次，有较强的经济影响力，符合市场经济规律。但也有一定的缺点：受自身利益驱动，往往忽略村民的经济利益，一味追求容积率，有些处于黄金地段的城中村因为改造成本太大而暂时被放弃改造；因开发企业的趋利本质，改造方案很难得到村民认可，改造阻力最大，若解决不好拆迁、安置、补偿问题，容易引发社会问题，让改造搁浅。但是，现阶段专业化分工越来越强，为了起到资源的优化配置作用，“政府主导开发商建设”是比较主流及合理的选择。在这三方中，政府不论从自身责任还是为村集体提供信用担保方面，都将是这场博弈中的核心角色，是发起者、组织者，并提供政策优惠。除去极个别经济实力雄厚的村集体，开发企业较其他两方都拥有更多的资金支持和技术支持，是理想的改造费用承担者。因此，以政府指导为主，通过优惠政策吸引有实力的开发企业介入，开发商承担改造费用的改造模式，有望改变城中村改造融资难的现状（郭庆，2015）。

复习参考题

[1] 简述投资的含义及其构成要素。

[2] 与其他投资方式相比，不动产投资表现出哪些不同的特点？

[3] 试比较不动产直接投资与间接投资、不动产开发投资与置业投资的异同。

[4] 不动产市场运行环境包括哪些方面的内容？其运行有哪些特有规律？

[5] 如何进行不动产市场定位和功能定位？

[6] 如何有效开展不动产投资市场调查？

[7] 简要分析我国农村土地流转中的投资机会。

[8] 在不动产投资运动过程中，为什么说投资分配阶段的工作尤为重要？

参考文献

安辉，王瑞东. 2013. 我国房地产价格影响因素的实证分析——兼论当前房地产调控政策. 财经科学，（3）：115-124.

陈宝卫. 2007. 我国房地产市场货币政策调控的实证研究. 济南：山东大学硕士学位论文.

董藩. 2007. 关于空置面积和空置率问题的探讨. 中南民族大学学报（人文社会科学版），27（4）：90-97.

郭庆. 2015. 城中村改造融资新渠道——房地产投资信托（REITs）. 西安：西安建筑科技大学硕士学位论文.

侯晨曦. 2010. 实物期权在房地产投资决策中的应用研究. 大连：大连理工大学硕士学位论文.

李会峰. 2005. 基于多目标规划的房地产投资决策研究. 西安：西安建筑科技大学硕士学位论文.

李哲. 2009. 中国房地产开发企业投资行为研究. 大连：东北财经大学博士学位论文.

刘昌黎. 2008. 关于投资相关概念的理论思考.东北财经大学学报，（5）：3-9.

刘江. 2011. 基于模糊层次分析法的广东地区三线城市房地产投资风险决策研究. 广州：华南理工大学硕士学位论文.

刘金娟. 2012. 哈尔滨市房地产泡沫测度与预警. 哈尔滨：东北农业大学硕士学位论文.

马达. 2005. 房地产品牌战略研究. 武汉：武汉理工大学硕士学位论文.

牛建高. 2012. 不动产投资分析. 北京：北京师范大学出版社.

谭颖卓. 2000. 我国储蓄投资转化机制的初步研究. 广州：暨南大学硕士学位论文.

汪婷婷. 2007. 完善税收体系后的房地产市场及其对策研究. 沈阳：东北大学硕士学位论文.

王明吉，牛建高. 2005. 房地产开发企业投资行为内在机制创新研究. 河北职业技术学院学报，5（3）：85-86.

王志英. 2007. 房地产投资的风险分析及其度量. 哈尔滨：哈尔滨工业大学硕士学位论文.

熊为人. 2004. 西安财富中心写字楼项目营销策略研究. 西安：西安理工大学硕士学位论文.

许宪春，贾海，李皎，等. 2015. 房地产经济对中国国民经济增长的作用研究. 中国社会科学，（1）：84-101，20.

杨威. 2010. 区域知识竞争力的投融资支持体系研究. 太原：山西大学硕士学位论文.

曾健. 2012. A 房地产建设项目可行性分析研究. 济南：山东大学硕士学位论文.

赵明. 2010. 中国现代房地产的营销策划运作与研究. 北京：北京交通大学硕士学位论文.

庄铁丽. 2005. 中国民间投资的若干问题的研究. 南宁：广西大学硕士学位论文.

邹悦. 2005. 房地产项目设计不确定性分析与风险管理. 杭州：浙江大学硕士学位论文.

第八章　不动产金融

第一节　不动产金融概述

一、不动产金融的概念

（一）金融

金融是指货币资金的融通，包括与货币流通和信用有关的一切经济活动。金融活动包括货币的发行、流通与回笼，存款的吸收与提取，贷款的发放与回收，货币结算，贴现，金银、外汇和有价证券的买卖，金融信托和租赁，等等。

金融学是研究资金和信用在个人、企业和政府之间转移的过程及机构、市场和工具的学科，即研究资金流动和信用如何促进生产和资源的配置。金融学是一门应用经济学，与经济学原理的研究重点有很大的不同：①与微观经济学将重点放在公司利润最大化目标的实现上不同，金融学的研究重点是所有者权益最大化，其内容比公司利润最大化要丰富得多。②金融学的研究重点更多放在融资主体之间资金的时间性转移上，主要考虑资金的时间价值，考察利率对资金的时间价值和融资决策的影响。③金融学重视现金流量而非利润，微观经济学则重视利润，其原因是人们可以将现金流量投资于其他产生收益的资产，或者用来减少需要花费成本的债务。④金融学的研究广泛地运用风险理论。风险是指实际结果低于预期结果的可能性。金融学通过分析交易的风险——收益，讨论风险对资产价值（现金流量）的影响。遵循风险分析基本原则，投资者承担额外的风险就应该得到额外的收益（克劳瑞特和西蒙斯，2012）。

（二）不动产金融

1. 不动产金融的定义

不动产金融是指以不动产为信用基础，借助各种金融工具，组织协调不动产业资金的筹集、融通、清算的所有金融行为的总称。由于不动产不仅指土地及其上固定不可移动的所有附着物，还包括所有拥有和使用不动产的可转让权利和特权，因此不动产金融以不动产实体及其产权交易过程中所涉及的个人、企业、政府之间进行货币与信贷的创造和转移的过程、机构、市场和工具为研究对象。

2. 不动产业与金融业的关系

不动产业与金融业有着天然的依存关系。

首先，不动产经济活动的全过程，对金融业的依赖都是先天性的。

对于不动产机构投资者而言，通常涉及大额的债务融资。①不动产投资是资金密集型的投资，需要大量的资金支持。但大多数经营者受制于资本限额，无法获得所有创造价值的净现值（net present value，NPV）项目所必需的全部资本。如果没有债务性的融资，仅靠自有资金，很难实现不动产项目的开发。②不动产市场是效率缺乏的市场，因而不动产项目变现困难，无法迅速为正现值项目配置资源提供足够的现金流，最终影响项目开发的循环进行。③杠杆效应的存在使得负债经营下的权益资本获得比无负债情况下更高的收益（正杠杆效应下），因此负债使不动产投资组合更加多元化。④出于风险管理的需要，不动产经营者通过负债可以将其权益资本分配给几个投资项目，从而降低风险在整个投资组合中的集中程度（莫里和马扎，2016）。

对于不动产个人投资者来说，无论是投资于不动产实体，还是投资于不动产的某项权益，都离不开金融的支持。一般而言，由于单体不动产实体的价值大，仅凭个人的资金很难实现对不动产实体的投资，融资弥补资金缺口在所难免，最典型的融资工具就是抵押贷款。不动产权益的价值往往比单实体的价值更大，个人所拥有的资金更是无法单独对一项权益实现完整的投资，这时就要借助某种金融工具实现投资，如房地产抵押贷款证券、不动产信托、不动产投资信托基金（REITs）。对不动产的消费者而言，其对不动产的消费（主要是购买自住的房地产）与金融的关系，犹如个人投资者对不动产实体的投资与金融的关系。

不动产业也需要金融业提供结算等其他金融服务。

其次，不动产业是金融业新的经济增长点。

第一，不动产金融业务有助于改善金融机构的资产结构。通常，不动产金融资产被金融机构看作优良资产，其原因在于：一方面，不动产具有价值的增值性，长期来看能为金融资产提供较高的安全性。在债务融资中，往往要求借款方进行不动产抵押，减少了违约风险。另一方面，当借款人违约时，金融机构可以对抵押的不动产进行处置，以所得价款偿还债务本息，从而使债权得到保障。

第二，多样化的不动产融资需求促进金融创新。银行信贷是传统的融资渠道，但是，一方面，受资金来源和监管的限制，银行主要办理中短期贷款业务，并不是所有的不动产资金需求都能够从银行获得贷款；另一方面，不动产经营企业也要考虑综合融资成本，不会一味寻求银行贷款支持。于是，不动产金融创新就成了必要（王重润和刘颖，2010）。随着信用工具的日益发达和不断创新，不动产金融市场的业务范围日益扩大，包括了各类住房储蓄存款、房地产抵押贷款、不动产信托、不动产保险、不动产典当等。20 世纪 60 年代以来，在美国更是创造出了丰富的不动产抵押贷款证券和不动产投资信托基金。金融产品越来越多样化，金融服务越来越个性化，不动产业为金融业创造的机会和利润也越来越多。

二、不动产金融的特点

不动产金融除了具有一般金融以信用为基础，资金的增值性、风险性等共性特点外，还因资金特有的运用领域和运行规律，有着与一般金融活动相区别的特点。

1. 不动产金融资金运用范围广，使用金融工具种类多

由于土地及其上固定的附着物的广泛存在，不动产是社会的基础性财产，凡是与土地利用有关的活动都可能是不动产金融资金运用涉及的范围。市地是不动产金融运用的主要对象，除此之外，金融市场发达的国家和地区，农地也是不动产金融运用的重要对象，其他如矿地的开发、林地的开发与经营、生态环境用地的利用与保护等，都离不开不动产金融的支持。

不动产金融服务的对象具有全面性。个人作为消费者，是不动产消费市场上的资金需求者；个人作为投资者，一方面是不动产权益投资的资金供给者，一方面又是不动产实体投资的资金需求者。机构或者投资于不动产，或者将不动产作为生产要素，在不动产金融活动中成为资金的重要需求方。政府部门不仅是不动产金融市场上的管理者，同时也经常作为资金的供给者或需求者参与不动产金融活动。

在所有的专门性的金融业务中，不动产金融所使用的金融工具是最全面的。在不动产金融业务中，不但有传统金融工具的广泛使用，金融创新所创造的现代金融工具也全面使用，有的金融工具甚至是不动产金融业务特有的。传统的金融工具使用最广泛的是不动产抵押贷款，包括对机构和个人的抵押贷款；现代金融工具中的资产证券虽然不是不动产金融特有的，但在不动产金融中，资产证券的产品种类是最多的，信用链条是最长的，对不动产经济，乃至经济整体的影响最为深刻；不动产投资信托基金是不动产金融特有的金融工具，在成熟的不动产金融市场上具有不可替代的地位；住房储蓄作为解决特定人群住房问题的一种机制，也是不动产金融特有的。从融资的性质上看，不动产金融既有债务融资，如银行贷款、发行债券；也有权益融资，如发行股票；还有兼具债务融资和权益融资双重特点的夹层融资，如不动产信托投资、利润参与贷款、可转换债券和次级贷款。

2. 不动产金融使用资金量大，资金周转期长

资源的稀缺性和不动产产品的高造价，使得单项不动产价值大，无论是开发还是投资，所需要的资金量也就大，融资额度更是一般工商企业融资不可比拟的。正因为不动产金融所需要的资金量大，单靠银行贷款等债务融资方式满足不了不动产开发的资金需求，因而往往需要多渠道融资。发行债券和股票、组织银团贷款，是解决大量资金需求常用的融资方式。在不动产消费市场上，居民获得的住房抵押贷款通常也是家庭最大额度的融资。不动产很适合大额债务融资，因为它无法隐藏且容易作为抵押品使用（莫里和马扎，2016）。

不动产开发建设需经过取得土地、开发、建筑施工、装修、竣工验收等一系列环节，开发时间长，开发项目通常使用长期融资。居民购买不动产的抵押贷款，通常是在 20～30 年的期间分期付款，资金的回收期长。

3. 不动产金融以抵押权为基础

抵押权是抵押权人对抵押财产享有的优先受偿权。债务人或第三人不转移对抵押财

产的占有，只是将该财产作为履行债务的担保，当债务人不能按约履行债务时，债权人拥有将抵押财产折价，或者从其拍卖、变卖的价款中优先受偿的权利。抵押权是担保物权，国外一般认为是一种留置权。

在债务性融资中，无论是不动产开发项目贷款，还是住房抵押贷款，它们的期限都比较长，存在的风险因素多，从而使贷款人面临较大的风险。贷款人通常要求借款人以其投资的不动产为抵押品，作为借款人履约的担保。不动产作为抵押品，也有其自身的优势。不动产的价值可以较为精准地计量，且不容易受到所有者和持续经营的机构的影响，尤其是当它已经存在或已经产生收入时，因此不动产是优质抵押品的代表。以不动产设定抵押对债务进行担保基本上可以覆盖违约风险，于是降低了贷款人在相似投资类型中通常涉及风险的程度，并因此增加了贷款人对不动产融资的信心（莫里和马扎，2016）。故此，不动产的债务融资通常以设立不动产抵押权开始，以取消（债权如期清偿时）或执行（不能履约时）抵押权结束。

4. 不动产融资的证券化

不动产金融是资产证券化最活跃的领域，不动产融资的证券化可以覆盖到全部的不动产。除了传统的股票和债券外，目前运用比较多的不动产融资证券化主要有两种形式。

一种是不动产抵押贷款证券化。抵押贷款证券化是指抵押权人将抵押债权以有价证券的形式出售给机构或个人投资者来实现再融资，使缺乏流动性的长期抵押贷款资产具有流动性。抵押贷款证券化的问世与不动产的特性有关。不动产单体价值大且位置固定，因而不动产投资门槛高且流动性差。当不动产投资者利用银行贷款投资时，银行会因为长贷短存的资产与负债期限的不匹配，面临着流动性风险。为了使抵押贷款资产具有流动性，银行创造了丰富的抵押贷款证券产品。

不动产融资证券化的另一种重要形式是不动产投资信托基金。不动产投资信托基金出售基金股票，降低了不动产投资门槛，建立了小额的、分散的不动产投资渠道。

5. 不动产金融具有较强的政策性

不仅仅是金融政策对不动产金融有影响，凡是与不动产和不动产业有关的政策调整，都会影响到不动产金融。一方面，不动产产业是国民经济的基础性产业，政府通过不断适时地调整不动产产业政策对国民经济进行调整，其中就包含不动产金融政策。另一方面，不动产中的住房问题是政府关注的重点。城市居民的住房问题不仅事关居民的生活质量，更关系到社会稳定，不动产金融为城市居民解决住房问题提供金融支持。政府通过调整财政补贴政策、税收政策和信贷政策，调节住房金融市场，来实现政府住房政策。

三、不动产金融的功能

1. 融通资金的功能

与其他金融活动一样，融通资金也是不动产金融最基本的功能。资金融通依照储蓄—投资的模式循环，汇集资金剩余者（个人、企业、政府）手中的资金，通过资本市场或资金市场，以直接或间接的方式，提供给资金的需求方（个人、企业、政府）。涉及不动产经济活动的资金具有数量大、运转周期长、面临的风险因素多等特点，使得由完整、规范的不动产金融市场提供调节资金余缺成为必要。不动产金融以其强大的资金筹集能力、严谨的市场机制、丰富的金融工具和灵活的经营手段，为不动产产业的健康发展提供周到、良好的融资服务。

在不动产金融创新中，通过推动不动产金融不断从低杠杆机制到高杠杆机制转变，拓宽投资者的投资渠道，使不动产投资者能以更少的资金、更低的投资成本获取更多的回报，进而提高投资者的投资热情，促进资金的高效流通（郭连强等，2015）。

2. 优化资源配置的功能

经济学原理认为，资源的优化配置是指资源的利用获得最好收益的状态。资金作为经济资源的一般形态，资金收益率达到最高，就是资源的优化配置。在不动产金融市场上，应引导不动产资金追逐收益率高的用途和项目，不断优化资源的配置。不动产金融还通过金融工具的创新（如不动产资产证券化）突破不动产经济的区域性限制，优化区域间的资源配置。优化资源配置还有另一层理解，政府在对不动产金融实行一定管控的情况下，利用金融工具调控不动产经济，使其发展符合政策目标。

3. 转移和分散风险的功能

不动产金融转移和分散风险的功能可以从两个层面来看。一是由于不动产经济活动运用的资金量大，运转周期长，面临的风险因素多，决定了任何单独的投资都要承担很大的风险。不动产金融使得不动产投资有更多的主体参与，所有的投资主体分担投资风险。二是丰富的金融产品可以使投资者将投资分布于具有不同风险-收益组合的金融产品上，以达到分散投资风险的目的。

更进一步，不断的金融创新能使价格风险、信用风险等金融风险得以有效转移。例如，金融创新涉及衍生品时，可以通过减少信息不对称、降低代理成本和交易成本来提高效率，有可能通过增加分担风险的机会来降低不动产经济活动的整体风险。

4. 调控经济的功能

不动产经济的基础性地位，加上不动产市场具有的低效率性、不稳定性和分配不公平的可能性，使得各国和地区对不动产经济有不同程度的干预和调控。政府的调控会综合、配套运用系列政策，其中货币金融政策是不可缺少和替代的。在市场经济中，政府更多选择间接调控的方式，如运用利率、准备金率、再贴现利率和公开的市场操作，来实现政府的不动产业政策和国民经济协调发展的目标。

四、我国不动产金融的发展

（一）我国不动产金融的发展和演变过程

中华人民共和国成立后至改革开放前，受制于计划经济和我国的土地制度，土地及不动产长期不被看作重要的经济因素。在土地划拨无偿无期限的使用制度下，不动产的经济价值完全被无视，因而也就不存在不动产金融活动的市场舞台。随着我国住房制度和土地使用制度的改革，不动产金融在我国的经济生活中开始逐步扮演起应当的角色，发挥着越来越重要的作用。我国的不动产金融是随着改革的推进，循序渐进地发展、演变到现在的。最先出现的是与住房制度改革相关联的住房金融；城市土地使用制度的改革和住房商品化，催生了房地产业一波又一波的发展，不动产金融也由住房金融发展到房地产金融；随着土地制度改革的深化，特别是《民法典》进一步完善了物权法律制度，不动产作为基础性财产的地位开始确立，人们也开始认识到为整个不动产服务的不动产金融。改革开放以来，我国不动产金融的发展、演变过程大致经历了以下几个阶段。

1. 不动产金融初步发展时期（1979 年至 1989 年上半年）

十一届三中全会后，我国开始了住房制度改革，确立了住房商品化的目标。改革试点之初，政府以低于造价的价格，将新建房出售给居民，旧公房未予触及。住房制度改革的发端为住房金融的出现营造了氛围，创造了需求。1982 年有关部门提出“三三制”的售房模式，这项改革虽然使居民个人的购房负担减轻，但政府的负担有所加重，不符合改革的目标。于是，1986 年，在试点城市烟台和蚌埠实施“提租发券”的改革方案，并在两个城市建立了住房储蓄银行，有了住房金融的初步尝试。

这一时期，中国建设银行在不动产金融的发展中发挥了突出作用。1984 年，中央明确了中国建设银行在房地产信贷管理方面的特殊地位。1985 年起，中国建设银行调整了信贷结构，单独拿出一笔资金，在全国范围内开展土地开发和商品房信贷业务，并在内部建立了房地产信贷部，从组织机构上完善了对房地产信贷业务的管理。

2. 不动产金融停滞时期（1989 年下半年至 1991 年）

在 1987 年和 1988 年连续两年的经济过热局面中，房地产业一度超过自身条件和市场有效需求，片面追求速度，盲目扩张，造成了一系列的问题。1989 年下半年开始，我国进入了为期两年半的治理整顿时期，国家采取了紧缩信贷计划、压缩投资规模、清理整顿公司等措施。受此影响，房地产领域资金短缺、生产下降、市场疲软、产品积压等问题暴露出来，一些房地产开发公司、经营公司被撤销，房地产业和房地产市场呈现萧条的局面。

3. 不动产金融提高、整顿时期（1992 年至 1997 年）

1992 年，邓小平视察南方谈话后，国民经济进入高速发展阶段。在此背景下，房地产投资活动再度活跃，并再度出现“房地产热”，投资规模和信贷规模再度膨胀。1993 年 7 月起，国家再度整顿金融秩序，控制金融资金流入房地产领域的规模。到 1995 年，房地产投资规模无序膨胀得到了有效控制。但是，由于商品房销售市场不景气，有效需求萎缩，供应规模偏大，同时房地产开发资金占用大，贷款拖欠，投资效益明显下降。

4. 不动产金融快速成长时期（1998 年至 2003 年上半年）

1998 年，面对亚洲金融危机带来的不利局面，国家做出了调整结构、扩大内需的重大决策，明确提出启动住宅消费，把住宅建设作为国民经济新的增长点。随即在全国范围内停止住房的实物分配，逐步推行住房分配货币化。国家对房地产交易的相关税收政策进行了调整，房地产信贷结构也发生了很大变化，居民个人购房的比例不断提高，促进了住房建设和房地产业的快速发展。与此同时，政策性住房金融体系初步形成，住房公积金制度不断完善，住房公积金管理被纳入法治化轨道。

5. 不动产金融调整、整顿时期（2003 年下半年至 2007 年）

这一时期不动产金融的主要基调是对过快发展的房地产业进行不断调整和整顿。随着前一时期房地产金融的超速发展，不少问题也显现出来，中国人民银行（简称央行）对 2002 年和 2003 年的贷款检查显示，房地产贷款金额中有近 1/4 是违规的。针对金融体系流动性总体偏松和货币信贷持续高速增长的局面，央行出台了温和的调控政策，将存款准备金率提高 1 个百分点。

2004 年，有关部门出台了多项不动产金融调控政策，如实行差别存款准备金制度、实行再贷款浮息制度、发布《商业银行房地产贷款风险管理指引》、上调金融机构存贷款基准利率等。2005 年开始调整商业银行自营性个人住房贷款政策，并支持和引导金融创新。当年，央行和中国银行业监督管理委员会（简称银监会）联合发布了《信贷资产证券化试点管理办法》《资产支持证券发行登记与托管结算业务操作规则》《金融机构信贷资产证券化试点监督管理办法》。2006 年，为了配合“国六条”和“国十五条”，不动产金融调控政策进一步强化。包括上调商业银行贷款利率、严格审查房地产贷款条件、收紧商业银行流动性、加强对外资房地产企业开发经营活动的管理、控制境外购房需求等。2007 年，不动产金融调控政策更是令人眼花缭乱。一年之内六次加息，两度出台加强对外资管理的政策，规定第二套住房贷款的首付不得低于 40%，贷款利率不得低于央行公布的同期同档次基准利率的 1.1 倍；同时实施《信托公司管理办法》（中国银行业监督管理委员会令，2007 年第 2 号），以加强对信托公司的监督管理，规范信托公司的经营行为，促进信托业健康发展。

6. 不动产金融规范、创新时期（2008 年至今）

为了积极应对美国次贷危机所引发的国际金融危机，国家提出了“保增长、扩内需、调结构”的目标，出台了一系列政策。明确加强保障性住房建设，鼓励合理的住房消费，要求商业银行加大对居民普通自住和改善性住房的信贷支持力度，加强对保障性住房和棚户区改造的信贷支持。为了配合和支持国家深化住房制度改革和居民的住房消费，商业银行不动产金融业务的经营管理逐步规范，在产品种类、业务范围和经营模式方面有了长足的发展，不动产金融不仅发挥了资源配置的作用，自身也不断发展壮大。

为了规范房地产业的发展，2008 年至 2017 年年底，国务院、央行、银监会等相关部门颁布和实施了多项调控不动产金融活动的政策。这些调控政策分别为了不同的政策目标。全局性的政策目标是：转变经济增长方式，加强保障性住房建设，保持投资的稳定；保障民生，维护社会的稳定。从对不动产金融的监管来看，一是明确分类调控，因城施策，落实差别化住房政策，严禁资金违规进入房地产市场，抑制热点城市的房地产泡沫，推动库存压力较大的三、四线城市减少房地产库存；二是要求银行业建立规范的金融产品信息披露制度，严格区分公募与私募、批发与零售、自营与代客等业务类型，明确信息披露的标准与规范；三是有效地防范金融风险向银行业集中，防止金融泡沫，为推动金融市场改革创造条件。

2008 年以来的不动产金融发展最大的变化是实施了一系列推动金融创新的政策，主要有《信托公司集合资金信托计划管理办法》（2009 年修订）《关于支持信托公司创新发展有关问题的通知》《关于加强信托公司房地产、证券业务监管有关问题的通知》《关于加强信托公司房地产信托业务监管有关问题的通知》《关于进一步规范银信理财合作业务的通知》等。在政策的指引下，不动产金融进行了一定的创新尝试，如发行房地产抵押贷款证券，信托公司发行不动产理财产品，甚至出现不动产投资信托基金的尝试（仲量联行，2017）。

（二）我国不动产金融存在的主要问题

我国不动产金融在三十多年的发展过程中，在几个方面发挥了重要作用：一是贯彻国家的房地产政策，调节房地产业的发展；二是扩大房地产开发资金，促进房地产业的发展；三是增大住房消费资金，刺激购房需求，助力住房商品化的实现。但无可否认的是，与成熟的不动产金融市场相比较，我国的不动产金融尚处于发展的早期阶段，存在着一些不可忽视的问题，可归纳为不动产金融市场体系不健全，金融创新不足，具体表现在以下几个方面。

1. 不动产金融以传统银行信贷为主导，风险较为集中

目前，融资渠道单一是我国不动产金融面临的主要问题。我国不动产金融市场不发达，以一级市场为主，二级市场虽然有所发展，但市场容量非常小，发展极不充分。缺乏市场信用的一级市场与发展不充分的二级市场，无法从投资与消费两方面同时满足对不动产金融的需求，由单一银行体系支撑的不动产金融极易导致风险的过度集聚。除了商业银行贷款以外，证券、信托、基金和债券等不动产金融产品发展比较滞后，尤其是不动产信贷资产证券化严重滞后，使商业银行承载了 90%以上不动产信贷的资金负担，不动产金融的市场风险和融资信用风险高度集中于商业银行。

一方面，商业银行资金流动性不足的问题时有显现，其导致的风险集中将给整个不动产金融体系的稳定带来隐患。同时，现有的部分不动产金融创新的新兴融资产品一般门槛较高，这些金融创新产品的风险也相对较高，并且也缺乏配套的金融避险工具，使得绝大部分房地产企业只能望而兴叹。这导致房地产企业融资方式过于单一的状况很难改变，一旦商业银行面临风险、民间非正规金融供给减少，将导致整个不动产金融风险的不断积累，严重影响不动产金融创新的进程（郭连强等，2015）。

另一方面，房地产企业在开发楼盘的过程中大多采用信贷的形式获取充足的发展资金，以维持企业的正常运营，这也不可避免地使得商业银行承受了较高的信用风险。同

时，房地产企业所需资金量巨大，难以拓展有效的融资渠道，进一步加剧了商业银行的信贷风险。

2. 不动产金融创新产品单一，产品设计不合理

我国不动产金融体系是基于银行信贷形成的，也形成了对银行信贷的过度依赖，不利于不动产金融的稳定发展。然而，已有的不动产金融创新产品层次低，没有形成多元化、规范化的不动产金融产品体系，主要表现为：①不动产金融创新产品种类严重不足，同质化现象严重，创新以数量增长为主，忽视创新产品的品质，房地产类股票、信托、债券等合规性金融工具的融资作用不大。②创新产品的设计存在不合理的问题。例如，不动产信托产品多为短期产品，3 年以上的不动产信托产品很少，大部分都在 1～3 年。房地产行业固有的开发周期长的属性，使不动产信托投资产品期限短于不动产投资期限，不动产信托投资仍不能有效解决房地产开发企业资金紧张的现状。

3. 不动产金融法律体系不健全

我国不动产金融发展较晚，法治建设相对滞后，尚未形成一整套科学的、完善的、多层次的不动产金融制度及法律法规体系。现有的不动产金融相关法律法规主要集中在对房地产企业的融资管理上，对整个不动产金融市场的监管缺乏统一有效的法律体系；与不动产具体金融业务相关的法律法规也存在漏洞，容易造成不动产金融市场的无序与管理的混乱，特别是促进房地产金融创新和市场化改革的相关政策、法规缺位，这将对今后我国不动产金融的规范发展造成诸多困惑。例如，根据国外的经验，不动产证券化等的创新都是在有了较完备的法律规范之后才有可能顺利进行的；而我国近年来的不动产信托、不动产投资信托基金的尝试，都缺乏必要的法律规范，导致不动产金融的创新停滞不前。

4. 不动产金融发展不平衡

不动产是以土地为依托而存在的极其广泛的财产和权利，这也就决定了不动产金融业务的范围是相当广泛的。我国的不动产金融业务范围主要是市地金融，与房地产开发、经营和消费有关的不动产金融业务比较成熟，成为不动产金融的主体。由于我国的农地金融制度存在着缺乏完备的法律政策保护、完善的流转服务市场、健全的风险防范机制等制约因素，农地金融发展较为缓慢，不利于农地价值的显现和农村产业化的实现（史卫民，2010）。在其他不动产领域，如基础设施、矿地、林地等，融资的途径也比较单一，除了银行贷款，其他如债券、资产证券等现代金融工具比较少见。

（三）我国不动产金融的发展方向

我国不动产金融的迅速发展，推进了不动产业和城市化的发展，在经济上具有不可或缺的地位。但是，也要看到不动产金融业正处于完善体系和加快创新的关键阶段。我国不动产金融今后发展的方向为：建立多层次的不动产金融体系，着力推动不动产金融产品的创新，扩大不动产金融服务领域。

1. 建立多层次的不动产金融体系

建立多层次的不动产金融体系是促进我国不动产金融行业发展的基础和前提。在不动产金融行业的发展过程中，既要以间接融资的信贷市场作保障，又要具备直接融资的资本市场。同时，不动产金融企业应同时参与一级市场和二级市场，实现对融资问题的有效解决，防止住房贷款期限错配和流动性风险过大导致的发展资金不足。不动产金融市场还应注重建立健全金融市场支持服务体系，将保险机构、担保机构、房产中介、贷款服务机构及不动产评估机构纳入服务体系中，形成市场交易的重要支撑，不断优化市场交易环境，从根本上提升不动产金融产品的交易量。

2. 着力推动不动产金融产品的创新

不动产金融产品的创新是不动产金融创新的末端环节与最终表现，不动产金融创新的成效归根结底体现在产品创新上。当前，我国不动产金融产品的创新应当重点围绕以下几个方面展开。

1）积极推进规范的不动产抵押贷款证券化

不动产抵押贷款证券化可以扩充不动产金融的资金来源，也为机构和个人提供了新的投资渠道；同时提高银行资产的流动性，分散了银行不动产信贷业务的风险，使不动产金融市场与资本市场有机互动，进而带来金融资金的良性循环。

截至 2018 年一季度末，我国金融机构不动产贷款规模达 34.1 万亿，占金融机构全部贷款的 27%，远超过政府债务和信用债的规模（明源地产研究院，2018），金融机构积存着较大的流动性风险。从已发行的不动产抵押贷款证券来看，由于缺乏必要的法律规范，不动产抵押贷款证券化还处于摸索阶段，产品的设计和运作不规范，存在较大的政策风险。规范不动产抵押贷款证券化的发展，要做好的工作有：①规范不动产抵押贷款产品，形成在贷款年限、利率、贷款额度、还款方式、抵押合同文本和贷款程序上全国统一的标准和格式，这是不动产抵押贷款组合的前提条件。②建立不动产抵押贷款证券化标准化操作模式，这是不动产抵押贷款证券能被市场所接受的先决条件。③建立和健全不动产抵押贷款信用保险机制。④依法设立不动产抵押贷款证券化运行所需的特设机构（special purpose vehicle，SPV），又称为特殊目的公司或发行人。⑤建立健全不动产抵押贷款证券化的法律体系，这是不动产抵押贷款证券化创新的关键。不动产抵押贷款证券化过程中所涉及的项目资产融资的发起、特设机构的设立、融资结构的确立、信用评级机构的运作和责任的承担、贷款抵押证券的发行和交易、抵押证券交易的会计处理和税收等，都需要一整套完整的法律法规体系来规范其运作，我国并没有建立这套法律法规体系。⑥培育不动产抵押贷款证券承销商。现有的证券公司、信托公司及财务公司等金融机构，只要符合央行对其净资产等方面的要求，都可以成为抵押贷款证券化的承销商。

2）规范并促进不动产信托的发展

我国颁布并实施了《信托公司管理办法》，取消了信托公司不能采取贷款、租赁方式开展业务的限制，同时规定信托公司可作为投资基金或者基金管理公司的发起人从事投资基金业务，也可从事资产证券化、企业年金和财务顾问的业务。这为发展股权类、产权类不动产信托提供了较好的法律环境。

信托公司大部分缺乏对不动产的专业运营和管理经验，因此在现阶段可以采用外部管理模式，委托专业的不动产经营管理公司来管理。在整体设计中，信托公司对投资者的法律关系应是受托人，并对投资人的利益提供保障，从而为发展契约型的不动投资积累一定的经验。

完善不动产信托的相关法规，使得不动产信托有法可依，走向有序发展的道路。监管部门更多的工作是要考虑如何完善制度设计，填补漏洞，从而有效引导市场发展方向。

3）尽快完善相关法规，明确不动产投资信托基金的发展方向

发展不动产投资信托基金，首要的是建立相应的法律制度框架。所有已经和正在筹划不动产投资信托基金发展的国家和地区，无不将立法作为发展不动产投资信托基金的首要条件。例如，新加坡、日本、韩国，以及我国的香港和台湾地区，都是在原有相关法律已经比较完备的基础上，通过长期研究制定专项法律。有的在不动产投资信托基金法律制定公布数年以后才正式批准发行相关产品上市。美国不动产投资信托基金之所以发展迅速，主要得益于其优惠的税收政策，不动产投资信托基金满足规定条件就可以免缴公司所得税，而我国不动产投资信托基金的税收优惠却无从体现。因此，我国还应完善相关法律，来促进不动投资基金的发展。

公司型不动产投资信托基金可以建立和实施一套机制来保护投资者，保证基金管理人和其他服务提供者能够按照基金持有人的最佳利益行事，从而实现利益相容，使基金市场的所有参与者成为一种利益共同体，契约型不动产投资基金则难以提供这方面的保障。因此，公司型不动产投资信托基金在全球得到了越来越普遍的采用。但公司型不动产投资信托基金在我国现有公司法律体系下是行不通的，而《中华人民共和国信托法》（简称《信托法》）却早已在 2001 年 10 月 1 日起施行。显然，采用信托型的信贷资产证券化发行模式在我国更具有操作依据和现实意义（台玉红和朱鹏宇，2007）。

3. 扩大不动产金融服务领域

完整的不动产金融体系，要求不动产金融要涵盖所有的不动产业。在我国，相对于市地金融而言，其他的不动产金融发展却比较滞后。当前，农地金融是我国不动产金融发展的重要方向。

农地金融是指农地经营者以所承包农地的经营权作为抵押向金融机构融资的资金融通形式，其实质是发挥土地的财产功能，使土地从一般的农业生产功能转变为农民可抵押的固定资产功能，并使其进入流通领域，为农业生产经营者提供资金支持，从而实现农业生产的持续发展。我国农地金融制度产生于 20 世纪 80 年代后期，目前还处于起步阶段，无论是理论上还是实践上都进展缓慢（高圣平，2014）。

其一，进一步明晰产权，完善农地金融的相关立法。尽管近年来我国深化了农村土地制度的改革，实行农村承包土地的三权分立，但明晰产权还存在一些法律障碍。《民法典》虽然在禁止抵押财产范围内排除了耕地使用权，但并没有在可抵押财产的范围内明确土地使用权。《农村土地承包法》第五十三条明确了“通过招标、拍卖、公开协商等方式承包农村土地，经依法登记取得权属证书的，可以依法采取出租、入股、抵押或者其他方

式流转土地经营权”，但不涉及以家庭承包方式取得的土地经营权；而第三十六条规定“承包方可以自主决定依法采取出租（转包）、入股或者其他方式向他人流转土地经营权，并向发包方备案”，也没有明确承包土地经营权抵押流转方式。以上两部现行法律都没有明确以家庭承包方式承包的农地设置抵押的合法性。因此，应对现行立法进行修改完善，从法律上明确农村土地的担保物权性质，放宽农村土地承包经营权抵押的客体范围，逐步将家庭土地承包经营权纳入抵押设定，从法律上创新土地抵押权制度，使土地由原来的传统社会保障属性向资源属性和资本属性转化，并真正成为农民的创业资本，实现其土地财产权益。

其二，加大对农地金融的政策支持力度。①政府要积极参与和支持，在机构设置、业务经营等方面加以引导、提供帮助。对农地金融机构直接提供大量贴息贷款，由政府直接创办土地金融机构来开展农地金融业务，或购买土地金融机构的股份支持其发展。②要实施损失补偿、特殊准备金、救济金、税收等优惠政策，发行土地债券筹集信贷资金，扶持土地金融事业。③要完善农地价值评估、承包经营权登记和证书发放制度。

其三，构建农地金融的组织体系。通过借鉴国外农地金融发展的经验，立足我国现行农村金融组织体系状况，当前农地金融组织体系的构建可分“三步走”。第一步，尽快在农村信用社开展农地金融试点，实现短期目标；第二步，时机成熟时组建土地合作金融组织，实现中期目标；第三步，考虑成立政策性土地金融机构，即国家土地银行，实现远期目标。

其四，建立农地金融风险防范机制。加快成立农业信贷担保机构和发展农业保险，降低农地金融的信贷风险。同时，政府要加大农村社会保障体系的建立健全，逐渐弱化农地的社会保障功能，防范农地抵押权实现后农民失地的风险（史卫民，2010）。

除了农地金融外，基础设施、矿地、林地等不动产金融也要在相对完备的法律环境下有序地开展。

第二节　不动产抵押贷款及其证券化

一、不动产抵押贷款的一般原理

（一）不动产抵押贷款的基本概念

不动产抵押贷款是在不改变占有、使用、收益权的前提下，债务人以自己或第三方合法拥有的不动产及其权利抵押给债权人作为履约的担保，从而获得金融机构的融资的法律行为。抵押是债权债务关系成立的前提条件，债务人通常是抵押人，债权人享有抵押权，抵押的标的物是特定的不动产。

与其他抵押一样，不动产抵押的特征有：①抵押权是从属于主债权的担保物权，也是抵押权人在抵押人财产上设置的他物权。②不可分割性。一是当部分债权受偿时，抵押权人仍可就其与未受偿的债权对抵押物的全部行使抵押权；二是当抵押物发生分割或部分转让时，抵押人仍可对抵押物的全部行使抵押权；三是被担保债权发生分割时，抵押权不因此而分割。③优先受偿权。当同一债务人身负多项债务时，抵押权所担保的债务必须优先清偿。④追及性。若发生抵押人擅自转让抵押物，抵押权人可追及该抵押标的物并继续行使抵押权。

不动产抵押贷款应用范围非常广泛。因为不动产特别适合作为抵押标的物，除法律限定外，所有的不动产都可以用作抵押。不动产抵押贷款可用于对机构的融资，如开发企业的项目贷款；也可以用于对个人的融资，运用最多、最典型的是住房抵押贷款，本节将以这类贷款为例简要介绍不动产抵押贷款及其证券化的基本内容。

（二）不动产抵押合同的重要条款

在不动产抵押贷款过程中，除了要签订借款合同外，还要签订一份抵押合同，以确定抵押人和抵押权人的权利和义务。其中重要的条款有交费项目条款、抵押不动产的转让、提前还款、抵押贷款违约。

1. 交费项目条款

在抵押合同中，一些条款明确规定了抵押人缴纳各种与抵押不动产相关的税费的义务，主要包括以下两方面。

（1）抵押不动产相关的各种税费、评估费用、杂费及所有较抵押还款有优先权的缴费项目。

（2）意外保险费用。为了防范抵押贷款的风险，抵押权人一般会要求抵押人办理可能对抵押不动产造成价值损害的意外风险的保险，并要求抵押人依照保险合同的规定按时缴纳保险费。

2. 抵押不动产的转让

一般情况下，抵押合同将允许抵押不动产再次转让，但会有明确的限制。

（1）在抵押贷款没有完全清偿前，抵押不动产的转让原则上要经过抵押权人的书面同意。否则，抵押权人有权要求借款人立即偿还全部未清偿款项，并要求赔偿。否则，抵押不动产的转让在法律上无效。

（2）如果抵押人决定将抵押不动产进行转让，抵押权人有权根据市场现行的利率水平适当提高抵押贷款的利率，目的在于减少抵押不动产的受让者在申请利率方面获得更具吸引力的新贷款的可能性。

3. 提前还款

在抵押合同中，贷款人一般都会对提前还款加以一定的限制。有的合同可能完全排除提前还款，有的合同虽然允许提前还款，但会对提前还款行为实施一定的处罚，这种处罚主要是通过一定的罚款来实现的。

4. 抵押贷款违约

1）对抵押贷款违约的认定

抵押贷款违约是指违背抵押贷款合同规定的行为。常见的形式是借款人没有按时归还抵押贷款的本息。此外，如果抵押人没有按时缴纳与抵押不动产有关的税费、保险费，也属于违约行为。

2）罚息条款

当借款人出现逾期还贷时，将支付相应的违约罚金。罚息的额度取决于如下信息：①逾期还贷的时间；②逾期还贷的金额；③处罚利息。

3）取消抵押品赎回权

在不动产抵押贷款中，抵押人虽然将不动产抵押给了抵押权人，但仍然合法享有重新赎回抵押品的权利，这就是抵押品赎回权。从法律上看，如果抵押权人出于风险控制的考虑而想对抵押不动产进行处置的话，就必须首先取消抵押人的抵押品赎回权，否则，法律将不允许抵押权人对抵押不动产进行处置。

取消抵押品赎回权的方法有：①抵押权人向法院提出诉讼，由法院判决对抵押人及其财产的处理方式；②抵押权人申请取消抵押品赎回权并直接拍卖抵押品，如果拍卖收入超过未清偿的贷款额，则超过部分归抵押人所有。

现实中，抵押权人总是谨慎行使取消抵押品赎回权，原因有三：①取消抵押品赎回权通常需要花费较高的执行成本；②在借款人缺乏还款能力的情况下，行使这一权利未必能有理想的效果；③行使这一权利通常会对多方当事人的利益产生影响，而考虑到这些影响，抵押权人可能也不愿意行使这一权利。作为一种替代，在抵押权人需要对抵押不动产进行资产处置时，通常运用测试法来处理违约行为。测试法是指除取消抵押品赎回权之外的所有其他方法，通常包括以下几种。

（1）重新构造抵押贷款合同。重新构造抵押贷款合同可采用多种方法，其中运用比较多的是改写抵押贷款合同。例如，随着内外部情况的变化，抵押贷款合同的双方当事人需要对原有合同条款进行重新谈判，为避免或补救违约行为的发生，可能需要订立新的合同条款或对原有合同进行修改等。通常可能对原合同中的利率条款、还款额条款、还款期限条款进行变更。改写抵押贷款合同时还应注意抵押品目前的状况如何、是否存在其他留置权干预的可能，以及抵押担保人的状况如何。

（2）抵押贷款转让。如果改写抵押贷款合同没有可能，可采取抵押贷款转让的方式，也就是伴随着抵押不动产向新业主的转让，抵押贷款还款义务也同时转移给新业主，在抵押不动产的价值超过抵押贷款余额时，新业主是乐于接受偿还抵押贷款余额的。

（3）自愿转让产权。若借款人无法继续履行抵押贷款合同的义务，或许愿意将自己所拥有的不动产权益“出售”给贷款人，以此了结履行抵押贷款合同的义务，这就是自愿转让产权。与取消抵押品赎回权相比，采用自愿转让产权方法的优点在于不仅可以节省与取消抵押品赎回权相关的时间、财务成本，而且规避了法律上的不确定性。

在抵押贷款合同中，还存在一些重要条款，如贷款人占有抵押不动产的条款、解除债务关系条款、未来贷款条款和附属贷款条款等。

二、不动产抵押贷款的类型

（一）不动产抵押贷款的两种基本类型

根据利率是否可以调整，不动产抵押贷款可以分为固定利率抵押贷款（fix rate mortgage，FRM）和可调利率抵押贷款（adjustable rate mortgage，ARM）两种基本类型。因还款方式不同，基本类型又可以衍生出许多中间品种。

1. 固定利率抵押贷款

固定利率抵押贷款是指预先确定了利率和分期还款期限的抵押贷款，确定的利率在整个贷款期间不变。根据还款方式的不同，固定利率抵押贷款又分为两种：固定还本抵押贷款（constant amortization mortgage，CAM）和完全均付抵押贷款（constant payment mortgage，CPM）。

1）固定还本抵押贷款

CAM 的主要特色是定期、定额还本，利息因贷款余额的递减而递减，即每期还款的本息之和由高至低逐期减少。其还款公式为

$$C=\frac{P}{n}+(P-a\times n_1)\times i \tag{8-1}$$

式中，C 为每月还款额；P 为贷款本金；n 为按月计算的还款期数；a 为每月偿还的本金；n_1 为已还款期数；i 为月利率。

CAM 不太受借款人欢迎，其原因是：每月偿还的本息之和不固定，给计算和偿付带来很多不便；同时还款的前期额度过高，对大多数家庭而言还款压力大；对于年轻人而言，这种还款方式与他们预期的收入能力呈反向变动，不利于个人的财务安排。

但对贷款人来说，CAM 的还本速度较快、风险小。只要借款人的收入能随经济的发展相应地增长，贷款违约的风险会逐渐降低。特别是抵押的不动产有升值的可能时，随着时间推移，债权的担保程度也会提高，更有助于减少违约风险。

2）完全均付抵押贷款

CPM 的主要特点是每期所支付贷款本金和利息的总和都相同，计算和偿付都比较简单，因而得到广泛的应用。其计算公式为

$$A=\frac{P\times i\times(1+i)^n}{(1+i)^n-1} \tag{8-2}$$

式中，A 为每月还款额；P 为贷款本金；n 为按月计算的还款期数；i 为月利率。

CPM 的整个还款期间，每月偿还的本息和中，本金逐月递减，利息逐月递增，但月还款总额不变。在同样的条件下，CPM 前期每月偿付的总额低于 CAM，期末则反之，因此 CPM 更能吸引贷款初期收入较低但有增长潜力的借款人。

2. 可调利率抵押贷款

可调利率抵押贷款是一种贷款利率在贷款期限内依据市场利率指数不断调整的长期抵押贷款。调整的目的是将利率浮动的一部分风险转移给借款人，同时也使贷款机构的资金浮动成本与其贷款收益之间建立较好的匹配关系。

1）可调利率抵押贷款的优势

对金融机构而言，固定利率抵押贷款只有在利率长期保持稳定、波动幅度较小且短期利率低于长期利率的前提下，才能获得稳定的收益；而在利率剧烈波动或通货膨胀严重的时期，市场环境的变化会给借贷双方带来多种风险，金融机构的实际收益会大大降低，甚至会亏损。因为贷款利率由预期真实利率、风险补偿和预期通货膨胀率三部分组成，三者中任何一个发生变化，都将引起贷款资金成本的变化，从而导致金融机构的财务损失。于是，金融市场上产生了可调利率抵押贷款。其优势如下。

（1）防范通货膨胀的风险。固定利率抵押贷款不能有效地避免通货膨胀风险，金融机构潜在损失的可能性大。通货膨胀的变化一定会引起市场利率的变化。而可调利率抵押贷款依据市场利率的变化进行调整，能有效地降低可能的通货膨胀带来的风险。

（2）防止“短存长贷”引起的利率风险和流动性风险。发放不动产抵押贷款的金融机构都会存在“短存长贷”带来的资产与负债期限的不匹配，容易引发风险。①在固定利率抵押贷款的情况下，由于长期抵押贷款的利率固定不变，而短期存款的利率却时刻变化，要求短期存款利率的波动不能过于激烈，否则金融机构的利差就无法保证。②“短存长贷”不仅对贷款利率匹配有较高的要求，同时要求有稳定的存款来源，否则借贷的时期差（maturity gap）问题将无法解决。但是，当存款利率相对通货膨胀率较低，活期存款利率也明显低于其他投资项目收益的时候，金融机构的存款额可能大幅度下降。这些风险迫使金融机构研究新的抵押贷款方式，来转移固定利率抵押贷款中存在的风险，可调利率抵押贷款应运而生。

2）可调利率抵押贷款协议的主要内容

（1）利率指数（rate index），是指与可调利率抵押贷款的贷款利率浮动挂钩的市场利率指数。选择市场利率指数作为调整的依据，是因为它能反映未来的实际利率、通货膨胀率和各种金融风险等综合因素，能够有效地防止经营中不确定因素对贷款方收益的影响。

（2）初始利率（initial rate），也称为诱饵利率，可调利率抵押贷款最初所确定的贷款利率低于同等期限固定利率抵押贷款的利率，也低于市场利率和附加利率之和。

（3）附加利率（margin rate）。可调利率抵押贷款每一次调整所用的利率都是由市场利率与附加利率两部分组成的。附加利率的高低反映抵押贷款合同中借款人所拥有的某些权利（如提前还款的权利）的价值，以及贷款过程中服务费用的水平。

（4）利率调整幅度（cap and floor），指每个调整周期内贷款利率调整的上、下限，无论市场利率指数是否超出调整幅度，每次调整只能以规定的调整幅度为限。抵押贷款合同可能对整个贷款期间利率调整幅度作出约定，如果利率调整幅度较小，贷款方通常会要求较高的初始利率。

（5）利率调整周期（adjustment period），是指利率调整的时间间隔，短至 1 个月，长则可达3年甚至5年。在利率上升时期，较长的调整周期对借款人有利而对贷款机构不利；在利率下降时期则相反。

（6）月付款上限（payment cap）。可调利率抵押贷款在签订合同之初，有时会对借款人在利率调整后的月付款增长做出限制。

（7）负分摊（negative amortization），是指将未偿还的贷款本息计入贷款余额。负分摊的情况有三种：①当本期的月付款额不足以偿还贷款利息支付部分时，差额将计入下期的贷款余额之中；②在某一利率调整期内，市场利率上涨超过利率浮动上限，这时分别按两种利率计算的月付款额的差额会计入下期的贷款余额之中；③当按实际利率计算所得到的月付款额增长超过对月付款额增长的限制时，超过的部分也将被加到下期的贷款余额之中。负分摊常常使未清偿的贷款余额增加，给双方带来不应有的损失。如果约定允许负分摊，贷款方将承担更大的风险，因而要求有更高的初始利率作为补偿。

3）可调利率抵押贷款的具体形式

（1）月还款额与利率调整无上、下限的可调利率抵押贷款。这种调整可以将利率风险完全转移给借款方，但如果借款方的支付额度变化太大，超出其当前收入和实际资产的支付能力，会导致拖欠贷款等问题，贷款方会陷入信贷风险的困境。

（2）月还款额有上限和负分摊的可调利率抵押贷款。借贷双方约定了月还款额的上限，并允许负分摊。对贷款方转移利率风险有所约束，某种程度上对借款方有利。相应地，增加的负分摊会给贷款方带来另一些风险，如贷款与抵押物价值比过高、贷款担保程度下降、收入延迟等。因此，贷款人将要求较高的初始利率。

（3）利率调整有上限的可调利率抵押贷款。无论市场利率如何变化，均执行合同中约定的利率调整周期及允许利率调整幅度。限制利率上升的幅度而又不允许有负分摊，在综合利率高于利率上限时，就会使贷款方蒙受超过上限部分的利息损失。因此，这种抵押贷款的初始利率要高于上述两种可调利率抵押贷款。

（二）不动产抵押贷款的创新品种

1. 双周还款的不动产抵押贷款

双周还款抵押贷款（biweekly payment mortgage）将还款周期改为双周，仍然采用完全均付的还款方式，计算方法与月还款一样，只是改变了还款期数。其优点在于：在每月还款额度下，双周还款相当于将每月一次的还贷改为一月两次，每次还款额度只是原来的一半，每次还款的压力减小了，同时还款期数增加，加速了贷款余额减少的频率，利息计算基数的下降趋势加快，利息总额大大减少。

2. 次级抵押贷款

次级抵押贷款（subprime mortgage loan）由美国金融机构创新，是指一些贷款机构向信用程度较差或收入不高的借款人提供的贷款，在美国少数族裔高度集中和经济不发达的地区很受欢迎。

次级抵押贷款是一项高回报的业务，但由于对借款人的信用要求较优惠级贷款低，借款人的信用记录较差，因此次级抵押贷款面临的风险会更大。同时，这种贷款偿付保障建立在房价不断上涨的假设之上，一旦房市低迷，利率上升，借款人的负担将逐步加重。当这种负担到了一定程度时，借款人违约大量出现，造成坏账，从而出现“次贷危机”。

3. 漂浮式抵押贷款

漂浮式抵押贷款又称为部分分期还款（partially amortized loan）。借贷双方约定一个名义贷款期限和一个实际贷款期限。在名义贷款期限内按等额本息均付的方式还款；当实际贷款期限到期时，按照当时的市场利率一次性付清所有的贷款余额。一般适用于固定利率的金融市场中。

这种贷款的特点是在固定利率机制下，如果发生通货膨胀导致利率上调，贷款方要求最后一次还款按照当时的市场利率计算，可以借此转嫁利率风险；对于借款方，每月还款额度相对较少，前期还款压力较小，利于灵活使用资金；但期满时要求一次还清贷款余额，负担过重，风险较大，一般需要再融资。

4. 逆向年金贷款

逆向年金贷款（reverse annuity mortgage）又称为住房反抵押贷款，是指为解决有房产但收入较少的老年人的生活困难问题，银行允许老人以现有的房产作抵押，在约定期限内每月支付老人一定数额的生活费，期满后借款人或其继承人或是还款，或是将抵押房产转给银行的一种反向抵押贷款方式。

三、不动产抵押贷款证券化的一般原理

（一）不动产抵押贷款证券化的基本概念

1. 不动产抵押贷款证券化的含义

不动产抵押贷款证券化属于资产证券化（asset securitization）。资产证券化是金融机构将其拥有的资产收益权以债券的形式在资本市场上发行并流通的过程。适合证券化的资产应具备的特征有：①期限长，流动性差；②具有可预见的稳定而均匀的未来现金流；③资产质量稳定且优良，变现价值较高；④具有某种同质性并能根据一定的特征构成一个资产组合；⑤合同标准规范。如此，适合证券化的资产范围还是很广泛的，包括有以上特征的有形资产和无形资产。其中，不动产证券化（real estate securitization）是重要的组成部分，而不动产抵押贷款证券化（mortgage-backed securitization，MBS）又是不动产证券化的典型品种。

不动产抵押贷款证券化是指金融机构将自己所持有的流动性较差但具有较稳定的未来现金流的抵押贷款汇集重组为抵押贷款资产池，然后出售给商业银行或特设机构，经过担保或其他信用增级后，以债券的形式出售给投资者的融资过程。这一证券化过程形

成了不动产抵押贷款的二级市场，使得传统的“贷款—贷款回收—再贷款”模式，变为“贷款—贷款出售—再贷款”模式，实质上是将信贷资产的未来收益以证券的形式转让给投资者来实现提前收回贷款。

在不动产抵押贷款中，住房抵押贷款的期限最长，带来两个重要的影响：①“短存长贷”造成的资产与负债期限不匹配的风险加大；②资产流动性很差。这使得住房抵押贷款证券化非常必要。同时，住房抵押贷款的合同条款基本相同，容易形成标准化合同，便于其证券化的操作。因此，不动产抵押贷款证券化主要运用于住房抵押贷款，但又不限于此，除了 MBS 外，还有商业抵押担保证券（commercial mortgage backed securities，CMBS）。

2. 不动产抵押贷款证券化的基本特征

（1）破产隔离与融资安全。这是不动产抵押贷款证券化的核心要素，要求原始债权人破产时，证券化的不动产抵押贷款权益不作为清算财产，其产生的现金流必须按证券化交易契约的规定支付给投资者，以保护投资者的利益。要达到上述目的，一是要求不动产抵押贷款证券化的融资机构与发起人（原始债权人）的破产风险隔离，规范的不动产抵押贷款证券化都要求实行表外融资；二是规定资产的购买者——SPV 无破产风险。

（2）真实出售。破产隔离要求原始债权人在向发行人出售资产的过程中，其资产转移必须是一种真实销售，以保证达到破产隔离的效果。

（3）具有资产质量要求。一是要求不动产抵押贷款的证券化成本要小于收益；二是不动产抵押贷款本身的信用质量要达到要求，包括是否要进行信用评级、信用增级及其结果。

（4）融资对象的扩大与融资期限的延长。不动产抵押贷款证券化作为一种特殊的融资方式，放松了一些限制（如发行金融债券会受到主体资格、发行规模等方面的限制），吸引一批投资主体，扩大了融资来源。不动产抵押贷款证券化是一种间接融资，在期限上不会像直接融资那样受到限制。

（5）分散和转移不动产抵押贷款的风险。不动产抵押贷款证券化通过二级证券市场销售给公众投资者，将原来集中在金融机构的抵押贷款资产分散为资本市场上很多投资者持有的抵押债券，可在相当程度上分散和转移原来由金融机构独自承担的抵押贷款利率风险、违约风险、不动产价格波动风险、通货膨胀风险及政策风险等。

（6）提高不动产抵押贷款资产的流动性。不动产抵押贷款按照证券化的要求进行选择和重组，并在二级证券市场上出售，就可提前收回贷款，将固定的债权债务关系转化为可以改变的债权债务关系，从而大大提高贷款资产的流动性，解决了银行的“短期负债”支持“长期资产”的流动性的难题，扩大了金融机构的资金来源，盘活存量资产，增强了流动性。

（二）不动产抵押贷款证券化的风险

1. 提前偿付风险

提前偿付风险是指债务人在既定的还款时间内超出还款计划所规定的还款额度归还抵押贷款本金，分为完全提前还款和部分提前还款。

完全均付还款方式的抵押贷款在不发生提前还款的情况下，基础资产早期的现金流主要是利息，后期的还款主要来源于本金的偿付。在提前还款的情况下，债务人提前偿还贷款本金，导致抵押贷款平均持有期限缩短，抵押贷款余额加速下降，从而减少发行人的利息。同时，提前还款的发生会增加预测基础资产现金流的难度，从而影响抵押贷款的出售和抵押支持证券的定价，提高证券发行的风险。

2. 利率风险

利率风险是指利率的变化给抵押支持证券的发行人或证券的持有者所带来的损失。

利率风险对证券发行人的影响为，利率水平上升，债券价格下跌，从而影响发行人的筹资规模；利率水平下降，发行人的利息收入减少，再投资的收益率降低。利率风险对投资者的影响为，利率的变动导致证券价格的变动，从而影响投资者的收益。在利率市场化的国家和地区，利率风险是不动产抵押贷款证券化交易中最难控制和有效管理的风险。一般而言，抵押支持证券的价格变动与利率走势呈反向波动。

3. 信用风险

信用风险是指借款人、证债券发行人或交易对方违约而致使金融机构、投资人或交易对方遭受损失的可能性。

在不动产抵押贷款证券化设计时，表外模式及担保抵押债券（collateralized mortgage obligations，CMO）的选择实际上已经考虑了降低信用风险的因素。因为表外模式实行了“真实出售”和“破产隔离”，使证券化远离了发起人和发行人违约或破产带来的信用风险。CMO 实现了提前偿付风险在不同证券持有人之间的重新分配，实际上已最大限度地降低了抵押贷款的借款人违约所导致的信用风险。此外，证券发行人还会选择合理的证券化基础资产及合适的证券化发起人，并通过信用增级防范信用风险。合理组合证券化基础资产是信用风险控制诸多手段中最为基础也是最为重要的手段。

（三）不动产抵押贷款证券化的运行

不动产抵押贷款证券化是一项复杂的系统工程，参与主体众多，涉及的经济、法律关系复杂，各个主体的作用各有不同。参与主体有两类，一是交易主体，包括发起人、特设机构和投资者；二是辅助机构，主要有服务商、受托管理人、信用增级机构、信用评级机构、债券承销人等。不动产抵押贷款证券化运行过程的主要环节如图 8-1 所示。

1. 发起人组建资产池

发起人是不动产抵押贷款的原始债权人，也就是发放贷款的金融机构。发起人在分析自己对不动产抵押贷款证券化的融资要求，确定其证券化的目标后，对能够证券化的资产进行清理、估算，根据证券化的目标确定资产数量，将这些资产汇集组成一个资产池（asset pool）。

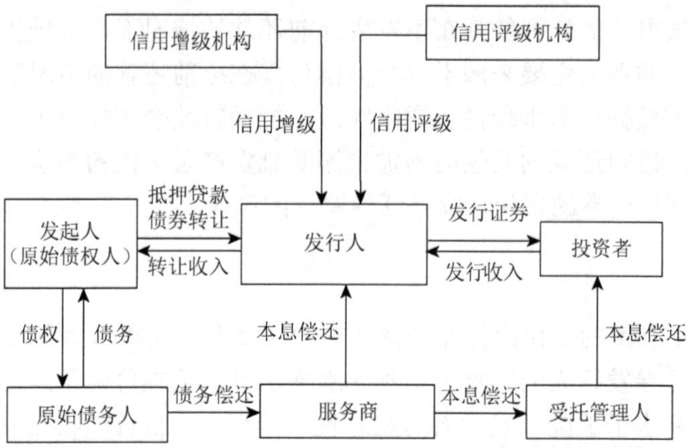

图 8-1　不动产抵押贷款证券化的基本运行流程

2. 向 SPV 出售资产组合

发起人将不动产抵押贷款资产池通过合同或者协议的方式出售给特设机构，出售可以通过债务更新、转让和从属参与三种方式进行。资产出售环节的关键是“出售”行为必须满足法律上“真实出售”的条件，以实现证券化的资产与发起人的“破产隔离”。一般从两个方面判断是否为“真实出售”：一是发起人的资产负债表已经进行了资产出售的账务处理；二是出售的资产一般不再附加追索权。

SPV 是为收购抵押贷款资产和发行抵押贷款债券而专门成立的机构，它独立于其他金融机构，以避免关联交易，从而最大限度地保护投资者利益。SPV 具有特殊的法律地位，一要在发行抵押贷款证券时严格自律，二要用收入来购买有保障的债券，使自己成为不破产的实体。为了保证不易破产，SPV 不能负有其他债务。SPV 是一个非银行金融机构，通常以信托机构或公司的形式组建。SPV 可以由发起而设立，由抵押贷款债券到期而解散；也可以不受资产池期限的限制而永续存在。

发起人将抵押贷款资产出售给 SPV 有两个方面的好处：①可以使自身的风险与所剥离的抵押贷款资产组合的现金流风险隔离，债券的投资人只能对资产组合追索，而不能对发起人进行追索；②可以迅速提高资产的流动性，降低资金筹集的成本。

SPV 的主要作用包括：①按照“真实出售”的标准从发起人处购买基础资产；②通过优先/次级等信用增级手段，对基础资产进行信用增级；③聘请信用评级机构对信用增级后的资产进行信用评级，以获得更高的信用等级；④选择服务商、受托人作为交易的中介服务机构；⑤选择承销商发行抵押贷款债券；⑥委托服务商从原始债务人处收取应归还的贷款本息，委托受托服务商向债券持有人按约定的方式进行本息偿付。

3. 信用增级

信用增级（credit enhancement）是指 SPV 聘请信用评级机构对其所设计的证券化结构进行考核，以确定为了达到所希望的信用等级而需要进行的信用增加的过程。信用增级是为了在证券化过程中减少整体风险，增强投资者的信心。对证券的发行者来说，获得的信用等级越高，其发行的债券就越容易被市场接受，债券的发行成本就越低。

信用增级的一条途径是由政府组建的机构对证券进行担保。例如，在美国，政府国民抵押贷款协会（Government National Mortgage Association，GNMA）就为以联邦住宅管理局（Federal Housing Administration，FHA）和美国退伍军人事务部（United States Department of Veterans Affairs，VA）为担保的住房抵押贷款组建的抵押贷款证券提供担保；联邦住宅贷款抵押公司（Federal Home Loan Mortgage Corporation，FHLMC）被授权为未保险及由民间保险公司承保的一般抵押贷款证券提供担保。这种担保中含有政府信用，担保后达到的信用等级较高。

信用增级的另一条途径是由私人机构进行信用增级，又分为内部增级和外部增级两类。内部增级由发起人和SPV实施，且以SPV实施为主。发起人可以承诺以直接追索权为自己的抵押贷款所支持的证券增级。SPV的信用增级技术包括优先/次级结构、超额担保、储备金结构、调整利率结构和利差账户等，其中使用较多的是优先/次级结构。这种技术将发行的证券分为A、B两类，A类属于优先证券，其持有者对基础资产的现金流拥有第一优先权，B类证券的持有者拥有第二优先权，只享有在A类证券持有者被支付后获得支付的权利，B类证券由SPV自持。

外部增级由第三方提供。SPV向信用级别很高的金融机构或企业寻求金融担保，由担保机构向投资者保证SPV将按期履行还本付息的义务。第三方信用增级技术有组合保险（pool insurance）、信用证（letters of credit）、债券保险（bond insurance）等。例如，曾经有着强烈政府背景的美国联邦国民抵押贷款协会（Federal National Mortgage Association，FNMA）就为次级抵押贷款证券提供担保。经过担保的证券一般能获得与担保机构一样的信用评级，从而使证券获得更高的定价和更好的市场流动性。

4. 信用评级

不动产抵押贷款支持证券的信用评级（credit rating）是投资者进行证券投资选择的依据，包括初评和发行评级。初评是为确定使证券达到投资级别所需要进行信用增级的水平而进行的信用评级。信用增级后，评级机构要进行正式的发行评级，并将评级的结果向投资者公开发布。证券信用级别评定的主要依据是资产本身的质量，而不是发起人的信用。由于证券化的资产经过了多重信用增级，抵押支持证券的信用级别都会高于发起人的信用级别。

5. 证券发行

评级机构进行信用评级后，不动产抵押贷款证券的SPV将选定证券的承销商，根据市场的情况，与承销商确定证券的收益率、发行时间、发行价格等发行条件，采用公开发行或私募的方式发行。抵押支持证券的投资者主要是机构。

6. 向发起人支付资产的价款

SPV从承销商处获得的债券发行收入，在优先支付其所聘用的各专业机构的费用后，按照合同规定的价格将发行收入支付给发起人，作为购买证券化资产的价款。

7. 管理资产与回收资产收益

抵押支持证券发行后，服务商（一般是发起人）要承担管理资产池的责任。管理的主要内容是收取、记录资产池产生的现金流，并把全部收入存入由 SPV 委托的受托管理人建立的专门账户中，以便按时向投资者偿付本金和利息。

8. 证券清偿

按照证券发行时的约定，在抵押支持证券本息偿付日，SPV 将委托受托管理人或其他支付代理人向投资者支付本金和利息。一般而言，利息需要定期支付，本金的支付顺序取决于抵押支持证券确定的偿还顺序。当证券本息全部清偿完毕后，若资产池产生的现金流还有剩余，则按协议约定在发起人与发行人之间进行分配。

四、不动产抵押贷款证券的品种

由于缺乏发展不动产抵押贷款证券化的必要的法律环境，我国存在的一些抵押贷款证券产品并不规范，行业的发展并不成熟。

在以美国为代表的国外不动产抵押贷款证券化的实践过程中，常见的证券化产品主要有抵押转手证券（mortgage pass-through securities，MPTS）、抵押支持债券（mortgage-backed securities，MBS）、担保抵押债券（CMO）和本息分离证券（separate trading registered interest and principal securities，STRIPS）。抵押转手证券和抵押支持债券是不动产抵押贷款证券化的基础产品，担保抵押债券和本息分离证券是在基础产品上衍生的产品。在这一产品框架下，还创新和衍化出了许多抵押贷款支持证券品种。

1. 抵押转手证券

MPTS 是特设机构以购买的不动产抵押贷款集合为基础发行的证券。转手证券是一种所有权凭证，证券的持有人（投资者）对证券化基础资产及其还款的现金流拥有直接的所有权，并按其购买的份额享有相应的权利并承担相应的风险。

"转手"有两层含义：一是抵押贷款资产的产权转手给投资者，投资者拥有的证券份额代表其对抵押贷款集合中抵押资产的产权份额；二是每期还本付息的现金流汇入集合后，管理者在扣除管理服务费等规定开支后，将剩余现金流转让给证券的持有人。发行者只是转手资产的经营者，负责抵押贷款集合的管理和服务，并接受全体证券投资者的监督。

MPTS 的优势在于，抵押贷款证券化通过一系列的转换，将原来期限长、流动性差的抵押贷款转换成一种或若干种期限不同、流动性强的新债券；同时，把过去由一家金融机构办理的信贷业务转变为多家金融机构和市场投资者共同参与的融资，将金融风险分散到尽可能广的范围，从而大大降低了抵押信贷的多种风险。

由于 MPTS 没有对证券化的基础资产的现金流进行重组，SPV 只是将抵押贷款及其产生还款的现金流扣除相关费用之后直接"转手"给投资者，与证券化有关的所有风险完全由投资者承担。同时，每个投资者面临相同性质的风险和相同水平的收益，难以同时吸引风险爱好不同的投资者。

2. 抵押支持债券

MBS是金融机构以其持有的抵押贷款集合作为财产担保发行的债券。与MPTS不同，MBS是一种债务凭证，而不是所有权凭证，抵押集合只是作为发行债券的财产担保，它的产权仍属于发行者。

MBS的主要特点是证券的发行人重组了基础资产的现金流，发行人既可以用抵押贷款组合产生的现金流，也可以用其他来源的资金偿付债券本息。为了保证从抵押贷款集合得到的现金流足以支付债券投资者的利息和到期的本金，发行者要用超额的抵押贷款集合来担保债券发行，一般要求集合中的抵押贷款总额是债券发行总额的125%～240%，这样即使有部分坏账或拖欠贷款，债券持有人的收益也能得到保证。当抵押贷款集合中的部分抵押出现坏账、拖欠等现象，而造成抵押贷款集合的财产价值低于当初发行证券的要求时，发行人要用新的抵押权进行补充，否则托管人有权出卖抵押贷款集合，保障债券持有者的利益。

3. 担保抵押债券

担保式抵押契约是以多级别的形式发行的，即以同一抵押集合做担保，同时发行不同期限、不同利率的证券，供不同的投资者选择，不同级别的证券在还本付息方面有不同的优先级。构成CMO的基础资产一般有两种来源，一种是汇集多笔抵押贷款组成资产池；另一种是证券发行人将已经存在的抵押转手证券集合在一起作为基础资产发行证券。

这种证券是抵押证券中最复杂的品种，发行者在发行这种证券时，证券级别数的确定和还款方式的选择多种多样。设计这种证券的主要目的是满足不同投资者的需要，高级别的证券坏账风险低，低级别的证券有利于回避借款人提前付清贷款造成的影响。

4. 本息分离证券

STRIPS又称剥离抵押支持证券（stripped mortgage-backed security，SMBS），此证券对本金和利息进行了重组，并分别以基础资产的本金收入和利息收入为基础发行抵押贷款的本金证券和利息证券。本金（principle only，PO）证券的投资者获得全部的本金收入，利息（interest only，IO）证券的投资者只能获得利息收入，不能获得本金收入。

本金证券一般实行折价销售，投资者的收益取决于基础资产组合还款期的长短。还款期短意味着提前还款的比例较高，从而本金证券的投资者可以提前收回本金收入。利息证券一般没有面值，与本金证券相反，由于利息证券的投资者获得的利息只能来源于未偿还本金所产生的利息，贷款的期限越长，未偿还的本金余额越多，产生的利息总额也就越多，对利息证券的投资者越有利。

第三节　不动产信托

一、不动产信托的产生及其发展

1. 信托

信托（trust）是指委托人基于对受托人的信任，将其财产委托给受托人，由受托人按委托人的意愿，以自己的名义，为了受益人的利益或者特定目的进行管理或处分财产的法律行为。信托在构造上有三方当事人（委托人、受托人、受益人）和三个基本要素（信托设立的依据、信托财产、信托目的），获得收益或信托财产是设立信托关系的目的。

信托起源于英国的土地遗赠。大约从 13 世纪开始，英国流行一种“尤斯制”（Use），也就是原始的土地信托。“尤斯制”出现的原因有二：一是规避当时英国普通法所禁止土地转让的规则；二是逃避苛刻的封建税费。“尤斯制”传入美国后逐渐发展成为现代信托制度。1883 年，美国首先成立了波士顿个人财产信托，但直到 1920 年以后，美国投资事业才有了划时代的发展。1929 年，纽约股市崩溃后，美国证券交易委员会（United States Securities and Exchange Commission，SEC）开始对投资公司进行规范。为确保投资人的权益，美国展开了一系列联邦证券交易立法，先后制定了《1933 年证券法》《1934 年证券交易法》《公用事业控股公司法》《1939 年信托契约法》，并于 1940 年制定了《投资公司法》及《投资顾问法》，这些法律都成为日后投资公司经营业务管理规则的基本框架，使得美国成为现代信托最为发达的国家。

2. 不动产信托

1）不动产信托的概念

不动产信托（real estate investment trust，REIT）是指信托投资公司通过信托的方式接受委托人合法拥有的不动产和资金，按委托人的意愿，以自己的名义，为了受益人的利益或者特定目的，以不动产或其经营企业为主要运用标的对不动产信托资金进行管理、运用和处分的法律行为。具体包括两个方面的含义：①不动产信托就是不动产所有权人（委托人）为了受益人的利益或特定目的，将所有权转移给受托人，使其依照信托合同来管理运用的一种法律关系；②不动产资金信托是指委托人基于对信托投资公司的信任，将自己合法拥有的资金委托给信托投资公司，由信托投资公司按委托人的意愿，以自己的名义，为了受益人的利益或特定目的，将资金投向不动产业并对其进行管理和处置的行为。

2）不动产信托的要素

（1）信托行为。信托当事人在相互信任的基础上，以设定不动产信托为目的，通过签订合同或协议等书面形式形成法律关系的行为。

（2）信托当事人。信托关系涉及三方当事人：委托人、受托人和受益人。①委托人，即信托财产的所有人。作为委托人的前提条件是必须拥有信托标的物的所有权或拥有委托他人代办经济事务的合法权利，可以是个人或法人。②受托人，即接受委托人的委托，并按约定的信托条件对信托财产进行管理或经营的人。受托人对委托人和受益人同时承担管理和经营信托财产的义务，其对于实现委托人的意愿、保障受益人的利益具有重要作用。各国有关信托法规中，对受托人的资格审查、信托财产的运用范围都有严格的规定。委托人一般是法人。③受益人，即享受信托利益的人。受益人可以是委托人自身（自益信托），也可以是第三人（他益信托）。受益人获得的收益可以是信托财产本身，如委托继承和赠与的不动产；也可以是受托人经营信托财产获得的盈利，如不动产租金收入、拍卖收入等。

（3）信托标的物。不动产信托的标的物就是不动产信托财产。广义的信托财产还包括受托人管理和营运该财产所获得的财产（利息、租金等），这类财产通常称为信托收益。

3）不动产信托的特征

（1）信任是不动产信托的基础。不动产的所有权人相信受托人有能力运用和保有其财产，才会将财产委托给受托人经营管理。

（2）财产转移是不动产信托的前提。委托人在合法拥有信托财产所有权和委托代办经济事务合法权利的前提下，还必须将信托财产转移到受托人手中，信托关系才能建立。

（3）不动产信托反映了当事人之间的多边经济关系。委托人是信托行为的起点，处于主动地位；受益人是信托行为的终点；受托人是信托行为的关键。三方当事人既相互独立又紧密联系，形成了错综复杂的经济利益关系。

（4）受益人利益是不动产信托的目的。受托人经营信托业务的目的不是自身的利益，而是依照委托人的意愿，为了受益人利益进行不动产信托财产的管理、经营或处置，信托收益归受益人，受托人获得的是为管理或处置信托财产提供劳务的手续费。因此，受托人管理、经营或处置信托财产的权利须受到不动产信托目的、性质和范围的限制。

（5）不动产信托财产具有独立性。①信托财产与受托人自己的财产要严格分开；②不同委托人的信托财产或同一委托人不同类型的信托财产要独立核算，分别开列；③委托人的信托财产与其他财产独立。独立性的要求，旨在保护受益人的利益，保障信托目的的达成。

3. 我国不动产信托的发展过程

长期以来，我国不动产业的融资依赖于银行贷款，不动产信托并未引起业界的重视。2003 年 6 月，央行发布《关于进一步加强房地产信贷业务管理的通知》（银发〔2003〕121 号）限制房地产企业的银行融资，不动产信托开始成为企业追逐的热点。此后，不动产信托随着政策的调整经历了波浪式的发展过程。随着《信托法》和《信托投资公司管理办法》的先后颁布，信托行业有了更为完善的行业准则和政策约束，不动产信托在日益增大的不动产开发项目市场资金急需的情况下，发售了许多融资产品，不动产信托已成为不动产开发企业重要的金融工具。

2003 年，通过信托方式进入房地产行业的资金约有 70 亿，不动产信托产品从此正式走入投资者视线，并进入了平稳发展阶段。但是，2005 年，银监会发布《关于加强信托投资公司部分业务风险提示的通知》（银监办发〔2005〕212 号），立即影响了不动产信托产品的发行。2006 年 7 月 22 日，银监会又发布了《关于进一步加强房地产信贷管理的通知》，对不动产信托融资制定了十分苛刻的条件，甚至比银行贷款的门槛更高，致使不动产信托的发行规模进一步下降。2007 年下半年，受到外围经济危机影响，不动产信托发行规模急剧下降。

2007 年 3 月，央行重启加息，不动产信托再次得到发展机会，并呈现迅速增长态势。2007 年 3～12 月，央行连续加息六次，同时银监会出台了九条新规，严禁银行业金融机构向项目资本金比例达不到 35%（不含经济适用房）等不符合贷款条件的不动产开发企业发放贷款，不动产企业又陷入融资困境。

2009 年下半年，严厉的房地产调控政策不断出台，存贷款基准利率的调整、存款准备金率的提升、银行额度规模的缩减，使得不动产企业在资本市场进行公开募资的难度越来越大，开发商的现金流压力越来越大。在这样的环境下，不动产信托发行规模急速上升，信托成为除银行贷款以外不动产行业最重要的融资渠道。

2008 年发行的集合信托产品中，投向不动产的信托资金为 272.2 亿元，占全部集合信托募集资金的 32.16%。2009 年，不动产信托保持增长势头，全年共有 37 家信托公司成立了 186 款不动产集合信托产品，募集资金规模达 375 亿元。2010 年，监管层对不动产信托业务逐步规范，要求信托公司审慎开展业务。然而，这并没有阻碍不动产信托规模的快速扩张，当年不动产信托产品成立数量为 397 款，成立规模达 1210.62 亿元。2011 年全年共发行了 1003 款房地产信托产品（含保障房），发行规模达 2864.1 亿元。截至 2011 年末，不动产信托余额达 6882 亿元。同时，随着房地产调控政策紧锣密鼓地出台，不动产开发企业资金压力陡增，不动产信托产品收益率也屡创新高。

2017 年以来，不动产信托发行规模比去年同期有较为显著的增长。2017 年行业发行的集合不动产信托规模为 4622.83 亿元，同比增长 134%。不动产信托占比也在波动中持续上行，2018 年 2 月占比为 38.35%，达到了三年以来的最高点；同期不动产信托收益率出现持续、显著回升。根据用益信托网统计，2017 年发行的集合不动产信托每月平均收益率从年初的 6.76%一路上升至年末的 7.54%；2018 年前两个月，更是继续上行至 7.7%，回到了两年之前的收益率水平（用益研究，2018）。《用益-2023 年信托投资策略报告》显示，截至 2022 年 3 季度末，信托资产规模余额为 21.07 万亿元，同比增幅为 3.08%，环比降幅 0.17%。与 2017 年末的历史峰值相比，行业管理的信托资产规模下降幅度收窄。信托行业经过近五年的持续调整，信托资产的来源和结构开始发生变化，集合资金信托规模及占比持续增长，管理财产信托重回增长通道，单一资金信托持续下降，总体延续“两升一降”态势。

我国不动产信托发展历史短，可以说还处于初创阶段，与成熟的不动产信托市场相比较，还存在许多明显的问题。

（1）产品期限短。主要原因是，对于风 险产品而言，投资者总是倾向于短期内实现自己稳妥的收益，而房地产项目开发从筹资到正式运营需要较长的时间，中间需要源源不断的资金流入，期限短的信托产品将无法满足项目开发期内不间断的资金需求。

（2）信托产品流动性不足。当前，有关信托业的法律法规对信托产品的出售和流转都做出了严格的规定，并且严格禁止信托产品的广告宣传。信托产品没有正规的流通渠道，制约了不动产信托的发展。

（3）产品创新力度不够。不动产信托企业应不断关注和预测房地产业发展的现状和前景，在此基础上不断推出新的不动产信托产品和其他金融衍生品。但是，受制于政策的约束，不动产信托企业创新动力不足，只是在政策允许的范围内创新业务模式，开发更多的风险适中的大众性投资产品，如夹层融资、股权融资和债券融资等。

（4）风险控制机制不健全。我国不动产信托行业普遍存在这样的问题，资金过度投放于某个开发项目中，不易转换和流动，只要开发项目出现意外状况，投资资金就会短缺。同时，项目抵押产品不能随时转换，进而引起项目和信托产品的风险。期限过短的信托产品使风险概率进一步加大。

二、不动产信托的类型

根据信托财产的具体形态，不动产信托可分为不动产资金信托和不动产财产信托两种类型（王重润和刘颖，2010）。

1. 不动产资金信托

不动产资金信托是指委托人将自己合法拥有的资金委托给信托机构，由信托机构按委托人的意愿，以自己的名义，以不动产或不动产权益（经营权、物业管理权、租赁权、受益权和担保抵押权等）为主要运用标的，对不动产信托资金进行管理、运用和处置的行为。根据《信托投资公司房地产信托业务管理暂行办法》（征求意见稿），不动产信托资金运用的范围包括土地收购及土地前期开发、整理，投资于不动产经营企业进行商业楼宇及住房开发、建造，购买土地、商业楼房或住宅并予出租，作为住房抵押贷款等。

根据资金运用方式的不同，不动产资金信托又可分为权益型信托和债权型信托。权益型信托是指信托机构将募集的资金用于投资不动产企业的股权或者不动产项目的经营权，以参与分红或者取得经营收益的方式向信托受益人支付信托收益的模式；债权型信托是指信托机构将募集的资金用于向不动产企业贷款，并以贷款利息扣除必要费用后的余额向受益人支付信托收益的模式。债权型信托在本质上与不动产企业向银行获得商业贷款没有区别，不同的是换了一个贷款人。从融资者的角度看，债券型信托的融资成本要高于银行贷款，因为不仅信托的投资者要获得不低于银行贷款的收益率，而且信托机构也要获得手续费等。有时候信托资金的运用方式比较灵活，既有权益型投资，也有债权型投资。

2. 不动产财产信托

不动产财产信托是指委托人提供业已存在并具有较强变现能力的不动产信托财产，将其委托给信托机构，设立财产信托，委托人取得信托受益权；然后委托人将信托受益权转让给投资者来实现融资，或者将受益权抵押进行债务融资的信托类别。

不动产财产信托的运作过程为：第一步，不动产开发企业将开发建设项目委托给信托机构，设立财产信托，不动产开发企业取得信托受益权；第二步，不动产开发企业将享有的受益权分级为优先受益权和普通受益权，并将其享有的优先受益权转让给投资者来实现融资；第三步，信托机构将处置财产所得全部存入信托专户管理，优先用于支付优先受益人的本金和收益，在优先受益人未获得全部本金和收益前，其他信托受益人不参与任何分配。

三、不动产信托的运作模式

在我国不动产信托市场上，不动产信托的运作模式主要是短期融资模式（王重润和刘颖，2010）。

1. 不动产信托贷款融资模式

不动产信托贷款是典型的债权型信托融资方式。不动产信托贷款模式是目前信托公司普遍运用的一种不动产信托融资模式。贷款类的信托产品由单个或多个投资人将资金委托给信托公司，由信托公司以贷款的形式投向企业，信托收益来自于借款企业的还本付息。不动产信托贷款融资模式见图 8-2。这种模式的信托产品侧重于信托的融资功能，对信托公司而言操作简单、管理方便、期限灵活、收益较高，介入项目的阶段可灵活选择。

图 8-2　不动产信托贷款融资模式

2. 不动产信托回购模式

信托公司运用信托资金，以低于市场的价格先买下不动产，同时与该项目的开发商签订项目回购协议，约定开发商在信托期限内溢价回购不动产来实现信托收益。同时也可保证信托资金的阶段性退出。不动产信托回购模式见图 8-3。

图 8-3　不动产信托回购模式

3. 不动产信托租赁融资模式

信托公司运用集合信托资金，向开发商购买不动产物业产权，再将购入的不动产以长期、稳定的租约租给不动产开发商或者物业承租人，以物业租金收入实现投资人长期稳定的回报。此外，投资人也可享有物业升值和项目上市流通等潜在利益。不动产信托租赁融资模式见图 8-4。

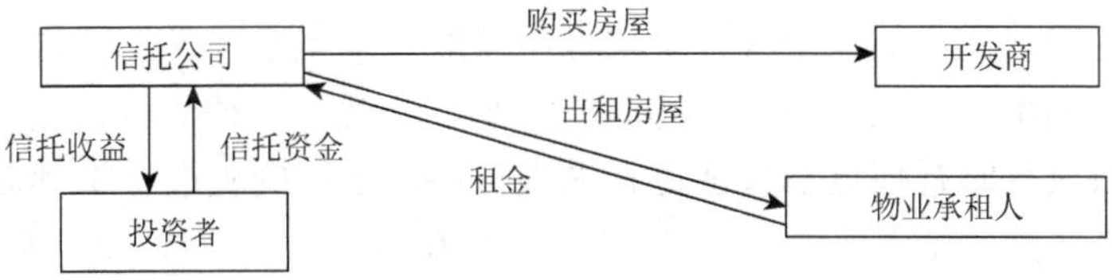

图 8-4　不动产信托租赁融资模式

4. 不动产股权投资信托模式

信托投资公司将所募集的信托资金直接投资于某开发企业或不动产项目股权，并以一定的方式直接或间接参与信托项目的经营与管理，按股权比例获得经营所得，作为委托人信托投资的信托收益。此模式可以较好地监控开发企业的资金使用情况，保证信托资金运用的安全性。但这种权益型的投资需要实质性地承担较大的市场经营风险，存在清偿顺序后于一般债权人的法律风险。

5. 不动产股权回购信托模式

信托公司以股权方式运作，通过阶段性的持股为项目融资，成为项目企业名义上的股东或所有者，并不实质性参与和介入开发企业的日常经营管理，不直接经营该企业或项目。在将信托资金以股权投资的方式进行投资之前，信托公司与资金需求方签署一个股权回购协议，双方约定在规定的期限内（通常是在不动产信托计划终止时）由资金使用方或者其关联公司及其指定的第三方承诺按照一定比例的溢价，将信托公司以信托资金形式持有的股权全部回购，从而确保委托人信托财产的归还和信托收益的实现。

这种模式表面上属于权益型信托股权投资，实质上是一种结构性信托融资安排。不动产股权回购信托模式见图 8-5。

图 8-5　不动产股权回购信托模式

6. 夹层信托融资模式

夹层是指风险和回报介于股权和优先债权之间，夹层融资是一种融资的技术手段，在很多情况下起到“过桥”融资的作用，一般期限是一到两年。例如，不动产夹层融资往往用来满足企业从拿到土地到取得开发贷款期间的资金需求。从资金费用的角度来看，夹层融资低于股权融资，但当采用债权的固定利率方式时，对股权人而言显现出债权的优点；从权益的角度来看，夹层融资低于优先债权，但相对于优先债权，显现出股权的优点。

夹层融资的回报通常从一个或几个来源中获取：①现金票息，通常是一种高于相关银行利率的浮动利率；②还款溢价；③股权激励，这就像一种认股权证，持有人可以通过在股权出售或发行时行使这种权证进行兑现。并非所有的夹层融资都囊括了全部的回报来源。

7. 财产收益权信托模式

财产收益权信托具有财产信托的特点。这类信托产品是财产所有人将所持有的财产委托给信托公司，以该财产设立信托，并引入信用分层设计，分为优先受益权和劣后受益权，将优先信托受益权在一定时间内分割转让给投资者并取得相应的对价，实现融资；或者将受益权抵押，进行债务融资，由投资者持有优先受益权，到期后财产所有人回购投资者所持有的信托受益权，投资者获得收益。

第四节　不动产投资信托基金

一、不动产投资信托基金的概念

不动产投资信托基金是一种以发行受益凭证的方式汇集不特定分散投资者的资金，由专门的投资机构进行不动产投资经营管理，并将投资综合收益按投资比例分配给投资者的信托基金。尽管我国还缺少发展 REITs 必要的法规，但作为典型的不动产资金信托形式，REITs 是不动产金融市场的重要部分，是我国不动产金融发展和完善的方向。不动产投资信托基金的基本理念起源于 20 世纪的美国，1960 年美国《国内税收法典》和《房地产投资信托法案》的公布，标志着 REITs 的正式创立。目前，美国是 REITs 规模最大的国家，并且成为世界 REITs 发展的典范。美国 REITs 的发展经历了 20 世纪 90 年代前的积累阶段和 90 年代后的发展阶段。截至 2024 年 5 月，REITs 在美国持有超过 4 万亿美元的商业不动产资产，其中 2.5 万亿美元在公开市场筹集。超 1.5 亿美国居民直接或间接持有 REITs。

由于 REITs 对美国不动产行业起到了推动作用，因此其他国家和地区从 20 世纪后期开始效仿美国，在金融市场中引入了 REITs。例如，我国香港的“房地产投资信托基金”、台湾的“不动产投资信托”，以及日本的“不动产投资信托”。对相关数据统计表明，在 2001 年 11 月至 2005 年 12 月的 4 年时间里，亚洲 REITs 的数量已经增长了 21 倍，市值增长了 17 倍。当前全球范围内，亚洲的 REITs 市场增速领先。

对 REITs 概念的理解，要注意以下几点。

（1）国际意义上的 REITs 等同于基金，且大多数属于公募。但与一般投资基金不同，其主要投资对象是回报率较稳定的物业，投资者的收益主要来源于不动产租金收入及其资本增值。

（2）从本质上看，REITs 是资产证券化的一种方式。但 REITs 证券与股票和一般债券不同，REITs 不是对某一经营实体的利益要求权，而是对特定资产池产生的现金流或剩余利益的要求权。

REITs资产池在法律上为特设目标载体，其运作方式有两种：①由特设机构向投资者发行受益凭证，将募集资金集中投资于写字楼、商场等商业不动产，并将这些经营性物业所产生的现金流向投资者还本付息；②原物业发展商将旗下部分或全部经营性物业打包设立专业的REITs基金公司，以其收益均等分割若干份出售给投资者，然后定期派发红利，实际上给投资者提供了一种类似债券的投资方式。

（3）从REITs的国外发展经验看，几乎所有的REITs经营模式都是收购已有商业不动产进行出租，以租金回报投资者，很少有开发性投资的REITs存在。因此，REITs并不同于一般意义上的不动产项目融资。

二、不动产投资信托基金的特点

REITs具有信托的一般特征，如所有权和经营权相分离、信托财产独立性、有限责任和信托管理的连续性等。与其他不动产融资工具相比，REITs又有其自身的特点和优势。

1. 专业化投资管理服务，运作透明度高，财务可预测性强

REITs具有基金专业化投资管理团队，管理人员大多拥有丰富的投资管理经验和不动产专业知识，能够比较全面、快捷地把握国内外经济形势和行业信息；擅长股市投资，能够制定出最佳投资组合策略。团队的专业管理为中小投资者参与房地产投资提供了有效途径，投资者可以获得投资管理公司提供的专业不动产投资和相关服务，使投资更加安全、便捷。相对于个人投资者而言，可以有效降低投资风险。

上市的REITs按规定向投资者披露运营信息，帮助投资者了解该计划的运作及可能涉及的投资风险；协助投资者对其运营的稳健性建立信心，在充分掌握信息的情况下作出投资决定。在大部分情况下，REITs的有关资料（包括管理策略、投资组合持有的资产、租赁合约、租金回报率及财务安排）都是透明的。例如，美国政府规定，房地产投资信托须有股东人数与持股份额方面的限制，以防止股份过于集中；每年90%以上的收益要分配给股东；筹集资金的大部分须投向房地产方面的业务，75%以上的资产由不动产、抵押票据、现金和政府债券组成；至少有75%的毛收入来自租金、抵押收入和房地产销售所得。此外，在证券交易所上市的REITs将受到公众及监管机构的监察及分析员的评审。这些监察和评审有助于推动有关基金公司完善企业的管理行为和公司治理。

2. 股本金低、持股灵活、税负轻

不动产直接投资需要庞大的资金投入，虽然有获得高收益的可能，但个人投资者资金量有限，无法同时投资于多个不动产项目，且风险集中。REITs一般向社会公开募集，将投资的不动产按价值单元分割出售，股本面值低，持股灵活，适合分散的、资金量不大的投资者。在美国，每股正常需要花费10～25美元，且对于持有股份的数量加以限制，个人投资者持有的股份一般不能超出15%，只有这样才能保护中小投资者的利益。REITs还享有税收优惠。在美国，REITs通常情况下不属于应税财产，因此免征公司所得税；他

们一般是将大部分的创收每年以现金股利的方式发放给投资者，然后由投资者个人上缴所得税，确保税后净盈利，防止出现重复征税。

3. 投资组合、分散风险

REITs为投资者提供了一个买入一揽子物业的投资机会，所需的资金也远比散户自行买卖房地产小。REITs集合投资者的资金交由专门的投资机构，投资机构有效地进行投资组合。投资将分散于不同物业，可以是办公楼、购物中心、酒店等不动产，也可以是不同地区项目的打包组合，这样能比较有效地避免不同地点、不同业态的市场波动风险，整体组合风险较低。而且REITs的投资与股票、债券、黄金等其他资产的相关性弱，也可适当降低投资的系统性风险。美国有关REITs的统计显示，REITs收益率与其他金融资产的相关性呈逐年走低趋势，与小市值股票收益率的相关性从20世纪70年代的平均0.74下降至20世纪90年代的平均0.26，与大市值股票收益率的相关性从20世纪70年代的平均0.64下降至20世纪90年代的平均0.25，与长期国债回报的相关性从20世纪70年代的平均0.27下降至20世纪90年代的平均0.16。

4. 资产流动性好、变现性强

不动产本身的固定性使其流动性较差，加大了直接投资的风险。大部分REITs以基金单位的形式挂牌上市，投资者可以在集中市场或者次级市场交易，交易方式和股票相同。因此，REITs的变现能力强，流动性大，弹性比直接持有不动产项目大。

5. 收益回报高，有明显的抗通货膨胀能力

REITs主要投资于拥有稳定收入的成熟不动产项目。保守的资产负债率、专业的管理、严格的法律约束、租约的多元化组合、信托结构和高于90%的盈利分派要求，决定了投资回报的稳定性。在国外成熟市场上，REITs比其他有价证券产品（如股票等）更加稳定、收益率更高。在美国市场上，30年期REITs指数的年收益率在19%左右，远远超过了道琼斯指数、纳斯达克100指数及标准普尔指数。

与债券等固定收益证券不同的是，REITs具有明显的抗通货膨胀能力。一般而言，当通货膨胀时，固定收益证券的价格面临着下降的压力，但REITs投资的对象是业已建成的不动产物业。一方面，不动产本身就存在升值的潜力；另一方面，当物价上涨时，这些物业的价格也可能上涨，REITs的收益随之上升。1997～2004年，美国的REITs指数和消费价格指数（consumer price index，CPI）基本同向变动，尤其是当CPI上升时，REITs指数几乎同时上升。

三、不动产投资信托基金的类型

（一）权益型REITs、抵押型REITs和混合型REITs

按照资金的投向，REITs可以分为以下三类（王重润和刘颖，2010）。

1. 权益型 REITs

权益型 REITs（equity REITs）专门以获得不动产产权的持有或开发为投资目的，既可以对具体项目进行投资，也可以对某个区域进行长远投资，其业务包括出租、开发、租户服务，主要收入来源于不动产租金。权益型 REITs 受利率影响比较小，原因是其可以通过提高租金来提高现金流，故权益型 REITs 通常选择投资于能持续增值的不动产。权益型 REITs 的优点有：①资金的“集合”，为中小投资者提供了利润可观的不动产投资机会；②专业化的管理人员将资金用于不动产投资组合，分散了不动产投资风险；③投资人所拥有的股权可以转让，有较好的变现性。

2. 抵押型 REITs

抵押型 REITs（mortgage REITs）专门投资于不动产抵押贷款或不动产抵押贷款证券化收益主要来源于不动产贷款利息。抵押型 REITs 的管理机构不直接拥有物业，而是将资金通过抵押贷款的方式出借，获得不动产抵押贷款的债权。现在，抵押型 REITs 只能通过向现有物业提供长期或短期贷款服务，获得手续费和贷款利差。抵押型 REITs 的股息收益率通常比权益型 REITs 高，但利率风险也更大。抵押型 REITs 的优点是：①为中小投资者提供介入不动产抵押贷款市场、获得较高借贷利差的机会；②专业化的管理人员将资金用于多个不动产项目的抵押贷款，分散了不动产借贷风险；③投资人所拥有的股权可以转让，有较好的变现性。

3. 混合型 REITs

混合型 REITs（hybrid REITs）是介于权益型 REITs 和抵押型 REITs 之间的一种不动产投资基金，具有权益型 REITs 和抵押型 REITs 的双重特点，既拥有部分物业产权，又拥有各种抵押贷款债权。混合型 REITs 在向股东提供物业增值空间的同时，也能获得稳定的贷款利息。

在 20 世纪 60 年代末的美国，抵押型 REITs 曾经风光无限，但随着 70 年代房地产泡沫破灭，大量开发商破产，贷款违约，抵押型 REITs 受到沉重打击，而权益型 REITs 以其良好的抗风险能力受到投资者的追捧。尽管在不动产市场繁荣时期，抵押型 REITs 的收益率能超过权益型 REITs，但长期来看，抵押型 REITs 和混合型 REITs 的年均回报一般都低于权益型 REITs。现在美国市场上权益型 REITs 的数量占近 80%，市值规模占 90% 左右，因此权益型 REITs 占主流。

（二）开放型 REITs 和封闭型 REITs

根据投资人是否能回赎和资金规模有无限制，REITs 可分为以下两类（王重润和刘颖，2010）。

1. 开放型 REITs

开放型 REITs 的发行规模可以增减，投资人可按照基金的单位净值要求投资公司买回或向基金管理公司购买股份或认购权证。采用互惠基金（mutual fund）和共同基金（common fund）组织形式的 REITs 基本上都是开放型的。该类基金一般不能直接投资于不动产，而主要投资于 REITs、不动产相关的债券、房地产 50 指数等与不动产相关的金融产品。新股发行时必须对现有资产进行估价，以确定新股的发行价格，但对此类 REITs 连续估价是很困难的，尤其是当投资于不动产权益时。美国的开放型 REITs 相对较少，约占 30%。

2. 封闭型 REITs

封闭型 REITs 的发行规模固定，投资人若想买卖此种投资信托证券，只能在公开市场竞价交易，而不能直接与基金管理公司净值交易。同时，为保障投资人的权益不被稀释，基金成立后不再募集资金。现有证券的价值完全取决于投资组合中资产的表现。封闭型 REITs 有两个重要特点：①大部分资金直接投资于不动产；②估价容易，不用每月清算资产价值。封闭型 REITs 占美国 REITs 市场总量的 70%左右，且多为有限合伙制的形式。

（三）契约型 REITs 和公司型 REITs

根据组织形式，REITs 可分为以下两类。

1. 契约型 REITs

契约型 REITs 是基于一定的信托契约（trust deed），利用信托原理成立的基金。包括基金管理公司（基金管理人）、基金保管机构（基金托管人）和投资者（基金持有人）三方当事人，三方的权利和义务由基金信托契约约定。契约型 REITs 主要是通过发行基金受益券、信托受益凭证（beneficial certificate）等有价证券来筹集资金。契约型 REITs 要求必须有人履行受托职责，具体由谁承担这一职责，各国的规定有所不同。

2. 公司型 REITs

公司型 REITs 依据《中华人民共和国公司法》成立，基金持有人和公司董事会的权利依法由公司章程规定。基金持有人既是基金投资人，也是公司的股东。公司型 REITs 成立后，通常由公司董事会委托特定基金管理人和基金托管人对资金进行管理，并依法由委托合同确定各方的权利和义务。

四、不动产投资信托基金的运作

（一）REITs 运作的基本结构

REITs 的运作涉及多个主体，不同的主体有不同的职责。主体之间的法律关系错综复杂，需要一系列的协议来约定。REITs 运行的基本组织框架如图 8-6 所示。尽管结构中各要素在不同的运行模式中有所区别，但一般包括以下主体。

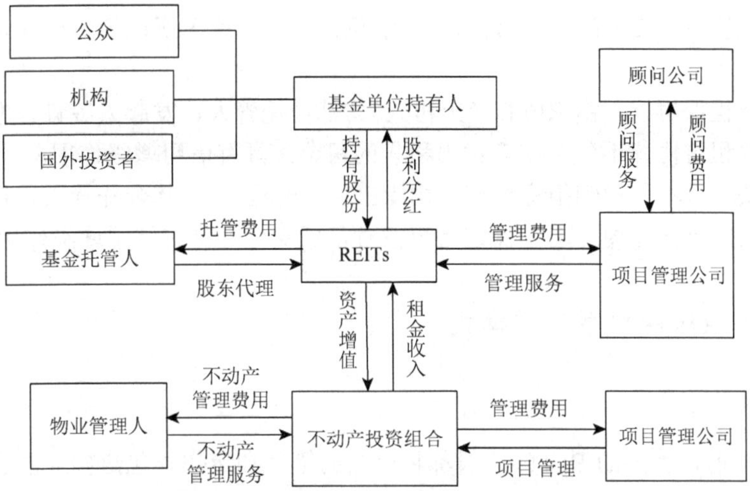

图 8-6　REITs 运行的基本组织框架

（1）发起人（委托人），即 REITs 的建立者。其职责是选定证券化资产并转移给 REITs 的发行人（SPV），同时拥有向 SPV 请求拟发售资产取得对价的债权。该项债权是在 REITs 上市发售成功之后，SPV 将持有人认购的资金转移给发起人的基础。

（2）基金管理人，即凭借专门的知识和经验，运用所管理的资产，根据法律、法规及基金章程或基金契约的规定，按照科学的投资组合原理进行投资决策，谋求所管理的资产不断增值，并使基金持有人获取尽可能多的收益的机构。基金管理人的职责是接受 REITs 的委托，对 REITs 的资产进行管理和运营，包括对外以基金资产为基础的借款、投资性的不动产项目、管理基金资产产生的现金流、确定股息支付的时间、管理基金资产的物业及修缮、出租及租金收取事宜等，而且需与委托人保持相对独立。

（3）基金托管人，即保管基金资产的机构。一般为银行或者银行附属的信托公司。基金托管人的基本职责是接受 REITs 的委托，以信托的方式为基金持有人拥有不动产并监管管理人；具体职责包括安全保管全部基金资产；执行基金管理人的投资指令；监督基金管理人的投资运作，如果发现基金管理人有违规行为，有权向证券主管机关报告，并督促基金管理人予以改正；对基金管理人计算的基金资产净值和编制的报告进行复核。

（4）基金单位持有人，即 REITs 的投资者。可以是公众、机构、国外投资者。基金单位持有人拥有 REITs 的资产并对其有最终决定权，并对 REITs 产生的收益拥有收益权。

（5）顾问公司。包括估价事务所、法律事务所、会计师事务所、物业顾问公司、财务顾问公司等服务机构，它们各自在自己的专业领域为 REITs 的运行提供服务。

（6）项目管理公司。由于 REITs 投资的是组合资产，且有可能是不同区域的资产，具体项目的管理要委托相应的项目管理人实施。

（7）物业管理人。负责信托所持房地产的维护、管理。

REITs 中的关键协议如下。

（1）信托契约。由基金管理人、基金托管人、基金单位持有人签订，用于明确三方在信托设立、信托财产管理及其证券化过程中所产生的基本权利义务。

（2）租赁协议。由 REITs（出租人）、承租人签订，用于明确证券化资产（物业）的经营权。

（3）租赁担保协议。由 REITs（出租人）、基金托管人、发起人签订，发起人保证支付承租人根据租赁协议不欠付或应付出租人的租金，具有信用增级作用。

（4）无条件且不可撤销担保合同。由 REITs（出租人）、基金托管人、银行签订，是租赁担保协议的具体体现，用于保证租金按时足额支付，具有信用增级作用。

（二）美国 REITs 的典型运作模式

1. 传统模式

1986 年以前，美国的 REITs 一般都将资产的管理和运作外包给独立的合约方进行。不动产基金公司和管理公司相互独立，REITs 直接拥有资产，而不是通过经营性合伙企业间接拥有资产。美国 REITs 的传统运行模式如图 8-7 所示（王重润和刘颖，2010）。

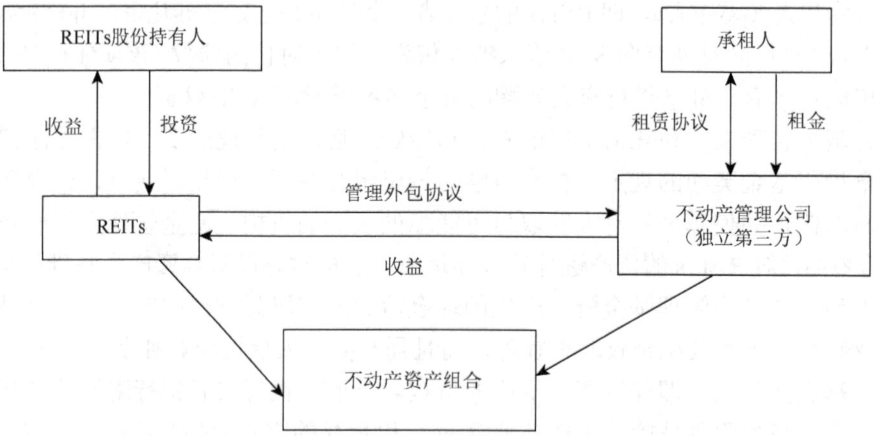

图 8-7　美国 REITs 的传统运行模式

2. 伞形合伙 REITs 结构

20 世纪 90 年代初期，由于美国不动产行业传统融资渠道受限，不动产投资者把目光转向筹资成本相对较低的资本市场。1992 年创新出了一种新型结构的 REITs——伞形合伙 REITs（umbrella partnership REITs，UP REITs）。在 UP REITs 结构中，不动产公司和私人业主将自己的不动产以股份兑换而不是出售的方式纳入 REITs 中（就像笼罩在 REITs 的伞下）从而避免支付因出售不动产获得资本收益的所得税。由于 UP REITs 有递延纳税的功能，一经推出便迅速成为 REITs 设立的主流形式。UP REITs 的出现促使私人所有权结构向公众持有的所有权结构转变，使得新建立的 REITs 迅速达到公开上市融资的规模，推动了 1993～1994 年 REITs 行业首次公开募股（initial public offering，IPO）的热潮。这一时期成立的 UP REITs 被称为“新生期不动产投资信托基金”（baby REITs），促进了美国不动产投资基金行业的大发展。

UP REITs不直接拥有不动产，而是通过伞形结构中的合伙人间接拥有不动产。UP REITs的结构如图 8-8 所示（王重润和刘颖，2010）。首先，由数个不动产拥有者将自有的不动产投资入股，共同设立一个经营型合伙企业，并获取代表有限合伙股权的凭证——经营型合伙（operating partnership，OP）单位，成为有限合伙人。同时公开募集成立一个 REITs。其后，REITs 将募集的资金向经营型合伙企业出资，成为后者的普通合伙人，控制经营型合伙企业。有限合伙人在持有 OP 单位一段时间（通常为 1 年）后，可以把 OP 单位转换成 REITs 的股份或现金，获得流动性。这种转换权利实际上是一种“看涨期权”。

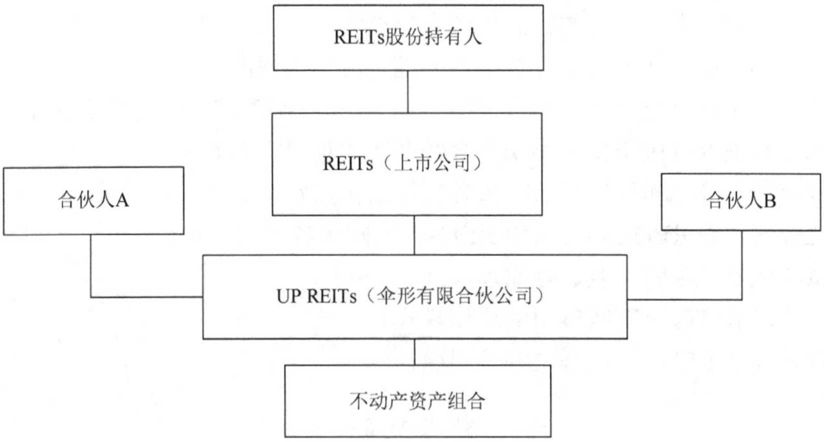

图 8-8　美国 UP REITs 结构运行模式

UP REITs 结构有三个特点：①延迟纳税。不动产所有者以不动产出资换取 OP 单位，成为有限合伙人的交易环节不需要纳税，直接将 OP 单位转换成现金或 REITs 股份时才需要纳税，从而延迟了纳税时间。②易于上市融资。UP REITs 结构可以通过增加有限责任合伙人的数目扩大 REITs 的规模，达到上市融资的资产要求。③弥补资本经营的缺陷。UP REITs 结构中的经营型合伙企业可以通过 REITs 在资本市场上融资，弥补传统 REITs 高比例股利分配造成的截留利润较低、扩张资本不足的缺陷。

复习思考题

[1] 什么是金融？为什么不能将金融学的研究内容等同于经济学？
[2] 什么是不动产金融？它与不动产经济有怎样的关联？
[3] 什么是资金市场？什么是资本市场？它们有什么区别？
[4] 不动产金融与其他金融有何区别？
[5] 怎样理解不动产金融的功能？
[6] 我国不动产金融的发展存在哪些主要问题？如何完善我国不动产金融的体系？
[7] 怎样理解“不动产抵押贷款是不动产间接融资的主要方式”？
[8] 除了住房抵押贷款外，抵押贷款还可运用到哪些类型的不动产上？
[9] 试比较 CAM 与 CPM 的优劣。

[10] 试阐述 ARM 创新的必然性。与 FRM 相比，ARM 对债权人和债务人的影响有什么不同？

[11] 为什么说资产证券化是不动产金融发展的必然趋势？

[12] 不动产抵押贷款证券化在设计时应如何保护投资者的利益？

[13] 不动产抵押贷款证券有哪些品种？这些产品的创新都解决了什么问题？

[14] 我国实施不动产证券化的主要障碍有哪些？如何推进我国的不动产证券化？

[15] 什么是不动产信托？它有哪些特点？

[16] 不动产资金信托与不动产财产信托什么区别？

[17] 不动产信托有哪些基本模式？各有什么特点？

[18] 我国不动产信托的发展存在哪些问题？应当如何改进？

[19] 什么是不动产投资信托基金（REITs）？它与不动产信托有什么区别？

[20] 为什么说 REITs 是我国不动产金融创新的重要方向？

[21] 权益型 REITs 和抵押型 REITs 各有什么优点？

[22] 比较契约型 REITs 和公司型 REITs，并阐述各自的特点。

[23] 试描述 REITs 的一般运行原理。

[24] 美国的 REITs 有哪些典型的运作模式？

[25] 我国发展 REITs 应该解决哪些问题？

参考文献

布鲁格曼，费雪. 2000. 房地产金融与投资. 李秉祥，孙鸿飞，钱勇，译. 大连：东北财经大学出版社.

陈淑贤，约翰・埃里克森，王诃. 2004. 房地产投资信托——结构、绩效与投资机会. 刘洪玉，黄英，等译. 北京：经济科学出版社.

邓子基，唐文倩. 2011. 关于我国发展房地产投资信托的税收政策研究. 福建论坛・人文社会科学，（4）：4-9.

高波. 1998. 中国不动产资本市场的结构缺陷与政策选择. 学术研究，（8）：10-12.

高圣平. 2014. 农地金融的法律困境及出路. 中国社会科学，151（8）：147-166.

郭连强，刘利臻，祝国平. 2015. 我国房地产金融创新面临的突出问题与对策. 经济纵横，（3）：103-108.

克劳瑞特，西蒙斯. 2012. 房地产金融：原理与实践. 5 版. 王晓霞，汪涵，谷雨，译. 北京：中国人民大学出版社.

刘华，卢孔标. 2010. 房地产投资信托基金法律框架的国际比较与启示. 南方金融，（7）：82-85.

麦肯泽，贝茨. 2009. 不动产经济学. 5 版. 孟繁瑜，译. 北京：中国人民大学出版社.

明源地产研究院. 2018. 我国房地产贷款规模有多高. (2018-07-19) [2018-12-23]. https://baijiahao.baidu.com/s?id=1606434098029784884&wfr=spider& for=pc.

莫里，马扎. 2016. 房地产金融——一条国际化道路. 吴琦，葛斐，译. 北京：中信出版社.

欧阳林. 2007. 论我国住房抵押贷款证券化. 武汉理工大学学报・信息与管理工程版，29（7）：148-151.

史卫民. 2010. 我国农地金融的现实困境与制度创新. 南方金融，（12）：59-61，95.

束庆年. 2008. 对次贷危机爆发后中国房地产金融创新的思考. 南方金融，（9）：10-14.

台玉红，朱鹏宇. 2007. 论我国房地产金融的发展阶段. 中国市场，（52）：76-77.

王重润，刘颖，等. 2010. 房地产金融. 北京：北京大学出版社.

王洪卫. 2005. 中国房地产证券化运行机制. 上海：上海财经大学出版社.

魏晶晶. 2010. 论我国房地产金融创新——REITs. 科技信息，（1）：359-360.

用益研究. 2018. 近期房地产信托的发展及策略分析. (2018-03-28) [2019-01-16]. https：//www.sohu.com/a/226583903_739521.

仲量联行. 2017. 中国房地产金融：传统与创新共进. 城市住宅，24（8）：88-91.

左小慧，吴申玉. 2016. 新型城镇化下农地金融发展路径探究. 经济问题，（12）：95-98.

第九章　不动产税收

第一节　不动产税收概述

一、不动产税收的概念

不动产税，英文表达为real estate taxation、property tax，一般是指不动产保有环节的税收。从理论上说，不动产税以土地、房屋等不动产为征税对象，属于财产税的一类，是财产税体系的重要组成部分。由于不动产税是针对国民的财产所征收的一种税收，政府必须首先尊重国民的财产，并为之提供保护；然后，作为一种对应，国民必须缴纳一定的税收，以保证政府相应的支出。不动产税是政府以政权强制力对持有或者占用不动产的业主征收的税收。

世界各地不动产税收的名称不尽相同，有的称为“不动产税”，如奥地利、波兰等；有的称为“财产税”，如德国、美国、智利等；有的称为“地方税”，如新西兰、英国、马来西亚等；有的称为“差饷”，如我国的香港地区。虽然名称不同，但内涵基本一致。目前世界上大多数成熟的市场经济国家都对房地产征收不动产税，并以财产的持有作为课税前提，以财产的价值作为计税依据。依照国际惯例，不动产税多属于地方税，是地方财政重要和稳定的收入来源。

二、不动产税收的特征

不动产税作为税收体系的重要组成部分，也具有税收的基本特征，表现为：①固定性。税收机关和纳税人按照税法规定的期限依率征收或缴纳税款。对于法定的计征标准，国家与纳税人皆应自觉遵守，国家税务机关不得无限度征收税款或少征、不征税收，纳税人也不得偷逃漏税。同时，这种依法征纳的行为具有相对的长期性和稳定性，只有在修改或废止税法的情况下，其行为才能相应变化。②强制性。国家通过相关的法令，凭借其政治权力，向纳税人强制征税。纳税人必须依法履行纳税义务，否则就会受到法律的制裁。③无偿性。依法征收的税款，若非税法的特殊规定，不需再返还给纳税人个体，国家也无需对任何个人支付任何补偿和报酬。上述特征是所有税收的共性。

但是，不动产税又是专门针对土地和房屋所征收的税，因其本身的特点与属性，又具备了与其他税收不一样的特点。①其征税对象具有明显的非流动性特征，从而使得不动产税具有明显的地域性；②由于不动产的耐久性和增值性，其收入一般比较稳定；③该税收体系包含众多的税种，造成了征管的复杂性；④不动产税伴随不动产运行的每个环节，且只针对房地产行业进行调节；⑤不动产税收具有筹集财政收入和行为调节的功能，国外主要是前者，我国主要是后者。

1. 不动产税的地域性

不动产非经破坏或变更不能使其位置或权属发生变化，这一鲜明的特征使得不动产无法在空间上从一个区域转移到另一个区域。不动产税是针对不动产及附着其上的各项权益征收的税收，征税客体的非流动性特征决定了不动产税的地域性，这是不动产税区别于其他税收的一个重要特征。其他的对物税或对人税，税基大都可以自由流动，税收政策和税收制度的变化极易引起居民或生产要素在各辖区之间的流动，从而使资源配置出现扭曲。例如，对所得课税，若某一辖区降低其所得税税率，在其他条件相同的情况下，理性的经济人将会选择到该辖区居住，而不管这种选择是否会造成拥堵效应。

由于不动产税的地域性特征，对不动产征税不会引起不动产在地区间流动，涉及不动产的税收大多划为地方财政收入，由地方政府对行政区域内的不动产征税。例如，在美国几乎所有州以下的地方政府都会不同程度地征收不动产税，其税收收入主要用于弥补政府提供地方性公共产品和服务的成本，故一般不与上级政府分享，是一种地方税。作为地方税收体系的支撑性税种，不动产税收入占地方税收入的70%左右，是地方政府的主体税种，提供了主要收入来源。又如，住宅税也是英国最大的地方税种，在地方财政收入体系中的地位非常重要。在英格兰地区，除住宅税外未开征其他地方税，近45%的财政收入要通过住宅税筹集。日本的不动产税比较复杂，既包含中央税和共享税，也有地方税；但无论是税收种类还是收入归属，中央税和共享税所占的比重都较小，更多的是由基层的市町村政府征税。葡萄牙、智利的不动产税也是由地方支配的，所不同的是，税收会由上级政府课征后再转移给下级政府使用。

不动产税的征管一般都是由地方政府依据自身收支情况决策的，具有比较明显的地域性特征。大多数国家都允许地方政府根据自身实际确定是否开征或停征某种不动产税，以及具体的开征范围、税率高低、税收优惠等。例如，美国房产税在各个州之间并无统一的税率，由地方政府根据每年的财政收支状况逐年确定，名义税率一般在3%～10%，优惠政策更是各异；加拿大的政策与美国类似，也是由基层政府根据实际的支出需求，由基层议会按年度确定不动产税率和优惠；法国不动产税虽然由中央政府统一征收后划转给地方，但其税率仍是由地方议会制定年度预算时确定的，只是地方议会所确定的税率不能超过中央政府的规定性限制。

2. 税收收入的稳定性

从自然属性上看，土地的使用期限几乎是无限的，房屋设施的耐用期限也相对较长；从权属关系上看，在土地私有的国家，私有不动产理论上是可以永久使用的，即使在土地国有的地区，不动产的使用期限至少也有几十年。因此，不论是实体的还是由此衍生出的各项权益，一般而言都有相当长时间的存续期。不动产的持续性特征使得它可以作为地方财政持续而稳定的收入来源。

不动产市场反映的是资产的长期价值，相对于工资薪金、股票基金等财产而言，经济波动对其的影响程度更小、速度更慢。另一方面，对不动产征税多为按评估价值计征，而地方政府对财产价值的评估一般几年才进行一次，不动产市场价格的波动不会很快地反映到不动产的评估价值中。所以，在一定年限内，若相关税收政策未发生较大变动，不动产税收的规模也会维持在较稳定的状态。不动产税的这种特性十分有利于收入来源相对有限的地方政府“量出为入”地制定其收支计划，特别是与其他潜在的地方收入来源（如收费等）相比时，这一优点更为明显。

不动产不仅满足人们的居住需求，也是重要的经济资源，现代社会中许多人将其作为一种保值增值的投资工具。国民经济的各行业各部门、社会生活的各主体都与不动产有着不同层次的联系。据统计，自1970年以来，全球房地产行业每年都贡献GDP的20%以上的产值，其中6%～12%为每年新增的不动产投资，约占各国固定资产投资的50%以上，已经成为一个重要的经济增长点。另外，不动产也日益成为财富的主要表现形式。例如，在英国的社会财富构成中，不动产占到了73%左右，而这一数据在美国更是高达75%，并呈现出一种上行的趋势。随着经济的发展，人口不断增长，城市持续扩张，城市中不动产的数量将不断增加，这就使得不动产税的税基不断扩大，相应的税收收入规模也得到稳步增大。此外，土地资源是不可再生的，资源的稀缺性与需求的不断增长必然推高不动产价值。由此可见，不动产可以为政府提供充裕稳定且持续增长的收入来源。

3. 税收征管的复杂性

不动产税收体系是一个由多税种构成的复合体系，涉及流转税、收益税、财产税、资源税、特定目的行为税等多个税类，包含10多个税种，税种的复合性使得其在征收管理时需要以多部税法和征收管理条例为依据，征管工作量相对较大。税收体系内的税种在税率的设计上都比较灵活，如营业税、契税、企业所得税等采用比例税率，土地使用税、耕地占用税等采用定额税率，城市维护建设税采用地区差别比例税率，土地增值税采用超率累进税率，印花税既有比例税率又有定额税率……因税种的不同而呈现出的税率的多样性使得其征管工作十分复杂。

不动产税收伴随不动产生产经营的每个环节，各个税种的征税对象交织在一起，具有复杂性和多样性，导致了计税依据的综合性。在不动产税收体系中，既有以不动产价值为计税依据的，也有以交易面积为计税依据的，还有以交易额为依据，以投资额、所得额为依据，甚至以增值额为依据的，计税依据的混合性使得计征难度增加。例如，以不动产价值为计税依据时，由于不动产的个体差异性，即使同一城市、同一区域、同一地段的类似不动产，其价值也存在差异。由于计税依据一般采用不动产的市场价值，不可避免地需要对其价值进行评估；而不动产价值的评估带有很大的主观性，即使是专业人员也很难进行准确评估，且随着时间和周边环境的变化，不动产的价值也会出现增减，更增大了价值评估和计算征税的难度。

此外，不动产税收体系中多为小税种，如房产税、契税、印花税等，这些税种的征税对象相对分散，纳税人从生产经营企业到行政事业单位，乃至居民个人，几乎无所不包，征收难度较大。同时，其税基一般较小、税率较低，因而每笔税款的数额都较少，征管效率低。

4. 税收调节的行业针对性

不动产税收体系包含了众多税种，该行业生产经营的每一个环节都有相应的税种对其进行调节。例如，在不动产的开发环节会征收建筑业营业税、印花税等税种，控制不动产投资的规模和方向，体现国家的产业政策；在不动产流通环节有不动产业营业税、所得税、土地增值税、契税等税种加以调节，以抑制不动产炒作，调节过高的房价，规范市场交易行为；在保有环节主要征收房产税和土地使用税等，以达到调节收入分配、一定程度上抑制不动产投机行为的目的；在所得课税环节还会对企业、个人就其不动产所获得的收益额课征税收，以调节收入分配。不过也应看到，不动产税收虽然种类多、调节范围广，但税收体系的所有税种都是围绕不动产的运动过程而征收的。从计征依据上讲，它是以特定的不动产投资行为、不动产的计税价值或实际占有数量为计税依据；从征税对象上讲，它的征税对象只有房屋和土地；从法律关系上讲，它只对由不动产衍生出的各项权益征税。由此可以看出，不动产税的调控作用实质上只在不动产行业范围内，针对性极强。

5. 税种开征的行为目的性

虽然许多国家的不动产税收都具有一定的行为目的性，但其最重要的功能还是筹集地方财政收入。目前，世界上绝大多数国家都采用以所得税、财产税为主体的税制结构，所得税是中央财政的主要收入来源，以不动产税为主要代表的财产税则是地方政府的主要收入来源。政府开征不动产行为目的税只是为了对特定行为进行引导，体现其调节经济的功能。然而，我国的情况则截然不同。流转税是税收收入的主要来源，不动产税收筹集财政收入的功能被严重弱化，而其行为调节功能反而得以凸显。目前，我国已开征的相关税收，无一不具有明确的政策目的和调节功能。例如，开征城镇土地使用税的目的在于提高土地利用效率、减少土地浪费，而开征耕地占用税则是为了限制农耕用地的过度开发。这种税制结构的现状造成了政府对依靠不动产税筹集财政收入的期望值较低，而事实上，目前不动产税对我国政府财政收入的贡献也十分有限，即不动产税的组织财政收入功能较弱。

另外，我国不动产税收体系的真正建立始于 20 世纪 80 年代进行的土地制度和住房制度改革，当时的房地产市场刚刚开放，并呈现出蓬勃发展的趋势。由于市场还不完善，为了规范和调节市场主体的活动，国家相继开征了多种税收，出台了多部税收条例，而在这种背景下建立的不动产税收体系自然而然地就会带有明显的行为目的税的特征。

三、不动产税收的功能

1. 转变政府职能，改善公共建设

不动产税按年度征收，不像现行的土地出让金制度那样一次性收取。一方面，不动产税收的收入与居住环境挂钩，公共服务越好，房价就越高，税收收入也就越高；而且，不动产税是对土地和房屋的保有阶段进行征收，这将鼓励地方政府重视当地房地产建设，改善公共服务，从而提高不动产价值，进一步提高不动产税收。另一方面，这也有利于民众监督政府的政绩，有利于改善目前以工业发展为核心的政府导向，使政府向公共服务型转变；再者，如果有良好的居住环境或商业环境，将吸引更多的居民居住或商家进驻，也将增加当地不动产税的收入，这就鼓励地方政府在进行规划时从长远角度考虑，从而促进房地产市场健康发展。

2. 保障地方税源稳定，完善地方税体系

考虑到不动产税是财产税的一种，而财产税与商品税或所得税不同，财产税的课税对象一般不是流动的，而是固定的，较适宜作为地方税，因而即使是全国统一的不动产税制度，一般也均由地方政府掌握，并列为其固定税源。我国在财产税税费设计时，偏重于开发及流转环节，从而使得不动产保有阶段的税负较轻。近几年，我国经济的持续发展带动了房地产市场的发展，但由于当初的财产税税费设计，政府已然很难通过税收来享受不动产增值所带来的收益，而不动产税则解决了这一困境。不动产税是对不动产保有阶段征收的财产税，使国家能享受不动产增值所带来的收益，进而提高地方税收收入，构建地方主体税种，完善地方税体系。

3. 减少贫富差距，促进社会分配公平

我国开征不动产税还有一个重要目的，就是减少贫富差距，通过不动产税的征收，对财富进行再分配，以此来改善中低收入人群的住房条件。不动产税征收以后，将一部分不动产开发成本转移到了房产保有阶段，因此可以有效地抑制房价的上涨，从而解决低收入阶层购买力疲软的问题。

4. 促进房地产市场健康发展

首先，不动产税带来了不动产拥有者对不动产支付形式的转变，这一转变将有助于金融系统的稳定。实行不动产税之后，居民对不动产的支付将变为低额度的一次性支付与未来的多次小额支付，不再是现如今高额度的一次性支付。在前一种支付方式所造成的贷款模式之下，居民更容易偿清贷款，这保证了居民拖欠或停止按揭付款的可能性大幅度降低，从而减少了金融系统的不稳定性。其次，不动产的空置率将会下降，过高的空置率是影响房地产市场稳定的重要因素，居民拥有比较稳定的对自用房的需求，而投机者在很多外在因素的影响（如境外投机者对汇率大小及汇率波动的预期）之下，相关的投机需求将会有很大的波动。

第二节　我国不动产税收制度及改革

一、不同国家和地区的不动产税收制度及其借鉴

（一）国外的不动产税收制度

1. 美国的不动产税

目前美国的不动产税主要包括在不动产保有环节征收的不动产税和在不动产无偿转

让环节征收的遗产与赠与税。美国的财产税制度在西方资本主义国家中最为完备和发达，每个州都对所有土地和建筑设施的物质财富价值课税。

美国对土地和房屋直接征收的是不动产税，归在财产税项下，税基以不动产评估价值为计税依据，其评估价值一般为市价的30%～70%。目前美国的50个州都征收这项税收，各州和地方政府对不动产税税率的规定不同，平均为1%～4%。由于财产税与地方的经济关系紧密，多由地方政府征收。目前财产税是其他地方政府财政收入的主要来源，大约占30%，占地方税收总收入的75%左右。

美国的联邦政府和州政府还开征了遗产与赠与税，主要征税对象为不动产，属于不动产无偿转让环节税。美国政府规定对超过价值60万美元的遗产和每次赠送价值超过100万元的物品征收遗产与赠与税。由于美国不动产的价格不高，旧房经过折旧价值更低，其在无偿转让环节所负担的税费很少。据统计，遗产与赠与税在美国的收入规模很小，只占联邦政府总收入的1.5%，占州税收收入的1%。

2. 加拿大的不动产税

不动产税是加拿大最古老的税种之一，也是目前地方政府财政收入的主要来源。加拿大的不动产税收体系主要包括：不动产税、营业性财产税和特别估价税。

不动产税属于对不动产保有环节征收的税种，税基是不动产，计税依据是不动产的评估价值，纳税人是不动产的所有者，税率通常以评估价值的0.1%加元表示。在加拿大，不动产的税基由政府来评估，为了减少评估中的误差，各地都成立了专门的评估机构；不动产税的税率一年一定且没有全国统一的标准，具体税率主要依据各地方政府的收支状况确定。

营业性财产税是针对非居住营业用财产在一般财产税之外加征的一种财产税，是地方政府的第二大税收来源，其纳税人是不动产占有者而不是所有者，其税基通常为不动产的评估价值和年租金总额，具体包括：①按财产评估值的一定百分比征；②按总租赁评估值的一定百分比征；③按面积征；④按储存能力征；⑤按总营业收入的一定百分比征。由于营业性财产税属于地方税，加拿大地方政府对地方税有充分的税收管辖权，并可根据本地情况自行决定营业性财产税的税基和税率。

特别估价税是居民或工商业为添置或改善与财产相关的固定设施而支付的费用或课征的税费，如修建或重建人行道、安装或更换水管、卫生设施等。特别估价税具体形式的选择和比例的确定可因地制宜。

3. 英国的不动产税

英国只确立了一种税属于地方税，就是财产税，所以英国的不动产税属于地方税。英国的不动产税主要包括营业房屋税、住房财产税和遗产继承税。

营业房屋税是对非居住用房屋按年租金征收的一种税，其纳税人是非居住用房屋的所有人。课税对象包括企业法人营业用房屋、其他法人和个人营业用房屋；计税依据是房屋租金，由专门设置的评估机构对纳税人的房屋按视同出租的租金收入进行估定，以后每五年重估一次。营业房屋税实行全国统一税率，由英国财政部逐年核定或变更，法律规定税率提高幅度不得超过全国平均通货膨胀指数，且地方政府有权扩大减免范围。

住房财产税是对居民住宅按房产价值的估价征收的一种税。纳税人为年满 18 周岁的住房所有者或者住房承租者；其征税对象为住房；计税依据为住房的价值，该价值由国内税收局的房产估价部门评估；税率由各地议会根据地方政府开支情况及与其他渠道可获得收入的差额来确定。

遗产继承税是对被继承人去世时转移的财产价值或者去世以前赠与的财产价值征收的一种税。英国的遗产实行总遗产税制，以被继承人去世以后遗留的财产总额为征税对象，并且不单独设立赠与税，而是将赠与额合并入遗产额一起征收。征税对象包括死亡时的全部财产、死亡前七年内赠与的财产、赠与后仍保留收益权的财产、视为应税转让的全部信托财产。在计征遗产继承税时，税法允许扣除的项目有债务扣除、税款扣除、丧葬费扣除、家庭维持费扣除、林地转让扣除和经营财产扣除等。遗产继承税采用单一的 40%比例税率，但是如果被继承人去世发生在捐赠后的第四年至第七年，则实际税率可以逐年降低，征税额可以逐年减少。

（二）我国香港、澳门和台湾地区的不动产税收制度

1. 香港的不动产税

香港的不动产税主要包括物业税和差饷税。

物业税在每一课税年度按照土地或楼宇的应评税净值，以标准税率向在香港拥有土地或楼宇的业主征收。应评税净值根据为换取物业的使用权而付出的代价确定，其代价包括已收或应收的租金总额、为楼宇使用而支付的许可证费用、整笔顶手费、支付于业主的服务费和管理费，以及由住客支付的修理费等。物业的应评税净值是以应评税值减去 20%作为法定的修葺及支出方面的免税额后所得出的数目，其他费用如地租及管理费都是不能扣除的。物业税的纳税人是拥有应税物业的业主，包括直接由政府批租的不动产持有人、权益拥有人、终身租用人、抵押人、已占有房地产的承押人、向注册合作社购买楼宇者。应税物业包括房屋、土地（包括码头，不包括农地）和建筑物。免税项目包括全部由业主自住和纯作家用的楼宇、空置且不作任何用途的物业，以及社会或商会拥有的物业。

差饷税是对楼宇或物业征收的一种间接税，是香港的主要税种之一，其课税对象是土地、房屋、其他建筑物等不动产，包括自用的和非自用的不动产。除了一些非牟利的教育、慈善及福利机构，政府可根据情况给予一定的减免税优惠外，很少有楼宇可免除差饷。计税依据是根据物业的造价、面积、新旧程度等因素核定的应课差饷租值。税率采用比例税率，各地区的税率不一定相同，且每年都有所变化。

2. 澳门的不动产税

澳门的不动产税主要包括房屋税、物业转移税、遗产税和赠与税。

房屋税是以本地区房屋的收益为课税对象的一项直接税，不论房屋是出租收益还是自住。纳税人为房屋收益权利持有人。房屋出租时，以全年租金收入为该房屋的收益；自住或自用时以政府评估可能取得的经济利益为房屋的收益。

物业转移税是在房屋或土地发生交易转移时征收的一种税。纳税人是不动产购买者。计税依据是房屋交易价，澳门特区政府按买卖双方申报的成交价和政府有关部门评估的市价两者中较高的价格计征。

遗产税依据被继承人或受遗赠人所继承遗产的数额征收，赠与税是对赠与财产征税。在澳门，受益人在接受他人赠与或继承遗产时，均需向财政司申报，经过对财产价值的适当评估后，按具体税率规定征税。

3. 台湾的不动产税

台湾的不动产税主要包括地价税、土地增值税、房屋税、契税、遗产税和赠与税。

地价税是以土地为课征对象所征收的一种税，属于在不动产保有环节对不动产所征收的税种。地价税的纳税人为土地所有权人或典权人；土地属公有或共同公有者的纳税人为管理机关或管理人，分别共有者的纳税人为分别共有人；纳税人行踪不明或土地权属不明或无人管理者，由土地使用人代缴，土地所有权人也可申请由占有人代缴。地价税税率按照每一土地所有权人在每一县（市）辖区内的地价总额课征，实行超额累进税率，以该县（市）土地 7 公亩（1 公亩=100m^2）的平均地价为累进起点地价。

土地增值税是在土地有偿转让环节，按照土地涨价总额采用超率累进税率计算缴纳税款的一种税。该税属于在不动产保有环节对不动产征收的税种，其纳税人包括房屋所有人、典权人、使用人、管理人和承租人。

房屋税以房屋现值为计税依据，房屋现值由当地专门的不动产评价委员会依据房屋建造完成的价值决定。房屋税依据房屋用途的不同规定了不同的法定税率，且地方政府每年有权利在法定税率的范围内决定本地房屋税的税率。

不动产的买卖、承典、交换、赠与、分割或因占有而取得所有权者，均应购用公定契纸，申报缴纳契税，但对开征土地增值税区域的土地免征契税。契税的计税依据为各种契约的定价，其税率根据不动产所有权的转移方式不同而有所不同，且经常调整。

遗产税是在因死亡而发生不动产所有权转移时所课征的税种，属于不动产无偿转让环节的课税。遗产税的纳税人为遗嘱执行人；无遗嘱执行人的，为继承人及受遗赠人；无继承人及受遗赠人的，为依法选定的遗产管理人。计税依据为被继承人死亡时的遗产总额减除各项扣除额及免税额后的课税遗产净额。遗产总额是指经常居住台湾地区境内的台湾人民在台湾地区境内境外全部遗产，非居住台湾地区的台湾人民及经常居住在境外的台湾人民在台湾地区境内的遗留财产，根据其死亡时的时价计算出的价值。被继承人死亡前 3 年内赠与配偶或各顺序继承人及其配偶的财产，于被继承人死亡时视为其遗产，并入遗产总额。

赠与税是对无偿给予他人的不动产所课征的税种。赠与税的纳税人为赠与人；但当赠与人行踪不明或逾期未纳税且在境内无财产可供执行时，以受赠人为纳税人。计税依据是赠与人每年赠与总额减除扣除额和免税额后的课税赠与净额。

（三）其他国家和地区不动产税收制度对我国内地（大陆）的借鉴意义

1. 将不动产税培植为地方税体系中的主体税种

从其他国家和地区的经验看，不动产税一般都作为地方税主体税种，其收入是地方财政收入的重要组成部分。以不动产为征税对象的财产税在地方财政中占有重要地位的原因是，作为一种受益税，财产税符合不同级次政府应提供使其辖区范围内居民受益的公共服务并因此课税的经济学原理。不动产税课税对象稳定、税源丰富，不同地方政府的税源易于区分，地方政府可以做到对本地区的税源实行严格监控，既实现税收公平，又提高税收征收率。因此，在改革不动产税时，可以通过扩大不动产税征税范围、适当提高不动产税税率等手段，着手将不动产税培植为地方税体系中的主体税种。

2. 建立健全公正、客观的不动产价值评估体系

我国内地（大陆）顺利开征个人不动产税，必须要有一个公正、客观的不动产价值评估体系，所以不动产评估体系是否完整、公正、客观可以说是个人不动产税能否顺利实施的核心环节。我国内地（大陆）应在立足国情的基础上，借鉴其他地区的长处，形成特有的不动产价值评估体系。例如，建立计算机辅助批量评估系统能大幅度提高评税的工作效率。我国内地（大陆）的不动产税评估体系应重点关注不动产资料数据系统、评估方法及程序系统、结果审核及公开系统、评估监督机构等。在初期，计税依据应该建立在不动产购买的原值上，这样有利于评估公开公正地进行，也有助于我国内地（大陆）不动产税评估体系在探索中总结，逐步完善和规范；在评估体系初具规模以后，则以评估机构的评估价值为基础进行征税，从而使个人不动产税的征税额度随经济变化及不动产原值的变化而有所调整，更加公正、公平、客观地反映纳税情况。

3. 合理确定税基，灵活制定税率

参考其他国家和地区不动产税税基的确定方法，结合我国内地（大陆）实际，不动产税应实行从价计征，不论自用不动产还是出租不动产，均应以不动产评估价值的一定比例为税基。考虑产权人为维持不动产的正常使用而支出的维修、保养等费用，以评估价值的70%～80%作为税基较为合适。在税率形式上，适宜采用差别化比例税率和定额税率相结合形式。采用差别税率，可以依据不同类型不动产享受公共服务的程度不同，对供给弹性最小的不动产设定较高的税率。具体的税率设计为：对经营性不动产，采取1%～3%的浮动税率；对个人不动产，区分两种情况，一般商品房采取0.5%～1%的税率，由公房转为私房的房产采取定额税收；同时，允许各地在中央规定税率幅度内根据实际情况自行决定适用税率。

4. 推动税务机关改革，加强对普通民众纳税意识的宣传教育

在全面实行不动产统一登记的基础上，扩充税务人员的编制，加强电子化税务稽查力度，实现全联网式办公，提高征税效率。同时，加强对普通民众纳税意识的宣传教育，

加大对逃税漏税行为的惩罚力度。税收缴纳情况要依法纳入社会征信体系，定时对偷税漏税者进行曝光并限制其进行交易：简化强制执行程序，对于符合强制执行其他财产缴纳应交税款的情形，要赋予税收机关强制执行权，同时赋予当事人相应的救济权；简化行政审批手续，提高行政效率，缩短征收—缴纳的周期，相关文件材料可以采用电子传输，节约邮寄成本和时间。加大对偷逃税行为惩罚的同时，对主动积极交税的个人和法人给予优惠、实行补贴政策。多管齐下，共同降低征税成本。

二、我国的不动产税收制度

我国不动产税收涉及较多税种，其税制体系结构如图 9-1 所示。

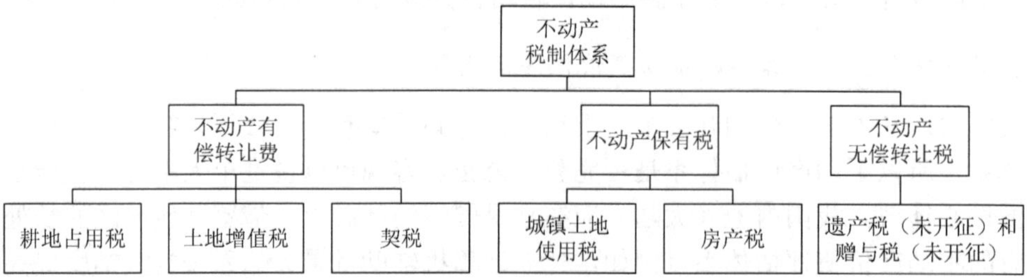

图 9-1　我国不动产税制体系结构图

（一）城镇土地使用税

1988 年 9 月 27 日，国务院公布了《中华人民共和国城镇土地使用税暂行条例》，规定从 1988 年 11 月 1 日起施行。根据 2006 年 12 月 31 日公布的《国务院关于修改〈中华人民共和国城镇土地使用税暂行条例〉的决定》（国务院令第 483 号），进行了第一次修订；根据 2011 年 1 月 8 日公布的《国务院关于废止和修改部分行政法规的决定》（国务院令第 588 号），进行了第二次修订；根据 2013 年 12 月 7 日公布的《国务院关于修改部分行政法规的决定》（国务院令第 645 号），进行了第三次修订；根据 2019 年 3 月 2 日公布的《国务院关于修改部分行政法规的决定》（国务院令第 709 号），其进行了第四次修订。开征城镇土地使用税，有利于促进合理、节约使用土地，有利于调节土地级差收益，促进企业公平竞争，理顺国家与土地使用者之间的分配关系，为建立地方税体系、实行以分税制为基础的财政体制创造了条件。

根据《中华人民共和国城镇土地使用税暂行条例》的规定，凡在城市、县城、建制镇、工矿区范围内的土地，不论是属于国家所有的，还是属于集体所有的，都是土地使用税的征税对象。纳税人是实际使用土地的单位和个人。其计税依据是纳税人实际占有的土地面积，是由省、自治区、直辖市人民政府确定的单位组织测定的土地面积。

土地使用税采用分类定级的幅度定额税率，或称为分等级幅度税额。具体来说，按城市大小分为四个档次，每平方米的年幅度税额分别为：大城市 0.5～10 元；中等城市 0.4～8 元；小城市 0.3～6 元；县城、建制镇、工矿区 0.2～4 元。

省、自治区、直辖市人民政府在上述税额幅度内，根据市政建设状况、经济繁荣程度等条件，确定所辖地区的适用税额幅度。市、县人民政府根据实际情况，将本地区土地划分为若干等级，在省、自治区、直辖市人民政府确定的税额幅度内，制定相应的适用税额标准，报省、自治区、直辖市人民政府批准执行。采用幅度税额并分等级的做法，主要是为了调节不同地区、不同地段之间的级差收益，尽可能地平衡税负。国家把同类地区幅度税额的差距规定为20倍，这样选择余地较大，便于地方根据本地区情况确定适当的税额标准。此外，考虑到一些地区因经济落后需要适当降低税额，以及一些经济发达地区需要适当提高税额，《中华人民共和国城镇土地使用税暂行条例》规定，经省、自治区、直辖市人民政府批准，可以适当降低税额，但降低额不得超过最低税额的 30%。经济发达地区适用税额标准可以适当提高，但须报财政部批准。土地使用税中还有政策性免税、地方确定的免税和困难性及临时性减免税的若干规定。

土地使用税由土地所在地的税务机关征收。纳税按年计算、分期缴纳。具体期限由省、自治区、直辖市人民政府确定。

（二）房产税

房产税属于财产税，是以城市、县城、建制镇和工矿区房产为课税对象，按照房屋计税价值或出租房屋的租金收入，向产权所有人征收的一种税。征收房产税的主要作用是筹集财政收入，并均衡社会财富。根据国务院于 1986 年颁布、2011 年修订的《中华人民共和国房产税暂行条例》（简称《房产税暂行条例》）规定，拥有房屋产权的单位和个人，都是房产税的纳税人；房屋产权属于国家所有的，则其经营管理的单位和个人为纳税人。房产税采用比例税率：①按房产原值减除 10%～30%后的余值，税率为 1.2%；②按房产出租的租金计征，税率为 12%。由于房产的计税余值大体上相当于标准房租的 10 倍，因此两种计税方法的税负基本持平。值得注意的是，《房产税暂行条例》规定国家机关、人民团体、军队自用的房产，由国家财政部门拨付事业经费的单位自用的房产，宗教寺庙、公园、名胜古迹自用的房产，个人所有非营业用的房产，以及经财政部批准免税的其他房产，均可免税。

（三）耕地占用税

耕地占用税是国家对占用耕地建房或者从事其他非农业建设的单位和个人征收的种税。为了合理利用土地资源，加强土地管理，保护耕地，1987 年 4 月 1 日国务院公布了《中华人民共和国耕地占用税暂行条例》。2007 年 12 月 1 日，国务院公布《中华人民共和国耕地占用税暂行条例》，自 2008 年 1 月 1 日起施行，同时宣布废止 1987 年 4 月 1 日发布的《中华人民共和国耕地占用税暂行条例》。

新的《中华人民共和国耕地占用税暂行条例》规定，耕地占用税的纳税人是占用耕地建房或者从事非农业建设的单位或者个人；耕地占用税以纳税人实际占用的耕地面积为计税依据，按照规定的适用税额一次性征收。耕地占用税的税额规定如下：人均耕地不超过 1 亩的地区（以县级行政区域为单位，下同），每平方米为 10 元至 50 元；人均耕地超过 1 亩但不超过 2 亩的地区，每平方米为 8 元至 40 元；人均耕地超过 2 亩但不超过 3 亩的地区，每平方米为 6 元至 30 元；人均耕地超过 3 亩的地区，每平方米为 5 元至 25 元。此外，对耕地占用税的一些减免税政策也有相关规定。

（四）土地增值税

1993 年 12 月 13 日国务院颁布了《土地增值税暂行条例》，自 1994 年 1 月 1 日起施行。2011 年 1 月 8 日，《土地增值税暂行条例》依据《国务院关于废止和修改部分行政法规的决定》（国务院令第 588 号）进行了修订。

开征土地增值税的主要意义是有利于抑制房地产投机，加强政府对土地市场的宏观调控，防止国有土地收益流失；有利于增加财政收入；有利于完善税制。

土地增值税的纳税人是有偿转让我国境内国有土地使用权、地上建筑物及其他附着物产权并取得收益的单位和个人。

土地增值税的征税范围包括有偿转让国有土地使用权、地上建筑物及其他附着物产权的行为，不包括继承、赠与等没有取得收入的房地产转让行为。土地增值税的计税依据是转让国有土地使用权、地上建筑物及其他附着物产权所取得的增值额，即转让房地产所取得的增值额。增值额的计算采用扣除法。为了合理计算增值额，存量房地产的成本按房屋及建筑物的评估价格（即重置成本价乘以成新度折旧率后的价格）计算。

纳税人的收入包括转让不动产的全部价款及相关的经济效益，具体包括货币收入、实物收入和其他收入等。

计算增值额的扣除项目包括：①取得土地使用权时所支付的金额。②开发土地的成本、费用。③新建房及配套设施的成本、费用，或者旧房及建筑物的评估价格。④转让不动产有关的税金。⑤财政部规定的其他扣除项目。

土地增值税的税率实行四级超额累进税率：①增值额未超过扣除项目金额 50%的部分，税率为 30%；②增值额超过扣除项目金额 50%、未超过 100%的部分，税率为 40%；③增值额超过扣除项目金额 100%、未超过 200%的部分，税率为 50%；④增值额超过扣除项目金额 200%的部分，税率为 60%。

《土地增值税暂行条例》规定，符合下列情况之一的免征土地增值税：①纳税人建造普通标准住宅出售，其增值额未超过扣除项目金额 20%的；②因国家建设需要依法征收、收回的不动产。

（五）契税

契税是以所有权发生转移、变动的不动产为征税对象，向产权承受人征收的一种财产税。

中华人民共和国成立后，政务院于 1950 年颁布《中华人民共和国契税暂行条例》。《中华人民共和国契税暂行条例》实施 40 多年后，国务院根据新的形势进行了修订，于 1997 年 7 月

7日重新颁布了《中华人民共和国契税暂行条例》。2020年8月11日颁布《中华人民共和国契税法》（简称《契税法》），自2021年9月1日起施行。

《契税法》规定，在中华人民共和国境内转移土地、房屋权属，承受的单位和个人为契税的纳税人，应当缴纳契税。转移土地、房屋权属，是指下列行为：①土地使用权出让；②土地使用权转让，包括出售、赠与和交换；③房屋买卖、赠与、互换；④以作价投资（入股）、偿还债务、划转、奖励等方式转移土地、房屋权属。

契税的税率实行幅度比例税率，一般为3%～5%。契税的具体适用税率由省、自治区、直辖市人民政府在前款规定的税率幅度内提出，报同级人民代表大会常务委员会决定，并报全国人民代表大会常务委员会和国务院备案。

契税的计税依据按照土地、房屋交易的不同情况确定：①土地使用权出让、出售，房屋买卖，为土地、房屋权属转移合同确定的成交价格，包括应交付的货币以及实物、其他经济利益对应的价款；②土地使用权互换、房屋互换，为所互换的土地使用权、房屋价格的差额；③土地使用权赠与、房屋赠与以及其他没有价格的转移土地、房屋权属行为，为税务机关参照土地使用权出售、房屋买卖的市场价格依法核定的价格。

契税可以依法免征：①国家机关、事业单位、社会团体、军事单位承受土地、房屋权属用于办公、教学、医疗、科研、军事设施；②非营利性的学校、医疗机构、社会福利机构承受土地、房屋权属用于办公、教学、医疗、科研、养老、救助；③承受荒山、荒地、荒滩土地使用权用于农、林、牧、渔业生产；④婚姻关系存续期间夫妻之间变更土地、房屋权属；⑤法定继承人通过继承承受土地、房屋权属；⑥依照法律规定应当予以免税的外国驻华使馆、领事馆和国际组织驻华代表机构承受土地、房屋权属。省、自治区、直辖市可以决定对下列情形免征或者减征契税：①因土地、房屋被县级以上人民政府征收、征用，重新承受土地、房屋权属；②因不可抗力灭失住房，重新承受住房权属。

我国不动产税制体系中各税种的主要规定如表9-1所示。

表9-1　我国不动产税制体系中各税种的主要规定

税种	税率	计税依据	纳税人	文件最新公布时间
城镇土地使用税	大城市：1.5～30元/m^2 中等城市：1.2～20元/m^2 小城市：0.9～18元/m^2 县城、建制镇、工矿区：0.6～12元/m^2	纳税人实际占用的土地面积	城市、县城、建制镇和工矿区范围内使用土地的单位和个人	2019年3月
房产税	从价：房产原值扣除10%～30%后的余额的1.2% 从租：12%	房产余值或租金价值	房屋产权所有人	2011年1月
耕地占用税	人均耕地＜1亩：10～50元/m^2 人均耕地1～2亩：8～40元/m^2 人均耕地2～3亩：6～30元/m^2 人均耕地＞3亩：5～25元/m^2	纳税人实际占用的耕地面积	占用耕地建房或者从事非农业建设的单位或个人	2007年12月
土地增值税	增值率50%以下：税率30% 增值率50%～100%：税率40% 增值率100%～200%：税率50% 增值率200%以上：税率60%	转让房地产所取得的增值额	转让国有土地使用权、地上建筑物及其附着物并取得收入的单位和个人	2011年1月
契税	3%～5%	房地产的成交价格	转让房地产的承受单位和个人	2020年8月

三、我国不动产税收制度的改革

从中华人民共和国成立至今，我国不动产相关税制历经变迁，其内涵也在不断演变。

（一）起步阶段（1950～1957 年）

中华人民共和国成立初期，我国不动产相关的税收制度比较复杂，涉及的税种较多。1950 年 1 月 27 日，政务院颁布了《全国税政实施要则》，统一全国税收，建立新税制，结束了暂时沿用的旧税法和税政不统一的局面。此时不动产直接相关的税种包括房产税和地产税。1950 年将房产税和地产税合并为房地产税。同年，国家颁布了《中华人民共和国契税暂行条例》，对房地产的流通转让开征契税。1951 年 8 月，在“房地产税”名称之前加上“城市”二字，称为“城市房地产税”，以界定此税的课征范围。这样，我国房地产相关的税收有契税和城市房地产税两个税种。

这一阶段正值社会主义改造时期，同时也是房地产业的起步时期。在这样的历史背景下，国家在清理旧税的基础上，逐渐建立起了一套以多种税、多次征为特征的复合税制。由于国家的重视和各方的努力，这套新税制的建立和实施对实现国家财政经济状况的根本好转，促进国民经济恢复和发展，乃至配合国家对农业、手工业和资本主义工商业的社会主义改造，以及建立、巩固和发展社会主义经济制度，都起到了相当重要的作用。与此同时，房地产业的复苏也因此获得重要助力，但是鉴于当时的房地产主要是国家和集体资产，并不作为商品进入市场流通，所以不动产相关税制对房地产业的调整并未起到较大的作用。

（二）停滞阶段（1958～1978 年）

这段时期是与不动产相关的税制体系比较单一的时期。1956 年，我国社会主义改造初步完成后，税制开始在“在原有税负的基础上简化税制”的方针指导下进行改革。经过 1958 年和 1973 年的两次简并税制，把对国营、集体企业征收的城市房地产税并入工商税，保留下来的城市房地产税只对房产管理部门、个人、外国居民、外国企业和外商投资企业继续征收；至此，我国与不动产税相关的税收只剩下城市房地产税，契税和包含了原对国营、集体企业征收城市房地产税的工商税三种。

在这一时期，由于“左”的指导思想的影响和对苏联经济理论及财税制度的借鉴，我国的税收制度建设受到了极大的干扰。税制的数次变革，走的无疑都是一条片面简化的路子，结果是税种越来越少，税制越来越简单，从而大大地缩小了税收在经济领域中的活动范围，降低了税收在社会政治、经济生活中的作用，妨碍了税收应有的职能作用的发挥。这段时期的不动产相关税收制度在某种程度上是一种倒退，没有给我国不动产相关税制体系的建设带来多少可资借鉴的经验。

（三）恢复和发展阶段（1979～2003年）

十一届三中全会后，我国进入了改革开放的历史新阶段。经济发展及法治建设也开始步入正轨，进入全面复兴的阶段。在经历了阵痛式的调整后，计划经济体制下长期制约经济发展及法治建设的桎梏被逐步破除，税制也开始进行全面改革，与不动产相关的税制体系开始逐渐建立。

1986年9月15日，国务院颁布《房产税暂行条例》，自1986年10月1日起施行，规定了房产税征收的具体办法和征收范围。1987年4月1日，为保护有限的耕地资源，国务院发布《中华人民共和国耕地占用税暂行条例》，即日起施行；1988年9月27日，国务院颁布《中华人民共和国城镇土地使用税暂行条例》，决定开征城镇土地使用税，自1988年11月1日起施行；1993年12月13日，国务院发布《土地增值税暂行条例》，开始征收土地增值税；1997年7月7日，国务院颁布了新的《中华人民共和国契税暂行条例》，同时废止了1951年旧的《中华人民共和国契税暂行条例》。这样，到2003年为止，中华人民共和国成立以来一直保留的城市房地产税、契税加上本阶段新开征的税种，不动产相关税种有城市房地产税、房产税、耕地占用税、城镇土地使用税、土地增值税和契税六个税种。

在这一历史发展阶段，我国对包括不动产相关税制在内的整体税制进行了全面和深入的改革和探索，也初步建成了基本适应社会主义市场经济体制要求的不动产相关税收制度。特别是随着我国开始施行住房制度改革之后，计划经济体制下房地产商品化程度不高、交易渠道不畅通的情况逐渐得到改善，房屋的商品属性逐渐得以回归，由国家的计划产品转变为可自由交易的商品，由单位所有的固定资产转变为主体能自由支配并能够享有完整所有权的私人财产。在此背景下，不动产相关税制的改革与完善，对于增加国家财政收入、加强宏观调控、深化改革及促进经济社会的快速发展，都起到了重要的作用。在优化土地房产资源配置、充分发挥国有土地资源效益、防止国有土地收益流失等方面都做出了较大的贡献。

（四）改革阶段（2003年至今）

2008年12月31日，国务院宣布1951年8月8日由原政务院公布的《城市房地产税暂行条例》自2009年1月1日起废止。自2009年1月1日起，外商投资企业、外国企业和组织及外籍个人，依照《房产税暂行条例》缴纳房产税。自此，我国现行的不动产相关税收还剩下房产税、耕地占用税、城镇土地使用税、土地增值税和契税五个税种。

现行的不动产相关税制对于房地产市场的发展、国家财政收入的增加、政府职能的实现和国家宏观调控政策的实施都发挥了重要的作用，但是目前的不动产相关税制本身也存在问题，如税种设置不合理、计税依据不合理、征税范围过窄、税收政策不统一、重流通轻保有等。特别是随着我国房地产市场的高速发展，现行的不动产相关税制越来越难以满足调控房地产市场发展和完善地方税收体系的需要。在这种情况下，开征保有阶段不动产税的提出为解决上述问题提供了一个较好的思路。

近年来，学术界对不动产税进行了较深入的研究，认为不动产税的开征对深化我国分税制改革、健全地方税制体系、调节财富分配、降低贫富差距、调控和规范房地产市场都具有积极的意义。不动产税的开征改变了过去与不动产相关的税收主要集中在建设和流通阶段的做法，重在对不动产保有环节征税。

从2003年起，财政部和国家税务总局先后批准了北京、江苏、深圳、辽宁、宁夏、重庆六个省（区、市）作为试点单位，进行房地产模拟评税试点。2007年又批准河南、安徽、福建、大连四个地区作为房地产模拟评税扩大范围试点。2008年12月31日，国务院正式将《城市房地产税暂行条例》废止。自此，我国终于实现房产税制的统一，外商企业、外籍个人均需遵照《房产税暂行条例》执行。此后，除2011年1月将《房产税暂行条例》中第八条的"《中华人民共和国税收征收管理暂行条例》"改为"《中华人民共和国税收征收管理法》"以外，我国所遵循的《房产税暂行条例》至今未再发生过变化。同时也是在2011年1月，上海和重庆两地在国家推进部分省市房产税改革试点指导思想的背景下，正式启动了对个人住宅征收房产税的改革试点工作，也意味着沪渝两市的个人非经营性居住用房不再属于房产税免征范围。此后，我国除上海和重庆两地作为房产税改革试点，其个人非经营性居住用房需要按房屋余值缴纳房产税以外，其余各省（区、市）仍按现行《房产税暂行条例》规定执行。

房产税制改革是一项长期且艰巨的任务，房产税改革之路必须时刻关注改革过程中发生的新情况，总结经验教训，细化和修正改革方案，不断完善创新，以使我国房产税改革真正发挥应有的作用。

第三节　不动产税收估价

随着我国市场经济体制的发展及房地产市场化的推进，房地产交易活动越来越频繁，对不动产课税估价的需求也随之增加。同时，存量房交易中纳税人低报成交价格以偷逃税费的现象普遍存在，税费流失严重。传统的个案评估由于其自身的局限性，难以满足短时间内对大量不动产进行快速、准确、低成本的核定计税价格的要求。为深入推进不动产税收一体化管理，规范不动产交易环节计税价格核定办法，提高征管水平，各省、自治区、直辖市和计划单列市财税部门开展了应用评税技术核定不动产交易环节计税价格的工作。应用评税技术核定计税价格不仅是规范交易环节税收征管的需要，而且是评税技术与实践相结合，检验并提高评税技术的需要，有利于促进房地产市场健康发展，为不动产税制改革提供理论和实践基础。

一、不动产税收估价总体思路

借助计算机辅助批量评估系统，通过采集存量房基本信息和交易信息，建立统一的评估数学模型和不动产评估技术标准。不动产估价技术能够实现在短时间内对大批量的对象进行准确评估，从而确定存量房交易税基，以此加强存量房交易计税价格管理，规范房屋交易纳税申报行为，实现征税过程的公平、公正和透明，提高征管效率。

二、不动产税收估价基本原理

一般而言，不动产估价技术应用工作根据纳税人填报的存量房交易信息（含房产基本信息）判断所交易存量房类型（一般可分为住宅、商业用房、工业用房、车位和写字楼），通过“房产坐落地”搜索数据库对应样本点，再根据房产基本信息对样本价格进行修正，从而评估得出存量房交易税基。

三、不动产税收估价流程

不动产税以土地、房屋等不动产为征税对象，属于财产税的一类，是财产税体系的重要组成部分。不动产税是针对国民的财产所征收的一种税收，因此政府必须首先尊重国民的财产，并为之提供保护；然后，作为一种对应，国民必须缴纳一定的税收，以保证政府相应的支出。不动产税是政府以政权强制力对持有或者占用不动产的业主征收的税收。

（一）确定评估范围和评估模式

理论上所有类型的存量房交易均要进入评估范围，但实际中有些特殊物业（如酒店、加油站、码头等特殊用途的不动产）因交易量少、差异性大、可比性小，无法做统一的量化平均处理，只能依据个案情况单独进行例外评估。因此，根据某区域不动产市场的情况，除特殊用途不动产外，将全部存量房交易纳入征管并分为住宅、商业用房、写字楼、车库和工业厂房五类。针对不同房产类型确定不同的评估数学模型、参数和参数赋值并设定不同的评估分区和数据库。

对于住宅、商业用房、写字楼、车库（含车位），采用市场法进行评估，即根据交易房产“坐落地”匹配“评估分区”并确定样本点，通过交易房产与样本点房产的对比，确定修正参数，通过建立评估数学模型最终得出交易房产评估值。

对于工业厂房，采用成本法评估，即根据交易房产“所属街道”确定该区域的基准地价并根据土地剩余年限进行修正，据此得出工业用地土地评估值；根据工业厂房地上建筑物结构确定重置成本并根据剩余使用年限进行修正，据此得出地上建筑物评估值。最后将工业用地土地评估值和地上建筑物评估值相加得出工业厂房评估值。

（二）收集和整理存量房交易信息资料

不动产市场的现场勘查、收集和整理存量房交易信息资料是建立数据库的前提条件。资料收集和整理分三个阶段进行。

第一阶段主要是收集调查相关部门资料。主要配合部门为国土资源和房屋管理局、规划局、民政局、建设工程造价管理站、地方税务局等相关部门，收集的资料主要有城镇规划图、航拍图、现状图、交通道路图、各门牌号信息、各类型建筑物造价指标及价格信息、近三年来房地产交易数据、有关不动产税费及政策等相关资料。

第二阶段主要是现场实地普查。根据工作区域划定工作片区，按工作片区进行普查。现场普查的工作主要是对每幢房屋的特征变量进行系统的收集、记录、拍摄、整理和分析。

第三阶段主要是资料整理、汇总、数据检验、分析及补充调查。对收集的资料分类整理，检验数据的合理性，剔除不合理数据。对重点区段、数据不足区段作补充调查，汇总整理后的数据统一录入计算机系统，以便进行下一步的工作。

（三）建立评估数学模型和编制样本数据库

建立评估数学模型和编制样本数据库是不动产估价技术应用工作的关键，主要包括划分评估分区、建立评估数学模型、确定样本和编制数据库等工作。

1. 划分评估分区

针对住宅、办公等小区域范围内价格相近的不动产划定均质区域评估分区。同一评估分区应具有区位及交通条件相同、建筑物建成年代相同或相近、教育医疗等公共服务配套设施完备度差异不大、周边环境质量相同、同种物业类型单价相当或具有可比性。评估分区应尽可能详细、合理，确保工作范围内同类型的每个不动产均可找到其对应的评估分区。

2. 建立评估数学模型

评估数学模型的建立一般有五个步骤：设定某一模型（含参数）；对所设模型进行校准；调整模型设定；测试校准后新的设定；重复以上过程，直至符合统计显著性要求为止。

1）市场比较法

对于划定评估分区有测算标准样本点价格的不动产，一般采用市场比较法评税。运用统计学、计量经济学的定量分析方法构建不动产价格影响因素指标体系，建立特征价格模型，将应税不动产与标准样本点的不动产进行比较，得出应税不动产计税价值。

市场法评估模型为

不动产评估值=对应的评估分区标准样本价格

×修正因素 1×修正因素 2×…×修正因素 n×建筑面积

2）收益法

按用途类别在评税分区内收集大量的不动产收益资料，利用适当的统计分析方法和专家经验进行整理分析，测算出分区分类别标准不动产基准收益、收益影响因素修正系数，估算各类别不动产运营费用率及资本化率。根据评税对象的具体情况确定其适用的基准收益、收益影响因素修正系数、运营费用率、资本化率及收益年期，据此计算不动产评估价值。

收益法评估模型为

不动产评估值=适应的基准收益×收益影响因素修正系数

×（1–运营费用率）×收益年期修正系数×建筑面积

3）成本法

分别评估房产价值和地产价值，以二者之和作为不动产整体价值。其中房产价值评估采用重置成本法，地产价值评估采用基准地价修正法。

成本法评估模型为

房产评估价值 = 房产重置价格×成新率×建筑面积

地产评估价值=对应级别基准地价×应税时点修正系数×容积率修正系数×宗地面积

不动产评估价值 = 房产评估价值 + 地产评估价值

4）模型检验与校准

为了确保评估结果的准确、公平、可靠，必须对评税模型实施检验和校准。在评税分区内选择一定量的、已知市场价值的、需要评税的不动产，利用所建评税模型评估其价值，并计算此价值与真实市场价值之间的标准差、残差、方差等统计指标，对模型拟合度实施检验。根据模型检验结果，确定发生偏差的原因，调整模型各项参数，对模型进行校准。校准过程需要经过检验、校正、再检验、再校正等几个反复过程，直至模型的拟合度指标达到统计检验要求才可用于评税。

3. 确定样本

在评估分区内选定建筑结构、建成年代、楼层、朝向、景观状况、建筑面积范围、装修水平等具有代表性的房屋作为标准样本点。根据所收集的近三年不动产交易资料，选取可比较的交易案例及同类型不动产的收益资料，采用市场比较法、收益法等评估方法，测算各个评估分区各类型标准样本点的价格。

4. 编制数据库

将评估数学模型中各参数及其参考的样本点进行归类汇总，整理成数据库，以便软件应用时获取相关数据。

（四）开发评估软件

不动产税务评估的关键在于获得待交易的存量房交易信息（含基本信息）后，能够快速找到合适、准确的样本点，从而通过修正得出可信、可靠的评估值。同时，应当能够满足税务机关批量评估的要求。因此，需要根据已建立的评估数学模型和已编制的评估分区、数据库编写业务需求开发评估软件，实现信息采集、计税价格评估、减免税审批、税款计算与征收、查询统计等功能。

（五）建立科学的评估异议处理方法

经评估后的计税价格（参考值）高于纳税人申报交易价的，应当赋予纳税人知情权。如纳税人有异议，应当保障纳税人提起异议处理的权利。因此，应以公平、简便、有效化解征纳矛盾为原则，在现行税收法律法规框架下，按照国家税务总局的规定制定统一适用的评估异议解决办法。

1. 纳税人提起异议申请的，进入复核程序

（1）由税务机关启动实地调查程序（查询银行、上门实地勘查等），确定复核结果。

（2）如纳税人对复核结果仍有争议，纳税人应自行委托符合条件的评估机构进行评估。评估结果经税务机关采信的，以评估结果为复核结果。

2. 税务机关核定

如评估机构出具的评估结果不为税务机关采信或纳税人拒绝自行委托评估机构，税务机关根据《中华人民共和国税收征收管理法实施细则》第四十七条第二款的规定，按照营业收入或者成本加合理的费用和利润的方法核定。。

3. 行政救济

纳税人对主管税务机关出具的复核结果和核定结果有异议的，根据《中华人民共和国税收征收管理法》第八十八条及《中华人民共和国税收征收管理法实施细则》第一百条的规定，纳税人也可在依照税务机关核定的金额缴纳税款或者提供相应的纳税担保后依法申请行政复议，对行政复议决定不服的，可以依法向人民法院起诉。

复习思考题

[1] 试述不动产税收的概念及特征。

[2] 不动产税收有哪些功能？

[3] 我国不动产税收制度的改革历程是怎样的？

[4] 国外不动产税收制度对我国的借鉴意义有哪些？

[5] 试述不动产税收估价的基本流程。

参考文献

毕宝德，柴强，李铃，等. 2016. 土地经济学. 7版. 北京：中国人民大学出版社.

崔志坤，张燕. 2017. 房地产税开征的制度构建. 税务研究，（6）：46-49.

邓菊秋. 2014. 我国房地产交易税和保有税对房价的影响. 成都：四川大学出版社.

董德坤，侯晨，时妍，等. 2017. 房地产税基评估体系构建的国际比较与启示. 价值工程，36（29）：57-59.

韩玲. 2017. 浅议“营改增”后不动产的增值税税务处理. 现代商业，（27）：141-142.

王宛岩. 2010. 我国不动产课税制度研究. 北京：财政部财政科学研究所博士学位论文.

第十章　不动产统一登记

社会主义市场经济的本质是以公平的产权保护制度为基石的法治经济，不动产经济的良好运行需要产权保障，而不动产登记正是对不动产产权的确认与管理，是一种由国家保障实施的法律行为。因此，不动产经济与不动产登记关系密切。事实上，我国不动产登记的历史悠久，早在春秋时期就有土地清查与登记，以征收地租与赋役。即使王朝变更，社会交替，不动产登记始终是国家管理的重要工具。因此，需要了解我国不动产登记的历史，特别是不动产统一登记产生的背景，并在此基础上，熟悉不动产统一登记的内容和程序。

第一节　不动产登记与不动产经济的关系

一、不动产产权与不动产经济

（一）不动产产权的概念、特征与类型

1. 产权与不动产产权

产权即财产权利，关于产权的具体定义很多，一个被罗马法、普通法、马克思和恩格斯及现行的法律和经济研究广泛同意的产权的定义是：产权不仅指人与物之间的关系，更指由物的存在及关于它们的使用所引起的人们之间相互认可的行为关系，产权安排确定了每个人相对应于物的行为规范，每个人都必须遵守与其他人之间的关系，或承担不遵守这种关系的成本。因此，产权是一系列用来确定每个人相对于稀缺资源使用时的地位的经济和社会关系（科恩等，1991）。产权是一个权利束，通常而言，这个权利束可以包括所有权、使用权、收益权、处分权等权利，但权利束中具体包含的权利有哪些，目前相关领域的学者并没有一个明确的界定，并且这些权利在不同的国家或地区及具体商品的种类间会有所差别。由于产权权利束所包含的内容不同，给商品带来的价值自然也就同。在不动产估价中，同等条件下，一个拥有所有权的住房比只拥有有限年期使用权的住房的价格要高；在我国，同样是所有权，集体土地所有权和城市土地所有权对应的权限差别很大，其收益也是千差万别的。所以对商品所有者或使用者而言，产权权利束的内容决定了其可能的使用方式和获取的收益。完整的产权是具有排他性的，除权利所有者以外的其他人没有使用资源的权利。因此，如果想获取这些权利，必然要通过权利交换来实现，商品交换通常就是商品之间这些权利的交换，人们在市场上交易的正是这些能给他们带来收益的权利。

不动产是指土地及其上的改良物，以及由于对它们的所有而享有的一系列权利（麦肯泽和贝茨，2009）。也就是说，不动产实质是实体与权益的结合（陈龙高和但承龙，2011）。它既包括地产、房产等有形的实体，也包括寓于地产、房产实体中的各种经济关系和由此形成的产权。因此，不动产和不动产产权是两个不同的概念。不动产产权指与不动产相关的所有权益、权利和由此可能带来的收益，具体形式包括不动产所有权、不动产使用权、居住权、地役权、抵押权等。不动产产权与不动产实体是组成不动产密不可分的两部分，不动产产权是产权人对不动产实体权利的体现，不动产实体是不动产产权存在的物质基础。

2. 不动产产权的特征

不动产产权是财产权在不动产中的具体化，一方面反映了产权的基本特征，另一方面也体现了作为不动产的土地、房屋等自有的特征。不动产产权的基本特征如下。

1）不动产产权的排他性

土地产权可以是个体独自拥有，也可由某些人共同享有，并排斥其他人对该项财产权利的拥有。产权的排他性是产权能够有效运行的基础，一般在市场中不需要政府干预就能实现资源的有效配置。但是，这种排他性不是绝对的权利，其享有的排他性权能要受到法律和国家的制约（陆红生，2015）。例如，我国农村集体即使享有农村土地所有权，但在使用和流转等方面也严格受到政府的行政管理限制和制约。因此，界定产权及其权能十分必要和重要。

2）不动产产权的可分离性

不动产产权是产权主体拥有的对财产的一组权利，而不是一种权利。不动产所有权可以分离出使用权、收益权、租赁权、抵押权、地役权、发展权等权利，并且同一个不动产在权能不冲突的情况下可以多种权利并行不悖，如城镇居民对住房可同时拥有住房所有权、租赁权、抵押权等。

3）不动产产权的法定性

不动产产权关系实际是不动产产权主体间的经济关系，这种经济关系需要法律方式确认和保障。不动产产权必须经过登记才能得到法律的认可和保护。合法的不动产产权一旦被非法占有，权利主体可通过法律主张其权利，维护自身的合法利益。

4）不动产产权的流转性

产权能够给权利主体带来收益。因产权具有排他性和可分离性，非权利主体要想获取收益，必须通过合法流转才能实现，不具有流转性和可让渡性的产权是无效或效率低下的产权。例如，目前我国农村集体土地在法律上是禁止流转的，农民对住房没有转让权，无法体现其财产的经济价值，这种使用是低效的，并且会造成农村土地的粗放利用。

5）不动产产权主体的一致性

尽管不动产是土地和其上附着物及建筑物的结合体，但我国住房产权与土地产权在实质上是有差别的。例如，城镇土地属国有，城镇居民只拥有土地使用权，但城镇住房却是居民私有的，农村土地与住房也同样如此。但房地不可分，地是房之基，房是地之用。因此，为确保产权的有效性，要求不动产产权主体须一致。如土地流转时其上附着物和建筑物也随之流转，以保持主体的一致性。

3. 不动产产权的类型

界定产权类型是不动产交易市场建设的前提和基础工作。产权类型的界定不仅包括确定地块的物质形态，如位置、开发权等，更为重要的是确定不同的产权类型所对应权利主体的利益分配关系（曲福田等，1997）。因此，在研究不动产经济运行前，需要了解我国不动产权利的类型有哪些，也就是不动产权利体系如何构成。但事实上，要确定不动产权利类型并不是一件容易的事，就算是法律体系较为完善的英国、美国等，其不动产权利体系也是随着社会经济发展不断调整与变化的。梳理我国不动产权利的法律体系发现，1978 年改革开放至今我国先后颁布了《宪法》、《中华人民共和国森林法》（简称《森林法》）、《中华人民共和国草原法》（简称《草原法》）、《矿产资源法》、《民法通则》、《土地管理法》、《城市房地产管理法》、《海域使用管理法》、《农村土地承包法》、《物权法》、《民法典》等法律及大量配套的行政法规、地方性法规和规章。这些法律法规和规章规定了多种不动产权利类型，权利的形态丰富多样。总体而言，目前我国不动产方面设立的权利主要有两类，即物权和债权。物权包括不动产所有权和用益物权，债权如房屋租赁、土地租赁等，此两类权利均由《民法典》调整。下面主要对不动产的物权体系和状况进行阐述（刘艳萍和张富刚，2016）。

1）不动产所有权

所有权是最基本也是最完全的物权，用益物权和担保物权等他物权是从所有权中产生的。我国是社会主义国家，土地等自然资源是公有制，即国家所有和集体所有，但对于房屋等地上定着物，法律允许自然人、法人等非国家、集体的民事主体拥有其所有权。因此，不动产所有权的类型包括国家所有权、集体所有权和私人所有权。

2）不动产用益物权

根据规定用益物权法律的不同，可将其分为民法上的用益物权与特别法上的用益物权。前者也称为典型的用益物权，由《民法典》确立；后者也称为特别物权或准物权，由民事单位法或特别法确立。图 10-1 展示了基于我国现行法的不动产物权体系。

《民法典》规定的用益物权就是民法上的用益物权，包括土地承包经营权、宅基地使用权、建设用地使用权、地役权等。根据权利取得方式的不同，各用益物权下设立不同方式取得的权利。

特别法上的用益物权是指《土地管理法》、《森林法》、《中华人民共和国水法》（简称《水法》）、《矿产资源法》、《渔业法》、《海域使用管理法》等单行法律所规定的用益物权，如养殖权、捕捞权、取水权、林权、采矿权、探矿权、海域使用权等。

需要指出的是，随着社会经济的发展，尤其是随着我国不动产统一登记工作的展开，现行的不动产产权体系暴露出越来越多的问题和弊端。例如，权利分类不合理，许多不动产权利存在重合交叉（如林权与土地所有权重叠）；同样性质与用途的权利受到的限制大不相同；部分用益物权缺少明确规定，一些不动产权利间存在“同名异质”的现象。这些问题亟待进一步解决。

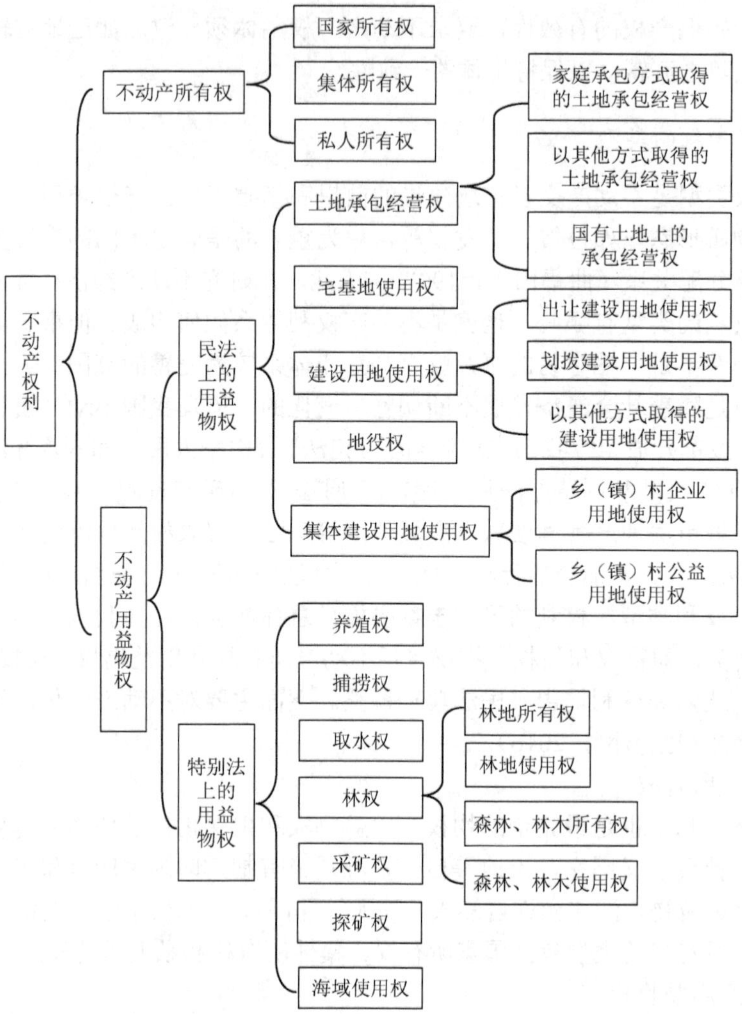

图 10-1　我国现行法上的不动产物权体系

（二）不动产产权在不动产经济中的作用

我国的市场化发展过程是一场涉及社会成员间产权重新配置和利益结构调整的深刻而广泛的社会变迁。土地市场建设及产权制度改革是我国社会主义市场经济发展的重要内容。经过改革开放以来 30 多年的实践，我国不动产产权制度从产权不明、权能严格受限，到产权体系逐步明晰、权能逐步完善，产权在不动产经济中的作用越来越重要，表现在以下几个方面。

1. 不动产产权的协调功能是不动产经济有效运行的基础

协调产权主体间的社会经济关系是产权的基本功能。财产关系的明晰和制度化，可以界定不动产主体与各自的权利和义务，规范和保护主体的经济关系，形成良好的社会经济秩序。不动产经济的运行是以不动产产权运行为基础的，不动产优化配置的实质是产权在经济主体间的分配。以我国农村土地产权为例，从1953年开始，全国将农民个人所有的土地制度转为集体所有和统一经营与使用的土地制度，由于土地产权微观主体虚置，产权无法发挥其应有的协调功能，我国农村经济绩效在1959～1978年长期低效徘徊。特别是现代化市场经济条件下，不动产产权关系日益复杂和多样，这就要求社会对各种产权主体进行定位，以建立和规范财产主体行为的产权制度，从而协调人们的社会关系。

2. 不动产产权的激励功能是不动产经济运行的动力源泉

产权是一种物质利益关系。任何产权主体对其产权的行使都是在收益最大化动机支配下的经济行为。不动产产权的激励不同于一般的经济利益激励，它对产权主体的激励通常是强烈而持久的。同样以我国农村土地产权为例，从1978年开始，在农村土地集体所有制下实施“包产到户”的家庭联产承包责任制，农村土地所有权中分离出承包经营权，农民有权自主生产经营，这极大地激励了农民的生产热情。1978～1984年农业总产值爆发式增长，年均增长率达到7.7%，农村土地产权制度的改革对农业总产值增长的贡献度为42.2%（林毅夫，2005）。国家明确规定农村土地承包关系长期稳定后，产权的激励作用更为持久。

3. 不动产产权的约束功能是不动产经济有序运行的保障

产权的确立明确了主体的权利和义务，在产生激励的同时也必然形成约束。这种约束能使产权主体不至于为追求经济利益而盲目、激进地行使权利，甚至不择手段地越权行使权利。这对保护产权人利益与维持稳定的经济秩序十分重要。特别是在不动产市场中，由于不动产价值通常较大，投资回报相对较高且稳定，人们对不动产利益的追逐会比一般商品更加激烈。如果没有产权的约束，产权主体势必会无法获得合法收益，甚至蒙受巨大的经济损失。

4. 不动产产权的资源配置功能是不动产经济高效运行的必要条件

产权的资源配置功能是指产权制度的安排本身所具有的调节和影响资源配置状况的作用。如果不动产产权主体明晰，同时允许产权自由流转，并且流转收益得到有效保护，则产权主体可以最大限度地在产权约束范围内使用资源以获取最大收益，资源也将自动向收益更高的利用方式或利用更为合理的权利主体流动，整个社会的资源配置效率也将得到提高。当然，这种资源配置对整个市场来说是高效的，但并不一定是公平的。例如，我国城镇商品房的买卖基本呈现这一特点。与此同时，政府可以推进产权制度向更加公平的方向改革，以使产权的资源配置兼具公平与效率。

二、不动产登记概述

（一）不动产登记的概念与类型

1. 不动产登记的概念

不动产登记是《民法典》确立的一项物权制度。2014年11月，国务院发布的《不动产登记暂行条例》中明确指出，不动产登记是不动产登记机构依法将不动产权利归属和其他法定事项记载于不动产登记簿的行为。此处的不动产是指土地、海域以及房屋、林木等定着物。不动产登记的内涵至少包含登记主体、登记客体、登记内容及登记簿四个要素（程啸，2011）。首先，不动产登记作为一种经济和行政活动，参与这个活动的主体包括哪些；其次，如何确定应当登记的不动产的范围，即登记的客体是什么；再次，登记的事项包括哪些，即登记内容是什么；最后，这些应当登记的事项记载在何处，即登记簿是什么。

2. 不动产登记的类型

按照不动产登记的效力，可以将不动产登记分为不动产首次登记、变更登记、转移登记、注销登记、预告登记、更正登记、异议登记、查封登记等类型。前面几种类型是一般的登记类型，在日常生活中经常发生；而后面的预告登记、更正登记、异议登记、查封登记属于不动产登记特殊类型，其中预告登记、更正登记、异议登记是《民法典》规定的新的登记类型，目前在日常生活中发生的频次不是太高，但随着社会经济发展，对这些类型登记的诉求会越来越多。下面重点介绍这几种新的登记类型。

预告登记，是指为当事人所期待的不动产物权变动所需要的条件缺乏或尚未成熟时，即权利取得人只对未来取得物权享有请求权时，法律为保护这一请求权而为其进行的登记（刘艳萍和张富刚，2016）。例如，商品房预售时，购房者在无法办理房屋产权证书的情况下可以申请预告登记，以避免房地产商在此期间另易其主，将房产登记在其他人名下，使得原购房者在交房时不能如愿获得房屋产权的行为。预告登记与一般的不动产登记相比，其特点表现在：①特殊性。一般的不动产登记内容是已经完成的不动产物权，而预告登记的内容是以将来发生不动产物权变动为目的的请求权。②对抗性。经预告登记的请求权，对后来发生的与该项请求权内容相同的不动产物权处分行为产生对抗效力，以保证将来发生的物权与预告登记的物权请求结果一致。③从属性。预告登记作为请求权的保全手段，从属于不动产物权变动的请求权，并以请求权的有效存在为前提。④临时性。预告登记本身不能替代正式的物权变动登记，当条件成熟、期限到来或其他物权变动的条件具备时，当事人应当办理正式的物权变动登记，预告登记也随之失效。

更正登记，是指当不动产登记簿存在错误时，为更正该错误而进行的登记。现实生活中登记簿记载事项存在错误的现象偶有发生，这些错误可能会给真实权利人造成妨害或损害（如第三人善意取得不动产所有权），而登记机构和当事人都不可能随意进行修改。为了既能确保登记簿的真实性、准确性，维护真实权利人的合法权益，又避免因随意更改登记簿而给登记权利人、第三人的利益造成损害或不利影响，法律上有必要设立更正登记，并确定更正登记的程序。由于更正登记是《民法典》吸收借鉴比较法（尤其是德国法）的经验而新设立的登记类型，我国的理论研究成果和实践经验都不丰富，目前对更正登记尚无更为具体详细的规定。

异议登记，是指为了解决更正登记程序较为费时，申请更正的权利人与登记名义人之间的争议一时难以解决，而由法律确立的一种对真正权利人利益加以保护的临时性措施。《民法典》第二百二十条第二款规定："不动产登记簿记载的权利人不同意更正的，利害关系人可以申请异议登记"。

查封登记，是指查封法院在对不动产进行查封时，向不动产登记机关发出协助执行通知，嘱托登记机关进行查封的备案登记。查封登记一方面限制不动产物权的处分，经查封登记后，权利人不可能再到登记机关做物权变更登记；另一方面公示该不动产被查封的事实，以免其他机关重复采用强制措施，使第三人受意外损害，有效防范冲突的发生。

（二）不动产登记的特征

不动产登记具有如下特征（程啸，2011）。

1. 不动产登记属于私法领域中的国家行政事务

一方面，不动产登记只是基于法律行为的不动产物权变动的生效要件之一。不动产物权变动的核心在于当事人的法律行为，意思表示又是法律行为的核心。没有当事人变动不动产物权的意思表示，不存在登记的问题。因此，不动产登记属于私法领域。另一方面，不动产登记事务是由国家机关具体管理和负责的。国家不动产登记机构依据法律赋予的权限和规定的程序进行登记，能否登记、如何登记不能任由当事人决定，同时这种登记也是服务于当事人的民事活动，是以维护交易的效率与安全为目的的行政管理。因此，不动产登记属于私法领域中的国家行政事务，具有私法和公法的双重属性。

2. 不动产登记是由当事人与登记机构共同参与的活动

不动产登记作为基于法律行为的不动产物权变动之生效要件，其登记活动的主体有二：一为登记机构，二为申请登记的当事人。当事人变动物权的意思表示，如转移所有权的合意（双方法律行为）、放弃物权的意思（单方法律行为）等，是引起物权变动的根本原因。没有当事人的意思表示，不可能进行不动产登记。因此，不动产登记以当事人申请为前提，除非有法律的明确授权或受到其他国家公权力机关的嘱托，登记机构不得在没有当事人申请的情况下进行登记。

3. 不动产登记是登记机构依法定程序从事的活动

首先，只有国家依法设立或确定的不动产登记机构才能负责不动产登记事务，其他任何国家机关或单位均无权从事不动产登记活动。《民法典》第二百一十条第一款规定："不动产登记，由不动产所在地的登记机构办理"。《不动产登记暂行条例》中更明确指出，国务院国土资源主管部门负责指导、监督全国不动产登记工作。不动产登记由不动产所在地的县级人民政府不动产登记机构办理；直辖市、设区的市人民政府可以确定本级不动产登记机构统一办理所属各区的不动产登记。跨县级行政区域的不动产登记，由所跨县级行政区域的不动产登记机构分别办理。不能分别办理的，由所跨县级行政区域的不动产登记机构协商办理；协商不成的，由共同的上一级人民政府不动产登记主管部门指定办理。国务院确定的重点国有林区的森林、林木和林地，国务院批准项目用海、用岛，中央国家机关使用的国有土地等不动产登记，由国务院国土资源主管部门会同有关部门规定。同时，不动产登记机构应按照法定的权限和程序进行不动产登记活动。为确保不动产登记的真实准确性，充分展示物权公示与公信力，不动产登记的权限和程序必须由法律规定。《民法典》第二百一十条第二款规定："国家对不动产实行统一登记制度。统一登记的范围、登记机构和登记办法，由法律、行政法规规定"。《不动产登记暂行条例》第二章对不动产登记簿，第三章对登记程序，第五章对法律责任等都做了较为全面和具体的规定。因此，不动产登记机构进行登记时，须严格遵循法定权限和程序，不得违法登记，否则要承担相应的民事责任、行政责任甚至刑事责任。

4. 不动产登记是登记机构将依法应登记之事项记载于不动产登记簿的行为

不动产登记是将不动产的标示、不动产上的物权变动（物权的设立、变更、转让和消灭）及其他法定事项记载于不动产登记簿，通过公示以维护交易安全、提高交易效率的活动。一旦登记就具有法律效力。因此，国家对不动产登记的内容及不动产登记簿的格式有严格规定。《不动产登记暂行条例》第二章（不动产登记簿）对依法登记事项做了明确规定，主要包括不动产的坐落、界址、空间界限、面积、用途等自然状况；不动产权利的主体、类型、内容、来源、期限、权利变化等权属状况；涉及不动产权利限制、提示的事项；其他相关事项等。凡是法律未允许载入登记簿的权利和事项，均不得载入不动产登记簿。

（三）不动产登记的效力

不动产登记的效力指不动产登记所产生的一切法律后果，包括对物权变动的效力（变动力）、权利正确性推定效力（推定力）、对第三人信赖利益的保护效力（公信力）。就这些效力的关系而言，不动产登记的变动力、推定力和公信力各分其工、各司其职、相互协作，为物权变动提供了一套完整的规则体系（刘艳萍和张富刚，2016）。其中，推定力指向静态物权，强调以权利外观代表真实权利。在此基础上，变动力用以规范物权变动，产生该效力的公示形式是不动产登记和不动产占有。但是，仅有这两个效力尚不足以解决权利外观与真实权利间出现偏差时该怎么办的问题，公信力为此提供了解决方案，它强化了推定的不可逆性，第三人只要是不知情的善意之人，即可确定地取得物权，真实权利人即使能够证明公示错误也毫无意义。公示推定力使得具有特定权利外观的物权被推定为真实的权利，从而免除权利人证明权利的负担，也向社会提供了确定的权利信息。正是基于公示推定力，抽象的物权得以向使用人表征其具体的存在状态，为物权人的利益与物权交易奠定了安全性的基础。不过，公示推定力固然重要，但它主要指向静态物权，只有辅以公示变动力，才能保障物权交易的动态安全。我国物权法理论建构了上述的规则体系，基本涵盖了相关要点。

不动产登记对不动产变动的影响是其最重要的效力。这一效力在各国和地区存在较大差异，而这些差异主要是各国和地区在基于法律行为的物权变动中所采用的不同的物权变动模式引起的。在不同的物权变动模式下，不动产登记对不动产物权变动具有完全不同的法律效果，产生了物权登记对抗主义和物权登记成立主义。物权登记对抗主义是说，物权变动只需当事人做出买卖、赠与等意思表示即可生效，不动产登记不是物权变动的生效要件，而是物权变动的对抗要件；物权登记成立主义是说，登记是物权变动的成立要件，不动产登记对不动产物权变动具有决定性意义。在我国，这两种物权变动模式兼具，在不同的不动产物权类型登记中各自发挥作用。

当然，上述仅仅是一般登记的效力体系，实际上这些效力在不同的登记中会呈现出不同的排列组合模式，尤其是在特殊不动产，如土地承包经营权、宅基地使用权、海域使用权等方面，其关系尤为复杂。同时，一些特殊类型的登记，如预告登记、更正登记、异议登记、查封登记等，其不动产登记效力具有很大的独立性，需单独讨论。由于不动产登记效力的核心是其作用范围和作用力的大小，而赋予不动产登记以怎样的效力，取决于特定背景下交易便捷、效率与交易安全、当事人与第三人利益之间衡量的结果，其本质上是特定背景下的价值判断问题。

三、不动产登记对不动产经济的影响

不动产登记作为国家特定的法律行为，是国家对不动产实施有序管理所需的一项制度，是法律对不动产合法权利的确认过程。因此，不动产登记对不动产经济的影响集中体现在以下两个方面。

1. 不动产登记能保障不动产交易的安全

产权是帮助人与人交往时形成预期的社会性工具。通俗地讲，一个人做什么事，很大程度上会受到他认为明天（或将来）会发生什么事的影响。不动产市场的实质是产权交易市场，人们在不动产市场中交易的目的是获取某一特定的产权，最终取得因这一产权而可能带来的收益（包括货币收益和非货币形式的收益，如安全感）。随着社会主义市场经济的深化发展，人们对产权的诉求越来越强烈，也要求不动产产权越来越明晰与稳定。如果产权不安全，人们对未来的收益无法形成稳定的预期，必然抑制市场交易行为。不动产登记为有效产权的明晰提供了合法的途径，其登记的物权变动效力、正确性推定效力与公信力的发挥，能最大限度地确保不动产登记的权威性和准确性，以国家信誉保障产权的安全。经过不动产登记的不动产权利人的合法权益得以维护，当事人可利用不动产登记簿主张权利，当发生产权争议时，法院可以利用登记簿认定事实，快速定分止争。同时，由于不动产登记具有推定力和公信力，社会大众可以依据登记簿快捷地判断产权的存在状态和归属内容，放心地进行市场交易。因此，不动产登记提高了不动产交易的安全性，避免信息缺失、产权不确定、查询困难等原因而产生的交易风险，有利于积极推进不动产交易。

2. 不动产登记能提高不动产经济的运行效率

对于不动产交易双方而言，由于不动产登记具有推定力和公信力，不动产权利一旦被确认登记，其不动产权利人的物权即可通过登记簿被推定为真实，他无须再为此提出主张并证明。与之进行交易的对方当事人也可以通过登记簿的记载确定不动产物权的归属，无须进行其他审查。同时，在公信力下，即使登记簿的记载是错误的，交易人善意的信赖也能得到法律保护。因此，双方交易的便捷性得到提升，交易效率得到改善。对于不动产管理机构而言，登记是管理机构在不动产领域进行国家治理的工具，不动产登记为土地用途管理、规划管理、征地补偿、耕地保护、建筑管理、反腐工作，特别是不动产税收管理等提供了基础数据和资料。由于这些数据具有法律意义和公信力，任何人都应该遵从管理，行政管理人员也应按章办事、秉公执法，最大限度维护不动产市场的良好秩序，减少政府行政成本，提高涉及不动产相关工作的行政、司法效率。

第二节　不动产统一登记的缘起

不动产登记制度是国家保障不动产交易安全、保护不动产权利人合法财产权的一项基础性制度，世界各国普遍实施已久。我国土地登记也有着悠久的历史，是历代土地管理的基础和封建王朝的立国之本，也是现代维护土地所有制的一项国家制度。自 2007 年《物权法》明确国家对不动产实施统一登记制度以来，不动产登记被社会高度关注。随着 2015 年《不动产登记暂行条例》正式实施和徐州第一本“不动产权证”的颁发，我国不动产统一登记制度才真正开始落地。由此可见，不动产统一登记并不是从来就有的，在我国还是一项新生事物。梳理不动产统一登记的发展历程，有助于进一步理解不动产统一登记的必要性，厘清不动产经济学发展的背景。

一、我国历史上的不动产登记

我国古代的不动产登记主要是进行土地登记。土地登记是历代统治阶级用以维护土地所有制的一项国家措施，具有鲜明的阶级性。封建社会的土地登记制度是为了维护封建地主对土地的占有，保障代表封建地主、贵族阶级利益的兵役制和地税制等政策的实施，在土地的分配、资产清查等方面也得到了应用，并因此成为一项较为专一的工作而受到统治者的重视。

我国土地登记历史悠久。据史料记载，早在公元前 4000 年至公元前 2000 年的黄帝、大禹时代即有“平水土、划九州、辨土质、定田等、制赋则”的记载，开创了清理地籍订定赋则之先河。秦始皇曾大规模清查地籍，公元前 216 年，宣布“使黔首自实田”，即令平民自报所占土地面积、耕地面积、土地产量及大小人丁，所报内容由乡出人审查核实，并统一评定产量，计算每户应纳税额，最后登记入册，上报到县，经批准后按登记数征收。宋代有量田之事，则方田与首实两法并举，此做法与现今的调查、确权、登记、发证十分相似。元代行经理之法，限 40 天内各家将所有田产及应纳田赋自行向官府呈报，若有隐瞒，许人告发，告发属实，或杖或流，所隐田产没收归官。明朝初期令民自实田，汇为图籍，明太祖朱元璋组织了大规模的土地丈量和人口普查，把全国各个地区被分割成零碎小块的土地，都按地权所有将其四至、形状、土质等级等详细登记下来，形成了具有历史意义的鱼鳞图册和赋役黄册制度。清朝进行了大量的地形测量和地图编绘工作，康熙四年，各地奉文清丈，历时五年，填造鱼鳞图册，归户办粮，为在全国推行地丁合一、摊丁入亩提供了条件（陆红生，2015）。

中华民国初期地籍、田赋混乱，土地分配、社会负担不均。1922 年，北洋政府颁布《不动产登记条例》，条例规定不动产登记对象为土地及建筑物，登记的权利分为所有权、地上权、永佃权、抵押权、租赁权等，主办登记的机关为各省地方司法机关，当时称为地方审判厅。自此司法部通令施行，但各省遵令施行者较少，由于没有进行土地测量，所登记的土地面积凭土地所有者自报，虚报瞒报现象严重。同时，对不申请登记者又无法查究。因此，这次土地登记收效甚微（陆红生，2015）。民国时期，孙中山提出“平均地权”主张。1930年，国民政府公布《土地法》，该法明确要对土地及其定着物的权利进行总登记和变更登记，登记的土地权利包括土地所有权、地上权、永佃权、地役权、典权和抵押权。经地籍测量的土地可进行所有权登记，一经登记，颁发土地所有权状。登记簿以一宗地为单位登记，登记地图分为登记总图、分区图及分段图。

二、我国当代的不动产登记

中华人民共和国成立后，中央政府一直把土地登记工作摆在重要位置：1949年11月7日，中央政府内务部正式成立地政司，把土地清丈、登记、发证作为重要职能；1950年6月，通过了《土地改革法》；1982年5月，决定农业部下设土地管理局，开展土地调查、土地登记、土地统计试点工作；1986年6月25日，《土地管理法》公布，明确了土地的确认、登记、发证规定；1996年，在完成初始土地登记和初始地籍调查的基础上，及时开展了变更登记和变更调查，在全面完成土地利用现状调查的基础上，按照国家的统一规定，每年开展土地变更调查，建立土地变更调查年报制度；1998年8月29日，修订后的《土地管理法》进一步明确依法登记的土地所有权和使用权受法律保护；2004年8月28日，对《土地管理法》进行了第三次修订，规定国家依法实行土地登记制度；2007年12月30日，国土资源部令第40号颁布《土地登记办法》，这是当时最全面、最集中规定土地登记程序的部门规章，初步形成了包括土地登记执证上岗制度、土地证书定期查验制度、土地登记公开查询制度、土地登记代理制度等在内的土地登记工作制度。

三、新时期不动产统一登记的由来与发展

（一）不动产统一登记的提出

通过对我国不动产登记历史的梳理不难发现，以往的不动产登记主要是对土地相关权利的登记。事实上，不动产涵盖的内容不仅仅只有土地，还包括土地以外的实体位置不能移动，或移动后会发生明显经济损失的财产，如地上附着物及建筑物等。在《物权法》出台前，土地以外的不动产权利并不与土地一起登记和管理，例如，土地上的权利目前一般由《土地管理法》《城市房地产管理法》《农村土地承包法》等法律规定，由国土资源管理部门负责登记与实施管理，而森林、草原上的权利则分别由《森林法》《草原法》等法律规定，由林业部门、农牧业部门等负责登记与实施管理。这一内容体现在我国各种规范不动产权利的法律体系中。但房屋和土地、林草和土地本身是一体的，是不可分的，而世界上绝大多数国家实行的是不动产统一登记。习近平总书记在《关于〈中共中央关于全面深化改革若干重大问题的决定〉的说明》中指出：“山水林田湖是一个生命共同体……由一个部门负责领土范围内所有国土空间用途管制职责”。为此，《中共中央关于全面深化改革若干重大问题的决定》要求在不动产统一登记的基础上，“对水流、森林、山岭、草原、荒地、滩涂等自然生态空间进行统一确权登记，形成归属清晰、权责明确、监管有效的自然资源资产产权制度”。因此，对不动产实行统一登记，顺应了不动产本身自然规律，遵循了国际通行做法，其意义体现在以下几方面。

1. 不动产统一登记更有利于保护不动产权利人的合法权利

登记的本质是确定不动产的权利归属，并在登记簿上记载公示，以达到保护不动产物权的目的。以前对土地、房屋、林地、草地等权利实行不同部门分散登记，容易使不动产间的权属界限不清、权利归属不明，易引发矛盾与纠纷。同时，各部门的登记方法、技术规程并不一致，很容易导致重登、漏登等现象发生，造成登记错误。统一登记后，可减少或杜绝类似问题发生，更好地厘清当事人间的不动产权利界限，减少权属纠纷，提高登记的准确性和权威性，维护当事人的不动产物权。

2. 不动产统一登记能保障不动产交易安全

房地分别登记易导致房屋和土地分离，交易双方想了解交易标的的完全权利状况很困难。在房地产抵押时，要分别到住房和城乡建设部门和自然资源部门（原国土资源部门）办理房屋抵押登记和土地抵押登记。实践中利用房屋和土地分别抵押骗取银行贷款的案例时有发生。统一登记后，建立不动产登记信息依法公开查询系统，将有效保障不动产交易安全，维护不动产市场的正常交易秩序。

3. 不动产统一登记能提高政府治理效率和管理水平

多部门办理不动产登记时，各部门都需配备一套专门的人员、机构、场所及设施设备等，投入人力物力成本，并且各部门间的职能交叉，易导致部门间争权夺利或扯皮推诿，降低行政办事效率，甚至严重影响政府形象。实行统一登记后，将房屋、林地、草原、土地及海域登记的职责由一个部门承担，可以减少部门职责交叉和分散，从而大大降低政府行政成本，提高办事效率与政府公信力。

4. 不动产统一登记方便企业、方便群众

分散登记时，在农村，当事人要分别到四个不同的部门办理不同的证件：住房到住房和城乡建设部门办理房屋所有权证，宅基地到自然资源部门（原国土资源部门）办理集体土地使用证，承包地到农业部门办理土地承包经营权证，栽种树木到林业部门办理集体林权证。城市居民和企业最少也要办理两个证件：到自然资源部门（原国土资源部门）和住房和城乡建设部门办理国有土地使用证和房屋所有权证。各种证书不仅使群众办证不便，也增加了时间和资金成本（表 10-1）。统一登记后，分散在多个部门的不动产登记职责整合由一个部门承担，可大大减轻当事人的负担。

表 10-1　我国规范不动产权利的法律体系（刘艳萍和张富刚，2016）

不动产类型	法律	行政法规	地方性法规	部门规章
土地上的权利	《土地管理法》《物权法》《民法典》《城市房地产管理法》《农村土地承包法》	《中华人民共和国土地管理法实施条例》《城市房地产开发经营管理条例》等	《上海市实施〈中华人民共和国土地管理法〉办法》《河北省农村土地承包条例》《湖南省城市房地产开发经营管理办法》等	《土地登记办法》《中华人民共和国农村土地承包经营权证管理办法》等

续表

不动产类型	法律	行政法规	地方性法规	部门规章
森林上的权利	《森林法》	《中华人民共和国森林法实施条例》	《辽宁省实施〈中华人民共和国森林法〉办法》《天津市实施〈中华人民共和国森林法〉办法》等	
草原上的权利	《草原法》	—	《内蒙古自治区草原管理条例》等	
海域上的权利	《海域使用管理法》	—		《海域使用权管理规定》《海域使用权登记办法》《海域使用权证书管理办法》
矿产资源上的权利	《矿产资源法》	《中华人民共和国矿产资源法实施细则》《探矿权采矿权转让管理办法》《矿产资源开采登记管理办法》《矿产资源勘查区块登记管理办法》	《河南省实施〈矿产资源法〉办法》《山东省实施〈中华人民共和国矿产资源法〉办法》等	
水资源上的权利	《水法》		《四川省〈中华人民共和国水法〉实施办法》	
水域上的权利	《渔业法》	《中华人民共和国渔业法实施细则》		《水域滩涂养殖发证登记办法》《渔业捕捞许可管理规定》

综上所述，建立不动产统一登记制度是政府职能转变的重要内容，也是完善社会主义市场经济体制、建设现代市场体系的必然要求。

（二）不动产统一登记的形成与发展

尽管不动产统一登记是顺应不动产自然规律和国际惯例的做法，但这一制度在我国从提出到初步形成并不是一蹴而就的事。历数不动产统一登记的发展，最早明确规定建立不动产统一登记制度是2007年3月颁布的《物权法》。《物权法》颁布后，社会高度关注，理论界和相关部门开展了大量的理论研究和实践探索（表10-2），国家也先后出台了多项政策推进不动产统一登记制度的完善。目前，不动产统一登记制度已在全国层面全面实施。

表10-2　不动产统一登记制度的形成历程

时间	内容
2007年3月16日	《物权法》出台，明确规定了不动产统一登记制度
2008年5月6日	住房和城乡建设部发布《房屋登记簿管理试行办法》，规范房屋登记簿管理，保障房屋交易安全
2013年11月20日	国务院常务会议决定，由国土资源部负责指导监督全国土地、房屋、草原、林地、海域等不动产统一登记职责
2014年11月24日	国务院公布《不动产登记暂行条例》
2015年3月1日	《不动产登记暂行条例》正式实施

续表

时间	内容
2016年1月1日	国土资源部发布《不动产登记暂行条例实施细则》（国土资源部令第63号），标志着不动产统一登记制度开始全面实施落地
2017年9月20日	国土资源部、住房和城乡建设部发布《关于房屋交易与不动产登记衔接有关问题的通知》（国土资发〔2017〕108号）
2018年3月1日	我国正式开展农村房屋不动产登记发证试点工作
2019年2月26日	国务院办公厅发布《国务院办公厅关于压缩不动产登记办理时间的通知》（国办发〔2019〕8号），要求不动产登记办理流程精简优化，推进信息互通共享、“互联网+不动产登记”等，提升不动产登记数据与相关信息质量
2019年3月24日	根据国务院令第710号，对《不动产登记暂行条例》第十五条第一款内容进行修改
2019年7月11日	自然资源部等五部局发布《自然资源统一确权登记暂行办法》（自然资发〔2019〕116号），要求对水流、森林、山岭、草原、荒地、滩涂、海域、无居民海岛及探明储量的矿产资源等自然资源的所有权和所有自然生态空间统一进行确权登记，标志着我国开始全面实行自然资源统一确权登记制度
2020年5月28日	经第十三届全国人民代表大会第三次会议通过，《民法典》颁布，对不动产登记进行了系统规定

制度的建立与革新离不开理论的突破。不动产登记是物权公示的重要手段，不动产登记立法也是不动产登记制度建设的核心和关键。然而，不动产统一登记在我国仍是一项新生事物，在立法顶层设计、框架结构及诸多重大关键技术环节上都没有直接可借鉴的经验，且仍有很多重大问题需要深入研究，包括不动产权利体系如何构建、不动产登记簿如何设计、不动产登记机构审查责任标准、不动产登记中的强制公证、不动产登记相关法律法规的“立改废”等。这些问题的解决将直接影响不动产统一登记的质量与管理水平。

同时，制度的建立与革新也离不开实践的突破。首先，以往不动产登记长期分散于国土、住房、农业、林业等多部门，登记平台和标准不一，程序、权属证书和登记办法相差较大。如今由自然资源部门统一登记与管理，从实际操作看，如何整合各部门庞大且标准不一的登记平台和信息数据是一个较大而有难度的技术问题；从部门管理看，也面临着部门职权与人事的调整。其次，不动产统一登记的主要目的是“确认和保护产权，为市场经济保驾护航”。要让这一制度落到实处，必须建立不动产登记信息查询平台。查询平台的建设需要地理信息系统、云数据等技术的支持，而这并非一蹴而就。经过几年建设，2018年6月全国统一的不动产登记信息管理基础平台已实现全国联网，我国不动产登记体系已进入全面运行阶段，下一步将重点解决部门间网络连通、信息共享、业务协同等方面的困难，推动不动产信息共享集成。2022年1月，国家税务总局、自然资源部发布《关于进一步深化信息共享 便利不动产登记和办税的通知》（税总财行发〔2022〕1号），明确“2022年底前，全国所有市县应实现不动产登记和办税线下‘一窗办事’；2023年底前，全国所有市县力争实现不动产登记和办税‘网上（掌上）办理’”，进一步推进不动产登记信息实时共享。

综上所述，不动产统一登记的发展困难重重，不仅有理论上的难点，也有实践上的空缺，还可能面临地方政府不愿打破既得利益的阻挠、民众对私有财产登记的担忧和不配合等现实问题。然而，不动产统一登记是市场经济发展的需求，是政府机构改革和职能转变的重要内容，也是方便民众、服务民众的重要举措。因此，不管面临多大困难，都应坚持改革，本着兼顾公平与效率的原则，最大限度地协调各方利益逐步推进。

第三节　不动产统一登记的内容与程序

一、不动产统一登记的权利类型、内容及其载体

（一）不动产统一登记的权利类型

根据《不动产登记暂行条例》的规定，不动产是指土地、海域以及房屋、林木等定着物。目前我国不动产统一登记主要包括的权利类型有：①集体土地所有权；②房屋等建筑物、构筑物所有权；③森林、林木所有权；④耕地、林地、草地等土地承包经营权；⑤建设用地使用权；⑥宅基地使用权；⑦海域使用权；⑧地役权；⑨抵押权；⑩法律规定需要登记的其他不动产权利。

值得一提的是，尽管《不动产登记暂行条例》将不动产统一登记的权利划分成了上述几种，但事实上这些权利之间存在交叉、重叠甚至是冲突的问题。例如，森林、林木所有权可能与集体土地所有权重叠或交叉；建设用地使用权理应包括国有建设用地使用权与集体建设用地使用权，但条例中对建设用地使用权的界定仅为国有建设用地使用权；同时，宅基地使用权属于农村集体建设用地使用权，也可以纳入建设用地使用权这个大概念中；此外，法律规定需要登记的其他不动产权利表述较为模糊，虽然给其他权利的登记留有余地，但也可能形成法律漏洞与空白。由此可见，对于我国不动产统一登记的权利类型的划分，仍有进一步推敲与商榷的空间。

（二）不动产登记的内容及其载体

不动产登记簿是不动产登记机构依法制作，记载不动产自然状况、权利状况等事项的簿册（刘艳萍和张富刚，2016）。不动产登记簿作为不动产权利的依据和公开权利信息的平台，是国家特定行为，必须依法制成，具有法律效力。这种法律效力表现为物权变动效力、正确性推定效力、公信力等。不动产登记簿本身内容、形式的严苛和登簿行为的统一、规范及登簿主体的公信力构成了不动产登记簿强大法律效力的正当性基础。经过不动产登记簿的准确记载，物权即具有推定力和公信力，不动产权利人的合法利益据此得以维护，不动产交易的安全和效率得以保障，因此，不动产登记簿在不动产登记中发挥着基础而重要的作用。

目前国际上对土地等不动产登记有三种基本制度，即契约登记制、权利登记制及托伦斯登记制。我国目前对不动产登记实行的是权利法律登记制，既有权利登记制的优点，如强制登记、进行实质审查等，又采纳了托伦斯登记制的优点，如登记具有绝对公信力、登记机关要对土地登记申请进行实质性审查、颁发权利证书，以及物或人的编成主义的登记簿等。因此，不动产登记机构要按照国务院自然资源部门的规定设立统一的电子介质的不动产登记簿，并制成实体证书颁发给不动产产权人。

不动产登记簿记载什么内容、怎么记载，是登记簿的核心。总结已有的各类不动产登记簿样式及世界其他典型国家和地区的登记簿样式，不动产登记簿记载的内容主要包括三大部分：①不动产的自然物理信息，包括不动产的坐落、界址、面积、用途等；②不动产权利及变动信息，包括权利主体、类型、内容、来源、期限等；③其他信息，包括预告登记、异议登记和查封登记等。我国《不动产登记暂行条例》规定，不动产登记簿上应载明的内容包括以下几项。

（1）不动产的坐落、界址、空间界限、面积、用途等自然状况。

（2）不动产权利的主体、类型、内容、来源、期限、权利变化等权属状况。

（3）涉及不动产权利限制、提示的事项。

（4）其他相关事项。

在不动产登记簿上登记内容时，一定要有法律依据。不动产登记机构应当进行实质性审查，对不动产权属人、不动产权属内容、不动产权利范围等有清晰的认识，并依法将各类登记事项准确、完整、清晰地记载于不动产登记簿。由于不动产登记具有绝对公信力，任何人不得损毁不动产登记簿，除依法予以更正外不得修改登记事项。

此外，统一的不动产权证书是统一登记簿的重要内容之一。权属证书是权利人证明自己享有不动产权利的合法凭证。权利人申请登记、领取不动产权证书，表明其不动产权利能得到法律保护。发证也是不动产登记的重要环节，证书发放及不及时、记载准不准确，对登记机构也是一种监督。同时，不动产权证书也是重要的不动产权属来源必备材料，能辅助登记机构审查登记的内容，提高登记质量和效率。但是应认识到，不动产权证书只是登记簿的附属品，其本身并不创设物权效力，特别是在伪造、变造证书并不鲜见的情况下，产权证书并不具有公示作用和公信力。然而，由于我国历来有发放不动产权利证书的传统和习惯，民众对权利证书有较高的心理依赖，在现实生活中普遍存在重视不动产权证书而轻视不动产登记簿的现象。《民法典》规定：“不动产登记簿是物权归属和内容的根据”“不动产权属证书是权利人享有该不动产物权的证明。不动产权属证书记载的事项，应当与不动产登记簿一致；记载不一致的，除有证据证明不动产登记簿确有错误外，以不动产登记簿为准”。这从本质上明晰了两者的关系。因此，我国不动产登记制度的完善应努力扭转“重证轻簿”的局面，坚持两者并举的改革思路。

二、不动产统一登记的程序

根据《不动产登记暂行条例》的规定，不动产登记以不动产单元为基本单位，并规定按照基本程序进行：①不动产登记申请；②不动产登记受理；③不动产登记审查；④完成登记与核发证书或证明。

（一）不动产登记申请

申请是不动产登记工作的基础。当事人或者其代理人应当到不动产登记机构的办公场所申请不动产登记。根据《不动产登记暂行条例》的规定，因买卖、设定抵押权等申请不动产登记的，应当由当事人双方共同申请。属于下列情形之一的，可以由当事人单方申请：①尚未登记的不动产首次申请登记的；②继承、接受遗赠取得不动产权利的；③人民法院、仲裁委员会生效的法律文书或者人民政府生效的决定等设立、变更、转让、消灭不动产权利的；④权利人姓名、名称或者自然状况发生变化，申请变更登记的；⑤不动产灭失或者权利人放弃不动产权利，申请注销登记的；⑥申请更正登记或者异议登记的；⑦法律、行政法规规定可以由当事人单方申请的其他情形。

申请人在申请登记时，应当提交下列材料，并对申请材料的真实性负责：①登记申请书；②申请人、代理人身份证明材料、授权委托书；③相关的不动产权属来源证明材料、登记原因证明文件、不动产权属证书；④不动产界址、空间界限、面积等材料；⑤与他人利害关系的说明材料；⑥法律、行政法规以及本条例实施细则规定的其他材料。

不动产登记机构应当在办公场所和门户网站公开申请登记所需材料目录和示范文本等信息。不动产登记机构将申请登记事项记载于不动产登记簿前，申请人可以撤回登记申请。

（二）不动产登记受理

不动产登记机构收到不动产登记申请材料，应当分别按照下列情况办理。

（1）属于登记职责范围，申请材料齐全、符合法定形式，或者申请人按照要求提交全部补正申请材料的，应当受理并书面告知申请人。

（2）申请材料存在可以当场更正的错误的，应当告知申请人当场更正，申请人当场更正后，应当受理并书面告知申请人。

（3）申请材料不齐全或者不符合法定形式的，应当当场书面告知申请人不予受理并一次性告知需要补正的全部内容。

（4）申请登记的不动产不属于本机构登记范围的，应当当场书面告知申请人不予受理并告知申请人向有登记权的机构申请。

不动产登记机构未当场书面告知申请人不予受理的，视为受理。

（三）不动产登记审查

不动产登记机构受理不动产登记申请的，应当按照下列要求进行查验。

（1）不动产界址、空间界限、面积等材料与申请登记的不动产状况是否一致。

（2）有关证明材料、文件与申请登记的内容是否一致。

（3）登记申请是否违反法律、行政法规规定。

属于下列情形之一的，不动产登记机构可以对申请登记的不动产进行实地查看。

（1）房屋等建筑物、构筑物所有权首次登记。

（2）在建建筑物抵押权登记。

（3）因不动产灭失导致的注销登记。

（4）不动产登记机构认为需要实地查看的其他情形。

对可能存在权属争议，或者可能涉及他人利害关系的登记申请，不动产登记机构可以向申请人、利害关系人或者有关单位进行调查。

不动产登记机构进行实地查看或者调查时，申请人、被调查人应当予以配合。

（四）完成登记与核发证书或证明

不动产登记机构应当自受理登记申请之日起30个工作日内办结不动产登记手续，法律另有规定的除外。登记事项自记载于不动产登记簿时完成登记。不动产登记机构完成登记，应当依法向申请人核发不动产权属证书或者登记证明。登记申请有下列情形之一的，不动产登记机构应当不予登记，并书面告知申请人：①违反法律、行政法规规定的；②存在尚未解决的权属争议的；③申请登记的不动产权利超过规定期限的；④法律、行政法规规定不予登记的其他情形。

以上程序是《不动产登记暂行条例》中明确规定的登记程序。事实上，还有很多关键环节和重点技术等仍处在摸索阶段，如对拟申请登记的不动产的审查。总结世界各国对不动产登记的审查形式，大体归为形式审查和实质审查。采用物权登记生效主义、登记簿有公信力登记制度的国家，一般实行实质审查，且实质审查能最大限度地防止登记权利与真实权利不一致，有助于强化登记的公示与公信功能。目前我国理论界对不动产登记采取形式审查还是实质审查，并没有统一认识。同时，在实践中，现行法《民法典》《不动产登记暂行条例》等对登记要件和审查标准没有做出明确规定，各地登记机构掌握的标准不一，做法也各不相同。多数地区以现有的技术和人员无法实行实质审查，其难度非常大，且要求申请人进行公证等，又缺乏法律依据，所以基本采用的是形式审查。如何从形式审查转为实质审查，仍有待进一步深入研究与实践。

复习思考题

[1] 简述不动产登记与不动产经济的关系。

[2] 不动产登记的法律效力有哪些？

[3] 简述不动产统一登记的必要性与意义。

[4] 不动产登记的内容有哪些？

参考文献

陈龙高，但承龙. 2011. 不动产经济学. 南京：东南大学出版社.

程啸. 2011. 不动产登记法研究. 北京：法律出版社.

麦肯泽，贝茨. 2009. 不动产经济学. 5版. 孟繁瑜，译. 北京：中国人民大学出版社.

盛洪. 2007. 现代制度经济学[上卷]. 北京：北京大学出版社.

科恩，阿尔钦，诺斯，等. 1991. 财产权利与制度变迁——产权学派与新制度学派译文集. 刘守英，等译. 上海：上海三联书店.

林毅夫. 2005. 制度、技术与中国农业发展. 上海：上海三联书店.

刘艳萍，张富刚. 2016. 不动产登记制度理论探究. 北京：北京大学出版社.

陆红生. 2015. 土地管理学总论. 6版. 北京：中国农业出版社.

曲福田，黄贤金，王同顺，等. 1997. 中国土地制度研究——土地制度改革的产权经济分析. 北京：中国矿业大学出版社.

自然资源部网站. 2019. 五部门印发《自然资源统一确权登记暂行办法》. (2019-07-23) [2019-12-11]. https://www.gov.cn/xinwen/2019-07/23/content_5413117.htm.

第十一章　不动产经济的宏观调控

第一节　不动产经济宏观调控的必要性

一、市场失灵与不动产泡沫

就宏观经济而言，不动产市场的不完善，不动产的外部性与公共物品属性，产权及共有产权，风险、不确定性及不可逆性等造成的市场失灵，以及不动产周期性的经济波动和危机下的经济泡沫，都是不动产市场不能实现资源高效配置的原因，需要政府进行干预与调整。

（一）市场失灵及其原因

1. 不动产市场的不完善

完善的市场是一个完全竞争的市场，表现为买卖双方数量众多、信息对称、易于进入等，厂商和购买者都是价格的接受者，没有垄断。然而现实中，不动产市场并不完善。例如，一级土地市场为垄断市场，由政府统一供地，而二级土地市场更多呈现出寡头垄断。很多时候，一些大型的房地产企业垄断着市场，提供有差别的产品，其他厂商难以进入。与纯粹的竞争相比，垄断提高了房地产的价格，并且通过限量供应等销售策略，加大了买卖双方信息的不对称，造成购房者的福利损失，房地产价格虚高，不利于房地产市场的稳定运行。

2. 不动产的外部性

不动产的外部性是指一个人或企业的不动产经济行为影响了其他人或企业，并且没有为之承担相应成本或没有获得相应报酬的现象，即这种影响不在市场交易范围内，没有价格或有价格但在价格中并没有体现这种成本或收益。不动产的外部性在现实生活中较为常见。例如，当个人花钱美化了自己的不动产时，也提升了周边不动产的价值并愉悦了过路者，但周边不动产所有者或使用者并不为此付费，这是一种正的外部性；当某一不动产破败不堪或是排放污染时，相应地也降低了周边不动产的价值，而通常这时破坏者并不会主动承担治理成本或给予赔偿，这是一种负的外部性。又如，在土地的农业利用中，森林可以产生明显的外部经济效应，耕地、草地利用得当，良好的生态环境得以维持，为区域社会经济发展带来正的效应；反之，耕地不当利用、草原超载放牧、围湖造田等，导致耕地退化、土壤肥力下降、植被破坏、水域面积锐减、荒漠化面积扩大甚至区域气候异常等生态问题，进而造成区域社会经济活动成本的上升与居民生活质量的下降。

不论是个人决策还是企业决策，行为主体只会以私人生产成本或私人收益最大化作为决策依据，并不会将因外部性带来的成本或收益纳入其决策中。因此，市场机制没有办法主动对产生外部性的个人或企业给予奖励或惩罚。由于私人边际成本高于社会边际成本，或私人边际收益低于社会边际收益，具有正外部性的产品如果由私人提供，通常会生产不足，即低于社会最优生产水平，而具有负外部性的产品通常会生产过多。为纠正外部性，政府需要制定一套良好规范的制度来约束双方行为，即将外部成本内部化，通过征税或补贴等经济活动，弥补私人边际成本（或边际收益）与社会边际成本（或边际收益）间的差距，使不动产产品的供应量回归到社会最优水平上来。

3. 不动产的公共物品属性

商品在消费中具有不可分割性，即一旦生产出来无法排除他人从中受益时，这种商品就是公共物品。即使公共物品能够产生正的净效益，通常由市场提供或保全公共产品的可能性也是极低的。因此，从社会效率的角度看，完全的市场经济提供的公共物品的数量是不足的，必须有政府的干预才能提高效率。不动产具有公共物品的属性，可表现在以下两个方面。

（1）非排他性。排除他人从公共物品中收益是不可能的或成本很高的。私人物品具有排他性，一个家庭购买了一套住房并且进行使用，就排斥了另一个家庭的使用，但公共物品一旦生产出来，是无法排除他人从中受益的。例如，这个家庭购买住房的小区内配有健身器材等配套设施，小区内其他居民，甚至在没有门禁的情况下非小区内的居民也可以享用这些设施。由于不能有效排除其他人的使用，这种非排他性意味着消费者更愿意做一个搭便车者，免费享受公共物品，而不愿意生产公共物品，从而导致公共物品供应的不足。

（2）非竞争性。一个人对公共物品的消费并不减少或不影响其他人对这种物品的消费，即增加一单位的公共物品消费，其生产的边际社会成本为零。例如，小区内建了个小公园，多一个居民进来游赏并不会妨碍其他人的游憩，除非涌入人口过多造成了拥挤。同样，良好的居住环境、优美的建筑风格、夜晚的路灯多一个人享用，也并不增加其生产成本。非竞争性决定了公共物品应由政府供应。

不动产的公共物品属性在现实生活中有很多体现，医疗、教育、文化、卫生等公共用地具有典型的公共物品性。因此，需要政府对这些用地类型的开发和使用进行调控，当然，这并不意味着一定要由政府直接生产与经营。经验表明，把政府提供公共物品转变为直接由政府生产、经营，会出现多头管理、官僚主义盛行、效率低下、服务态度差、效益低、亏损严重等弊端（陈龙高和但承龙，2011）。政府提供是指政府通过预算开支或政策安排等方式将公共物品委托给企业进行生产，而不是由政府直接生产（这可能意味着垄断）。由于公共物品的生产也需要成本，因此政府委托企业生产，并将其放到市场中形成竞争，可以更高效地为消费者提供更优质的公共物品。

4. 产权及共有产权

一个经济系统实现资源有效配置的程度取决于该经济系统中主要财产权的性质。哈特维克（Hartwick）和奥莱维勒（Olewiler）对财产权的定义是："一系列可以把某种权利让渡给财产所有者的特征"（曲福田，2011）。当产权具有完全排他性时，该项权利就是私有产权，在市场中不需要政府的干预就能实现资源的有效配置。例如，房屋所有权为私人所有，房屋所有者会在市场交易中主动寻求最佳或最合适的利用方式，以实现资源的优化配置。但现实中，还有很多并不存在排他性的产权，往往以共有产权或开放产权的形式存在，如集体土地所有权、林地、草地所有权等。由于所有权不健全或产权主体不明晰，土地的开发使用者难以得到预期的投资回报，在缺乏制度规范的情况下，市场不能实现资源的有效配置，经常发生对这类资源的掠夺性使用，造成资源的无效率利用甚至退化。然而，独立明晰的、有保障的产权制度是市场经济健康运行的前提，并且产权须以正规化的、普遍接受的、超个人的、法律法规的形式出现，以使大规模的、低成本的交易成为可能，使资源自由流向配置效率更高的人或行业中。因此，要建立明晰高效的产权制度，特别是提高共有产权的配置效率，避免资源过早耗竭，就必须有政府的干预。

5. 风险、不确定性及不可逆性

风险是由于行为主体的期望目标与实际结果之间发生差异，给行为主体造成损失的可能性。在经济决策中，风险无处不在，无时不有，特别是在不动产经济领域，由于不动产投资通常数额大、周转慢、交易周期长、变现能力差，其风险比一般领域相对更大。尽管风险具有突发性，但在一定程度上是可测可控的。因此，不管是个人还是企业，都应及早对风险进行评估并提供应对之策，避免不必要的损失。不确定性与风险关系密切但有区别。1921 年，美国经济学家奈特（Knight）在《风险、不确定性和利润》一书中，将风险和不确定性进行了重要区分。他认为，风险是"可测定的不确定性"，而不可测定的不确定性才是真正意义上的不确定性（刘正山，2010）。通过完全自由市场实现有效配置的假定条件是交易双方对直接和外部影响完全了解并能及时准确地做出反应。以矿产资源的开发为例，由于矿产资源分布的地域性与蕴藏的不确定性，人们在对矿产资源开发前并不能准确知道其数量和质量，使得投资开采通常具有很高的风险。这种风险与不确定性既反映了基础科学的不确定性与技术的有限性，也反映了人们对复杂世界认识的局限性。

当人们的行动会产生不可逆的结果时，对个人、企业及国家而言，风险与不确定性分析就变得特别重要了。以房地产开发为例，一旦房地产开发过程遭受如政策调整、城市建设规划变化等外部风险，或面临投资决策失误、经营管理不善等内部风险时，房地产市场反应的滞后性可能会对企业甚至整个房地产业产生较大影响。例如，据国务院发展研究中心数据，2015 年 12 月底，全国房地产待售面积为 7.18 亿 m^2，住宅数量供远大于求，部分大中城市房地产市场低迷。通过房地产去库存等一系列政策的调控，截至 2016 年 11 月，全国房地产库存量已经连续减少 9 个月，楼市明显有回暖迹象。又如，矿山开采有可能导致生态环境的恶化、地面严重下陷、地下水污染等，即一旦被开发就难以恢复其自然状态。毫无疑问，个人和企业会以私人利润最大化为经营目标，而这种目标通常是短期的，且与国家目标并不总是一致，甚至可能是背离的，所以需要国家干预，从整个国家和社会的角度，对资源的开采与经营进行更长期与宏观的指导和监督。

综上所述，市场失灵的原因很多，市场失灵也是一切市场经济的共性。然而，在发展中国家，除了市场本身会失灵，市场成长不足（market inadequacy）是更重要的问题。市场成长不足是指在许多发展中国家，由于价格制度发育水平很低、市场力量过于弱小，不足以发挥对资源配置的基础性作用，难以完成加速发展所需要的转变，其主要表现有市场空间结构破碎、交易范围狭小，市场主体发育不正常、价格信号反应迟钝、市场体系不健全等（毕世杰，1999）。我国仍是并将长期处于发展中国家，在发展市场经济、完善市场经济主体配置作用的同时，更需要政府适度而有力的宏观指导与调控，特别是在产权制度建设方面。

（二）不动产经济波动、周期循环与不动产泡沫

1. 不动产经济波动

国民经济的增长不是平稳的，而是波浪式前进的，由于不动产经济的增长与国民经济的增长密切联系，其增长也是波浪式前进的。不动产经济波动就是不动产的经济总量围绕着不动产的长期趋势上下震荡所形成的运行状态（谢经荣，2002）。影响不动产经济波动的因素有很多，大体可分为内生因素和外生因素两大类。内生因素指不动产经济体系本身的因素，包括不动产市场的供需矛盾、不动产价格的波动、不动产投资、不动产收益率等。而外生因素指不动产经济体系以外的因素，包括制度因素、政策因素、经济因素、城市发展因素、技术因素等。通常可以采用不动产投资量、开发企业数量、商品房销售面积（增长率）、商品房空置率等指标来描述不动产经济波动。

2. 不动产周期循环

对不动产周期循环（或景气循环）的定义，通常引用的是由英国皇家特许测量师学会在 1994 年出版的《理解房地产景气循环》著作中的界定，即“房地产景气循环是所有类型房地产的总收益率的重复性的波动”。一般把不动产周期分为危机、萧条、复苏和繁荣四个阶段。危机是周期的基本阶段，是上一次周期的终点，也是下一次周期的起点。在此阶段，周期循环进入收缩阶段。萧条与危机在性质上同属收缩阶段，但萧条期收缩更剧烈与持久。复苏阶段始于周期循环的最低点，市场供给过剩，空置率最高。随着复苏阶段的持续和需求方对市场前景的看好，需求开始增长，过剩的供给得以吸收，空置率逐步下降，租金增长率趋于稳定。进入繁荣阶段，需求继续增长，当空置率下降到自然空置率以下时，供给开始紧张，租金开始快速上涨，当收益足以刺激新的建设时，开发商投入建设。当需求和供给的增长率相同时，循环达到顶峰。

同样地，不动产周期循环也受内因和外因共同作用。外部影响在任何商品市场中都存在，但内部因素所形成的经济周期并不是任何商品市场都有的。如果商品市场自身的调节能力很强，可以迅速对外部经济的需求变化作出响应，那么该商品市场会表现出与宏观经济基本一致的周期循环特征。但不动产市场并不能做到与外部宏观经济的同步循环，其原因在于不动产市场是一个内在不稳定的市场，当经济对不动产的需求突然增加

时，新增供应的形成需要较长时间的政府审批、规划设计和施工建造等过程，不能迅速地满足需求的变化。同时，由于不动产市场信息不充分，开发商难以准确观察和预测市场的需求变动，很容易形成新增供给量超额或新增供给量不足的情形。另外，当需求方对不动产的需求降低时，由于不动产的耐久性，总供给量不容易向下调整。

3. 不动产泡沫

泡沫本质上是一种经济失衡现象，是在市场经济中由投资导致的一种或一系列资产价格脱离实际基础价值持续上涨，这种上涨使人们产生对这种（些）资产的远期价格继续上升的预期和持续的购买行为（厉以宁和秦宛顺，1983）。不动产泡沫指投机等因素所导致的不动产价格脱离其实际价值的持续上涨，形成表面虚假繁荣的经济运行状态，是不动产经济波动的一种形式。产生不动产泡沫的原因较多，货币政策、金融制度是不动产泡沫滋生的土壤，而预期和投机影响下的不动产价格机制推动不动产泡沫的形成；经济周期通过影响居民资产收益预期和不动产抵押风险刺激经济和预期收益，加速不动产泡沫的膨胀；银行信贷支持的盲目性、市场非理性行为、政策因素等也会进一步催熟不动产泡沫。

不动产泡沫带来的危害很多。泡沫的存在意味着投资于不动产会获得更高的投资回报率，将吸引更多的资本向不动产行业集聚，投机活动猖狂，导致房价虚高、社会分配不公、劳动积极性挫伤等现象。不动产泡沫一旦破裂，将伴随经济萧条、工厂倒闭、个人收入下降、个人消费萎缩、失业人数剧增、犯罪案件激增等一系列社会经济问题甚至政治危机。历史经验表明，不动产泡沫的危害是极其深远与广泛的。最早可考证的房地产泡沫（property bubbles）是发生于1923～1926年的美国佛罗里达房地产泡沫，这次的房地产投资狂潮曾引发了华尔街股市大崩溃，并导致了以美国为首的20世纪30年代的全球经济大危机，最终导致了第二次世界大战的爆发。20世纪80年代后期到90年代初期日本出现严重的房地产泡沫，泡沫破裂和崩盘后日本经济大倒退，此后进入了平成大萧条时期，直至今日也未能从房地产泡沫中完全恢复过来。如果说不动产经济波动和周期循环是不动产经济自身发展的规律，只需政府相机适度管理与干预，那么不动产泡沫则需要政府重点监控与合理调控。因此，政府需要建立不动产价格动态监测体系与不动产预警机制，引导不动产市场理性投资和消费。

二、不动产经济宏观调控的意义

市场失灵与不动产周期波动理论表明，市场并不总能保证不动产资源的高效配置。要想实现不动产经济的健康有效运行，必须有政府干预，由政府进行宏观调控。西方经济学认为政府宏观调控主要有四大目标：经济增长、充分就业、物价稳定和国际收支平衡。对不动产经济而言，总体来说，政府宏观调控的意义有如下几点。

1. 宏观调控可以帮助政府更好地实现经济增长目标

经济增长是国家在一定时期内由社会所创造的人均产出（或人均收入）的持续增加。

由于经济增长能够带来国家财富的增加、就业岗位的增加、人们生活水平的提升与综合国力的加强等，政府宏观调控的首要目的就是实现经济增长。在推动国民经济增长的三驾马车（即投资、消费、出口）中，与不动产经济密切相关的就占了两项。不动产经济宏观调控通过不动产投资、不动产消费等帮助政府实现经济增长。

不动产投资是一项投资额度较大、周期较长、资本回报率相对较高的市场行为。投资需要资金与物质材料，而资金和物质材料在和平年代只能源于生产，海外殖民掠夺之路早已封死。为了有更多的资本投资，只能扩大生产。同时，投资也会影响购买与需求。投资减少，意味着购买力减少、需求下降，必然抑制供给，从而抑制生产与销售；投资增加则意味着购买力增加、需求扩大，即可刺激生产、增加供给、促进经济增长。经济形势不好，不动产投资回报率就低，变现能力较差，难以刺激投资欲望，也会迫使企业主动减少甚至没有投资行为。因此，不动产投资对经济增长具有极强的促进作用。

同时，不动产投资与消费又是一项产业关联度极高的市场行为。不动产开发过程能带动第一、第二、第三产业的联动开发，如第一产业中的森林工业，第二产业中的建筑建材业、冶金化工业，第三产业中的商业服务业、金融旅游业、通信运输业等，其所带动的上游相关产业和下游相关产业，不仅链条长、范围广，而且能带动其他行业产品质量的提高和产业的增长，甚至产业的转型升级。据相关统计，2015 年全国房地产占 GDP 总量的 6.1%，房地产开发占城市固定资产的 20%。在房地产业的周边，一般分布着大小 60 多个产业和一大批政府部门、公共事业部门，形成了一条独特且庞大的房地产业生物链。据世界银行和建设部门有关测算结果，每投入 100 元的住房建设资金，可以创造相关产业 170～220 元的需求；每销售 100 元的住宅，可以带动 130～150 元的其他产品销售。因此，不动产投资与消费对国民经济的增长具有强大的带动作用。

综上所述，不动产经济的发展和国民经济的发展呈强烈的正相关。国家要想实现经济增长，必然要鼓励不动产经济的发展；而要想更好更快地实现经济增长目标，也必然要对不动产经济进行宏观调控，因为不动产经济一旦发展过快，往往也容易形成泡沫经济，这可能会为国民经济增长带来长期的安全隐患。

2. 宏观调控有助于不动产业结构优化升级

理论上，产业结构优化升级是资本、劳动力、土地和技术等生产要素从低附加值、低效率和高消耗的生产部门或产业链环节退出，继而导入高附加值、高效率、低消耗的生产部门或产业链环节的过程。通俗地讲，就是哪里能提供更高、更持久的经济收益，生产要素就会向哪里聚集（石耀东和王晓明，2014）。我国不动产市场发展历程较短，市场机制在引导生产要素的进与退时，并不会如期望的那样顺畅和高效。以近三年房地产去库存为例，早些年房地产企业在地方政府土地财政的影响下大规模开发，市场未能有效消化，导致库存持续走高，远超市场需求量的房地产产能过剩。如果不对其进行纠正，将导致更多资源配置的低效与损耗。2015 年 12 月 20～21 日在北京召开的中央城市工作会议上指出，2016 年经济社会发展的五大任务之一就是化解房地产库存，鼓励房地产企业顺应市场规律调整营销策略，促进房地产业持续发展。通过中央至地方一系列宏观政策的调控，至 2017 年 8 月末，全国商品房待售面积同比下降 12%，楼市库存创下 2015 年

1月以来的新低，房地产投资平稳，全国除了东北、西北地区的少数城市，大部分城市库存已进入良性周期。

不动产结构优化升级过程还包括根据社会消费水平和市场需求，合理确定各种类型、不同档次住宅的供应数量，以满足社会多层次的住房需求。但由于房地产企业的逐利性，企业一般很少主动开发盈利率较低的住宅，如廉租房、保障性住房等民生工程。政府应相应出台税费等相关政策，鼓励房地产企业承担社会责任，主动参与到满足社会中低收入者的住房供应中来。

3. 宏观调控有利于不动产市场有效运行

不动产市场能够有效运行的前提包括完善的市场体系、规范的市场主体与运行规则。具体来说，包括完善而健全的土地市场、劳动力市场、资本市场、信息市场等；房地产开发商、购房者、劳动者等主体能够在法律规范下从事各类活动；不动产市场运行规则明确、权责分明，能很好地规范不动产市场主体的行为。这些前提条件都需要政府的宏观调控。对市场行为进行规范和管理，就是要研究制定完善的法律法规体系，健全市场结构，使进入市场的行为主体（包括企业、政府、中介机构和消费者）都依法行事，以保障市场运行的公平有效。

4. 宏观调控有利于调节不动产市场行为主体的收益

合理的收入分配是社会公平的重要表现。市场能够发挥调节社会资源、实现收益初始分配的功能，但从国家层面来看，仅实现初始的收益分配是不够的，因为市场作用下的初始收益分配更多的是效率分配，政府还应在初始分配的基础上，通过税收、政策、法律等措施，调节各收入主体之间现金或实物的分配，在强调公平的条件下对收入进行再次分配，以缩小城乡收入差距、贫富差距及政府与个人的收入差距等，实现社会公平、和谐发展。据相关统计，房地产业的利润率为10%左右，与大部分传统行业内的大型企业利润率（一般为5%～6%）相比，这一收益率明显更高。高利润率的房地产业更需要政府的宏观调控，坚持兼顾公平与效率的原则，处理好企业与消费者个人、政府与企业、城市与农村等的利益关系。

第二节　不动产经济宏观调控的基本思路

一、经济手段的间接干预为主，行政手段的直接干预为辅

市场决定资源配置是市场经济的一般规律，它能最大限度地提高资源配置效率。当然，市场配置资源有其固有的缺陷，公共产品的生产、生态平衡和环境保护等不以营利为目的的投资项目靠市场难以解决，市场也无法解决收入分配差距、贫富两极分化、产业结构合理性等问题。党的十八届三中全会审议通过的《中共中央关于全面深化改革若干重大问题的决定》指出，“使市场在资源配置中起决定性作用和更好发挥政府作用”，中共十九大将此写入《中国共产党章程》。因此，作为市场经济的重要组成部分，不动产

经济必然遵循这一基本规律。政府宏观调控的目的是克服不动产市场机制的缺陷，并且能用市场解决的坚决留给市场。以财政、金融、税收等手段为主的经济干预，是宏观调控中的间接干预方式。间接干预并不直接规定行为主体的行为模式，而是按照经济规律，特别是价值规律，利用利益吸引或损失规避来达到宏观调控的目的。例如，我国自2015年提出房地产去库存以来，尝试通过多种途径消化库存，其中一种途径就是新农民工市民化。政府通过财政补贴支持有一定购买能力的农民进城买房，利益吸引下会增强部分有购房需求的农民工买房的支付意愿，在短期内消耗部分商品房库存。又如，由于不动产开发通常需要大量现金流入，资金链在整个开发周期中占有重要地位，政府可通过中央银行的金融杠杆，调节贷款利率、准备金和贴现率等，迫使企业改变开发策略，以此达到扩大或缩小生产规模的目的。另外，以计划、规划和管理等手段为主的行政干预，是宏观调控中的直接干预方式。通过国民经济与社会发展规划、国土空间规划、土地利用年度计划、不动产产权管理等，直接规定行为主体的行为模式。例如，企业可以通过什么方式、以多大强度开发哪块土地等。总体而言，间接干预更接近市场经济，而直接干预更接近计划经济。因此，在对不动产经济进行调控时，应以间接干预为主，直接干预为辅。

二、目标调控与区间调控相结合

目标调控，即政府采取经济、法律、行政等手段，开展宏观调控管理绩效考核，以完成一定时期内的宏观调控目标。在我国宏观调控管理中，目标管理曾作为主要管理方式发挥了重要作用。多年来我国一直选择一个明确的经济增长速度（如“保8%”）作为调控目标，这在以往的发展阶段有其合理性。但随着我国经济发展向新常态的转化，特别是在已明确市场对资源配置起决定性作用的情况下，明确具体的调控目标容易使宏观经济的运行偏离客观经济规律的要求，损害市场对资源的有效合理配置。因此，近几年我国政府的宏观调控目标从以往的“目标调控”转向了“合理区间调控”。区间调控不再单纯盯着调控的终极目标，而是关注调控目标只要在合理区间内变动，即不超过预设目标的上限和下限，就认为已达到调控目的。区间调控的主要目的是避免盲目发展和经济大起大落，避免宏观调控对经济过度干预。因此，区间调控是我国现阶段经济发展的重要目标，也是财政货币政策及产业政策等宏观政策的最终目标。

不动产业是国民经济的基础产业，也是目前我国经济的支柱产业之一。由于不动产业是关系到国计民生的重要产业，其宏观调控不仅需要传统的目标调控，还需要与区间调控相结合。具体可体现在以下几方面。

1. 总量与强度目标调控，增量与时序区间调控

总量与强度的目标调控，是运用政策手段对资源、环境、产业的规模及使用强度的调控，其关键是形成供给引导和制约需求的机制，以维护资源、环境的经济价值及社会生态价值。由于土地、矿产等自然资源具有稀缺性且环境容量有限，而社会经济发展对资源的需求持续旺盛，对不动产资源实行总量与强度的目标调控在市场决定资源配置的形势下依然重要。以建设用地为例，以往我国建设用地供给主要通过新增建设用地指标

来进行调控，即土地管理部门根据不同地区未来社会经济发展的土地资源需求下达用地指标（李鑫和欧名豪，2011）。在这种调控模式下，全国各地建设用地快速增加，耕地数量锐减，粮食安全受到威胁，同时建设用地利用强度普遍低下，由此导致耕地与部分建设用地的完全经济价值未能充分实现，资源没有实现最优配置。建设用地规模增加过快过多，也易造成大量商品房闲置，危及房地产市场的健康发展。若继续沿用新增建设用地指标调控，很多地区，特别是经济较发达地区，不仅可能面临无新增用地指标可分配的困境，同时也会进一步加快耕地与建设用地资源资产价值的流失，加重不动产市场的扭曲。因此，2016年国土资源部提出实行建设用地总量控制及建设项目用地标准控制，以建设用地总量“瘦身”、用地项目（如房地产开发用地）宗地规模和容积率等标准控制倒逼存量建设用地的盘活与集约用地，促进经济发展方式的转变。由此，“十三五”期间，我国新增建设用地总量控制在217.1万hm^2（3256.5万亩），较“十二五”期间减少44.6万hm^2（669万亩），单位国内生产总值建设用地使用面积降低20%，实现了总量和强度的双控。除了建设用地，耕地与基本农田、矿产资源也实行总量目标调控。例如，2012年国土资源部颁布《开采总量控制矿种指标管理暂行办法》，按年度公布包括稀土矿、钨矿、锑矿等在内的矿产资源的开采总量，并调整部分矿产综合利用的约束性指标。总量与强度的目标调控，不是狭义的限制和禁止，而是更注重趋势引导和管理，能在一定程度上抑制资源的不合理消费，实现资源的有效配置。因此，长期来看仍有广泛应用与坚持的必然性。

总量与强度目标调控实现的是一段时期一定地域范围内资源规模与利用水平的调控。在此规模与强度的利用下，新增规模与开发时序宜实行区间调控，即只要不超出总量规模的上限或下限，资源开发在合理区间内，政府就不用刺激与干预。以耕地和建设用地为例，只要新增耕地规模不低于规模下限，新增建设用地规模不高于规模上限，开发时序即使没有严格按预定计划实行，政府也没有必要过度干预。因为市场对资源的需求本身具有周期性，资源的供给数量与时序也可能会相应地呈现无节奏满足需求，对未来的不确定性需求过于追求确定性的分配，必然不能适应市场经济发展规律。

2. 红线目标调控，非红线区间调控

红线，即不可逾越的线，通常应用于国土空间规划，指规划用地不可改变、不可超越的边界线。红线的划定是对不动产开发的管制。由于不动产开发的规模与质量关系到国土资源利用和城镇建设，加之不动产开发如果完全受市场调控，必然有一定的盲目性与无序性，因此需要国家对不动产开发实行以行政管制为主的宏观调控。红线的目标调控是在总量目标调控下对资源布局的目标调控。在国土空间规划中有三条控制线，即城镇开发边界、永久基本农田、生态保护红线。城镇开发边界严格限制城市的用地规模，防止盲目扩张；永久基本农田禁止城镇周边优质耕地被占用，确保基本农田的粮食安全与生态景观功能的发挥；生态保护红线严格保护了城市的自然山水与环境，避免开发活动对生态环境造成破坏。对这三条控制线进行目标调控，能引导形成合理的空间开发格局，促进经济社会与生态的和谐发展，而这些是不动产市场健康有序发展的重要前提。同时，城市规划中有“道路红线”“建筑红线”，生态保护规划中有“生态保护红线”，分别对城市建设与生态保护起到了重要的调控作用。

然而，在现实中红线的目标调控并不是总能实现的。以往在土地利用总体规划实施过程中，三条控制线在部分地区时有被动或主动突破红线的行为发生，特别是城镇开发边界。造成城镇开发边界被突破的原因很多，有主观原因也有客观原因。主观原因中最重要的原因之一是，因城市向外扩张的成本（包括经济成本、交易成本等）明显低于城市内部存量用地再开发的成本，在土地财政、地方政府绩效考核机制的作用下，城市外扩的优势与动机更被强化。因此，部分地方不惜突破城镇开发边界换取发展空间。对于此种红线突破，应配合土地财政、政府绩效考核等制度改革，更深入且全面地实行调控。造成城镇开发边界突破的客观原因之一是规划编制的不足。规划本身是对未来不确定性的谋划，需要对未来一段时期内的社会经济发展做出基本预测后，再从科学合理、高效利用的角度划定红线。但社会经济发展具有不确定性，规划的制定也相应地有不能适应社会经济发展实际的可能。超预期的快速发展对规划的科学性提出了更高的要求。除了采用更精密的预测方法与更科学的规划手段，2005 年以来，为了克服规划刚性有余而弹性不足的缺陷，原国土资源部引入建设用地扩展边界和有条件建设区的概念，规定在建设用地规模边界之外、扩展边界以内，只要符合相关条件即可建设，这对适应偶有发生的难以预测的社会经济发展状况起到了一定的缓冲作用。但不管是城镇开发边界还是建设用地扩展边界，都是目标调控的具体手段，如果不能严格实施，再科学的规划也无法实现目标调控。

红线区以外的区域即是非红线区，包括基本农田以外的耕地、园地、林地、草地、城乡建设用地等，这些区域一般是可以进行建设的区域，在对其进行调控时，只要规模不超出规模上限（或下限），范围不超过非红线区即可。

3. 住宅供应结构目标调控，房价区间调控

住宅市场在房地产市场乃至不动产市场中都占据着重要地位。住宅的供应关系到居民的基本生存需求，与社会经济的和谐稳定发展关系密切，因此必须对住宅市场的宏观调控予以更多的关注。目前，我国住宅供应结构性矛盾突出，表现为中低价位、中小户型住房供应不足，一些城市普通商品房和经济适用房供不应求。如果完全受市场调控，在比较利益的驱使下，房地产企业很少主动开发经济效益更低的保障房与经济适用房。因此，政府可以适度干预，在对市场调查、分析与预测的基础上，制定区域范围内的住宅供应结构，有侧重地鼓励房地产企业开发低价位房，同时限制大规模超市场需求的中高档住宅的供应，以克服市场的盲目性。对住宅供应结构中部分关系到民生的指标，如保障房开竣工面积、廉租房建设面积、危房与棚户区改造规模等，宜实行目标调控，确保与民众切身利益相关的发展目标能够实现。

房价一直是我国不动产市场宏观调控重点关注的对象。从中央到地方，每年政府出台关于房价调控的文件不胜枚举，其中“遏制房价过快上涨势头”等表述高频显现。过去数年里，我国大中城市房价大幅上涨造成的影响早已辐射到经济领域之外。多年来，房价调控每每陷入“调空”困境，足见其调控之难。事实上，房价与国民经济有着千丝万缕的关系，仅仅寄望于通过行政手段控制房价是不够也是不合理的。房地产价格有其周期波动性，复苏与繁荣阶段房价上涨，更加刺激投资开发，当供给量超过需求时，进

入衰退与萧条阶段，房价下跌，企业减少新的建设或停止生产。经济周期使然的房价涨跌有利于房地产企业经济质量的提高。在这个过程中，政府要做的并不是干涉经济周期本身，更不是通过直接“限价”等措施频繁地进行短期行政性调控，而是通过间接的政策影响经济周期，使房价涨幅稳定在合理区间，即进行区间调控。具体来说，房地产与国民经济关系密切，解决房价过快上涨需从供需双方调控，建立长效机制。例如，适度增加土地供给，改变土地供给方式；调整住房结构，增加保障房、廉租房供给；加快房产税立法；改变地方政府对土地财政的依赖；加快建立并完善不动产统一登记制度等。因此，政府可对房价实行区间调控，从上游到下游多方发力，更多通过市场手段让房价回归合理区间。

三、供给侧出发，加大定向调控

供给管理和需求管理是调控宏观经济的两种基本手段，前者主要解决长期结构性问题，后者侧重熨平短期经济波动。自 2015 年 11 月以来，习近平总书记在中央财经领导小组会议和中央经济工作会议上多次提及推进供给侧结构性改革（刘伟和陈彦斌，2017）。“十三五”规划纲要也提出，“在适度扩大总需求的同时，着力推进供给侧结构性改革”。相比于需求调控，供给调控有利于从更加基础的层面改善我国不动产市场的运行，具体原因有：①我国不动产市场存在结构性失衡，总体供大于求，结构上供需不匹配，区域上发展失衡。例如，多地房地产库存严重，部分城市的房地产库存远大于合理库存规模；结构上经济适用房、廉租房、保障房供应过少，而高档住宅、别墅供应较多；区域间部分热点城市供不应求的同时，部分城市去库存任务艰巨，一、二线热点城市和三、四线城市的房地产从结构到价格都分化明显。要提高发展质量和效益、满足不同消费者不同区域不同层级的需求，就要从供给侧出发，加大供给侧结构性改革。②供给侧结构性改革能够帮助厘清政府与市场的关系，减少政府的不当干预，让市场在资源配置中起决定性作用，使信贷资金等宝贵资源更加有效地配置给高效率的企业，从而有效破解去库存与宏观经济产能过剩难题。③供给侧结构性改革能够加快推动民生房地产项目进入市场，增加高品质民生产品和服务的有效供给。由于廉租房、保障房、危房改造、共有产权房等民生房地产项目具有一定的公共物品属性，利润率较低，很难激发房地产企业主动提供这些产品。从供给侧出发，政府通过财政、货币等政策鼓励房地产企业主动参与，能有效降低政府公共服务成本，最大限度地满足民众的迫切需要，也能刺激房地产企业履行社会责任，推动房地产企业实现转型升级，加快不动产市场更健康全面地发展。

“定向调控”的理念最早于 2014 年 7 月由李克强总理在一场经济形势座谈会上首次阐释，提出在区间调控的基础上，保持定力、有所作为、统筹施策、精准发力，抓住重点领域和关键环节，更多依靠改革的办法，更多运用市场的力量，有针对性地实施“喷灌”“滴灌”。如果把区间调控比作“航道”，定向调控就是“舵手”，意味着在合理区间里向着哪个方向调。从世界范围看，近年来一些欧美国家也相继使用定向调控政策促进经济摆脱萧条。例如，欧洲中央银行 2014 年实施了定向长期再融资操作，只要银行将贷款发放给以企业为主的私人部门，而非购买政府债券或发放住房抵押贷款，就可以享受最长为期 4 年的超低息再贷款，通过这一举措定向支持实体经济与刺激消费。而我国不动产市场的定向调控，需要重点致力于制定具体措施“调结构”。例如，从供给侧出发，通过财政、货币等政策鼓励房地产企业主动参与，实现对住宅供应结构的目标调控，其中的政策鼓励就需要定向调控来完成。具体而言，住宅供应结构调整时要加快经济适用房、廉租房、保障房、共有产权房等项目用地供给，按照“应保尽保、全力支持”的原则优先保障，在先行启动立项设计、征地等前期准备工作的基础上，开辟的民生住房用地手续办理“快车道”，优先安排用地计划，优先办理用地手续，快速组织审批，保障顺利实施。在财政、税收、土地等方面，制定定向优先用地优惠、定向减税或低税、定向定期低息贷款等政策，加大对房地产企业开发保障性住宅等的支持力度，刺激房地产企业的生产热情。总体而言，定向调控有利于提高宏观调控效率，推进不动产市场结构调整与市场稳定。

四、强刺激向微刺激转变，注重相机调控

强刺激是各国宏观调控中普遍采用的方式。强刺激下，财政、货币等调控政策的力度一般较大，执行环境与标准较宽松，对经济的刺激效果一般也较为显著。过去我国采用强刺激政策，其在应对经济下行压力方面的确做出了较大贡献，特别是在全球经济低迷的大环境下，确保了我国经济增速实现了预期“保 8”“保 7”等目标。但长期执行强刺激也会带来较大的负面影响，使政策空间迅速收窄，政策可持续性大大减弱，不利于调结构、促改革，特别是会带来产能过剩加剧和环境污染加重等不良后果。因此，党的十八大以来的宏观调控采用微刺激取代强刺激，其特点是预调、微调、适时适度调节。微刺激不仅能有效应对经济下行压力，还能为未来宏观政策预留空间，增强政策的可持续性。例如，2014 年第一季度，我国经济增速下行到 7.4%，这时出台了多项微刺激政策，包括增加中西部铁路建设投资、加快棚户区改造、加大对小微企业的减税力度等，取得了良好效果，第二季度经济增速恢复到 7.5%，有效阻止了经济的进一步下滑。

近些年，我国地方政府在房地产市场实行强刺激的情况并不少见。以去库存为例，从 2016 年全国统计数据来看，热点城市房价上涨、个别区域供不应求的同时，大量三、四线城市去库存压力依然很大，1～4 月非重点城市商品房待售面积为 4.55 亿 m^2，比去年末增加了 1233 万 m^2。部分城市为了加快去库存，推出了一些强刺激政策。例如，长沙市在 2016 年 8 月 2 日出台救市新政，职工家庭已有一套建筑面积小于 144m^2 的自有住房，再次购买改善性住房，可以申请住房公积金贷款；职工连续缴存住房公积金五年以上，且自缴存之日起夫妻双方均未使用过住房公积金，其家庭已有两套（含）以下住房，且住房建筑面积合计不超过 230m^2，再次购买改善性住房，可以申请住房公积金贷款。事实上，截至 2016 年 6 月，长沙市房地产库存量为 914 万 m^2，去化周期不足 7 个月，降至近三年最低，比 2016 年 10 月份全国 35 个城市 8.9 个月的库存去化周期低很多。显然，这个时候采用强刺激去库存并不需要也不适宜，虽然强刺激能进一步拉动市场发展速度，但过快的发展易加剧市场分化，导致银行信贷金融风险，产生房地产泡沫；居民过度增加杠杆率参与融资，也会影响我国经济由投资和出口驱动向消费驱动的转型升级。因此，

在去库存时，不宜采取强刺激，而要始终贯彻“房子是给人住的”的基本定位。通过加快人的城镇化，大力发展城市产业，提升城市吸引力和产业集聚力，调整城市住宅供需结构，同时利用进一步完善面向消费层面的住房金融体系、丰富政策性金融工具、稳定居民住房支付能力等更长期稳定的微刺激政策去库存，引导需求有序释放。

微刺激下暗含相机调控。2015 年 7 月 10 日，李克强首次使用“相机调控”的说法，指出相机调控是根据不同的情况、不同的时机，灵活机动地做出决定。“相机”即“相”中时“机”，区间调控是“要成为什么样”，定向调控是“做什么”，相机调控则在于“怎么做”（金台网，2016）。相机调控其实是在区间调控和定向调控下做出必要而灵活的政策安排，其重点在于灵活应变，适时适度预调微调，根据当前变化，制定不同的政策预案和项目准备，选择合理的政策意图与政策时点。例如，政府最近几年出台的房地产政策不是一刀切，而是有差别的，即允许各城市根据各自房地产市场的不同特点，制定有针对性的契税房贷政策。在土地利用政策上，国土资源部自 2016 年以来实行建设用地总量控制和差别化管理，其中差别化管理也体现了相机调控的基本内涵，即根据不同地区社会经济发展对土地的需求，实行分区域差别化的用地政策。相机调控体现了预先调控与微刺激的思想，政策一旦制定合理，将达到更精准有效的调控效果，但难度也相应更大。此外，由于这一概念提出时间较短，仍需在今后的宏观调控中进一步深化理论与实践。

五、科学计划，加强预期引导

计划是对未来不确定性的超前谋划。计划与市场是资源配置的两种手段，计划调控的最大优势表现为集中力量办大事与最大限度兼顾经济效率分配的公平与平等。计划调控在我国社会主义经济发展初期阶段曾具有不可磨灭的积极贡献，促进了我国经济的快速增长与社会稳定。尽管计划调控仍有其天然的局限性，如资源配置效率一般明显低于市场调控、容易形成垄断等，但历史经验表明，不论是资本主义国家还是社会主义国家，都需要计划调控以弥补市场的失灵。党的十八届三中全会通过的《中共中央关于全面深化改革若干重大问题的决定》中更加鲜明地指出要“使市场在资源配置中起决定性作用和更好发挥政府作用”，必须把发挥政府这只“有形的手”的作用与发挥市场这只“无形的手”的作用有机结合起来。因此，不动产经济的宏观调控需要政府科学计划，其表现形式不仅包括国民经济与社会发展规划、国土空间规划等宏观规划，以及土地利用规划与年度计划、城市规划、生态环境规划等专项规划，也包括城市住宅供应结构、供应总量等微观层面的计划。

预期引导是指政府相关部门通过信息沟通改变市场进行预期时所依据的信息，从而影响市场预期，以更好地实现宏观调控目标。预期引导的主要方式是信息沟通，在网络信息时代借助信息的迅速传播更快地影响公众预期，其优点是操作成本低、见效时间短。党的十八大以来，我国对预期引导逐步重视。2014 年、2015 年、2016 年的中央经济工作会议都强调要更加注重引导社会预期，2016 年我国对部分热点城市房价泡沫风险的预期引导就是一个典型案例。国际经验表明，如果任由房价泡沫化发展，很可能引发“债务—通缩”的严重后果，美国大萧条、日本大衰退和2008年国际金融危机等都与房价泡沫的形成和破灭密切相关。因此，2016年7月和10月的中央政治局会议都明确提出要“抑制资产泡沫”，银监会等相关部门随即采取了加强宏观审慎管理等有针对性的措施。之后，针对房价的预期引导较好地抑制了房价上涨预期。

加强预期引导，需要努力提高政府宏观调控的能力，提升政府公信力（中国经济网，2016）。2016年12月14~16日在北京举行的中央经济工作会议上，李克强提出“要加强预期引导，提高政府公信力”。预期引导，就是要让人民相信政府对宏观经济的分析和判断，如果政府对经济形势的判断准确且富有前瞻性，所采取的改革措施有效管用，那么群众自然就会相信政府，政府自然能够引导人们的行为。因此，政府对宏观经济发展现状判断的准确性、措施的针对性、调控的及时性等都是预期引导的重要内容，也是在群众中树立威信、提升公信力的重要途径。

加强预期引导，需要政府向市场传递明确的政策信号，这就要求政府在对经济发展形势准确判断的基础上，以问题为导向，提出长远而有针对性的、能从根本解决问题的、指向明确的政策。2015年底，中央提出要从供给侧、结构性改革上想办法，努力实现供求关系新的动态均衡，与之对应的，形成了一系列以供给侧结构性改革为主线的政策体系。例如，从供给侧着手，2017年政府向房地产市场释放了要进一步去库存调结构的信号，因此当年各地结合城市房地产市场特征，纷纷制定继续鼓励居民自住和进城人员、新市民的购房需求等分类调控政策。同时，中央坚持“房子是用来住的，不是用来炒的”的基本原则，向市场表达了政府通过建立可靠的长效机制调控房地产市场的决心，也增强了民众对房地产市场未来向好发展的预期。

第三节　不动产经济宏观调控政策体系

不动产经济宏观调控的手段主要包括财政、货币、住房产业、土地等，其中土地政策是最重要的手段，而财政政策、金融政策是最基本的辅助手段。

一、土地政策

土地是一切生产建设的基础，是各种经济活动的载体，对其他要素的资源配置可起到“瓶颈”的制约作用。因此，土地对其他资源的市场化配置有着难以替代的调控作用。将土地作为一种重要的宏观调控手段，能够调节经济发展，熨平经济周期性波动。我国实行城市土地国家所有、土地用途管制、建设用地统一供应等制度，使政府可以通过调节土地供应总量、安排不同的土地用途来抑制或鼓励市场需求，有效引导投资方向和水平，进而实现调控经济的目标。运用土地政策参与宏观调控是我国社会主义土地制度的独特优势（陶晓龙，2013）。我国正式提出运用土地政策参与宏观调控是在2003年，而且首先是以土地政策参与房地产市场、稳定住房价格作为重点而展开的。从调控手段来看，早期土地参与宏观调控主要采用行政手段，中后期改变单纯依靠行政手段的方法，开始注重运用经济手段和法律手段，同时辅以必要的行政手段。在数年的调控实践中，我国逐渐形成了由宏观到微观、由原则到具体操作的较为完整的政策体系。具体而言，土地政策参与不动产经济宏观调控是通过土地利用规划制度、土地供应制度、土地流转制度、土地利用动态监测等来实现的。

（一）土地利用规划制度

土地利用规划是对一定区域未来土地利用超前性的计划和安排，是在时空上进行土地资源分配和合理组织土地利用的综合技术经济措施（王万茂等，2006）。土地利用规划具有问题导向性、空间性、未来性、过程性、干预性等本质属性，是一个通过采取面向未来的干预措施解决某一区域土地利用问题的过程。目前我国已有土地利用总体规划、土地利用专项规划、土地利用详细规划等不同类型的规划，并且在较短时间内形成了国家级、省（区、市）级、市（地）级、县（区）级和乡（镇）级五个层次较完整的、法定的、相对独立且垂直的土地利用总体规划体系，基本实现了五级规划的国土全覆盖，这在其他国家和地区是极少见的。土地利用规划在引导和控制城乡建设用地集约合理利用、保护耕地、规范土地开发整理、保护生态环境等方面发挥了明显的作用。根据《全国土地利用总体规划纲要（2006—2020年）》，自规划批准实施以来，2006～2010年通过土地整理复垦开发年均补充耕地30.07万hm^2，超同期建设占用耕地的面积，也远超2010年的规划目标，保持了耕地面积基本稳定。这是在国家实施扩大内需政策、加强基础设施建设、推进城镇化，实施西部大开发和东北地区等老工业基地振兴战略，经济发展进入新一轮上升期的情况下实现的。因此，土地利用总体规划在国家规划体系中占有重要地位。政府借助规划对土地利用进行干预是世界各国的普遍做法（王万茂和张颖，2003），干预的目标应是实现和维护公共利益，具体的干预措施包括用地指标控制、土地用途管制、土地利用年度计划、规划许可制度等，其中用地指标控制与土地用途管制是土地利用总体规划的核心内容。

1. 用地指标控制

土地利用总体规划中的用地指标实行自上而下五级控制，上级按本级区域发展战略及下级各行政单位社会经济发展需求等，将规划期间的用地指标总量分解下达给下一级，下级用地规模只能在规划指标内使用。指标涵盖主要的用地类型，按照指标控制的重要性和目的，又将其分为约束性指标和预期性指标两类。约束性指标指规划期间必须实现的，不得低于（或突破）的指标，包括耕地保有量、基本农田保护面积、城乡建设用地规模、新增建设用地占用耕地规模、土地整理复垦开发补充耕地规模、人均城镇工矿用地面积等；预期性指标是规划期间可以或预期达到的指标，有园地规模、林地规模、建设用地总规模、交通水利用地规模、新增建设用地规模等。

2. 土地用途管制

要将用地指标控制落到实地，需要开展土地用途管制。美国、加拿大、日本等国均严格实行土地用途管制，且不论土地利用是何种所有制，土地用途管制普遍恪守“社会公共利益是土地利用的最高原则”。根据土地利用规划的目标和内容，将规划实施划分为各种土地利用分区并制定用途限制，以及对农地实行特殊保护，是各国土地用途管制的共同点。借鉴国外土地用途管制，《土地管理法》规定：“国家实行土地用途管制制度。国家编制土地利用总体规划，规定土地用途，将土地分为农用地、建设用地和未利用地。严格限制农用地转为建设用地，控制建设用地总量，对耕地实行特殊保护”。我国土地用途管制实行国土资源部统一管理和各级地方政府分级管制，管制以保护耕地、生态用地等公益性用地为首要目的，具有法律性、强制性、稳定性等特点。实行土地用途管制的土地利用规划具有法律效力，任何单位及个人的用地行为都要以土地用途管制下的土地利用规划为依据，在用途区规定的范围内严格按照用途区的用途和管制规则使用，违反土地用途管制视同违法。

3. 土地利用年度计划

土地利用规划实施的主要手段之一是土地利用年度计划。《土地管理法》规定各级人民政府应当加强土地利用计划管理，实行建设用地总量控制。土地利用年度计划根据国民经济和社会发展计划、国家产业政策、土地利用总体规划以及建设用地和土地利用的实际状况编制。土地利用年度计划应当对集体经营性建设用地做出合理安排。土地利用年度计划的编制审批程序与土地利用总体规划的编制审批程序相同，一经审批下达，必须严格执行；省、自治区、直辖市人民政府应当将土地利用年度计划的执行情况列为国民经济和社会发展计划执行情况的内容，向同级人民代表大会报告；省、自治区、直辖市人民政府应当制定开垦耕地计划，监督占用耕地的单位按照计划开垦耕地或者按照计划组织开垦耕地，并进行验收。土地利用年度计划的实施是土地管理与调控的有效手段之一，政府能利用土地利用年度计划合理控制建设用地总量并实现耕地保护目标。

4. 规划许可制度

规划许可制度是实施土地用途管制的有效途径。规划许可制度是指当现有用途不符合土地用途分区规划时，如果土地使用者对土地的利用是向符合规划用途的方向转变，则颁发许可证并鼓励其加快转变；如果土地使用者对土地的利用是向其他不符合规划用途的方向转变，则不颁发许可证并限制其转变。因此，规划许可制度是各项土地用途实现转变的法律依据。对一些特殊项目用地，如线性工程、国家大型基础设施工程等，若不符合用途分区规划，可通过调整和修订规划、修改分区规划等实现。

规划的生命力在于实施，以上四种制度强有力地保障了土地利用规划的实施。然而，即使严格执行上述制度，也不代表土地利用与调控始终会在规划预期内，规划偏离现实、超出调控预期的情况时有发生。因为土地利用规划是一个信息不完全的灰色系统，规划本身充满不确定性，包括本底不确定性（即土地数量、质量、分布、权属失真而影响规划的编制与实施）、目标不确定性（即规划是多目标规划，目标是层级式，具有一定的灵活性）、方法不确定性（即即使目标明确，实现规划目标的方法也是不确定的，或采用的技术手段尚未证实是可行的）等。规划只是尽可能地缓冲或抵消未来的不确定性。因此，要通过土地利用规划实现不动产调控，首先应从规划本身进行调控，尽可能全面地认知未来发展趋势，增强对未来的预测能力和控制能力，以最大限度地保证规划的科学性和有效性。

（二）土地供应制度

我国实行的是土地公有制，即土地归国家或农村集体所有。在土地经营中，政府或农民集体不放弃所有权，只转让土地使用权，对土地的供应也主要由政府统一调控。目前主要通过土地供应计划、农用地转用审批制度、土地储备制度等实现土地的供应管理。

1. 土地供应计划

土地供应计划主要指国有建设用地的供应计划。建设用地供应的规模、结构、布局、时序和方式是土地利用调控的重要手段。国有建设用地供应总量指计划期内各类国有建设用地供应的总规模；供应结构指计划期内商服用地、工矿仓储用地、住宅用地、公共管理与公共服务用地、特殊用地、水域及水利设施用地、交通运输用地等各类国有建设用地的供应规模和比例关系；供应布局与时序分别指计划期内国有建设用地供应在空间上的分布和不同时段上的安排；供应方式包括划拨、出让、租赁、作价出资或入股等。根据《国有建设用地供应计划编制规范（试行）》，国有建设用地供应计划的计划期为一年，由市、县国土资源行政主管部门根据国民经济与社会发展规划、土地利用总体规划、土地利用年度计划、住房建设规划与计划、年度土地储备计划等组织编制。编制国有建设用地供应计划的基本原则包括城乡统筹原则、节约集约用地原则、供需平衡原则、“有保有压”原则，其中“有保有压”原则要求各地优化土地利用结构，优先保障民生项目、重大基础设施项目、战略性新兴产业项目等，对廉租房、保障房、共有产权房等项目用地应适度倾斜。国有建设用地供应计划是土地利用总体规划和土地利用年度计划的进一步深化与具体化，对提高土地供应的科学性、针对性和合理性，促进土地供应结构调整和利用方式的转变，发挥土地参与宏观调控效能等起到了重要的指导作用。

2. 农用地转用审批制度

农用地转用是指将农用地转为建设用地，建设占用土地涉及农用地的，应当办理农用地转用审批手续。农用地转用审批制度的目的是保护农用地，防止农用地（特别是耕地）过快流失，实现土地供应计划的供应目标。按照相关规定，农用地转用分为国务院批准和省、自治区、直辖市人民政府批准两级审批权限。同时，申请农用地转用需具备一定的条件。土地利用总体规划确定的城市、村庄和集镇规划区范围内的农用地转用与城市、村庄和集镇规划区范围以外单独选址的建设项目占用农用地的申请条件有所区别（陆红生，2015）。农用地转用计划指标分为城镇村建设占用农用地指标和能源、交通、水利等独立选址的重点建设项目占用农用地指标两类。农用地转用计划指标只下达城镇村建设占用和由省审批农用地转用的建设项目占用农用地的计划指标；国务院及国家发展和改革委员会等部门批准、核准，并由国务院审批农用地转用的重点建设项目占用农用地计划指标不下达地方，在建设项目用地审批时使用。农用地占用计划实行指令性管理，不得突破。没有农用地转用计划指标，不得批准农用地转用。

3. 土地储备制度

土地储备是指县级（含）以上国土资源管理部门为实现调控土地市场、促进土地资源合理利用的目标，依法取得土地，组织前期开发、储存以备供应的行为，其流程主要包括征购、储备和供地三个环节。土地储备的概念源自 land banking、land bank、land storage、land reserve 等国际术语。1896 年，土地储备制度首次在荷兰实行，随后推广到瑞典、英国、法国等欧洲国家，之后澳大利亚、加拿大、美国、韩国等国家也开展了土地储备。经过一个世纪的发展，部分国家的土地储备已形成较为成熟的运行机制。借鉴香港的土地储备制度，内地在 1996 年开始尝试，上海成立了第一家城市土地储备机构。之后，随着国有土地交易管理的现实需要，各市县基本都建立了本行政区域范围内的土地储备机构，目前全国范围内的土地储备机构已有 2000 多个。2007 年，国土资源部、财政部、央行联合发布了《土地储备管理办法》及配套制度，这是第一部关于土地储备的全国性的规章类文件。2018 年 1 月 3 日，以上三部门和银监会联合修订的《土地储备管理办法》印发，自发布之日起实施，有效期 5 年。该办法对土地储备主体与工作环节进行了界定，起到了统一规范土地储备工作、完善土地储备制度的作用。由于土地在征购和储备的过程中需要大量资金投入，成本较大，仅靠政府财政拨款远远不够，土地储备融资是项目成功与否的重要因素。土地储备资金收支管理严格执行财政部、国土资源部关于土地储备资金财务管理的规定。土地储备资金通过政府预算安排，实行专款专用。同时，国家针对土地储备融资中出现的问题也相应出台了多项政策进行规范，如《关于加强土地储备与融资管理的通知》（国土资发〔2012〕162 号）、《关于规范土地储备和资金管理等相关问题的通知》（财综〔2016〕4 号）、《地方政府土地储备专项债券管理办法（试行）》（财预〔2017〕62 号），规定具备举债资质的地方政府可发行土地储备专项债券，债券资金由土地储备机构专项用于土地储备，是非预算内资金的唯一来源。土地储备制度是顺应市场经济发展需要而产生的，其规范合法地实施，能够提高城市建设用地的保障能力，显化土地的资产价值，规范土地市场的运行，从而实现土地市场的宏观调控。

（三）土地流转制度

建立在土地产权制度基础上的土地流转制度，是实现土地资源优化配置的核心内容之一。我国的土地所有制为国家所有和集体所有，国家所有的土地不存在所有权流转的问题，集体土地所有权流转的方式也是唯一的，即因公共利益需要可以通过土地征收变为国家所有。土地使用权的流转可分为农村集体土地使用权流转和国有土地使用权流转两种形式。

1. 土地征收

土地征收是指国家为了公共利益的需要，依法将农民集体所有土地转变为国有土地的行为。土地征收的特征有：①公益性，国家动用征地权征收农民集体土地，必须是为了公共利益需要；②强制性，无论被征地单位和个人是否愿意，政府都可以依法动用征地权；③有偿性，按《宪法》和《土地管理法》规定，必须给予农民集体合理补偿；④合法性，为保障征地行为的合法性、公正性、透明性，征收土地必须按法定程序进行。作为政府配置土地资源的方式，土地征收对我国社会经济发展的贡献很大，其高效、便捷而有力地保障了我国城市快速发展建设过程中日益增长的土地需求，为城市土地储备、城市不动产市场发展等立下了汗马功劳。然而，征地制度在几十年的发展过程中积累下的问题、矛盾也很突出，主要包括公共利益概念不清，土地征收条件过泛，土地征收补偿标准不科学、过低，土地征收程序不透明、不完善，争议解决机制不足等，导致被征地农民权益严重受损，征地拆迁冲突不断，已严重影响到社会和谐稳定发展。因此，围绕这些矛盾和冲突（特别是补偿标准）的征地制度改革一直在进行。一个普遍认同的观点是，征地补偿标准应在土地财产权和土地市场的基础上给予完全的市场价格。理论上如此，但现实中执行起来还是面临诸多困难。首先，我国城乡一体的土地市场并未完全形成，城市土地市场活跃而农村土地市场发育不全，加上城乡土地分治，要实现按市场价格补偿，其本身的前提条件和环境就不完全具备。其次，我国集体土地产权制度不完善，集体所有的主体缺位或不明确，与征地密切相关的、事实上存在已久的发展权也没有在法律上得到确认与实施。资源实现有效配置的前提条件是产权明晰，产权不明或不完善下的补偿必然达不到配置最优。最后，GDP 政绩考核下政府具有自利驱动倾向、农村集体民主自治机制尚未形成、公众参与和社会监督机制不完善等，使得征地制度改革举步维艰，需要一系列配套长效机制的逐步建立与完善。

2. 农村集体土地使用权流转

农村集体土地使用权流转是指农村集体土地使用权在不同的主体之间的流动和转移，分为农用地使用权流转和建设用地使用权流转。因农用地使用权流转与不动产市场宏观调控关系不大，故不作讨论，此处仅讨论农村建设用地使用权流转。社会经济和城镇化的快速发展需要大量建设用地，不仅国有建设用地进入土地市场流转，集体建设用地也被卷入。随着农民进城务工、经商的人数增多，其在城乡接合部租赁、购买房屋作为经营和居住场所，由此推动农村集体土地使用权的流转。同时，随着农村经济的发展和农民市场观念的增强，他们开始想办法开发利用集体闲置土地以增加收益。供需双方的驱动，以及人们对农村集体土地权利的日益重视，催生了农村集体建设用地的入市流转。理论上，农村集体建设用地入市流转有利于全国统一、开放、竞争、有序的土地市场的形成与城市住房价格过快增长的抑制；有利于盘活集体存量建设用地，增加建设用地有效供给；有利于深化土地管理制度改革，完善现行土地法规。但在实践中仍存在不少问题，如农民违规占用耕地开发建设“小产权房”、流转价格混乱等。因此，要实现农村集体土地使用权的有效流转，首先需要正确引导和调控农村集体土地使用权的流向；其次需要明晰土地产权，开展农村集体土地产权调查与登记，建立合理的农村集体土地使用权流转收益分配机制，建立农村集体土地使用权流转的法律法规、金融保险支持保障体系等；最后还需要注意，农村集体土地流转一定要遵循因地制宜、依法自愿、平等有偿等基本原则。

3. 国有土地使用权流转

国有土地使用权流转包括国有土地使用权出让、转让、租赁、抵押、作价出资（入股）等形式。虽然都是国有土地使用权的流转，但出让与转让、租赁、抵押等有较大的差别，主要体现在：①主体不同，出让主体为国家，由法律授权的县级以上人民政府具体实施，而转让等的主体为取得土地使用权的土地使用者；②行为性质不同，出让为他物权的设定，而转让等为他物权的转移；③流转条件与程序不同，出让时签订出让合同，缴纳出让金即可办证，转让须经申请、审批或补办出让手续，缴纳税费并登记过户；④交易市场不同，出让是在一级土地市场，即国家作为国有土地所有者垄断，而转让等是在二级及以上土地市场，即符合法定条件的自由转让，但要受原有出让合同的限制；⑤与不动产市场的紧密程度不同，国有土地使用权的出让规模、用途、价格等直接影响城市土地供应与房地产发展，进而影响国有土地使用权的转让等。国有土地使用权流转的意义重大。通过流转，国家作为国有土地所有者通过收取土地使用税（费）并以土地使用权有偿出让的形式获得土地收益，以此推动城市发展和国家建设；企业或个人作为国有土地使用者获得土地使用权及相关权利，以此获取收益。从不动产市场宏观调控的角度看，首先应从一级市场（即国有土地使用权出让市场）进行调控，应在改革政绩考核与土地财政等机制体制的前提下，坚持发挥与完善市场配置土地资源的决定性作用，而对二级市场的国有土地使用权转让等行为，政府不应过多干预，只需制定流转规则、规定纳税条件和水平、做好产权登记与管理服务等即可。

（四）土地利用动态监测

土地利用状况常随着自然条件和社会经济条件的变化而变化。对土地利用动态变化进行监测，随时掌握土地利用变化趋势，以采取相应对策，确保管理目标的实现，是实现土地利用调控的技术基础。土地利用动态监测的内容主要包括：①区域土地利用状况监测。通过以耕地变化和建设用地扩张为重点的土地利用状况监测，反映土地利用结构的变化，对土地利用方向的变化进行控制和引导。②土地政策措施执行情况监测。土地利用动态监测是获取土地信息和反馈土地政策、检验土地管理措施执行结果的主要渠道。③土地生产力监测。土地生产力受制于自然和社会经济两大因素，呈现出动态变化。土地生产力监测的重点是土壤属性、地形、水文、气候、土地的投入产出水平等指标。④土地环境条件监测。环境影响土地利用，土地也是环境的一部分。土地环境条件监测的重点是考察环境条件的变化。土地利用动态监测的技术手段通常有遥感技术、土地调查技术、土地信息系统技术、动态监测预警技术、抽样调查技术等。

二、财政政策

财政政策是国民经济宏观调控的手段之一，也是不动产市场供需调控的重要经济工具。财政政策在调节不动产市场发展速度和供求关系方面发挥着重要作用。不动产的财政宏观调控政策分为财政收入政策和财政支出政策（陈龙高和但承龙，2011）。

（一）财政收入政策

财政收入政策主要调节不动产市场的供求关系，是指国家通过收取土地租金和征收不动产税对不动产市场进行干预。

1. 地租政策

地租是为使用土地而付出的代价。由于土地供给数量是固定的，土地需求者之间对土地的使用具有竞争性，可以利用地租分配稀缺的资源，以提高土地利用的效率。我国城市土地归国家所有，国家通过土地批租收取土地出让金和土地使用年租金，并通过调整地租的高低（具体表现为土地出让金或年租金的高低及不同地段之间的差价）来影响各类不动产开发的成本和市场对不同用途土地的需求，达到控制土地市场供给、优化土地利用的目的。例如，当其他条件不变，地租水平上升时，不动产开发成本上升，不动产开发企业的利润下降，不动产供给减少；反之增加。目前我国的城市地租主要是土地出让金，除盈利性项目用地及国家重点扶持项目用地可无偿取得外，一般盈利性项目用地都必须有偿取得。

2. 税收政策

不动产税收是以不动产或与不动产有关的行为和收益为征税对象的税种。税收对不动产市场供需的调控作用主要表现在以下两个方面。

（1）通过对不动产市场运行过程中不同环节进行征税，实现对不动产市场的调控。例如，计征不动产取得过程中的契税、不动产占有过程中的财产税与不动产使用税，会使不动产取得的代价变高或变低，从而在其他条件不变的情况下，引起不动产市场需求量与需求结构的变化；通过调整不动产增值税和营业税，不动产销售成本增加或降低，在其他条件不变的情况下，影响不动产企业的利润，以此调控不动产市场的供给量和供给结构。

（2）通过减免税实现对不动产市场的调控。减免税的优越性体现在：①手段灵活，政府有较多的增减自由；②减免税不一定使财政总收入减少。减免税可以减少不动产开发经营者的成本，从而可以有更多的资金投入到开发经营中，不动产的需求方可以提高其购买力，因此可以从供需双方的角度实现对不动产市场的调控。

（二）财政支出政策

财政支出政策和财政收入政策一样，一般不改变社会总需求和总供给的平衡，而是调整和改善需求和供给结构。财政支出政策的目的是稳定不动产价格，实现公平分配，增进社会效益和社会福利。对不动产宏观调控的财政支出可以分为政府购买支出和财政转移支付两大类，其中政府购买支出有政府购买和政府投资两种。如果政府购买不动产自用，则财政资金进入消费领域；如果将购买的不动产再出售给特定对象（如低收入者），则属于投资支出。财政转移支付的主要形式有财政补贴、财政贴息两种。

1. 财政补贴

当某些不动产价格不合理，而一时又难以调整其价格的时候，由财政对某些领域的经济主体进行无偿性补助，即为财政补贴。财政补贴是国民收入再分配的一种形式，通过补贴可以调整供需结构，改变扭曲的价格，一般用在住宅不动产领域。例如，财政对需求量大但利润偏低的廉租房、保障房等进行补贴，有助于住宅不动产的稳步发展和安居乐业的社会环境的形成。对不动产财政补贴的形式主要有以下两种。

（1）对建造住宅的生产补贴，包括提供土地、建筑材料等低价投入品，对企业投资提供的政府低息贷款、税收优惠等，如财政对节能环保建材的税收优惠。生产补贴的实质是政府提高自身的储蓄率并将部分储蓄无偿转移给企业，再由企业执行投资的一种政策行为。生产补贴的标的是资本，如设备、流动资产、土地等。生产补贴短期内可以刺激投资，连带增加消费需求，在长期范围内可以改变产业结构、增加固定产业和行业的总供给及调整供给结构。

（2）对居民租买住房的消费补贴。根据国外发达国家的经验和我国实践，政府财政对住宅消费的补贴中心逐渐从供给补贴过渡到消费补贴。政府介入住房供给的财政补贴能在较短时间内提供较多的住房。随着市场由买方市场向卖方市场转变，住房的供给大于有效需求时，政府应提供住宅的消费补贴，特别是针对租买住房困难的中低收入阶层，可以通过财政转移支付解决民众住房困难，促进住宅商品化深入发展和社会公平发展。

2. 财政贴息

财政贴息是指对于由于特殊原因不能偿还或不能全部偿还利息的不动产企业或消费者，由财政代替偿还部分利息。我国对不动产的财政贴息绝大部分用于住宅不动产金融领域，可以利用有限的资金达到支持不动产发展、促进居民消费的目的。财政贴息对住宅不动产的调控可以从以下三个方面进行。

（1）运用财政贴息发展住宅金融。我国住宅金融市场不发达，住宅抵押贷款条件高。财政贴息一方面可以对住房储蓄、住房公积金实行略高于存款储蓄的利率，以吸收零散存款；另一方面可以提供补贴，将给住房购买者或生产者的贷款利率低于市场利率，最大范围向全社会发放住房抵押贷款，并引导生产者投资住房建设，提高住房购买者的有效需求。财政贴息的具体做法有运用财政贴息提高公积金利率，从而增加住房金融资产存量；运用财政贴息提高居民住宅储蓄；利用财政贴息和贷款担保引导境内外资金流向住宅不动产建设。

（2）运用财政贴息发展住房抵押贷款。政府在坚持住房抵押贷款以市场为取向的原则下，通过对低收入者和住房困难户采用过渡性财政贴息进行调节。贴息贷款的对象限于缴存住房公积金、按成本价购买公有住房的个人。这样可使中低收入阶层进入享有政府补贴的经济适用住宅市场。

（3）国家运用一系列的货币政策，如调低存贷款利率、法定准备金率，与财政贴息相配套。这样，银行可以将更多的资金用于个人购房抵押贷款，使财政贴息调控不动产的介入面更宽、层次更深。

三、金融政策

土地和资金是不动产市场发育的两个重要生产要素。土地为不动产市场提供了基本的运行环境，而信贷资金的投放和收缩直接影响不动产市场的活力和兴衰。因此，金融政策是政府对不动产市场供需调控的重要手段。不动产金融政策调控的基本形式有直接调控和间接调控两种。

（1）直接调控是指政府通过制定土地金融政策，依靠央行直接干预土地信用业务的质和量。量的控制主要指央行直接规定银行不动产开发信贷的最高限额。质的控制主要包括：①央行直接限制商业银行不动产开发信贷的结构；②规定商业银行发放不动产开发信贷的方针、基本条件；③鼓励和限制商业银行对不动产进行投资；④制定和规定其他金融机构投资不动产开发的方针和条件。

（2）间接调控是指国家通过利率和贷款成数等金融杠杆来调节货币供应总量和需求总量，进而调控土地市场供需。货币供给总量控制以准备金率和基础货币为主，货币需求总量控制以各种利率手段为主。贷款利率反映资金借贷的成本，间接影响不动产市场各主体的未来预期。在不动产市场有供过于求的迹象时，可适当提高对不动产开发贷款的利率，也可适当降低消费信贷利率，从而达到宏观调控目标。贷款成数有两层含义：一是指土地开发商在申请项目贷款时应具备的自有资金比例；二是指土地购买者在购买时可申请到的最高贷款比例。贷款成数的高低直接影响市场的活跃程度。例如，在打击土地投机或“炒房”行为时，各国往往以提高土地开发商或是购房者申请项目贷款的自有资金比例，降低土地购买贷款成数作为操作手段。

为了利用金融政策达到不动产宏观调控的目标，必须将其转化为央行能直接控制的金融指标。这些金融指标主要包括不动产信贷总量、信贷结构和信贷质量，可以直接调控，也可以间接调控。直接调控的指标包括贷款最高限额、信贷结构、融资最高限额等。不动产的资金需求量大，周转速度慢，信贷期限长，因此对不动产的直接调控是重要的宏观调控手段。间接调控的指标有利率、准备金和贴现率等。间接调控对不动产宏观调控没有特殊的调控意义，与对国民经济所有行业的调控并无差别。在实践中，对不动产的宏观金融调控是把两者相结合，采用间接调控信贷总量和直接调控不动产结构与投资质量协同并行的方法。

复习思考题

[1] 简述不动产经济宏观调控的原因和必要性。
[2] 简述我国不动产经济宏观调控的基本思路。
[3] 阐述土地政策参与我国不动产经济宏观调控的内容。
[4] 阐述土地政策中区间调控、定向调控与相机调控的内涵。
[5] 总结我国利用财政政策和金融政策进行不动产宏观调控的基本做法。

参考文献

毕世杰. 1999. 发展经济学. 北京：高等教育出版社.

陈龙高，但承龙. 2011. 不动产经济学. 南京：东南大学出版社.

金台网. 2016. 区间、定向、相机，调控“三兄弟”是什么？(2016-03-21) [2019-11-29]. http://www.sohu.com/a/64670020_395515.

厉以宁，秦宛顺. 1983. 现代西方经济学概论. 北京：北京大学出版社.

李鑫，欧名豪. 2011. 建设用地供给创新：总量控制 + 差别化调控. 中国土地，(8)：47.

刘伟，陈彦斌. 2017-3-7(A3). 十八大以来宏观调控的六大新思路. 人民日报.

刘正山. 2010. 房地产投资分析. 3 版. 大连：东北财经大学出版社.

陆红生. 2015. 土地管理学总论. 6 版. 北京：中国农业出版社.

曲福田. 2011. 资源与环境经济学. 2 版. 北京：中国农业出版社.

石耀东，王晓明. 2014-3-24(08). 综合推动产业结构优化升级. 人民日报.

陶晓龙. 2013. 土地政策与宏观调控——新时期土地市场政府干预理论与实践. 北京：中国环境出版社.

王万茂，董祚继，王群，等. 2006. 土地利用规划学. 北京：科学出版社.

王万茂，张颖. 2003. 市场经济与土地利用规划——关于规划修编思路的探讨. 中国土地科学，17（1）：10-15.

谢经荣. 2002. 房地产经济学. 北京：中国人民大学出版社.

中国经济网. 2016. 中央经济工作会议为何强调“预期引导”？(2016-12-19) [2019-11-12]. http://views.ce.cn/view/ent/201612/19/t20161219_18828039.shtml.